"十三五"普通高等教育规划教材

管 理 学
——原理、职能与方法

袁 凌 李 健 编著

中国财经出版传媒集团
中国财政经济出版社

图书在版编目（CIP）数据

管理学：原理、职能与方法 / 袁凌，李健编著 .—北京：中国财政经济出版社，2018.11

"十三五"普通高等教育规划教材

ISBN 978-7-5095-8593-1

Ⅰ.①管… Ⅱ.①袁… ②李… Ⅲ.①管理学-高等学校-教材 Ⅳ.①C93

中国版本图书馆 CIP 数据核字（2018）第 247459 号

责任编辑：王　芳　　　　　　　责任校对：张　凡
封面设计：孙俪铭

中国财政经济出版社出版

URL：http://www.cfeph.cn
E-mail：jiaoyu@cfeph.cn
（版权所有　翻印必究）

社址：北京市海淀区阜成路甲 28 号　邮政编码：100142
营销中心电话：010-88191537　北京财经书店电话：64033436　84041336
北京中兴印刷有限公司印刷　各地新华书店经销
787×1092 毫米　16 开　23.75 印张　590 000 字
2018 年 11 月第 1 版　2018 年 11 月北京第 1 次印刷
定价：57.00 元
ISBN 978-7-5095-8593-1
（图书出现印装问题，本社负责调换）
本社质量投诉电话：010-88190744
打击盗版举报热线：010-88191661　QQ：2242791300

前 言

管理是人类活动中普遍存在的社会现象，凡是有人群的地方，就有管理活动。管理既是一门科学，又是一门艺术，它既要求具有系统的管理理论思考，又要求具有丰富的管理实践经验，还需要很强的应变能力和技巧来处理组织中的各种事务。在发挥管理艺术性的时候是不可能精确计量的；在发挥管理科学性的时候，又需要将数学、统计学、运筹学和工程学的很多方法引入管理学进行精确的计量。这些特点决定了管理学科是艺术性和科学性的结合体，也决定了管理学科的复杂性。

管理学是系统研究管理活动的基本规律、基本原理和一般方法的科学。管理学是一门建立在经济学、心理学、行为学、社会学、数学等基础之上的综合性和实践性很强的应用学科，是经济管理类人才学习掌握管理基本知识的重要基础。在知识经济时代，以学生为中心，帮助学生学习掌握管理学的基本理论和基础知识是本书编写的首要出发点；在互联网时代，管理学正朝着综合化、多元化的方向发展，探讨管理领域的新问题和新方法是本书的另一个出发点。本书是为经济管理类专业本科学生编写的管理学基础性教材，在编写过程中我们进行了一些新的尝试，使本书有以下特点：一是内容安排新颖，吸纳了管理学的新知识、新方法、新案例，全书的知识体系更加新颖；二是结构体系完整，本书沿着管理的基本原理、基本职能与基本方法的框架体系安排内容，结构体系更加系统完整；三是实践训练突出，本书为了克服过去重视理论知识教学的偏差，强调提高学生分析问题、解决问题的能力，每章安排了案例分析，在整个教学过程中突出实践教学，让学生多动手、多实践。

编者在管理学教学与科研过程中，不仅对管理学的研究有深刻的理解与认识，而且积累了宝贵的教学与实践经验。编者从20世纪80年代中期开始讲授管理学原理课程以来，先后编写出版了多本管理学教材，例如，《管理学原理》（电子科技大学出版社，1995）、《管理学原理：应试指导》（国防大学出版社，1999），《管理学概论》（湖南大学出版社，2007）。本书是在过去管理学教学经验与研究成果的基础上编写而成的，凝结了许多人的心血与汗水。

全书按总论、原理、职能和方法四篇安排内容，共有十八章。第一、二、三、四、七、八、九、十、十一、十二、十三、十四、十五、十六、十七章由袁凌教授编写，第五、六、十八章由李健副教授编写。在本书编写过程中，我们研究团队的博士研究生涂艳红、张磊磊、余悦、石喆、卓凡超和硕士研究生蒋新玲、李博涛、李卓颖、张燕、王瑶、曹洪启、孙晓雪、孙永香、肖园、黄宁宁、蒋珊珊等同学在初稿撰写、文献查找、材料整理和文稿校对等方面做了大量工作。同时，本书在编写过程中引用了许多国内外管理学研究者的最新成果与文献，得到了湖南大学工商管理学院的大力帮助，在此一并表示诚挚的感谢。

　　本书从结构安排到内容筛选是经过编写团队多次讨论商榷，并组织管理学界教学与科研经验丰富的教授多次审核而确定，非常希望能奉献给读者一本满意的教材。但由于时间和学识所限，书中的不当或疏漏之处在所难免，恳请同行和读者提出宝贵意见，以期日后再版时日臻完善，从而给读者奉上更为适用而又合意的管理学教材。

编者

2018 年 7 月于岳麓山

目 录

第一篇 总论

第一章 管理与管理学 …………………………………………………………（ 3 ）
  第一节 管理 ………………………………………………………………（ 3 ）
  第二节 管理者 ……………………………………………………………（ 10 ）
  第三节 管理学 ……………………………………………………………（ 15 ）

第二章 西方管理思想的产生与发展 …………………………………………（ 21 ）
  第一节 西方管理思想的起源与萌芽 ……………………………………（ 21 ）
  第二节 古典管理理论 ……………………………………………………（ 25 ）
  第三节 行为管理理论 ……………………………………………………（ 32 ）
  第四节 现代管理理论 ……………………………………………………（ 35 ）

第三章 中国管理思想的产生与发展 …………………………………………（ 43 ）
  第一节 中国古代管理思想 ………………………………………………（ 43 ）
  第二节 中国近代管理思想 ………………………………………………（ 54 ）
  第三节 中国现代管理思想 ………………………………………………（ 60 ）

第四章 管理环境与伦理 ………………………………………………………（ 66 ）
  第一节 管理环境 …………………………………………………………（ 66 ）
  第二节 管理伦理 …………………………………………………………（ 73 ）
  第三节 企业社会责任 ……………………………………………………（ 80 ）

第二篇 原理篇

第五章 系统管理原理 …………………………………………………………（ 89 ）
  第一节 系统管理概述 ……………………………………………………（ 89 ）
  第二节 系统管理内容 ……………………………………………………（ 95 ）
  第三节 系统管理实践 ……………………………………………………（ 99 ）

第六章 权变管理原理 …………………………………………………………（105）
  第一节 权变管理概述 ……………………………………………………（105）
  第二节 权变管理内容 ……………………………………………………（110）

第三节　权变管理实践 …………………………………………………… (116)
第七章　人本管理原理 …………………………………………………………… (122)
　　　第一节　人本管理概述 …………………………………………………… (122)
　　　第二节　人本管理内容 …………………………………………………… (129)
　　　第三节　人本管理实践 …………………………………………………… (135)
第八章　柔性管理原理 …………………………………………………………… (140)
　　　第一节　柔性管理概述 …………………………………………………… (140)
　　　第二节　柔性管理内容 …………………………………………………… (145)
　　　第三节　柔性管理实践 …………………………………………………… (150)
第九章　绩效管理原理 …………………………………………………………… (155)
　　　第一节　绩效管理概述 …………………………………………………… (155)
　　　第二节　绩效管理内容 …………………………………………………… (159)
　　　第三节　绩效管理实践 …………………………………………………… (167)

第三篇　职能篇

第十章　计划职能 ………………………………………………………………… (177)
　　　第一节　计划概述 ………………………………………………………… (177)
　　　第二节　目标管理 ………………………………………………………… (183)
　　　第三节　决策 ……………………………………………………………… (186)
第十一章　组织职能 ……………………………………………………………… (196)
　　　第一节　组织概述 ………………………………………………………… (196)
　　　第二节　组织设计 ………………………………………………………… (200)
　　　第三节　组织结构 ………………………………………………………… (205)
　　　第四节　人员配备 ………………………………………………………… (209)
第十二章　领导职能 ……………………………………………………………… (214)
　　　第一节　领导概述 ………………………………………………………… (214)
　　　第二节　领导理论 ………………………………………………………… (218)
　　　第三节　员工激励 ………………………………………………………… (227)
第十三章　控制职能 ……………………………………………………………… (234)
　　　第一节　控制概述 ………………………………………………………… (234)
　　　第二节　控制过程 ………………………………………………………… (241)
　　　第三节　有效控制 ………………………………………………………… (247)
第十四章　创新职能 ……………………………………………………………… (255)
　　　第一节　创新概述 ………………………………………………………… (255)
　　　第二节　创新内容 ………………………………………………………… (261)
　　　第三节　创新过程和活动组织 …………………………………………… (271)

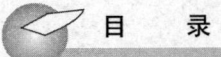

第四篇 方法篇

第十五章 计划控制方法 (279)
　　第一节 计划方法 (279)
　　第二节 决策方法 (284)
　　第三节 控制方法 (291)

第十六章 组织领导方法 (299)
　　第一节 组织运行方法 (299)
　　第二节 领导工作方法 (304)
　　第三节 领导激励方式 (309)

第十七章 创新管理方法 (317)
　　第一节 产品创新方法 (317)
　　第二节 市场创新方法 (321)
　　第三节 技术创新方法 (326)
　　第四节 制度创新方法 (331)
　　第五节 管理创新方法 (334)

第十八章 管理方法的未来 (341)
　　第一节 跨文化管理 (341)
　　第二节 网络化管理 (347)
　　第三节 知识管理 (351)
　　第四节 不确定性管理 (356)

参考文献 (363)

第一篇 总 论

第一章
Financial Management

管理与管理学

本章主要学习管理的概念，管理活动是如何产生的以及管理的重要职能；如何定义和分类管理者，管理者应该如何进行角色定位和掌握什么样的技能以及如何成为有效的管理者；管理学的研究对象是什么，管理方法有哪些。其中管理和管理者的内涵是本章学习的重点，对管理者角色的理解是本章学习的难点。

知识目标：理解管理的内涵，了解管理者的职责，熟悉管理学的研究对象，掌握管理者的角色定位。

能力目标：描述管理的职能与原理，分辨管理者的不同类型和特点，熟悉管理学的研究方法。

素质目标：通过资料收集和课堂研讨，建立对管理学的宏观认知，树立管理者意识，通过小组集体学习和训练，培养管理者的学习能力。

第一节 管 理

一、管理的概念与特征

（一）管理的概念

管理产生的根本原因是随着生产力的提升而产生的无限欲望与有限资源两者之间的矛盾，而管理仅仅是解决这个矛盾的其中一种方法。在早期，解决资源有限这个问题可以用更简单粗暴的方法，即抢夺别人的资源，如早期战争就是解决国家地区资源短缺的主要方式。随着社会文明程度越来越高，人们意识到不能再用这种野蛮的方式解决问题，于是想到把手里面有限的资源最大化利用以满足更多的欲望。最大化利用有限的资源的过程，就是管理。

亨利·法约尔（Henri Fayol）认为管理是包含计划、组织、指挥、协调和控制职能的活动过程。美国学者玛丽·帕克·福莱特（Mary P. Follett）认为管理涉及三个核心环节：（1）管理必须涉及其他人；（2）管理是有目的的活动，管理的目的就是要通过其他人来完成工作；（3）管理的核心问题是管理者要处理好与其他人的关系，调动人的积极性，让下属为其服务且完成工作。美国管理学家彼得·德鲁克（Peter F. Drucker）强调管理是实践的综合艺术，他认为无论经济学、计量方法还是行为科学都只是管理人员的工具。赫伯特·西蒙（Herbert Alexander Simon）则认为管理就是决策，他将决策过程分为调查情况、制定方案、选择并实施方案、检查执行情况、做出评价制定新的决策。目前被管理界广泛认可的定义是由斯蒂芬·罗宾斯（Stephen P. Robbins）提出来的，他认为管理是通过协调其他人的工作有效率且有效果地实现组织目标的过程。哈罗德·孔茨（Harold Koontz）认为管理是让别人与自己一道实现组织既定目标的过程。因此，对管理的内涵有如下理解。

1. 管理是人类有意识的活动

管理的目的是通过群体的力量实现组织目标。为了有效实现组织目标，组织中的个体与组织、社会以及环境之间需要充分地协调，这需要管理者根据组织目标作出有意识的决策。同时组织的管理者不再单单关心组织的利益，还要关注个体、环境以及社会群体等利益相关者的利益。

2. 管理需要实现效率和效果

管理需要较高的效率和较好的效果才能实现组织的目标。效率和效果相辅相成，管理过程不能为了达成效果不顾效率，也不能为了追求效率而牺牲效果。卓越的管理应该是在保证效果的前提下提高效率，实现管理的目标。

3. 管理的本质是协调

管理活动中的协调，既包含组织内部各种有形和无形资源之间的协调，也包含组织与外部环境的协调。只有环境友好型的组织才会有可持续发展的生命力。有效的协调需要运用到计划、组织、指挥、控制等管理职能的过程。

（二）管理的特征

1. 客观性

管理的客观性与其自然属性相关，是指管理具有处理人与自然的关系，合理组织生产力的属性。管理是由生产力的发展和社会分工的发展而产生的，管理职能是由共同劳动过程的性质所产生的。管理活动是客观的，是不以人们的意志为转移的，它有自身的运动规律。通过管理，对劳动过程进行组织、决策、指挥、监督和协调，使劳动的各个环节协调运行，配合一致。

2. 主观性

管理的主观性与其社会属性有关，是指管理具有处理人和人之间的关系，并受一定的生产关系、政治制度、意识形态影响与制约的属性。管理是根据对客观事物基本原理的认识而引申出来的，要求人们共同遵循的行为规范。在不同的社会中，管理必然要遵循统治阶级的意志，为他们实现预期目的，巩固和发展一定的生产关系服务。管理保证了在整个社会范围内调节和协调劳动，这样就很好地把社会利益、集体利益和个人利益统一起来，并为这些利益的满足同社会生产的可能性相协调创造了条件。

3. 目的性

管理是人类一种有意识、有目的的活动，因而它有明显的目的性。组织作为一个系统，首先必须明确一个整体所体现出来的功能，即整体的目的性。在现代组织系统中，组织的目标往往不是单一的，这种多目标性就会导致多目标之间的矛盾。因此，就必须通过管理和协调来达到整体目标的最优化。

4. 艺术性

管理的核心是人。在管理过程中以人为中心，把理解人、尊重人、调动人的积极性放在首位，把人视为管理的重要对象及组织的最重要的资源，因而管理的实质是一种人本管理。管理的艺术性主要强调其实践性和灵活性，管理者如何在管理工作中应用不同的管理方法和领导艺术关系到管理工作的成败。管理本身是一种不断变革、不断创新的社会活动。

二、管理的职能与原理

（一）管理职能

法约尔认为管理包含计划、组织、指挥、协调和控制五种职能。哈罗德·孔茨（Harold Koontz）和西里尔·奥唐奈（Cyril O'Donnell），认为管理包含计划、组织、人事、领导和控制五种职能。管理最基本的职能做好计划、设计组织结构、指导和协调组织中的人和物、监控组织绩效、适应内外部环境。因此，我们认为管理包含组织、计划、领导、控制和创新职能。

1. 计划职能

管理的计划职能包含计划工作和计划形式两个方面，前者是指基于对组织内部条件（优势与劣势）、外部环境（机会与威胁）的分析，提出组织目标和实现目标的方案途径；后者是指采用质化和量化指标描述总体组织及其组织内各单元和成员行动方向、工作内容和工作方式安排的管理事件。

2. 组织职能

组织职能是指按计划对企业的活动及其生产要素进行分派和组合。组织职能对于发挥集体力量、合理配置资源、提高劳动生产率具有重要的作用。组织职能一方面是指为了实施计划而建立起来的一种结构，该种结构在很大程度上决定着计划能否得以实现；另一方面，是指为了实现计划目标所进行的组织过程。

3. 领导职能

领导职能是指领导者运用组织赋予的权力，组织、指挥、协调和监督下属人员，完成领导任务的职责和功能。领导职能的"职"代表职责,"能"代表能力。一个领导者主要的责任是激发下属人员的潜能,让每一个下属工作人员的潜力发挥到极限。领导是引领指导的意思,不单纯是"管人"这么简单。在某一领导岗位上,拥有驾驭这个岗位的能力以及能够很好地承担相应的权责,对于一个领导者的个人发展以及其所领导的团队都有相当重要的意义。领导职能是实现管理效率和效果的灵魂,是管理过程的核心环节。

4. 控制职能

控制是促使组织的活动按照计划规定的要求展开的过程。控制职能是按照既定的目标、计划和标准,对组织活动各方面的实际情况进行检查和考察,发现偏差,分析原因,采取措施,予以纠正,使工作能按原计划进行。或根据客观情况的变化,对计划作适当的调整,使其更符合实际。控制的目的是确保组织目标的实现。控制的过程是确定业绩目标、标准或指标,考核实际业绩,比较实际业绩与选择标准,评估结果,纠正偏差。通过控制,管理者监督和评估组织的战略和结构是否如预期的那样发挥着作用,如果它们不能发挥作用,应该怎样对其进行修正。

5. 创新职能

创新首先是一种思想以及在这种思想指导下的实践活动。创新也是一种原则及其在这种原则指导下的具体活动,是现代管理的基本职能之一。系统外部环境和内部要素的变化要求企业具有创新思维并不断根据内外部环境的变化进行创新。创新职能的主要内容在于帮助组织不断改变或调整获取及整合资源的方式、方向和结果。组织的创新职能要求管理者根据创新的客观要求和创新活动本身的客观规律,制度化地研究外部环境和内部工作,寻求和利用创新机会,计划和组织创新活动。创新职能还要求管理者积极引导和利用组织内部资源和要素的自发创新,使之相互协调并与组织的创新活动相配合,使得整个组织的创新活动有计划有组织地开展。

知识链接 1-1

不同的管理学家,对管理职能的认知是不同的。归纳不同管理学派的观点,我们列出了管理职能一览表,如表1-1。

表 1-1　　　　　　　　　　　管理职能一览表

管理职能	法约尔	孔茨奥唐奈	古利克厄威克	罗宾斯	周三多	本书观点
计划 Planing	○	○	○	○	○	计划
组织 Organizing	○	○	○	○	○	组织
人事 Staffing		○	○			
指挥 Commanding	○	○				
领导 Leading				○	○	领导
协调 Coordinating	○		○			

续表

管理职能	法约尔	孔茨奥唐奈	古利克厄威克	罗宾斯	周三多	本书观点
报告 Reporting			○			控制
预算 Budgeting			○			
控制 Controlling	○	○		○	○	
创新 Innovating					○	创新

（二）管理原理

原理是指对事物的实质及其基本运动规律的表述。管理原理是从管理学中抽象出来的，作为管理理论的基础，它舍去了管理学中的具体方法、措施、制度等，而着重研究管理学的基本理论、基本原理和基本原则。管理是一门增强成功概率的学问。管理原理研究的就是如何增强成功概率。从微观角度来看，管理原理讲的是增强成功概率最核心、最本质的道理；从宏观角度来看，管理原理是一个管理理论系统。在长期的实践活动中，人们总结了不少的管理原理，并按照这些管理原理确定了相应的管理原则。这些管理原理都具有普遍的适用性，是实现管理目标的保证。在当今社会经济条件下，管理原理包括系统原理、权变原理、人本原理、柔性原理和绩效原理等内容。

1. 系统原理

系统原理基于系统理论，即根据系统论的思想，把管理看作是一个有统一功能目标的大系统，在系统内部又有一系列纵横交错的"子系统"，整个系统组成一个有机的整体，实现管理的最优化，发挥其最大功能。系统原理除将组织视为一个开放性系统外，还依据人造开放性系统的特征进行系统管理。组织既然是一个有机的整体，组织的管理就必须进行整个系统的分析，提出对各子系统或各组成部分的要求和限制。只有当整体的效益大于各组成部分效益的总和时，整体系统优化才有意义。管理系统内各个要素之间具有整体性、层次性及相关性特征，具有相互依存和相互制约的关系，因此，管理者应该用联系的观点看问题，要把系统中各个要素的各个方面有机联系起来，考察其中的共同性与规律性。

2. 权变原理

权变，乃权宜应变之意。管理之"变"，是结合变化了的情况，做到以变应变，以提高管理的适应性、有效性。权变原理可为管理活动提供正确的行动指导和思想武装。权变原理的核心是动态性，即管理者为了提高组织体的功效，实现组织目标，就必须不断适应客观环境的变化，在激烈的国际竞争中求生存、谋发展。为此，就必须实施灵活的动态管理，这是现代管理的基本要求之一。现代组织管理要求将管理活动置于不断运动的内外环境中，分析并研究各要素在运动中的变化及其相互组合的运动形态，探寻引起变化的原因，制定适应运动及其变化的管理方案，实行动态管理，通过计划、组织、领导、控制、创新等职能保证组织的生存和发展，这就是现代管理的权变原理。分析研究外部环境的变化和企业如何与之相适应，是现代企业管理的主要内容。为此，组织应加强对市场的调查研究、经营预测、经营决策和编制经营计划等管理工作，强调组织与外界环境变化的动态平衡，增强组织的应变能力，使组织及时适应环境的变化。

3. 人本原理

人是管理系统的核心，管理活动应在对人的思想、感情和需要充分了解的基础上，充分发挥人的主动性、创造性和积极性。人本管理是一系列以人为中心的管理理论和管理实践的总称。在管理活动中需要一定的人对所管的一定的工作完全负责，在明确职责的前提下给责任人授予相应的权力，把完成工作所需要的全部权限授权给责任人。人本管理是一种全员参与的管理，在实行人本管理的企业中，每位员工都是真正主人，管理人员和普通员工之间是一种合作分工关系。

4. 柔性原理

柔性管理是是通过研究人们心理和行为规律，运用非强制方式对员工产生潜在说服力，使员工在工作中自觉执行组织意志，采取柔性原理具有内在驱动性、持久性和有效性三个特征，柔性管理既需要艺术的方式也需要制度的规制，与制度管理相辅相成，互相补充，和谐管理离不开柔性管理和制度管理，把握管理的尺度，才是管理的艺术。

5. 绩效原理

绩效管理是指管理者与员工通过持续开放的沟通，就组织目标和目标实现方式达成共识的过程以及促使员工做出了有益于组织的行为、达成组织目标、取得卓越绩效的管理实践。在管理过程中，能够投入的各种资源总是有限的，这就要求管理必须合理运用有限的人力、物力、财力等资源条件创造价值。现代管理科学所强调的价值是经济价值和社会价值相结合相统一的价值。管理的绩效原理要求管理者应以价值为中心来开展所有工作，一方面要强调社会效用的提高；另一方面又要强调劳动消耗的降低。管理价值中的社会效用既有可以用货币来表示的效益，如利润、税收、产品价格、社会福利费用、科学技术开发收益等等，也有不能用货币表示的效用，如环境保护的贡献、对人类长期发展的贡献、对社会政治安定的贡献、对社会精神文明及文化教育的贡献等。

三、管理方法

管理方法是指用来实现管理目的而运用的手段、方式、途径和程序的总称，管理方法来源于人类的实践活动，人类社会实践的发展和科学技术的进步推动了管理方法的不断发展和进步。管理方法依照一定的规律形成和发展。为了达成管理目标，管理者通过仔细分析管理任务和管理对象，确定管理手段和管理方式，不断形成有效的管理方式，这就是正确的管理方法。管理的基本方法包括行政方法、经济方法、法律方法和教育方法。管理的具体方法有任务管理法、人本管理方法、目标管理方法以及系统管理方法等。

（一）基本管理方法

1. 行政方法

行政方法是行政机构通过行政命令、指标、规定等手段，按照行政系统和层次，以权威和服从为前提，直接指挥下属行动的管理方法。行政方法具有权威性、强制性、垂直性、具体性等特点，有利于管理系统的集中统一和管理职能的发挥，在管理过程中能够灵活地处理各种特殊问题，强化管理的作用。但是这种方法要达到理想的效果对组织领导水平要求较高，而且不利于分权管理。

2. 经济方法

经济方法是组织根据客观规律，运用各种经济手段，调节各方面之间的经济利益关系，以获取较高经济效益与社会效益的管理方法。经济方法具有利益性、灵活性、平等性、有偿性的特点，便于分权，能够充分调动组织成员的积极性和主动性，有利于提高组织的经济效益和管理效率。但是，经济方法以价值规律为基础，也带有一定的盲目性和自发性。

3. 法律方法

法律方法是指运用法律这种由国家制定或认可并以国家强制力保证实施的行为规范以及相应的社会规范来进行管理的方法。法律方法具有规范性、严肃性、强制性的特点。有利于维护正常的管理秩序和调节各种管理因素之间的关系。但是缺少灵活性和弹性，不利于处理一些特殊问题和新出现的问题。

4. 教育方法

教育方法是指组织根据一定目的和要求，对被管理者进行有针对性的思想道德教育，启发其思想觉悟，以便自觉地根据组织目标去调节各自行为的管理方法。教育方法具有启发性和探索性，能够激发人们持久的工作热情和积极性，对其他管理方法的综合应用起着重要的促进作用。然而，教育方法对于被管理者并没有行政方法和法律方法那样的强制性，也没有经济方法的诱导力。所以，思想教育要真正产生作用，必须经过多方长期不懈的努力。

（二）具体管理方法

1. 任务管理法

任务管理法是指通过对员工工作时间和具体动作的研究，设置每项任务的标准，并将其落实到每一位负责具体工作的员工。有了任务标准，每一位员工都有明确的责任和考核机制，因而有动力努力按照要求工作，提升工作效率，从而促进组织生产效率的提升。由于受到当时的工作条件限制，任务管理法关注的多是生产车间员工的工作，缺乏对管理部门任务标准的探讨，因而具有一定的局限性。此外，任务管理法否定工人在工作中的自主性、独立性，忽略了人际关系对于人的行为的影响。因此，在强调人性和个性的现代社会，任务管理法的不适应性也就越发地突出。

2. 人本管理方法

人本管理是一系列以人为中心的管理理论和管理实践的总称。人本管理不同于把人作为工具、手段的传统管理模式，是在深刻认识人在社会经济活动中的作用的基础上，突出人在管理中的地位，实现以人为中心的管理。在企业发展过程中，决定企业持久发展的主要因素是人力资源，即人们所具有的知识、技术和能力，而其他资源的获取均来自于人的创造。人是经济活动中最积极活跃的，人所具备的活力正是企业活力和竞争力的主要来源。因而，必须树立依靠人的管理理念，通过全体成员的共同努力，实现企业的长久发展。人本管理法突破了任务管理法中要求员工的工作任务标准化，减少员工自由度的做法，尊重人的主观能动性和创造性，在工作中灵活性强，自由度高，因而能够发挥其自主性和创造性，有利于促进组织的创新活动和提升组织创新绩效。

3. 目标管理方法

目标管理方法是指组织高层管理者按照一定的标准和方法对组织总体目标进行有效分解，确定组织中每个工作单元、每个部门、每个团队、每个员工的具体目标，在此基础上设计每一目标的具体考核方式，据分目标的完成情况对每个工作单元、每个部门、每个团队、每个员工进行考核、评价和奖惩，因此分目标的完成情况是组织重要的考核依据。只有每一个分目标有效得到完成，组织的总目标才能实现。因此，目标管理方法相信人的积极性和能力，运用有效的激励方式引导员工积极分析自己的目标，合理有效规划目标实现方式，自觉采取有效方式完成工作目标。

4. 系统管理方法

系统管理方法是一种准确把握整体与局部的辩证关系、全局的科学方法，它有机地运用数学定量和统计分析工具，精确地描述管理对象的运动状态和规律。系统管理方法遵循整体性、最优化的原则。把管理对象作为整体，通过描述整体与要素的相互依赖、相互联系、相互制约关系来揭示管理系统的整体性质。系统方法存在要求确定最优管理方案，然而组织存在柔性管理、环境多变，因而最优方案的选择存在不确定性，因此系统管理法要求确定明确的方案取舍标准，综合考虑组织管理的各项因素，尽量选择能够优化组织管理的方案。

第二节　管理者

一、管理者的概念与分类

（一）管理者的概念

管理者是指那些为实现组织目标而负责对所属资源进行计划、组织、领导和控制的人员。管理者在组织中的主导地位和作用，以及管理活动的特殊性决定了管理者的重要性。管理者也可能担任某些作业职责，但是，作为一个管理者，一定要有下属成员。

（二）管理者分类

1. 按层次分类

根据管理者在组织中所处的层次不同，可以把他们分为高层管理者、中层管理者和基层管理者。

高层管理者又称高管成员，是负责整个组织战略与战术活动的少数管理者，在对外事务中，高管成员代表组织形象，在内部管理活动中，高管成员对重大问题具有决策权，负责制定组织的战略目标和战术策略，对整个组织的业绩负责。

中层管理者是指处在组织中间层次的大批管理者。他们的职责是贯彻高层领导的决策，监督和协调基层组织活动。中层管理者不仅仅向上报告工作，还向下传达指令，起桥梁作用，相当一部分中层管理者需要相对独立地开展工作，有自己的产品和服务对象，经济核算也相对独立。这种中层管理者的权限相对较大，近似于一个组织的高层领导。

基层管理者又称一线管理者，他们面向基层作业人员，负责管理基层组织日常活动。他们的主要职责是接受上级指示并落实到基层，按计划开展工作，组织、监督和协调作业人员活动，确保按时完成任务。

以上三个层次的管理者统一领导，分级管理，共同保证组织正常运行，实现组织目标。比较而言，高层管理者在组织的开拓发展、计划和决策方面起关键作用。基层管理者在落实作业计划，保证产品或服务质量，解决矛盾和冲突，提高作业效率等方面发挥重要作用。中层管理者除了上传下达外，还需要组织协调所属基层单位的活动。

2. 按领域分类

根据管理者所管理的领域不同，可以把他们分为综合管理者和专业管理者。综合管理者是负责管理一个组织全部活动的管理者，高层管理者中的主要领导人、中层甚至基层组织中的直线主管一般都是综合管理者。专业管理者负责管理某一方面工作，他们一般有较丰富的专业工作经验。按管理领域不同，一般企业把专业管理者又分为生产管理者、营销管理者、财务管理者、人力资源管理者以及根据工作任务差异安排的其他专业管理者。

二、管理者的角色与技能

（一）管理者角色

亨利·明茨伯格（Henry Minzberg）通过对5位总经理的工作的仔细研究，对于长期以来对管理者工作所持的看法提出了挑战。明茨伯格发现，他所观察的经理们陷入大量变化的、无一定模式的和短期的活动中，在大量观察的基础上，明茨伯格提出一个管理者扮演着人际关系、信息传递和决策制定三个方面的角色，这些角色进一步细化为10种各不相同却高度相关的角色。

1. 人际关系角色

人际关系角色是指在执行礼仪性和象征性的义务中各级管理者扮演的角色。具体包含挂名首脑的角色、领导者的角色、联络员角色等。不同角色执行的具体任务有差别，挂名首脑的角色要求管理者代表组织形象，领导者角色要求管理者能够合理有效地雇佣、配置、培训、激励、管理员工。管理者的联络员角色要求其能够给组织提供来自组织内部或外部的信息来源，包含内部联络关系和外部联络关系。

2. 信息传递角色

组织的各级管理者在管理活动中都会不同程度地从内部工作单元或外部组织机构接收信息或者主动从各单位搜集有利于决策的信息。其中管理者对消费者和竞争对手信息的收集和了解称为监听者角色，在组织各级机构中信息的上传下达称为传播者角色；在对外公共关系中传达组织内部形象和决议称为发言人角色。

3. 决策制定角色

亨利·明茨伯格围绕决策制定确定了4种角色：企业家角色、驾驭混乱者、资源分配者和谈判者角色。其中，管理者的企业家角色致力于组织绩效提升的战略和战术制定；管理者的驾驭混乱者角色，致力于采取纠正行动应付组织管理中出现的不可预料的意外情况；管理者的资源分配者，致力于对组织中的人、财、物、信息等资源进行合理分配；管理者的谈判者角色致力于为了自己组织的利益与其他团体和利益相关者进行议价和商定成交条件。

在全面分析管理者扮演的三个方面的角色基础上，明茨伯格进一步将管理者三种角色细分为10种角色，如表1-2所示。

表1-2　　　　　　　　　　　　管理者的角色类别

角色类别	具体角色	特征描述与主要活动
人际关系	挂名首脑	履行法律性的或社会性例行义务，迎接来访者，签署法律文件
	领导者	激励和动员下属，人员招聘、培训、激励、管理
	联络者	维护外部接触和联系网络，提供恩惠和信息，发感谢信，从事外部公共关系活动
信息传递	监听者	寻求和获取特定信息，了解组织与环境；阅读期刊和报告，保持私人接触
	传播者	举行信息交流会，用打电话的方式传达信息
	发言人	向外界发布有关组织的计划、政策、行动、结果等信息，举行董事会议，向媒体发布决策信息
决策制定	企业家	组织SWOT分析，制定战略和战术
	混乱驾驭者	采取纠正行动应付组织管理中出现的不可预料的意外情况
	资源分配者	对组织中的人、财、物、信息等资源进行合理分配
	谈判者	为了自己组织的利益与其他团体和利益相关者进行议价和商定成交条件

（二）管理者技能

要想驾驭具有挑战性的管理工作，从容应对不断变化的管理形势和管理任务，管理者需要掌握许多管理技巧和能力，其中最重要的管理技能，就是帮助他人在工作中实现更高效率、产出更多的技能。管理者的技能主要包括概念技能、技术技能和关系技能。

1. 概念技能

概念技能是指管理者面对纷繁复杂的环境，通过分析、判断、抽象、概括并洞察事物，分辨各种因素的作用，认清主要矛盾，抓住问题实质，形成正确理念，从而做出正确决策的能力。

2. 技术技能

技术技能是指管理者对管理领域内作业活动相关专业技术和方法的掌握程度。但是，因为管理者平时大量的时间消耗在管理活动上，难以在专业技能方面达到精湛水平，所以只要求能熟悉相关技术和方法，不苛求精通。

3. 关系技能

关系技能是指管理者与各类人员打交道，处理人际关系的本领。要使他人心悦诚服地工作，服从组织安排，管理者必须注意提高自己的人际关系技能，搞好与上级、下级、同事之间的关系。只有这样才能取得他们的合作与支持。

上述三种技能为各个层次、各种领域的管理者所必需，即任何管理者都应该具有较强的概念技能，洞察事物，正确分析和判断问题；都应该熟悉相关领域的专业技术和方法；都能善于协调人际关系。但不同层次管理者对这三种技能的要求有所不同。一般来说，管理者所处的层次越高，对概念技能的要求越高；管理者所处的层次越低，对技术技能的要求越高。关系技能是各个层次的管理者都应具备的重要技能，因为每一层次的管理者都必须处理好与他人的关系。如图1-1所示。

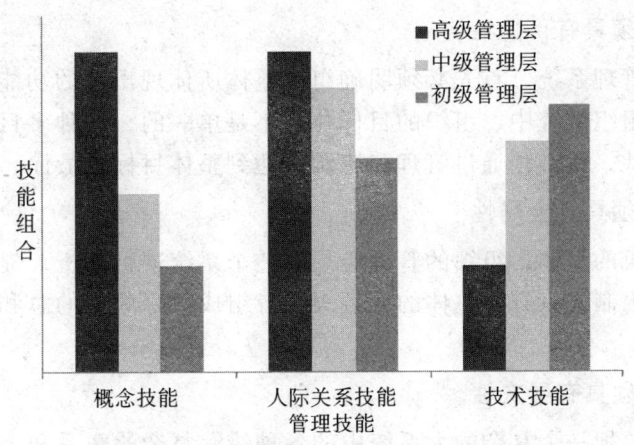

图1-1　管理层次与管理技能的结合

（资料来源：莱斯利·鲁，劳埃德·拜厄斯．管理学：技能与应用．北京大学出版社，2017．）

三、有效的管理者

（一）有效管理者的能力要求

管理能力就是能够在管理工作中取得高绩效的能力。管理者应该善于采用授权的方式，有效地通过别人来取得成果。有效的管理者能够采用分担职责和授权的方式来使其他层次的员工承担起完成任务的责任。有效的管理者要取得成功必须具备的能力，如表1-3所示。

表1-3　　　　　　　　　　　有效管理者必须具备的能力

具备的能力	定义
领导能力	影响别人完成任务的能力
自我评价的能力	实事求是地进行自我评价的能力
分析思维能力	解释和说明的能力

续表

具备的能力	定义
行为适应能力	为达到目的而改变个人行为的能力
口头表达能力	口头明白无误地表达思想的能力
书面表达能力	书面明白无误地表达思想的能力
个人影响能力	营造良好形象和帮助别人树立信心的能力
承受压力的能力	在紧张状态下完成任务的能力
承受不确定性的能力	在不确定情况下完成任务的能力

（二）有效管理者的方法要求

1. 有效管理必须具有目的性

作为一个组织管理系统，首先必须明确组织整体所体现出来的功能，即组织管理整体的目的性。在现代组织系统中，组织的目标往往不是单一的，这种多目标性就会导致多目标之间的矛盾。因此，就必须通过管理和协调来达到整体目标的最优。

2. 有效管理必须具有全局性

组织是一个有机的整体，组织的管理必须对整个系统进行分析，提出对各子系统或各组成部分的要求和限制。只有当整体的效益大于各组成部分效益的总和时，整体管理系统优化才有意义。

3. 有效管理必须具有层次性

有效的管理是要把一个复杂的大系统中的各种错综复杂的联系和上下左右的层次结构分清楚，从而提高管理效率。

4. 有效管理必须具有环境适应性

任何组织都存在于环境之中。要搞好管理，就必须适应环境的变化，了解市场需求，从多种方案中选取最优方案，这样才能保证组织系统的生存和发展。

知识链接 1-2

管理者的四重修炼

执行力修炼。执行力绝非毫无疑义地执行上级指令，而是要充分结合实际情况，必要时应当反馈有价值、有建设性的意见建议，确保整体目标、举措更加合理。

判断力修炼。决定一个团队战斗力强弱的不再仅仅是执行力上的差距，还有目标、步调以及监督手段的高低。一个重要的标志就是，这个团队的管理者是否懂得"取舍"，让团队的力量主要集中在那些真正重要的事上。

影响力修炼。影响力是用一种别人所乐于接受的方式，改变他人的思想和行动的能力，这是管理的"高级形式"。"人格魅力"就是影响力的一种积极表现。在激励手段和领导权威逐渐失效的今天，能够通过个人影响力来推动一个组织的前进是一种难得的能力。

统御力修炼。高层管理者面对的情况复杂、矛盾交织、利益诉求多变，从如何在纷繁复杂的表象中看透问题本质并且能够做到想明白、有办法、牢牢把握工作的主动权，可以看出一个管理者的段位。在宏观层面，管理者需要增强辩证思维和战略思维能力；在微观层面，管理者需要平衡各方利益妥善推动发展。

第三节 管理学

一、管理学的概念与特点

（一）管理学的概念

管理学在总结管理实践经验的基础上，综合运用现代社会科学、自然科学及先进科学技术的理论和方法研究管理活动的基本规律、基本原理和一般方法，是一门综合性、应用性理论学科，也是管理学科群中最为基础的学科。

（二）管理学的特点

1. 管理学是科学和艺术的结合体

管理既是一门科学，又是一门艺术，它既要求具有系统的管理理论思考，同时应有丰富的实践经验，具有很强的应变能力，还需要技巧性地处理组织各种事务。在发挥管理的艺术性的时候是不可能精确计量的；在发挥管理科学性的时候，又需要将数学、统计学、运筹学和工程学的很多方法引入管理学进行精确的测量，这些特点决定了管理学科是艺术性和科学性的结合体，也决定了管理学科的复杂性。

2. 管理学是理论和实践的结合体

管理学是以人类组织领域的管理实践为研究对象，运用管理学基础学科的理论知识，研究其实践活动的规律性，完善组织的管理过程，实现绩效的提升。管理学来源于实践，综合运用管理理论指导实践，所以，它既是一门实践性很强的应用科学，也是管理理论与管理实践的结合体。

3. 管理学是一门综合性的软科学

管理学涉及的主要对象是人，以及人、物、环境的动态平衡。管理效果的实现和管理效率的提高，要求管理者综合考虑组织内外的多种错综复杂的因素，利用社会科学和自然科学的多种分析方法和工具对管理问题进行定性描述和定量分析，提炼出前沿的管理理论和行之有效的管理方法，指导管理理论的发展和管理实践的创新。此外，管理能使组织中的各种资源合理配置，高效运转，以实现最大限度的价值增值。管理学渗透了自然科学和社会科学，是一门综合性的软科学。

二、管理学的研究内容

管理学的研究内容包含一切具体领域管理实践的客观规律。管理学的主要研究目标是探讨组织如何适应环境变化，合理地筹划、组织、利用各种资源以实现组织既定目标，取得良好的绩效。从管理学的二重性来看，管理学的研究内容包含生产力、生产关系、上层建筑三个方面；从管理学的演进过程来看，管理学的研究内容包含管理实践、理论、思想的形成、演变与发展；从管理过程来看，管理学研究内容包含管理职能、管理要素、管理原理、管理方法等。无论从哪个视角对管理学进行探讨，其主要研究内容都集中于组织、人及其行为和组织的绩效。

（一）资源和要素配置优化问题

为了实现组织的绩效目标，采取有效的手段获取资源或者要素并对这些资源进行有效的整合和优化是关键。由于资源的有限性和差异性特征，管理者需要根据实际情况，对有限的资源进行合理的配置和优化，确保各资源要素的充分利用和效益最大化，是管理学研究的一个重要内容。

（二）组织生产过程的效率优化问题

社会化大生产使得劳动分工越来越细，协作越来越复杂，联系也越来越广泛。为了实现组织的绩效目标，管理者必须采取有效的手段实现组织生产过程的效率最优化，这是管理学致力研究的一个重要内容。

（三）管理手段的先进化问题

组织的管理环境在不断变化，为了适应激烈的竞争态势，管理者必须研究和运用现代化科学管理的方法、技术和手段在激烈的市场竞争中取得优势。运用先进的管理方法、技术和手段来执行和完成管理功能。因此，对于管理方法、技术和手段的探索与研究也是管理学的重要内容，它体现了管理学的应用性和实践性。

三、管理学的研究方法

（一）基本研究方法

1. 辩证方法

管理学产生于管理实践，是管理实践经验的概括和总结，因此，研究管理学，必须坚持实事求是的态度，深入管理实践，进行调查研究，总结实践经验并用判断和推理的方法，使管理实践经验上升为管理理论。同时，还需要认识到，事物之间都是相互联系、相互影响，且处于不断发展变化之中的。作为管理理论、学说研究的辩证法，实质上是管理实践活动辩证本性的概括。辩证法教导人们要善于观察和分析事物的矛盾运动，并根据这种分析找出解决矛盾的方法。管理活动中充满着各种各样的矛盾，要寻求较好地解决各种矛盾就必须采用辩证的方法。

2. 历史方法

管理科学发展到今天经历了不同的发展阶段。在每一个历史阶段，由于历史背景、经济发展程度和社会环境的不同，都产生了不同的管理理论，每一阶段的管理理论既具有其先进性也存在历史局限性，因此，我们在研究管理理论时一方面应该尊重历史，不能以一概否定的态度看待历史，通过分辨将继续适用的东西接受下来为我所用。这就是历史的方法。

3. 系统方法

组织是由各个要素有机组合而成的一个系统，各个要素相互联系、相互作用、相互影响。因此，研究和学习管理学，必须要有整体观念，综合考虑各个要素之间的相互关系，考虑每个要素的变化对其他要素和整个组织的影响，以便用宽广的视野来处理问题，协调各要素、各部门的关系，确保组织整体目标的达成。

4. 逻辑方法

管理学中研究管理的一般原理、原则、概念和范畴，主要靠从许多管理的特殊现象、过程中进行归纳，抽象出共同的联系和本质的特征而得到的。演绎法则是由一般到特殊的推理。我们掌握一般原理、原则、概念和范畴，目的就是面对管理的具体的实际情况，将其变成认识和解决管理具体问题的方法和操作手段。在对管理事实研究的过程中，必然综合地运用归纳和演绎的逻辑方法，这样才能避免认识的片面性。

5. 理论与实际相结合的方法

管理学是致用之学，它最突出的特点就是实践性和应用性。离开了实践，管理学也就成了无源之水、无本之木。所以，研究和学习管理学，必须坚持理论联系实际，密切关注管理实践的发展，注意管理实践对管理理论提出的新要求，学会总结管理实践中的经验、方法；同时，努力将学到的管理理论应用于实践，通过实践巩固学到的理论，使知识转变为能力，实现研究和学习管理学的最终目的。

6. 定性与定量相结合的方法

管理学既是一门科学，又是一门艺术，在研究中把定性分析和定量分析结合起来，可以克服两种方法的局限性，从而得出科学的结论，有效地指导管理实践活动。

（二）具体研究方法

1. 比较研究法

比较研究法是指对彼此有某种联系的事物加以比较、对照，从而确定它们之间的相同点和差异点的一种研究方法。在管理学研究中，运用比较研究方法，通过对不同体制、不同国家或地区的管理实践和管理理论的对比分析，就能分辨出其中的异同，总结和抽象出管理的一般原理和方法。

2. 案例分析法

在众多组织中挑选一些典型的案例，从整体或局部对在管理实践中的成功或失败进行深入的个案剖析，进而发现管理过程的规律，总结管理活动的经验，这就是管理研究的案例分析方法。案例分析作为一种科学方法已在许多国家广泛运用，效果甚佳。

3. 实验研究法

实验研究法是一种有目的的在设定的环境条件下认真观察研究对象的行为特征，并有计划地变动实验条件，反复考察管理对象的行为特征，从而揭示管理的普遍规律、原则和艺术的研究方法。管理中的许多问题，特别是微观组织内部的一些管理问题，可以采用实验法进行研究。

4. 实证研究法

实证研究法是认识客观现象，向人们提供实在、有用、确定、精确的知识研究方法，其重点是研究现象本身"是什么"的问题。实证研究方法包含确定研究对象、分析构成要素、揭示相互关系、设定理论条件、提出研究假设、实证检验假设等多个相互关联的步骤，其根本目的是用数据和事实检验研究假设和理论的正确性，推动管理学理论的发展和管理实践的创新。

5. 文献研究法

文献研究法主要指搜集、鉴别、整理文献，并通过对文献的研究形成对事实的科学认识的方法。利用各种搜索工具检索了国内外与研究主题相关的研究文献，通过对现有的研究理论、研究模型、研究观点和研究方法进行分析和总结，梳理出管理学的理论架构，在此基础上提出管理学的研究目标和拟解决的主要研究问题。文献研究法对于管理学研究目标设定、研究方案设计和研究内容、研究方法的确定具有重要意义。

四、管理学研究的发展

（一）管理学网络范式的兴起

随着社会网络研究的发展，作为社会学范畴的社会网络研究方法被引入到管理学研究领域。网络范式下的管理学研究涵盖从高到低、从整体到局部、从宏观到微观的五个研究视角：结构视角、情境视角、关系视角、位置视角和认知视角。涵盖了个体层面、团队层面、组织层面等多种形式的研究。在社会网络范式下，管理学研究前沿逐步从定性解释发展到定量溯源、从单一网络发展到多重网络、从网络结构发展到结构属性相结合，从借用和复制网络发展到拓展和创建网络。网络范式下的管理学研究逐步与社会学、心理学的交叉融合，拓展了对管理现象的探求，开辟了管理学跨学科的研究框架。

（二）大数据和云计算的广泛应用

移动互联＋云计算＋大数据＋物联网已经成为了一个整体的技术集成概念。互联网时代海量的数据信息给管理学研究带来新的机遇和挑战。大数据是管理科学发展历史上最接近现代科学技术的一次，管理学的研究广泛应用大数据、云计算支持下的计算实验和计算机模拟仿真技术，改变了学术研究范式。由于管理学研究数据来自于各个不同领域并被广泛地运用，研究的范围甚至可能超出研究者的专业和视角之外。而大数据带来的管理决策范式转变则表现在：定义问题、制定方案、选择方案和评估方案同步进行，并且相互关联、影响和制约，每个环节都有动态的数据互动与分析。

（三）管理学与经济学的融合

经济学与管理学的领域交叉越来越大，管理学研究与经济学不断融合。管理学研究不断吸纳经济学的最新理论和研究方法，实验经济学和行为经济学的理论和方法广泛应用于管理学的研究当中，管理学研究逐步形成以经济学为基础的新的理论体系和方法论。管理学研究以规范的经济学理论为基础来重整自己的理论体系，夯实自己的理论基础，形成严密的演绎体系，使自身的科学性不断得到升华。在研究方法上，管理学也在逐步吸纳经济学最新发展成果和研究方法，形成以经济学为基础的新的方法论。

案例分析

贾厂长的无奈

江南某机械厂是一家拥有职工两千多人，年产值过亿元的中型企业。贾厂长每天都要处理厂里大大小小的事情几十件，从厂里的高层决策、人事安排到职工的生活起居，可以说无事不包。为了把这个厂办好，提高厂里的经济效益，改善职工的生活，贾厂长一心扑在事业上。在厂里，贾厂长事必躬亲，大事小事都要过问。能亲自办的事决不交给他人办；可办可不办的事也一定是自己去办。交给下属的一些工作，总担心下面办不好，经常要插手过问，有时弄得下面的领导不知如何是好，心里憋气。

虽然贾厂长的事业心令人钦佩，可贾厂长的苦劳并没有得到上天的赏赐。随着市场环境的变化，厂里的生产经营状况每况愈下，成本费用急剧上升，效益不断下滑，贾厂长决定在全厂推行成本管理，厉行节约，他自己以身作则，率先垂范。但职工并不认真执行，浪费的照样浪费，考核成了一种毫无实际意义的表面形式。贾厂长常感叹职工没有长远眼光，却总也拿不出有力的监管措施。

讨论题：
1. 运用管理理论分析贾厂长心里憋气的原因。
2. 贾厂长到底应该怎么办？

复习思考题

1. 简述管理的概念与特征。
2. 简述管理的基本原理。
3. 为什么说管理既是一门科学又是一门艺术？
4. 管理具有哪些职能？
5. 一个有效的管理者应该具备哪些技能？
6. 管理学的研究方法有哪些？

延伸阅读

[1] 彼得·杜拉克. 有效的管理者 [M]. 北京：求实出版社，1985.

[2] 彼得·潘迪，罗伯特·纽曼，罗兰·卡瓦纳. 六西格玛管理法：世界顶级企业追求卓越之道 [M]. 北京：机械工业出版社，2011.

[3] 彼得·圣吉. 第五项修炼. 实践篇：创建学习型组织的战略和方法 [M]. 北京：东方出版社，2006.

[4] Carroll S J, Gillen D I. Are the classical management functions useful in describing managerial work?

[J]. Academy of Management Review, 1987, 12 (1): 38-51.

[5] Boyatzis R E. The Competent Manager: A Model for Effective Performance [J]. Competent Manager A Model for Effective Performance, 1982, 9: 80-82.

[6] Simon, Herbert A. Administrative Behavior. [J]. American Journal of Nursing, 1957, 50 (2): 46-47.

第二章
Financial Management

西方管理思想的产生与发展

内容提要

本章的主要内容是西方管理思想的形成与发展，包括古代、中世纪、文艺复兴和工业革命时期的管理思想；泰勒的科学管理理论，法约尔的一般管理理论和韦伯的行政组织理论；人际关系理论，行为科学理论以及现代管理理论的主要学派。其中，西方管理理论的基本思想和内容是本章学习的重点，掌握西方管理思想的理论体系是本章学习的难点。

学习目标

知识目标：了解西方管理思想的起源与发展，掌握管理理论的主要内容和较为完整的西方管理理论体系。

能力目标：描述不同理论流派的代表人物和主要观点，分辨不同管理理论的特征和局限性。

素质目标：通过资料收集、课外调查和课堂研讨，理解西方管理理论的发展体系；通过小组集体学习和训练，培养团队协作精神。

第一节　西方管理思想的起源与萌芽

一、西方管理思想的起源

（一）西方古代管理思想

工业革命以前，组织主要是家庭、部落、教会、军队和国家。早期的管理思想主要体现在这些组织的运行过程和经济活动中。这些管理思想主要体现在以下几个方面：

1. 法律是国家管理的重要工具

西方古代国家管理中，法律是重要的管理工具。苏美尔人的苏美尔法典是西方最早的法律体系，古巴比伦人通过修订苏美尔法典建立的汉谟拉比法典是西方古代著名的法典。罗马的立法和司法的分权制则为后来的立宪政府的制约和平衡体制树立了一个典范。

2. 中央集权是早期国家管理的基本特征

古埃及人建立起以法老为最高统治者的中央集权的专制政权。古罗马人采用了一种连续的行政授权与军事控制相结合的集权型等级制度。而苏美尔人则是庙宇中的祭司掌权，通过庞大的赋税制度积累大量财物。

3. 利用宗教来控制人和管理国家

希伯来人利用宗教来控制人和管理国家。为适应政治统一的需要，将进一步提高耶和华神的地位。犹太祭司也利用宣扬耶和华神是"救世主"，建立起祭司宗教权力与贵族政治权力合一的统一的神权政体国家。

4. 高超的组织管理能力

古埃及人高超的组织管理能力主要体现在工程和军事管理方面。他们在建造金字塔的过程中，通过精心计划、组织和控制，安排和解决食物、住房、运输问题，表现出了非凡的管理和组织能力。罗马军队实行"10人编队制"，体现了其在军事管理方面的组织管理能力。

5. 管理的中心任务是加强人的管理

古希腊人的管理思想中充满着知识和思维的力量，认为管理的中心任务就是加强人的管理。他们崇尚民主管理，建立了有一定民主成分的政府，认识到了专业化与合理分工的原则以及管理的普遍性原则；他们用音乐来调节艰苦、单调、重复性的工作，把财富是否得到增加作为检验管理水平高低的标准，把加强对人的管理看成是管理的中心任务。

知识链接 2-1

苏美尔人的管理思想

古代两河流域，大致相当于现在的伊拉克共和国版图，有底格里斯河和幼发拉底河自西北向东南流入波斯湾。两河流域最早文明的创始人是苏美尔人。公元前4000年后半期是两河流域南部原始社会解体，向奴隶社会过渡的时期，到公元前3000年初期，在苏美尔和阿卡德地区，逐渐形成了大约40个国家。这些刚产生的国家都是小国寡民，由一些农村公社结合而成的村社国家。苏美尔人在他们的庙宇中发展出一种类似当代"公司"的组织，由一个共同的管理机构来管理一批庙宇。这种庙宇"公司"实行双头控制制度：由一个高级祭司负责宗教和礼仪活动，另一个高级祭司负责非宗教的世俗活动。苏美尔人庙宇中的祭司通过庞大的赋税制度积累了大量财物，为了管理这些财物，他们在泥板上用文字记载账目、文件等，这是世界上最早的萌芽状态的管理控制系统和库存账目记录。苏美尔人管理社会的最突出的成就是建立了最早的法律体系——苏美尔法典。苏美尔法典的主要特点为：第一，以牙还牙的惩罚法。第二，执法的半私人性。受害者本人或其家庭有权控告罪犯。第三，法律面前不平等。第四，过失杀人犯和蓄意杀人犯之间有所区别。

(二) 西方中世纪的管理思想

从罗马帝国的衰亡到文艺复兴前,被称为西方的中世纪时期。罗马帝国后期,奴隶制已不适应社会经济发展了。罗马帝国衰亡后,大庄园的出现和政治上的动荡,引起了经济、政治和社会的混乱,为封建主义制度的出现创造了成熟的条件,欧洲社会发展从此进入了封建主义的新时代。封建社会中国王是最大的封建主,土地是影响统治地位的重要生产资料,土地被自上而下地分封给各个封建主。封建主间经常发生战争,国家混乱不堪,但这一时期管理思想也得到了发展。

1. 中世纪初期的管理思想

中世纪初期,西方关于管理思想的专著还未出现,但已有一些管理思想的萌芽。公元10世纪,阿尔法拉比(Alpharabius),在写到管理一个王国时,曾论述管理者应有的品质和集思广益的必要。格札里(Gerry)是阿拉伯的神学哲学家,他对领导者提出必须保有公正、智慧、耐心和谦虚,永远不能有嫉妒、傲慢、狭隘以及怨恨。托马斯·阿奎那(Thomas Aquinas)是中世纪神学家和经院哲学家,他提出消费要适可、经济活动要受到干预、劳动和土地是生产的二因素等。

2. 中世纪中期的管理思想

帕西奥利(Luca Pacioli)是15世纪时意大利的一位修道士,他于1494年发表了一篇关于复式簿记制的论文,建议要把备忘录、日记账和分类账编上号码并注明日期,所有的交易文件都要详尽完备并长期存档,定期核查,以便及时了解和控制现金和存货的状况。

历史学家费雷德里克·莱恩(Frederick Lane)所著的《威尼斯商人安德烈亚·巴巴里戈》是一位早期"商人"的传记,描绘了15世纪威尼斯商业繁荣的景象。当时同管理紧密相关的两个领域是商业组织的类型以及威尼斯人把会计作为一种管理措施。商业组织的主要类型是合伙企业和合资企业,前者主要是为工商业公司设计和使用的,而后者则通常用于一次性交易、矿藏勘探或冒险事业;威尼斯商人所从事的商业和财务活动必然地导致一种提供文件和记录的制度,这就是早期的会计和财务制度。

此外,中世纪也出现了十分出色的工厂管理实践。威尼斯兵工厂的管理代表了这一时期的管理水平。威尼斯兵工厂就是管理实践的典型代表。威尼斯兵工厂在部件的编号储存、人事管理、标准化、成本控制等方面都积累了丰富的管理经验。

3. 中世纪后期的管理思想

尼可罗·马基雅维利(Niccolò Machiavelli)是意大利文艺复兴初期著名的政治思想家和历史学家,被称为"政治学之父"。他主张结束当时意大利的政治分裂,建立一个统一而强大的君主国。他认为政府的存续要依靠群众的支持,组织要有凝聚力,领导者要具备一定的领导技能和使组织持续的意志。

托马斯·莫尔(St. Thomas More)是欧洲早期空想社会主义学说的创始人,他的代表作是《乌托邦》。《乌托邦》阐述了许多同管理有关的思想。第一,批判私有制,主张公有制;第二,统一调配人力和组织生产;第三,民主管理国家事务。

二、工业革命时期的管理思想

文艺复兴导致资本主义精神的建立和资产阶级革命的爆发，英、法、美等国相继取得了资产阶级革命的胜利，建立了资产阶级政权，西方主要国家逐渐从封建社会过渡到资本主义社会。资本主义制度确立，解决了封建的生产关系和先进的生产力之间的矛盾，促进了资本主义生产力的发展。

（一）英国工业革命与管理思想的发展

1. 劳动分工问题

詹姆斯·斯图亚特（Jame Stuart）是英国重商主义后期的代表人物，他提出了工人和管理者的分工问题，以及工人重复劳动会使作业更熟练。他还认为机器的普及不会使工人失业，而是会产生更多就业可能。他的管理思想集中表现在其《政治经济学原理研究》一书当中。

2. 经济人假设与劳动价值理论

亚当·斯密（Adam Smith）是英国古典经济学的建立者，他在1776年出版的《国富论》中提出了经济人的假设和劳动分工思想。大卫·李嘉图（David Ricardo）是英国资产阶级古典经济学的完成者，他在1817年出版的《政治经济学及赋税原理》中坚持并发展了劳动价值论，分析了资本主义社会中阶级对立关系在利益分配中的表现。

3. 早期的系统思想

安德鲁·尤尔（Andrew Ure）认为企业有三类有机系统：机械系统（生产技术与过程）、道德系统（人事管理等内容）和商业系统（销售和筹资等）。安德鲁的思想是早期系统思想的反映，影响了如亨利·法约尔等后来的管理思想家。

4. 固定工资与利润分享的制度

查尔斯·巴比奇（Charles Babbage）是英国科学管理的先驱，1832年出版了《论机器和制造业的节约》。巴比奇进一步发展了劳动分工思想，制定了"观察制造业的方法"，并提出了固定工资和利润分享制度。

5. 劳动强度与劳资关系问题

威廉·杰文斯（William Jevons）是英国的经济学家和逻辑学家。他将数学的方法引入经济学领域，首次提出劳动强度和工人疲劳的问题。在劳资关系问题上，主张工人与管理者合作建立工业合伙，进行利润的分享。

（二）美国工业革命与管理思想的发展

独立战争后美国建立起资产阶级共和制度，铁路事业也得到了发展，为其工业革命创造了有利的条件，并促进美国迅速发展为头号工业强国。

1. 严密的管理制度和组织细则

丹尼尔·克雷格·麦卡勒姆（Daniel C. Mccallum）任职于纽约伊利铁路公司，曾负责全美铁路的指导和监督工作。美国铁路发展迅速、铁路网纵横，管理混乱、事故频发。为解决这一问题，麦卡勒姆认为应该建立严密的管理制度和组织细则进行管理。麦卡勒姆认为良好的管理要以严格的纪律、具体及详细的职务说明、经常准确地报告任务完成情况、根据成绩确定工资和提升、明确规定上下级的权力层次以及在整个组织机构中贯彻个人责任和下级对上级报告的责任等为基础。

2. 组织中人的因素和领导作风

亨利·普尔（Henry Poor）是早期管理思想史上一位杰出的人物，他曾长期担任《美国铁路杂志》的主编，支持和宣传麦卡勒姆的管理思想。普尔认为应该在企业中建立管理体系，并关注企业中的人的因素和广泛的环境因素等。普尔遭遇阿吉里斯提出要消除组织当中僵化的领导作风问题。

3. 卡片管理方法

梅特卡夫（Henry Metcalfe）的《制造业的成本和公营及私营工厂的管理》是管理科学领域的开创性著作，他在法兰克福兵工厂任职期间发现传统的管理方法效率极低，故创造实行了一种卡片控制方法。梅特卡夫利用卡片对车间的工种协调和控制进行管理和加强，效果良好。

4. 机械零件术语和记忆符号系统

史密斯（Oberlin Smith）是美国著名的工程师和企业家，曾任美国继续工程师学会的第九任主席，对美国管理思想的发展有重要作用。史密斯对机械零件的术语和符号系统进行整理，提出了具有区别性、记忆性和简明性的术语系统。

第二节　古典管理理论

一、科学管理理论

费雷德里克·温斯洛·泰勒（Frederick Winslow Taylor），美国人，是西方古典管理理论的主要代表，科学管理理论的创始人。1911 年他发表了《科学管理原理》，标志着科学管理理论的诞生。

（一）科学管理理论的主要内容

1. 工作定额原理

当时的美国企业普遍实行经验管理，其中突出的矛盾，就是资本家总觉得工人干得少、工资多，于是就通过增加劳动强度、延长劳动时间来加重对工人的剥削；而工人总认为自己干活多、工资少，于是就用"磨洋工"来消极对抗，企业的劳动生产率自然不高。关于这一情况的原因，泰勒在《工厂管理》一书中曾明确指出："雇主和领班对各种工作究竟需要多少时间去完成，胸中全然无数。这种无知在工人方面也居多数。"因此，泰勒把制定定额，实施定额管理作为企业科学管理的首要措施。泰勒提出企业要设立一个专门制定定额的部门或机构，他通过各种试验和测量，进行劳动动作研究和工作研究，确定工人"合理的日工作量"，即劳动定额。根据定额完成情况，实行差别计件工资制，使工人的贡献大小与工资高低紧密挂钩。

知识链接 2-2

搬运生铁块实验

泰勒开展搬运生铁实验的目的是希望通过该实验达到合理确定工作定额的效果。生铁搬运实验在伯利恒钢铁厂进行，当时的伯利恒有一个 75 人的生铁搬运小组，平均每个成员每天搬运量在 12.5 吨左右。泰勒观察工人的工作状态，发现他们的工作效率很低。于是，他通过精密的工时计算得出每个工人每天搬运生铁的工作负荷定额在 47 吨左右。

在此基础上，泰勒严格按照工时研究的结果，为生铁搬运工人设计搬运标准动作，去除不必要的动作，帮助他们减少不必要的体力消耗。同时合理安排工作的流程、工作与休息的时间配比，保证工人们劳逸结合。当一切设计完成后，泰勒挑选了一名外籍工人来进行试验。一天下来，该名实验者顺利搬运了 47.5 吨生铁，工资也从每天 1.15 美元涨到 1.85 美元。

通过实验，泰勒提出了搬运工作的动作规范，同时认为要提高生产率必须挑选一流工人，对他们进行利益诱导和科学训练。泰勒还得出了一个重要的结论：工人的疲劳程度和他的工作量不是成正比的关系。他将所有可能影响疲劳的因素加以汇总，用数学的方法进行测算，最后发现负载的间歇频率而非搬运重量对搬运工人的疲劳程度影响最大。

泰勒的生铁搬运实验为当时钢铁厂的管理提供了重要依据，大大降低了运营成本，也开启了科学管理的先河，为标准化生产和科学管理方法培训创造了有利条件。追本溯源，泰勒在生铁搬运实验中运用的工时研究是现代运筹学的一个重要源头。

（资料来源：姜杰. 管理思想史［M］. 北京大学出版社，2014.）

2. 能力与工作相适应

泰勒认为每个人都具有不同的天赋和才能，只要工作适合他，都能成为第一流的工人。非一流的个人只是那些智力或体力与工作不适合，和适合工作但不愿意工作的人。对于智力或体力不适合工作的人，要加以培训，重新安排他们做适合自己的工作，或者对不愿意工作的人，要采用说服教育、相关的约束措施以及激励性的工作制度，使其努力工作。因此，天赋和才能固然重要，而制度科学的培训方法，培训第一流的工人也是管理者的重要职责之一。

3. 标准化原理

泰勒认为，在科学管理的情况下，要对工作、操作、劳动动作等进行标准化管理，才能以科学知识替代经验。只有实行标准化，才能使工具和方法效率更高，从而达到提高劳动生产率的目的；只有实现标准化，才能使工人在标准设备、标准条件下工作，才能对其工作成绩进行公正合理的衡量。

4. 差别计件工资制

在差别计件工资制提出之前，当时资本主义企业中所推行的工资制度，如日工资制、

第二章 西方管理思想的产生与发展

一般计件工资制等,所存在的共同缺陷就是不能充分调动员工的积极性。因此,泰勒提出差别计件工资制的方案。差别计件工资制的实施,首先要设立专门的制定定额部门。该部门通过计件研究、工时研究,进行科学的测量和计算,制定合理的劳动定额和恰当的工资率。其次是制定差别工资率,即对同一个工作,设两个工资率。能够按质按量完成定额者,用较高的工资率计算工资;不能按质按量完成定额者,按较低的工资率计算工资。第三是尽可能按照工人的技能和付出的劳动来计算工资,而不是按照工人的职位。

5. 计划与执行相分离

为了提高劳动生产率,泰勒主张明确划分计划职能和执行职能。他认为计划职能应由企业管理者负责,企业要设立专门的计划部门。计划部门的主要任务有:通过调查确定等额操作的方法,并制定标准的操作方法和工具,拟定计划并对结果进行控制。

6. 例外原则

例外原则是泰勒科学管理的主要原则之一。泰勒主张将日常事务性的管理工作授权给下级,高层管理者仅保留例外事项的决策权和监督权。下级管理者不仅保有一定的自主行动权,还延伸了高级管理者的管理范围。

7. 职能工长制

职能工长,即职能管理员。泰勒指出,在传统的组织机构中,为了完满地履行他的职责,一个工长必须具备全面的素质,包括职能、教养、专门的技术性的知识、机智老练、充沛的精力、坚韧刚毅、正直、判断力或常识以及良好的健康状况等。但是,一般人很难完全具备这些素质,而只能具备其中的少数几种。

(二)对科学管理理论的评价

1. 理论贡献

(1)从经验管理到科学管理。泰勒科学管理的最大贡献在于他主张用科学知识代替传统经验进行管理,还有他个人的科学实践精神。

(2)优化思想和调查研究。泰勒理论的核心是寻求最佳工作方法,追求最高生产效率。泰勒等人创造和发展了一系列有助于提高生产效率的技术和方法。如时间与动作研究技术和差别计件工资制等。这些技术和方法不仅是过去,而且也是现在合理组织生产的基础。

2. 局限性

(1)泰勒坚持"经济人"的假设,认为工人最关心的是经济收入。他还认为工人单独劳动是最好的,忽视集体鼓励的作用。

(2)"泰勒制"只关注作业效率、无法解决企业整体经营管理问题。尽管如此,现代企业仍然多多少少地在运用科学的管理方法来管理自己的团队。解放前的一些企业家,比如棉纱大王、面粉大王、大染坊的陈寿庭等都试图采用制度化管理。改革开放后的第一批企业家,比如海尔的张瑞敏,联想的柳传志等都采取了类似于科学管理的方法。

二、一般管理理论

泰勒制之后，管理领域关注的重点转向组织结构、管理原则和分工的合理化，亨利·法约尔（Henri Fail）及其一般管理理论是典型代表。法约尔是管理实践家和管理学家，是古典管理理论创始人之一，他在实践中逐渐形成了自己的管理思想和管理理论。1916年《工业管理与一般管理》的出版标志着一般管理理论的形成，对西方管理理论的发展具有重大影响，成为管理过程学派的理论基础。

（一）一般管理理论的主要内容

1. 组织管理理论

法约尔第一次明确区分了"经营"和"管理"是两个不同的概念，"经营"是指导或引导一个组织趋向某一既定目标，它的内涵包括了管理。法约尔认为，企业全部活动可概括为六种：技术活动（指生产、制造、加工等活动）；商业活动（指购买、销售、交换等活动）；财务活动（指资金的筹措和运用等活动）；安全活动（指设备维护和职工安全等活动）；会计活动（指货物盘存、成本统计、核算等活动）；管理活动（包括计划、组织、指挥、协调和控制五项职能活动）。法约尔明确指出，管理活动在这六种基本活动中处于核心地位，企业本身和其他五项活动都需要管理。如图2-1所示。

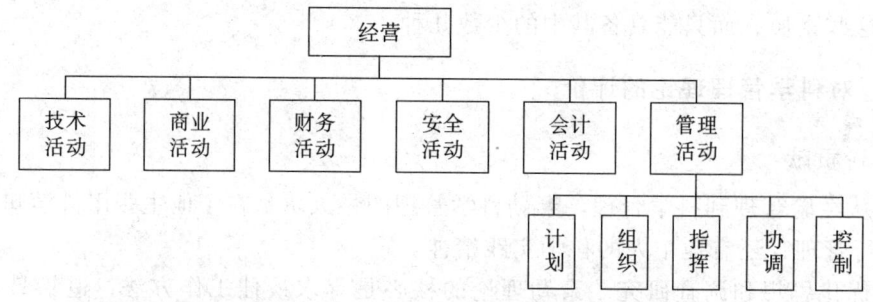

图2-1 "经营"与"管理"的关系

法约尔把管理活动划分为计划、组织、指挥、协调和控制五大职能，称之为管理的五要素，并对其进行了详细的分析和讨论。

（1）计划。计划就是预测未来和制定行动计划。预测未来是对未来的估计和为未来作准备，而制定行动计划则要指出行动路线、使用的手段以及要达到的结果。

（2）组织。组织就是确立企业在物质资源和人力资源方面的结构。管理的任务在于建立起一种组织结构，使其能够用最有效的方式从事组织基本活动。良好的组织结构能使企业很好地制定和执行计划。

（3）指挥。指挥就是要使组织充分发挥其作用，使企业人员作出最大的贡献。

（4）协调。协调就是让企业人员团结一致，使企业中的所有活动和努力达到统一与和谐。

（5）控制。控制就是检验企业中发生的每一件事是否同所拟订的计划、发出的指示和确定的原则相符合，其目的是发现错误、改正错误和防止重犯错误。法约尔还主张成立一个从业务部门分离出来的独立、公正的检验部门。

2. 14项管理原则

法约尔在他的《工业管理与一般管理》一书中首先提出了管理人员解决问题时应遵循的14项原则。具体内容如下：

（1）劳动分工（Division of Work）。实行劳动的专门化，可提高雇员的效率，从而增加产出。劳动分工不只适用于技术工作，而且也适用于管理工作。法约尔认为，劳动分工属于自然规律。

（2）权责相当（Authority and Responsibilities）。管理者必须拥有权力以发布命令，但权力必须与责任相当。责任是权力的孪生物，是权力的当然结果和必要补充。这就是著名的权力与责任相符的原则。法约尔认为，要贯彻权力与责任相符的原则，就应该有有效地奖励和惩罚的制度，即"应该鼓励有益的行动而制止与其相反行动"。实际上，这就是现在我们讲的权、责、利相结合的原则。

（3）纪律严明（Discipline）。法约尔认为纪律应包括两个方面，一方面是企业与下属人员之间的协定，另一方面是人们对这个协定的态度及其对协定遵守的情况。他认为制定和维持纪律最有效的办法是各级领导者尽可能明确而又公平的协定并合理执行惩罚。

（4）统一指挥（Unity of Command）。一个下属人员只应接受一个上级的命令，并向这个上级汇报自己的工作。统一指挥是一个重要的管理原则，如果两个领导人同时对同一个人或同一件事行使他们的权力，就会出现混乱。在任何情况下，都不会有适应双重指挥的社会组织。

（5）统一领导（Unity of Direction）。从事同种工作的任何部门应该由同一个管理者按统一计划来加以领导。它与统一指挥原则之间既有区别又有联系。统一领导原则讲的是组织机构设置的问题，而统一指挥原则讲的是组织机构设置以后运转的问题。

（6）员工个人要服从整体（Subordination of Individual Interest to The General Interest）。个人和小集体的利益不能超越组织整体的利益。为了能坚持这个原则，法约尔认为，成功的办法是：领导者的坚定性和好的榜样，尽可能签订公平的协定，认真地监督。

（7）报酬公平（Equity of Reward）。法约尔认为，确定人员的报酬首先要考虑的是保证员工的最低生活消费和企业的基本经营状况稳定，这是确定人员报酬的基本出发点。在此基础上，根据员工的劳动贡献来决定采用何种的报酬方式。法约尔认为不管采用什么报酬方式，都应该做到以下几点：保证报酬公平；奖励有益的努力和激发热情；不应导致超过合理限度的过多报酬。

（8）集权（Concentration of Power）。法约尔所指的集权是处理组织权力的集中与分散的问题。集权的程度应该考虑企业的实际情况和所属环境，一个是领导者的权力；另一个是领导者对发挥下级人员积极性的态度。

（9）等级链（Scalar Chain/Line of Authority）。等级制度就是从最高权力机构直到低层管理人员的领导系列。贯彻等级制度原则就是要在组织中建立不中断的等级链，这个等级链表明了组织中各个环节之间的权力关系和组织中信息传递的路线。贯彻等级制度原则，有利于组织加强统一指挥原则，保证组织内信息联系的畅通；但严格地按照等级系列进行信息的沟通，容易造成信息在传递的过程中失真。

(10) 秩序（Order）。法约尔所指的秩序原则包括物品的秩序原则和人的社会秩序原则。为了能贯彻社会的秩序原则，法约尔认为首先要对企业的社会需要与资源有确切的了解，并保持两者之间经常的平衡；同时，要注意消除任人唯亲、偏爱徇私、野心奢望和无知等弊病。

(11) 公平（Equity）。管理者应该友善和公正地对待下属。法约尔把公平与公道区分开来，他说："公平就是由善意与公道产生的。"公道原则就是要按已定的协定办，公平原则就是公道原则加上善意地对待职工。也就是说在贯彻"公道"原则的基础上，还要根据实际情况对职工的劳动表现进行"善意"的评价。

(12) 人员稳定（Stability of Tenure of Personnel）。组织要减少人员不必要的流动，以保证所属人员能很好地完成工作。人员的稳定是相对的，而人员的流动是绝对的。对于企业来说，要掌握人员的稳定和流动的合适度，以利于企业中成员能力得到充分的发挥。

(13) 主动性（Initiative）。主动性是鼓励员工发表建议和增加执行任务的自觉性和积极性。法约尔认为个人需求的满足是激发人们的工作热情和工作积极性的最有力的刺激因素。

(14) 集体精神（Team Spirit）。任何分裂对企业都是非常有害的，所以法约尔认为管理者需要确保并提高劳动者在工作场所的士气，个人和集体都要有积极的工作态度。为了加强组织的团结，法约尔特别提出在组织中要注意协作、协调、沟通、配合，甚至包括必要的妥协。

（二）对一般管理理论的评价

1. 理论贡献

法约尔是古典管理理论的奠基人之一，是伟大的管理教育家，为一般管理理论的确立做出了重要贡献。他提出的一般管理原则与五大管理职能不仅是管理过程学派的理论基础，同时对西方公共行政学的发展也产生了重要的影响。

2. 局限性

法约尔的一般管理理论也存在着一定的缺陷，如忽略了非正式团体的存在，忽视了组织同周围环境的关系、指标设定缺乏科学测量等。法约尔所做的研究多数是处于初始阶段的开创性研究，后人对法约尔理论的批判正是建立在法约尔对管理理论的贡献基础之上的。

三、行政组织理论

官僚制在19世纪盛行于欧洲，学者们把人类的行为规律性地服从于一套规则作为社会学分析的基础。其中最具代表性的是马克思·韦伯（Max Weber）的行政组织理论。韦伯是德国政治经济学家、社会学家和管理学家，是古典管理理论在德国的代表人物。韦伯对宗教、政治、经济学领域作出了极大的贡献，是公认的现代社会学和公共行政学最重要的创始人之一。

（一）行政组织理论的主要内容

1. 理想的行政组织体系

韦伯认为，理想的行政组织是通过职务和职位来管理的，而不是通过传统的世袭地位来管理的。组织管理要以知识为依据，挑选具有胜任工作素质的管理者，用客观事实进行领导。理想的行政组织体系的特点是：

（1）明确的分工。组织中的每个职位都有明文规定的权力和义务，这种权力和义务是合法的，在组织中的每个环节上，都是由专家来负责的。

（2）自上而下的等级系统。组织是一个井然有序且具有完整的权责对应的组织。

（3）人员任命和教育。管理人员应通过任命而不是选举的方式任职。

（4）职业管理人员。管理人员有固定的薪金，并且有明文的升迁制度，有严格的考核制度。

（5）遵守规则和纪律。管理人员必须严格的遵守组织的法规和纪律，没有例外情况。

（6）组织中人员之间的关系。在人员关系上表现为一种理性、非人格化的关系。

韦伯认为，凡具有上述六种特征的组织，不但可使组织体现出高度的理性化，且其成员的工作行为也能达到预期效果，组织目标也能顺利实现。

2. 权力分类管理

组织管理要以权力为基础，韦伯认为，组织中存在着三种纯粹形态的权力：

（1）理性—法律的权力。它是以"合法性"或"那些被提升到有权指挥的人的权力"为依据的，对这种权力的服从是由于依法建立的一套等级制度，如一个企业、国家机构、军事单位或其他组织。这是对确认的职务或职位的权力的服从。

（2）传统的权力。它是以古老传统的地位的正统性为依据的。对于这种权力的服从是对拥有这种不可侵犯的权力地位的个人的服从。

（3）超凡的权力。它的依据是对个别人的特殊和超凡的神圣、英雄主义或模范品质的崇拜，或对这个人发布的标准模式或命令的崇拜。

韦伯认为，在这三种纯粹形态的权力中，必须以理性—法律的权力作为行政组织体系的基础。占据管理职位的成员是在能胜任其职责的基础上挑选出来的，领导者具有行使权力的合法手段，所有的权力都加以明确的规定，权力的范围仅限于完成组织任务需要。而传统的权力则效率较差，因为领导者不是按能力挑选出来的，管理单纯是为了保存过去的传统行事。至于超凡的权力则过于带感情色彩，并且是非理性的，它没有规章制度作依据，而是依靠神秘和神圣的指示。因此，传统的权力和超凡的权力都不宜作为行政组织体系的基础。

（二）对行政组织理论的评价

1. 理论贡献

行政组织理论的主要贡献是提出了"理想的行政集权制理论"。韦伯不去纠缠官僚制效率的争论，而把目光投向其准确性、连续性、纪律性、严整性与可靠性。分析韦伯的组织理论，可以发现他是对封建传统管理模式的一种反抗，也就是说要发展生产力提高生产效率，必须打破封建的传统管理模式，用一种科学的方法对组织进行科学的管理。

韦伯是现代社会学的奠基人，他的观点对社会学家和政治学家都有着深远的影响。他不仅研究组织的行政管理，而且广泛地分析了社会、经济和政治结构。他在组织管理方面有关行政组织的观点，是他对社会和历史因素引起的复杂组织发展的研究结果，也是其社会学理论的组成部分。

2. 局限性

韦伯的理性官僚制理论过于理想化和理论化，现实中难以实现。同时，理性官僚制理论另一个局限是过分追求组织的稳定性，不利于激励组织成员的工作积极性和主动性，难以适应变化的社会环境。

第三节　行为管理理论

一、人际关系理论

（一）人际关系理论的主要内容

19世纪末到20世纪初，随着大机器生产规模的扩大和社会化程度的提高，以及资产阶级剥削工人的加剧，工人运动进一步发展，劳资矛盾日趋尖锐和激化，西方一些管理学家察觉到以往的管理理论对"人"的因素重视不够，他们从提高劳动生产率的目的出发，试图寻找新的管理办法。

人际关系理论形成于20世纪30年代，它吸收了科学管理中后期出现的以探讨人的因素为主题的许多新成份，它的着眼点是工作周围的社会环境，它对个人行为的种种差异和工作组合对个人的影响给予了充分的注意。人际关系理论的建立过程，大体上就是西方著名的霍桑实验的进行过程。

正当科学管理理论和管理过程与组织理论为当时的企业界普遍接受时，新的管理思想与理论正在孕育之中，这就是行为科学理论。行为科学由人际关系学说发展而来，它和工业心理学密切相关，后来又融入了人力资源学派。现代管理心理学和组织行为学都是行为科学的主要组成部分。

1929年，美国哈佛大学心理病理学教授乔治·埃尔顿·梅奥（George Elton Mayo）率领哈佛研究小组到美国西方电气公司所属的霍桑工厂进行了一系列管理试验或观察，这就是著名的"霍桑实验"，对行为科学的形成和发展作出了突出贡献。该试验分四个阶段。

第一阶段：照明实验（1924—1927年）。调查和研究工厂的照明度与作业效率的关系。实验结果发现，照明度和作业效率没有直接的关系。

第二阶段：继电器装配室实验（1927年8月—1932年），实验各种工作条件的变动对小组生产率的影响。结果发现，生产效率的决定因素是职工的情绪。而情绪是由车间的环境，即车间的人群关系决定的。

第三阶段：大规模的访谈与调查实验（1928—1930年）。了解如何获取职工内心真正的感受，以帮助解决问题，提高生产效率。这次实验发现：第一，离开感情就不能理解职工的意见和不满；第二，感情容易伪装；第三，只有对照职工的个人情况和车间环境才能理解职工的感情；第四，解决职工不满的问题将有助于生产效率的提高。

第四阶段：接线板接线工作室实验（1931—1932年）。以集体计件工资制进行刺激，企图形成"快手"对"慢手"的压力以提高效率。结果发现，工人既不会为超定额而充当"快手"，也不想因完不成定额而成"慢手"，当他们达到自认为是"过得去"的产量时，就会自动松懈下来。其原因是车间里除了存在按照公司的编制建立的正式组织外，还存在某些非正式组织，影响工作的效率。

实验之后，梅奥等人得出结论：改变实验小组照明度，改善休息时间，缩短工作日和变换有鼓励性的工资制度，似乎都不能解释生产率变化的原因，必有其他因素在起作用。进一步，他们认识到，生产率的提高乃是由于一些社会因素，如士气、劳动集体成员之间满意的相互关系、归属感等引起，有效的管理要求了解人的行为，特别是群体行为，并且通过一些个人之间的处事方法如激励、劝导、领导和信息交流等起作用。上述由于受人"注意了"而引起的生产效率变化的现象，被统称为"霍桑效应"。

根据霍桑实验，梅奥于1933年出版了《工业文明中人的问题》一书，奠定了人际关系理论的基础。在书中他提出了一些与古典管理理论不同的新见解：

（1）工人是"社会人"，而不是单纯追求金钱收入的"经济人"。作为复杂社会系统的成员，金钱不是刺激积极性的唯一动力。

（2）企业中存在着非正式组织。非正式组织是企业成员在共同工作的过程中，由于具有共同的社会感情而形成的非正式团体。这种无形组织有它特殊的感情、规范和倾向，左右着成员的行为。古典管理理论仅注重正式组织的作用，而现实中，非正式组织对生产效率有很大影响。

（3）生产效率的提高主要取决于工人的满意度。梅奥认为提高生产效率的主要途径是提高工人的满意度，即工人对社会因素，特别是人际关系的满足程度。如果满足程度高，工作积极性、主动性和协作精神就高，即士气高，生产率就高。

（二）对人际关系理论的评价

人际关系理论强调重视"人性"，把工人当作人而不是机器对待，主张对工人进行"友善的监督"，使工人保持很高的"士气"。人群关系学说的出现，使西方许多管理学家开始重视企业中人的因素的研究，为管理工作和管理理论的发展开辟了新的途径，同时为行为科学的产生提供了契机。

人际关系理论比较系统地阐述了人在组织中的重要作用，以及如何发挥人的积极性、主动性和创造性问题。他们依据霍桑实验提出的与古典管理理论不同的新见解，是人际关系学说的基本要点，为行为科学理论的发展提供理论基础。

二、行为科学理论

（一）行为科学理论的主要内容

梅奥的霍桑实验之后，大批受过专业的社会科学训练的研究者，采用更系统的研究方法，从心理学、社会学、人类学和管理学的角度对人际关系进行综合研究，从而建立了关于人的行为及其调控的一般理论。1949 年，美国一些从事人际关系研究的管理学者正式采用"行为科学"一词，并成立了"行为科学高级研究中心"，进一步发展对人的行为规律、社会环境和人际关系与提高工作效率关系的研究。

1. X 理论和 Y 理论

X 理论和 Y 理论（Theory X and Theory Y）是由美国心理学家道格拉斯·麦格雷戈（Douglas McGregor）1960 年在其所著《企业中人的方面》中提出来的。X 理论的主要观点是：人的本性是懒惰且厌恶工作的；绝大多数人缺乏雄心壮志，宁愿被领导责骂，也不愿承担责任；必须采用强制手段甚至是处罚，才能让多数人努力完成组织目标；大多数人缺乏创造力，激励只对生理和安全层次的需要有用。

Y 理论的主要观点是：人的本性不厌恶工作，人类广泛具有想象力和创造才能，多数人愿意发挥才能积极工作；除了处罚还有其他促使人努力工作的方法；激励的作用更为广泛，管理者要从管理上进行改变，调动个人的积极性。

2. Z 理论与超 Y 理论

日本学者威廉·大内（William Ouchi）通过对比日本企业和美国企业的不同的差异性和特殊性，在 X 理论和 Y 理论的基础上提出了 Z 理论。Z 理论强调管理中的文化特性，主要由信任、微妙性和亲密性所组成。信任是指管理者要信任员工，激励员工真诚地回报组织、认真地工作。微妙性是表示员工个体具有不同的个性和特长，企业要据此组建团队，提高劳动效率。亲密性是表示要在员工间建立起亲密的和谐关系，共同实现企业的目标。

超 Y 理论是 1970 年由美国管理心理学家约翰·莫尔斯（John J. Morse）和杰伊·洛希（Jay W. Lorscn）根据"复杂人"的假定，提出的一种新的管理理论。该理论认为，没有什么一成不变的、普遍适用的最佳的管理方式，必须根据组织内外环境自变量和管理思想及管理技术等因变量之间的函数关系，灵活地采取相应的管理措施，管理方式要适合于工作性质、成员素质等。

（二）对行为科学理论的评价

1. 对 X 理论和 Y 理论评价

X 理论和 Y 理论阐述了人性假设与管理理论的内在联系，提出了管理理论是以人性假设为前提的重要观点，揭示了人本管理的实质。X 理论和 Y 理论提出在管理活动中要充分调动人的积极性、主动性和创造性，鼓励参与管理、丰富工作内容主张管理方式由监督制裁转向自主激励，管理思想由专制管理到民主管理，管理中心由以物为中心转到以人为中心，研究内容由纪律研究到行为研究，对现代管理理论的发展具有重要意义。

X 理论和 Y 理论也存在一定的局限：首先，理论在实践应用上存在困难。Y 理论对人性假设的积极看法，为管理人员争取员工的协作和热情支持提供了乐观假设。但是在现实的生活中并非所有人都是这样。对所有人应用 Y 理论进行管理，难免会失败。其次，理论的普遍适用性不强。要发挥和实现人的潜能智慧，必须有合适的工作环境，但是这种合适的工作环境并不是经常会具备的，且构建的成本也很高。最后，Y 理论表现为过度地强调关注人的因素，过分专注非正式组织，过分强调人际关系和人的心理需要的满足等要素，

第二章 西方管理思想的产生与发展

而忽视了对组织结构、制度、规则及职业角色的研究。

2. 对 Z 理论与超 Y 理论的评价

Z 理论将东方国家中的人文感情揉进了管理理论，是对 X 理论和 Y 理论的一种补充和完善。Z 理论在企业管理中根据实际情况把握制度与人性的关系，有针对性地实行兼顾企业和员工利益的管理措施。

超 Y 理论是一种主张权宜应变的经营管理理论。该理论实质上是要求将工作、组织、个人、环境等因素进行最佳的匹配。

第四节 现代管理理论

一、管理过程理论

（一）管理过程理论的主要内容

管理过程理论来源于管理过程学派。管理过程学派又叫管理职能学派或经营管理学派，创始人是亨利·法约尔，当代主要代表人物是美国学者哈罗德·孔茨和西里尔·奥唐奈。管理过程学派主要致力于研究和说明管理工作实务。特点是把管理理论和实践归纳为原则与步骤，将管理理论同管理者的职能（应该做什么）与工作过程（如何有步骤地去做）联系起来，认为管理是由一些基本步骤（如计划、组织、控制等）所组成的一个独特过程，这些步骤之间相互联系，递次运转，形成一个完整的管理过程。管理过程理论的主要内容有：

（1）管理是一个过程。它的研究对象就是管理的过程和职能，可以通过分析管理人员的职能从理论上很好地对管理加以剖析。

（2）管理存在共同的基本原理。根据在各种企业中长期从事管理的经验，可以总结出一些基本的管理原理，这些原理对认识和改进管理工作能起到说明启示作用。

（3）管理有明确的职能和方法。孔茨把管理描述为通过别人使事情做成的各项职能：计划、组织、人事、指挥和控制等。他认为协调的本身不是单独的职能，而是有效地应用了这五种职能的结果。

（4）管理拥有自己的基本方法。分析每一项管理职能的一些基本问题，如：特点和目的，基本结构，过程、技术和方法及其优缺点等，研究其有效实施的障碍和排除这些障碍的手段和方法。

（5）管理人员的环境和任务受到文化、物理、生物等方面的影响，管理理论也从其他学科中吸取有关的知识。

(二) 对管理过程理论的评价

1. 理论贡献

管理过程学派是最为系统的学派,该理论学派首先从确定管理人员的管理职能入手,并将此作为他们理论的核心结构。管理过程学派提出了管理的职能和原则,将管理与财务、市场等加以区分,为管理人员的工作和训练提供了依据和基础。同时,管理过程学派认为可以用科学的方法发现管理上的普遍原则,能够为管理活动指引方向。

2. 局限性

管理过程学派所归纳出的管理职能不能适用于所有的组织,也不包括所有的管理行为。在企业管理实践中,要根据组织目标进行管理和职能划分,而不是要企业适应典型的职能。

二、社会系统理论

(一) 社会系统理论主要内容

社会系统理论来源于社会系统学派,创始人是切斯特·巴纳德(Chester I. Barnard)。1938年,他发表了《经理的职能》一书,认为组织是一个复杂的社会系统,应从社会学的观点来分析和研究管理的问题。社会系统理论的主要内容有:

(1) 组织是一个协作系统。巴纳德认为社会各级组织是一个有意识地加以协调的活动或效力的系统。这里,组织是指正式的组织。

(2) 协作系统的基本要素。协作系统有三个基本要素,即协作意愿、共同目标和信息联系。

(3) 非正式组织的作用。巴纳德认为,一个企业不仅有正式的组织,而且还有非正式组织。它同正式组织相互创造条件,在某些方面和时刻能对正式组织的目标产生积极影响。

(4) 经理人员的职能。巴纳德认为,经理人员的职能主要是:①建立和维持一个信息联系的系统。为此,经理人员必须规定组织的任务,阐明权力和责任的界线,并考虑到信息联系的正式手段和非正式手段两方面。②从组织成员那里获得必要的服务。这主要包括招募和选拔能最好地作出贡献并协调地进行工作的人员,以此来维持协调系统的生命力。③规定组织的目标。巴纳德认为,规定组织目标的职能由单个经理人员是不可能完成的,由单个经理制定出来的目标也不会被组织成员所接受,只有被组织成员接受的目标才能实现。

(二) 对社会系统理论的评价

1. 理论贡献

巴纳德的组织理论是他的管理理论的基础。传统的组织理论认为组织就是人的集合体,而巴纳德把组织看成是一个协作的系统,并首次分析了组织的组成要素。

巴纳德对管理职能的划分也与古典管理理论有所不同。古典管理理论从管理过程的角度对管理职能进行划分，而巴纳德将管理职能与组织要素结合起来，将其划分为信息流的体系、促成个人付出必要努力和设定组织目标。

2. 局限性

虽然社会系统学派从组织的角度研究管理，但巴纳德认为组织的要素只包括人，不包括物和其他要素，因此，巴纳德对组织要素的划分并没有得到大多数管理学家的认可。

三、决策理论

（一）决策理论的主要内容

决策理论是以社会系统理论为基础，吸收了行为科学系统论的观点，运用电子计算机技术和统筹学的方法而发展起来的一种理论。决策理论学派的主要代表人物是赫伯特·西蒙（Herbert A. Simon）。社会系统学派提出了决策理论，建立了决策理论学派。他吸取巴纳德的思想理论，形成了一门有关决策过程、准则、类型及方法的较完整的理论体系。决策理论的主要内容如下。

（1）决策贯穿管理的全过程，决策是管理的核心。西蒙认为，任何作业开始之前都要先做决策，制定计划就是决策，组织、领导和控制也都离不开决策。

（2）系统阐述决策原理。西蒙提出决策过程包括4个阶段：搜集情况阶段；拟定计划阶段；选定计划阶段；评价计划阶段。

（3）在决策标准上，用"令人满意"的准则代替"最优化"准则，用"管理人"假设代替"理性人"假设。

（4）经常性的活动的决策应程序化以降低决策过程的成本，只有非经常性的活动，才需要进行非程序化的决策。

（二）对决策理论的评价

1. 理论贡献

从管理职能的角度来说，决策理论提出了一条新的管理职能。决策理论不仅适用于企业组织，而且适用于其他各种组织的管理，具有普遍的适用意义，因此，"决策是管理的职能"现在已得到管理学家普遍的承认。

决策理论还提出了与经济人、完全理性相对应的决策人、有限理性，这是决策理论的核心。西蒙的有限理性、决策人和满意标准奠定了厂商经济理论和管理研究的基础。

2. 局限性

管理是一种复杂的社会现象，仅靠决策也无法给管理者有效的指导，实用性不大。

决策理论没有把管理决策和人们的其他决策行为区别开来。决策并非只存在管理行为中，人们的日常活动中普遍存在决策。

四、系统管理理论

（一）主要内容

系统管理理论是20世纪60年代前后盛行于西方的一种管理理论。这一理论的创始人是美国华盛顿大学的教授弗里蒙特·卡斯特（Fremont E. Kast）和詹姆士·罗森茨韦克（James E. Rosenzwig）。系统管理理论的出现，在当时受到两个方面的影响和促进：一方面是20世纪50年代以来，西方企业的外部环境变得越来越不稳定，现代管理理论伴随数学方法和计算机技术高速发展，大大地刺激了系统理论与管理理论的结合。系统管理理论的主要内容如下。

（1）用系统的观点来考察企业管理，强调对组织的整体性理解，把企业作为一个开放系统，把企业看作是由许多子系统所组成的一个组织。

（2）强调要进行系统管理。系统管理有以下四个相互密切联系的阶段。有关创建系统（企业）的决策；系统的设计；系统运转和控制；检查和评价系统的运转结果，看其是否有效果和有效率。

（3）设计管理的系统模式。这包括如何设计企业最高层的系统模式、企业经营管理的系统模式、组织的系统模式等。

（二）对系统管理理论的评价

1. 理论贡献

系统管理理论的理论贡献主要有：(1)系统管理理论所阐明的系统观点，为建立全面的企业组织提供了重要的指导思想；(2)系统管理理论把企业不仅看作是更大的社会系统中的一个子系统，而且是由许多子系统有机结合的一个整体；(3)系统管理理论认为企业是与周围环境相互关联的开放系统，这种描述比传统的管理理论把企业看作是一个孤立的封闭系统的观点更贴近现实；(4)系统管理理论所阐述的系统的分析方法、原则和步骤，为企业通过科学决策取得最优方案提供了前提和依据；(5)管理的系统模式，对于企业组织的设计来说，一目了然地摆明了各部门之间的分工与关系，具有重要的借鉴意义。

2. 局限性

系统管理理论企图用系统的一般原理和模式来解决如此复杂的现实问题是难以奏效的。另外，系统理论研究的对象是组织，系统理论是通过对组织的研究来分析管理行为，但系统理论对组织的构成因素的分析存在一定的问题，导致其理论并未能提出具体的管理行为和管理职能，只是笼统地提出一些原理和观点。

五、经验主义理论

（一）经验主义理论的主要内容

经验主义学派又称为经理主义学派、经验管理学派，是研究实际的管理经验，强调用比较的方法来研究和概括管理经验的管理学派，该学派的代表人物是彼得·德鲁克（Peter F. Drucker），这一学派认为有关企业管理的科学应该从企业管理的实际出发，以大企业的管理经验为主要研究对象，以便在一定的情况下把这些经验加以概括和理论化，把实践放在第一位，以适用为主要目的。经验主义理论的主要内容如下。

（1）管理应侧重于实际应用，而不是纯粹理论的研究。管理学如同医学、法律学和工程学一样，是一种应用学科，而不是纯知识的学科。

（2）管理者的任务是了解组织机构的特殊目的和使命，使员工富有活力，取得成就，并促进组织机构履行自己的社会责任。

（3）实行目标管理的管理方法。目标管理结合以工作为中心和以人为中心的管理方法，使职工发现工作的兴趣和价值，从工作中满足其自我实现的需要，同时，企业的目标也因职工的自我实现而实现，这样就把工作和人性统一起来了。

（二）对经验主义理论的评价

1. 理论贡献

经验主义学派批评了传统管理学派不假思索地采取偏重于狭窄的归纳法的实证主义，充分肯定了人在企业管理中的重要作用，同时把人的发展和企业发展一起列为了管理的目标。

经验主义学派的主要方法是以描述性的历史方法说明组织及其管理对象，反对在管理学中运用自然科学的概括方法，为管理学提出了运用最多的管理方法——目标管理法。

2. 局限性

经验主义学派由于强调经验而无法形成有效的原理和原则，无法形成统一完整的管理理论，管理者可以依靠自己的经验，而无经验的初学者则无所适从。由于组织环境一直处于变化之中，过分地依赖未经提炼的实践经验和历史来解决管理问题是无法满足需要的。

六、权变理论

（一）权变理论的主要内容

权变理论学派是20世纪60年代末70年代初在美国经验主义学派基础上进一步发展起来的管理理论。该学派的代表人物是美国学者弗雷德·卢桑斯（Fred Luthans）。卢桑斯在1976年出版的《管理导论：一种权变学》一书中认为，在组织管理中要根据组织所处的环境和内部条件的发展变化随机应变，没有什么一成不变、普遍适用、最好的管理理论和方法。权变管理就是依托环境因素和管理思想及管理技术因素之间的变数关系来确定的一种最有效的管理方式。权变理论的主要内容如下。

（1）权变理论是把环境对管理的作用具体化，并使管理理论与管理实践紧密地联系起来。

（2）环境是自变量，而管理的观念和技术是因变量。

（3）权变管理理论的核心内容是环境变量与管理变量之间的函数关系。

（二）对权变理论的评价

1. 理论贡献

权变理论为人们分析和处理各种管理问题提供了一种十分有用的方法。管理理论中的权变的或随机制宜的观点无疑是应当肯定的。同时，权变学派首先提出管理的动态性，人们开始意识到管理的职能并不是一成不变的。

2. 局限性

权变学派存在一个根本性的缺陷，即没有统一的概念和标准。权变理论强调变化，却既否定管理的一般原理、原则对管理实践的指导作用，又始终无法提出统一的概念和标准，使实际从事管理的人员感到缺乏解决管理问题的能力，初学者也无法适从。

七、管理科学理论

（一）管理科学理论的主要内容

管理学界中形成的所谓管理科学学派，又称作管理中的数量学派，也称之为运筹学，代表人物是埃尔伍德·斯潘塞·伯法（Elwood Spencer Buffa）。该学派认为，解决复杂系统的管理决策问题，可以用电子计算机作为工具，找到最优方案达成组织目标。管理科学其实就是管理中的一种数量分析方法。它主要用于解决能以数量表现的管理问题。其作用在于通过管理科学的方法，减少决策中的风险，提高决策的质量，保证投入的资源发挥最大的经济效益。管理科学理论的主要内容如下。

（1）组织是由"经济人"组成的一个追求经济利益的系统，同时又是由物质技术和决策网络组成的系统。

（2）管理的目的就是通过科学原理、方法和工具应用于管理的各种活动之中。应用范围着重在管理程序中的计划和控制这两项职能。解决问题的步骤：①提出问题；②建立数学模型；③得出解决方案；④对方案进行验证；⑤建立对解决方案的控制；⑥把解决的方案付诸实施。

（3）管理的科学方法。主要有线性规划、决策树、计划评审法和关键线路法、模拟、对策论、概念论和排队论。

（4）管理的工具是计算机。管理科学学派借助于数学模型和计算机技术研究管理问题，重点研究的是操作方法和作业方面的管理问题。

（二）对科学管理理论的评价

1. 理论贡献

管理科学理论强调管理问题的制作与分析模式必须重视细节并遵循逻辑程序，便于管理者作出正确的选择。

2. 局限性

管理科学理论把管理中与决策有关的各种复杂因素全部数量化存在着一些问题。第一，复杂的组织管理问题完全量化存在实际困难。第二，忽视了管理者的重要作用。第三，过于注重定量分析，忽视了定性分析的重要作用。

案例分析

松下公司的 250 年计划

1933 年，松下幸之助在松下电器公司的创业纪念日讲话中详述了自己的经营理念，他说："产业人的使命在于克服贫穷。为此必须不断推进物质生产，扩大财富。自来水管子里的水虽然是有价的东西，但是过路人喝上几口，谁也不会介意。这是因为水的量多，价格太便宜的缘故。我们产业人的使命就是要把生活物资变成如自来水一般的无限丰富，以价格可以低到几乎等于免费的水平提供给社会。做到这样的地步，就会给人们带来幸福，就会为世界建造乐土。松下电器的真正使命便在于此……从今天起，往后算 250 年，作为达成使命的期间。把 250 年分成 10 个阶段。再把第一个 25 年分成三期，第一期的 10 年，当作建设时代。第二期的 10 年，当作活动时代。第三期的 5 年，当作是贡献时代。以上三期，第一阶段的 25 年，就是所在的各位所要活动的时间。第二阶段以后，由我们的下一代，用同样的方法重复实践。第三阶段，也同样由我们的下一代，用同样的方法重复实践。依此类推，直到第 10 个阶段。换句话说，250 年以后，要把这个世界变成一个物质丰富的乐土。"

250 年看似漫长，但距离松下幸之助的讲话已经过去近百年的时间，松下电器公司也成为了享誉全球的百年公司，这个旨在实现物质极大丰富的计划还在继续吗？2017 年在 100 周年纪念会上，松下说："Change for the Next 100"！松下下 100 年的转变首先是希望在双上班族家庭中发生，为此提出了一项名为"Creative! 每天创新多一点点"的计划，要用 13 款"Creative! Selection"产品去改变他们生活，实现家务分担、美味 7 天、视听随享、健康我家新的生活方式。尽管 100 周年活动上所有新品、所有经营活动似乎都相较于 100 年前发生了巨大改变，但是松下的理念并没有改变。

讨论题：

1. 松下公司为什么要做一个 250 年的计划？
2. 你认为接下来的 100 年，松下公司还会做什么呢？

复习思考题

1. 简述西方管理思想的发展脉络。
2. 西方古代管理思想发展阶段有什么特征？提出哪些主要管理思想？
3. 简述科学管理理论的要点。
4. 为什么说泰勒是"科学管理之父"？
5. 论述"科学管理"思想的主要观点与贡献，你认为它对中国企业是否具有现实意义？
6. 法约尔的一般管理理论包括哪些内容？
7. 行为科学理论分析基础是什么？
8. 著名的"霍桑实验"的由来及结论是什么？其研究过程对你有何启示？
9. 试比较"经济人"假设和"社会人"假设的差异与相应的影响。
10. 现代管理理论主要包括哪些学派？其主要观点是什么？

延伸阅读

［1］弗雷德里克·泰勒. 科学管理原理［M］. 北京：机械工业出版社，2013.

［2］亨利·法约尔. 工业管理与一般管理［M］. 成都：中国社会科学出版社，1998.

［3］丹尼·雷恩. 管理思想的演变［M］. 北京：中国社会科学出版社，1986.

［4］Taylor F W, Copley F B. Two papers on scientific management：a piece – rate system and notes on belting［M］. London：Routledge，1919.

［5］Koontz H. The Management Theory Jungle［J］. Journal of the Academy of Management，1961，4（3）：174 – 188.

［6］Barnard C I. The functions of the executive.［J］. Journal of Political Economy，1938，11（2）：456.

第三章
Financial Management

中国管理思想的产生与发展

内容提要

本章主要学习中国管理思想的产生与发展。中国古代管理思想，包括中国早期社会和封建专制社会时期的管理思想；中国近代管理思想，包括近代管理的开端，企业法人地位的确立时期，科学管理在中国的兴起，文化管理潮流；中国现代管理思想，包括改革开放前后的管理思想。

学习目标

知识目标：了解中国管理思想的产生与发展，理解完整的中国管理思想发展脉络，掌握中国现代的管理思想。

能力目标：描述不同时期不同管理思想的代表人物和主要观点，分辨不同管理理论的贡献和局限性。

素质目标：通过资料收集、课外调查和课堂研讨，提高对中国管理思想的认知能力；通过小组集体学习和训练，培养团队协作精神。

第一节 中国古代管理思想

一、先秦时期的管理思想

从公元前770年西周灭亡，到公元前221年秦始皇统一六国，是我国历史上由奴隶制向封建制过渡的春秋战国时期。这一时期，众多思想家经过不断的杂糅与融合，形成了诸子百家著书立说、广收门徒、"百家争鸣"的局面。诸子百家提出了许多关于治国理念、领导艺术、组织管理等丰富的管理思想，为中国管理思想的发展奠定了深厚的基础。

(一) 儒家的管理思想

1. 孔子的管理思想

孔子（公元前551—公元前479年），名丘，字仲尼，春秋末期鲁国陬邑（今山东曲阜东南）人，中国古代杰出的思想家、教育家，儒家学派的创始人。儒家学派是古代中国最具影响力的思想流派，孔子的学说以仁为核心，以礼、义为准则，崇尚和谐中庸。

（1）仁。"仁"是孔子道德哲学的最高范畴和出发点。孔子认为"仁"的本质是人，是爱人，强调的是人的社会学；人类社会之所以能够维系，就在于尊卑亲疏的差别，以及由此衍生出来的伦理道德规范。

（2）义利与德礼。"重义轻利"是孔子认为的正确处理义与利关系的原则。"义"处于主导地位，"利"必须服从于"义"，以义取利，富国惠民。孔子认为"富与贵，是人之所欲也"，但反对"不义而富且贵"，希望统治者以身作则，以义治欲，"道之以德"，"齐之以礼"。"克己复礼以为仁"。孔子认为要达到"仁"的境界，就必须按"礼"的要求来办事，遵循西周统治者制定的一系列政治经济制度、道德规范和礼节仪式。孔子主张严格的等级制度，治国就要"君君、臣臣、父父、子子"，认为只有这样才能使得秩序稳定。

（3）和与中庸。孔子继承了前人关于"和同之辨"的正确观点，从自己教导学生的实际出发，提出"君子和而不同，小人同而不和"。"和"是孔子的政治主张和境界，强调"宽以济猛，猛以济宽，政是以和"，在平衡中实现和谐。在"和"的方法论上，便是中庸之道，通俗地说，就是正确掌握事物发展的"度"。

（4）重诚信，举贤才。"信"是孔子伦理思想中的一个重要范畴，是组成他的仁学伦理的基本内容之一。除了重诚信之外，孔子还特别强调举贤才。他对贤才的标准是，一要"学而优"，二要善于通达权变，三要不求全责备。

孔子的管理思想是自成体系的，他的出发点是"仁"，方法上提倡"中庸之道"，制度上提倡礼治，重视诚信，任贤使能。

2. 孟子的管理思想

孟子（公元前372—公元前289年），名轲，字子舆，战国时期邹国（现在山东邹县）人，是孔子之后儒家学派最重要的代表，被后世尊为"亚圣"。其"仁政"思想，对中国文化产生了深远的影响。

（1）性善论。"性善论"是孟子管理思想的基本出发点。孟子坚信人性是向善的，人的本质和行为是健康合理的。这正是他全部管理思想的基本出发点和前提。

（2）行"仁政"。行"仁政"是孟子管理思想的核心，是一种早期的人本管理思想。孟子"仁政"的管理思想来源于孔子的"仁"，他将孔子关于个人修养的"仁"推广到政治领域，提出了"仁政"的概念，并发展为治国安邦的管理准则。

（3）义利观。孟子发展了孔子对个人道德修养的义利观，延伸到国家和社会如何正确处理义和利的关系。孟子并不是将义和利对立起来，否定对物质利益的追求，在义利观上，孟子主张先义后利，反对先利后义。他认为义利统一是个人乃至统治者在自身活动中所应遵循的重要准则，也是孟子为其管理思想所确定的价值观。

（4）修身平天下。"天下之本在国，国之本在家，家之本在身"，"君子之守，修其身而天下平"。孟子认为，要管理好天下、国家，其根本在于自身的修养和素质。这是说君子应坚持这样的原则，先加强自身修养，才能谈得上治国、平天下。"故天将降大任于斯人也，必先苦其心志，劳其筋骨，饿其体肤，空乏其身，行拂乱其所为，所以动心忍性，曾益其所不能。"强调管理者的人格高下和品行优劣将影响和决定管理工作的成败。

（5）权变。孟子也被誉为"中国古代权变管理思想大师"，强调灵活、权变是孟子管理思想的重要特点。孟子善于在处理现实生活中的棘手问题时运用权变的艺术，不拘泥于既定的清规戒律。孟子认为要执中行权，执守中道，通权达变，如果缺乏灵活性，就会陷于死板僵化。孟子的权变思想使其管理思想更加富有魅力。

孟子继承了孔子"仁"的主张，以"性善论"为基本点，发展了"仁政"的思想，深深地影响了两汉至以后的统治者。

（二）道家的管理思想

道家形成于春秋晚期，创始人是老子，后来得到庄子、杨朱等人的发展。道家思想的核心要义是"道"。道家认为"道"是世界的本源，是一切事物的本质与运行规律。道家要求人们的活动必须遵循道的规律，顺其自然，清静无为。道家思想包含着朴素的辩证法思想和丰富的治国智慧。它为统治者治理国家提供了治理方法的指导，成为统治者发展生产、休养生息、恢复国力的重要选择。

1. 老子的管理思想

老子，姓李，名耳，字聃，春秋时期楚国人，著名的思想家和哲学家，其代表作是《道德经》。《道德经》记述了老子一生的哲学思想，包括政治、军事、管理、道德多个方面的内容。在"道"的思想与辩证法的指导下，老子围绕"道"这一核心要义，提出了"道法自然""无为而治""弱用之术""小国寡民"等管理思想。

（1）道法自然。"道法自然"是老子管理思想的出发点。"人法地，地法天，天法道，道法自然。"老子认为，"道"是宇宙万物的本源，它先于天地和万事万物存在，并独立于物质世界，道产生了天下万物，成为天下万事万物的基础，同时又是万事万物运行发展的根本规律。

（2）无为而治。"无为而治"是老子管理思想的核心内容。老子认为管理要遵循"道"，治国的圣人都是采用无为的治国方式，尽量让社会实现自我发展，自然而然地达到管理上的"道"。老子提出要节欲从简，慎用刑罚；无为自化，顺其自然；慎用征伐，以民为本。

（3）弱用之术。"弱用之术"是老子思想中的方法和谋略，是一种原始的柔性管理模式。老子认为"弱"是"道"的重要特征，管理者应当以静制动，以柔克刚，以弱胜强。具体内容包含静观其变，以静制动，守弱用柔，持盈处虚，居上谦下。

（4）小国寡民。"小国寡民"是老子对于国家管理的终极目标。他认为社会不断倒退，人在最初的社会状态下是最自然、最符合"道"的。老子对于小国寡民的思想充满了浪漫主义的色彩，表现了小私有阶层对于安定平和生存环境的向往，是具有中国传统特色的"理想国"思想。

2. 庄子的管理思想

庄子，名周，字子休，战国时期宋国人，著名思想家、哲学家、文学家，是道家学派的代表人物，老子哲学思想的继承者和发展者，先秦庄子学派的创始人。其著作有《庄子》，亦称《南华经》。他的思想包含着朴素辩证法因素，认为一切事物都在变化，主张"无为"，放弃生活中的一切争斗；同时，又认为一切事物都是相对的，追求一种"天地与我并生，万物与我为一"的主观精神境界，安时处顺，逍遥自得。

（1）哲学思想。庄子在哲学上，继承发展了老子的思想，认为"道"是客观真实的存在，把"道"视为宇宙万物的本源。在思辩方法上，把相对主义绝对化，转向神秘的诡辩主义。

（2）政治思想。儒家墨家推崇圣人，而道家则反对推崇圣贤。庄子反对"人为"，认为理想的社会是所谓"至德之世"。另外，庄子反对儒家的等级观念，认为"道通为一"，认为道在万物，万物平等。

（三）法家的管理思想

法家是春秋战国时期典型的实用主义管理思想的代表。该思想流派推崇法治，主张"以法治国"。法家的管理思想最早要追溯到春秋时期齐国的管仲和郑国的子产，到了战国时期，法家出现了商鞅、韩非子等代表人物。这里主要介绍商鞅的管理思想。

商鞅（约公元前390—公元前338年），战国前期卫国人，主持秦国的变法，使秦国国力迅速增强，为后来统一六国奠定了基础，其思想主要包含在《商君书》中。商鞅的管理思想是以人性好利的理论为基础的。商鞅认为人的本性是好利的，追求利益是人的本质属性，他认为人性好利并非坏事，统治者应当尊重并通过利益诱导，引导人们按管理者意愿去行动。商鞅十分崇尚"法"在国家管理中的作用，他认为法律制度是国家的根本，应当置法律于一个明确、崇高的地位，他主张"严刑峻法""刑无等级"。在经济方面，商鞅在法律中鼓励人民耕作，实行"废井田，开阡陌"的土地制度。另外，商鞅在其主持的秦国变法中，颁布了关于改革传统行政体制的法令，如"废分封，行郡县"；"定户籍，行连坐"；"燔诗书，名法令"；统一度量衡等。

（四）兵家的管理思想

兵家思想以军事战略为主，是兵家的思想家们在亲临战场、总结战争经验教训的基础上，对战争规律和军事谋略进行全面、系统的总结，从而建立起来的一套关于如何取得战争胜利的战略谋略思想体系。兵家主要代表人物有孙武、孙膑等。他们的著作留传下来的有：《孙子兵法》《孙膑兵法》等。这些著作都是当时战争和治兵经验的总结，其中提出的一系列战略战术原则，包含有丰富的军事辩证法思想。

兵家最具代表性、影响最为深远的著作是孙武的《孙子兵法》，它是历史上最早、最完整、最著名的军事著作，有"兵学圣典"的美誉。孙武，字长卿，春秋时期齐国人，春秋时期著名的军事家，后人尊称其为孙子和兵圣。《孙子兵法》包含着丰富的管理思想，包括环境分析、目标制定、战略决策与实施等方面的内容。孙武很早就意识到军队组织管理的重要性，在《孙子兵法》中对军队如何进行组织管理进行了专门的论述，为后世提供了优秀的借鉴经验。他提出要择人任势，关心兵士，建立严格的组织纪律，并且赏罚分明。

（五）墨家的管理思想

墨家学派在战国时期有十分重要的地位，成为与儒家学派并列的两大学派。墨家的主要代表人物是墨子，《墨子》是研究其思想的主要著作。墨子站在小生产者的立场来论述自己的管理思想，以此劝说统治者合理治国，其中有着许多对管理的深刻见解。

墨子（约公元前468—公元前375年），姓墨，名翟，战国时期鲁国人，著名的思想家、社会活动家，墨家学派的创始人。墨子认为"国富民治"是统治者的目标，统治者治理国家要国家富强、人民众多、政治清明、刑法合理。在墨子看来，国家只有从百姓利益出发，发展生产，才能有足够的财政支持，进而对外与其他诸侯国交往。

"兼相爱""交相利"是墨子管理思想的核心。所谓"兼相爱"就是"周爱人"，实质就是利人。墨子将"兼相爱"看作是人人必须遵守的行为道德规范和基本管理准则，是管理者必须奉行的治国之法。"交相利"则是"兼爱"的具体反映，是否做到"兼爱"必须看是否实现了"交相利"。墨子主张"义"以"利"为准，利于人方为"义"，否则就是不义。他从小生产者的立场及其功利务实的作风出发，重新审视"义"，改造了儒家的"义"，赋予其完全不同的内涵。

"尚贤使能"是墨子推崇的用人之道。"尚贤使能，为政之本也"，墨子认为一个国家治理的好坏，关键在于各级官员是否有治理地方的能力，因此他十分重视具有贤能的官员作用。"听其言，迹其行，察其所能"，墨子认为，应当在实践中选拔贤才，全面衡量一个人是否是真正的贤者。"有能则举之，无能则下之"，墨子反对贵族世袭官职，主张从各个阶层选拔人才。

二、封建专制时期的管理思想

公元前221年，秦结束了诸侯割据的战乱局面，建立了中国历史上第一个统一的多民族国家，中国从此进入了漫长的封建专制主义中央集权的时代。直至1840年的鸦片战争，西方列强打开了中国的大门，中国开始沦为半殖民地半封建社会。

（一）秦汉时期的管理思想

秦始皇建立了专制的中央集权的封建国家，实行极端专制，统制思想言论、加重徭役租税等，使得民穷财尽，民怨沸腾，其政权在农民起义的怒潮中淹没；西汉统治者取得政权后，汉承秦制，采取了一系列休养生息的政策，促进了生产的恢复和发展。西汉后期，由于土地兼并、豪强势力增长，加上王莽的倒行逆施，其政权倒台；东汉是地主豪强的政权，最后群雄割据，为三国鼎立准备了条件。

秦始皇建立了中国历史上第一个高度集权的国家，他为巩固政权所采取的集权管理措施包括政治、经济、文化等各方面，并为后世历代王朝所沿袭。秦始皇强调"以法治国"，西汉则是"霸王道杂之"，"百家之言，指奏相反，其合道一体也"。汉初表现为道家的"无为而治"，而汉武帝时，采取了董仲舒"罢黜百家，独尊儒术"的建议，儒家学说占据统治地位，对后世影响极大。秦汉时期，由于政治与军事的集权管理，导致统治者对经济的集权管理。

1. 秦朝的管理思想

秦始皇（公元前259—公元前210年）姓嬴，名政，杰出的政治家、军事统帅，首位完成中国统一的开国皇帝，是一个功过均很突出的皇帝。秦始皇对中国和世界的历史产生了深远的影响，他的管理思想主要通过他的业绩表现出来。

（1）崇尚中央集权。秦始皇建立了一套相当完整的中央集权制度和政权机构。中央设丞相、太尉、御史大夫。丞相有左右二员，是百官之首，掌政事。太尉掌军事，不常置。御史大夫是丞相的副职，掌图籍秘书，监察百官。地方机构设置上，采纳李斯的建议，废除分封制，改行郡县制。地方行政机构分郡、县两级。郡县主要官吏由中央任免。

（2）统一文字和度量衡。春秋战国时期的兵器、陶文、帛书、简书等民间文字，存在着区域差异。这种状况妨碍了各地经济、文化的交流，也影响了中央政府政策法令的有效推行。于是，秦统一中原后，秦始皇下令李斯等人进行文字的整理、统一工作，采用了比较方便的书法，规定了统一的文字，这叫做"书同文"。商鞅变法前，秦国各地度量衡不统一，为了保证国家的赋税收入，商鞅制造了标准的度量衡器。秦始皇以原秦国的度、量、衡为单位标准，淘汰与此不合的制度，在商鞅颁布的标准的度量衡器上再加刻诏书铭文，发到全国。

（3）修建长城。秦灭六国之后，即开始北筑长城，把原来秦国、赵国和燕国北边原有的长城连接起来。修建长城，是为了保护北部边境人民的生命财产安全，也是为了减少人民的负担。

2. 汉朝的管理思想

由于秦朝统治过于严酷，农民起义风起云涌，秦二世后即被刘邦建立的汉王朝取代。汉朝建立后，刘邦吸取秦朝灭亡的教训，崇尚"黄老之学"，推行"无为而治"的治国方略。在汉文帝和汉景帝时期经济繁荣，实现了中国历史上第一个盛世——"文景之治"。汉武帝时期转变管理思想，启用董仲舒等人，"罢黜百家，独尊儒术"，以儒家的大一统思想治理国家，使西汉的政治、经济、文化发展达到了空前的水平。

（1）"文景之治"的管理思想。"文景之治"（公元前180—公元前141年）是指中国西汉文帝（刘恒）、景帝（刘启）两代40年统治时期的"盛世"。这一时期社会政治稳定，经济生产得到了显著发展。主政者以黄老思想指导政治，一切遵守汉高祖时萧何定下的法令，实行清静无为、与民休养生息的政策。汉文帝刘恒推行修养生息政策，轻徭薄赋，减轻刑狱，既使农业生产有所恢复发展，又削弱了诸侯王的势力，巩固了中央集权。汉景帝刘启继续推行文帝的"与民休养生息"政策，改田赋十五税一为三十税一，实行削藩，平定"七国之乱"，将诸侯任免官吏的权力收归中央，巩固了中央集权。

（2）汉武帝的管理思想。汉武帝刘彻（公元前156—公元前87年），伟大的政治家、战略家。他在位54年间，数次大破匈奴，派人出使西域，开拓了汉朝最大的版图。他独尊儒术，首创年号，是中国历史上一位极有作为的帝王。汉武帝执政期间，进行了一系列制度的改革。其一，颁布"推恩令"，控制特权集团；其二，强化对土豪劣绅的监督管理；其三，建立严正廉明的吏制；其四，打破常规，任用人才；其五，睦邻友好，肃清边患。

总体来说，秦汉时期的管理思想具有以下突出的特点：第一，封建专制主义中央集权的国家管理体制基本建立。第二，国家管理理念呈现从法家的"严刑峻法"到道家的

第三章 中国管理思想的产生与发展

"休养生息",再到"独尊儒术"的转变。第三,不同思想流派在治国政策上进行了激烈的讨论。第四,各派思想实现了相互渗透、相互影响。

(二) 三国、南北朝时期的管理思想

三国时期,中国处于长期分裂状态,战争频繁,社会混乱,管理思想发展相对停滞,但也出现了曹操、诸葛亮、孝文帝等政治家和军事家,还有以《齐民要术》为代表的农业经营管理专著。

1. 曹操的管理思想

曹操(公元155—220年),字孟德,沛国谯县人,东汉末年三国时期著名的政治家、军事家。曹操提出了"唯才是举""褒亡厚往"等政策,真正地把爱才、用才等人本管理思想发挥得淋漓尽致,这使得魏国有"谋臣如云,武将如雨"。曹操人本管理思想的核心是"唯才是举""因才授任",最大限度地用人之所长。

曹操强调从实际能力方面选拔人才,而不过多地关注品行和出身等世俗因素。曹操用才坚持"取长补短、博采众长"的用人思想,强调用人所长。曹操"褒亡为存,厚往劝来"的激励思想,强调有针对性的激励措施。曹操的"唯人是举"选才、"博采众长"用人、"厚往劝来"激励的"人性化管理"思想对当今企业人才管理具有重要启发作用。

2. 诸葛亮的管理思想

诸葛亮(公元181—234年),字孔明,琅琊阳都人,三国时期著名的政治家和军事家。《三国志》的作者陈寿曾评论说,诸葛亮"于治戎为长,奇谋为短,理民之干,优于将略。"所谓"治戎""理民",用现代的话说,就是"管理"。在对蜀国的整个治理上,他以"法主德辅""科教严明"著称。一方面诸葛亮重视法制,"赏赐不避仇怨,诛罚不避亲戚",治军严明;另一方面,他又强调"教之以礼义,诲之以忠信"。

在《将苑·知人性》中,诸葛亮对识人用人提出了七条标准,后人称为"七观法",主要内容是:"问之以是非以观其志;穷之以辞辩以观其变;咨之以计谋以观其智;期之以事以观其信;临之以利以观其廉;醉之以酒以观其性;告之以祸以观其勇。"这七个方面,既要求德,更注重才,德才兼备,全面考察。诸葛亮在治国治军的过程中表现出长远的战略眼光和卓越的管理智慧,为后世留下了无尽的财富。

(三) 隋唐时期的管理思想

杨坚废北周自立,建立隋朝,结束了东汉末年以来400年的分裂局面。而至隋炀帝时期荒淫残暴,穷兵黩武,隋朝被起义军推翻。公元618年,唐政权建立。唐太宗李世民吸取教训,认识到"水可载舟,亦可覆舟"的道理,对农民采取诸多妥协政策,经"贞观之治"到"开元之治",唐代社会发展到了鼎盛时期。唐玄宗后期,政治日趋腐败,导致"安史之乱",唐政权元气大伤,最终在农民战争的打击下瓦解,出现五代十国的局面。隋唐时期进一步发展了专制的集权管理制度,通过官制、吏制、科举制、土地制度和赋税制度等使之成为定式,并不断发展完善。

1. 隋文帝的管理思想

隋高祖杨坚(公元541—604年)-汉族,弘农郡华阴(今陕西省华阴市)人,隋朝开

国皇帝，中国古代著名的政治家、战略家。杨坚在位期间，成功地统一了严重分裂数百年的中国，击破突厥，被尊为"圣人可汗"；开创先进的选官制度，发展文化经济，使得中国成为盛世之国。是中国农耕文明的辉煌时期。

（1）提倡节约，勤于政事，俭于自奉。首先，杨坚规定从皇帝到宫人，服饰器用务求节俭。他强调节俭的目的，是使上下形成一种节约的风气，以充实国库，巩固政权。其次，严惩贪官。隋文帝对臣下极严，经常派人侦察京内外百官，发现罪状便加以重罚。由于隋文帝执法严明，一般的官吏有所畏惧，贪污行为确有减少，对百姓有益。第三，均田减赋。隋文帝曾经三次诏令，推行均田制，还进一步减轻租调力役。通过均田减赋，农民得到了实惠，调动了生产积极性，促进了农业生产的发展。

（2）改革行政管理制度。首先，改革地方机构，实行州县二级制。隋文帝把东汉以来的州、郡、县三级制改为州、县二级制，这样裁减了大批官吏，改变了"民少官多，十羊九牧"的局面，节省了行政开支，提高了行政效率。其次，改革中央机构，实行三省六部制，有利于加强皇权。第三，改革用人制度，实行科举制。隋文帝废除九品中正制，打破"上品无寒门，下品无士族"的局面，实行分科取士的科举制。科举制打破了门阀士族垄断政权的局面，为庶族地主子弟、甚至一些贫寒子弟的参政创造了条件，从而使更多的人才出现于政治舞台，具有深远的历史影响。第四，改革法律制度，实行《开皇律》。隋文帝重视以法治国，他颁行的《开皇律》简明扼要，基本为唐宋以后各代所沿用。第五，改革府兵制度，实行"兵农合一"。这样节省了国家的军费开支，减轻了百姓的负担，又增加了社会劳动力。

知识链接 3-1

科举制

科举制是由皇帝亲自主持、以分科考试形式录用人才的取士制度。科举制由隋代创立，兴盛于唐朝，衰落于明、清。1905 年，开始推行学校教育，科举制度彻底被废除。科举制共分四级：院试（即童生试）、乡试、会试和殿试，考试内容基本是儒家经义，以"四书"文句为题，规定文章格式为八股文，解释必须以朱熹《四书集注》为准。科举考试是中国古代封建统治者为选拔人才而设置的一种考试制度，其主要目的是让读书人参加人才选拔考试，是一种提倡学而优则仕的制度。这种制度对于中国传统社会后半段的政治运作和教育模式都具有关键作用。

2. 唐太宗的管理思想

唐太宗李世民（公元 598—649 年），为唐代第二代君主，开创了历史上著名的"贞观之治"。他在政治上，对内改革行政机构，对外团结周围少数民族；经济上，推行均田制和租庸调制；管理上，重视择善任能。

（1）加强政治管理。首先，改革行政机构。唐太宗改天下为十道，每道分领 10～40 个州不等，对多余的州县实行省并，剩下 279 个州，简化了行政区划。同时，精简机构，只任命了 643 名官员。在任用官吏方面，为便于集权，他对宰相一职的任用作了改革，用一些职位不高的人兼宰相之事，削弱了宰相的职能。其次，建立了议事制度。唐太宗为集思广益，凡军国大事，中书省各官员都得以本人名义提出主张，然后再与大家讨论，可以各抒己见，不受任何限制。由于唐太宗鼓励犯颜直谏，大臣们大多数敢于发表不同意见，尤以魏征最为突出。第三，重视依法行政。唐太宗重视法制，依法行政，组织人修订了"贞观唐律"，虽承隋制，亦有改进。

（2）加强经济管理。首先，实施均田制和租庸调制。唐太宗认为："凡事皆须务本。国以人为本，人以衣食为本，凡营衣食，以不失时为本。"他实施的均田制和租庸调制较隋时更为合理，对农业生产起到积极的作用。其次，反对奢侈，爱护百姓。唐太宗认为统治者不可过分剥削百姓，否则就会灭亡。他反对奢侈，提倡节约，对农民实行轻徭薄赋，使人民得以休养生息，逐步发展生产，繁荣经济。

（3）重视人才管理。首先，"政治之术，在于得贤"。唐太宗说："为政之要，唯在得人""政治之术，在于得贤"。基于这一思想，他大办学校，大兴科举，大量培养和选拔人才。其次，"设官分职，唯才是与"。唐太宗说："择善任能，救民之要术，推贤进士，奉上之良规。自古哲王，弘风阐化，设官分职，唯才是与"。在用人的问题上，他还提出："用人如器，各取所长"的见解。

3. 武则天的管理思想

武则天（公元624—705年），并州文水人，唐代著名的政治家，于公元690年自立为帝，改国号为"周"，成为中国历史上唯一的女皇帝。

（1）奖励农桑，轻徭薄赋。武则天曾向唐高宗提出十二项施政措施。如："劝农桑，薄徭赋""省功费力役"等。后又规定州县境内，"田畴垦辟，家有余粮"，则予以奖励；"为政苟滥，户口流移"，则必加惩罚。在武则天当政的前后半个世纪中，中国人口由380万户增长到615万户。

（2）广听劝谏，赏罚并举。武则天能广泛倾听各种不同类型人的意见，然后判断是非，择善而从之。她广开言路，大臣们都敢于劝谏，而她身体力行，善于纳谏。武则天以严刑来控制仕途，发现不称职的官吏，便革免或杀戮。与此同时，她对于大臣的中肯的建议，实行奖赏。

（3）打破门阀，破格举才。武则天在用人方面，不以等级、门第、资历为限，广开才路，"务取真才实贤"，并委以重任。为了广泛地吸收人才，她不断扩大举人的范围，从五品官扩大到九品官，甚至鼓励"自举"。她还进一步发展和扩大了科举制，主要做法是殿试贡士和开武举。

（四）宋明时期的管理思想

公元906年，后周大将赵匡胤发动兵变，建立宋朝。宋太祖赵匡胤加强了皇权的专制统治和中央集权，实行重文轻武、守内虚外的治国政策。1271年，忽必烈建立元王朝，并于1279年灭亡南宋。元朝建立后，实行了残酷的民族压迫政策，政权统治黑暗，农民起义此起彼伏。1368年，朱元璋的明军攻破元大都，元朝灭亡，被明朝取代。

1. 司马光与《资治通鉴》

司马光（公元1019—1086年），字君实，号迂叟，陕州夏县涑水乡（今山西运城安邑镇东北）人，世称涑水先生，北宋时期著名政治家、史学家、散文家。神宗年间曾因反对王安石变法而被贬出京,在赋闲期间,他专心研读历代史书,历经19年,完成了史学经典——《资治通鉴》。后其重新掌权,废除王安石新法,史称"元祐更化"。《资治通鉴》是一部编年体通史,共1362年的历史,内容以政治、军事史为主,书中蕴涵丰富的治国安邦的经验,得到中国历代政治家的推崇。

(1)以礼为中心的社会治理结构。在司马光的治国理念中,礼是社会组织体系的灵魂,它从形成到发挥作用的各个方面都表现了神圣的特性:其一,等级性。等级性反映的是社会结构不同层次的上下差别。其二,尊卑性。尊卑性反映的是人们价值评价上的轻重差别。等级性和尊卑性二者并不必然对等。其三,和谐性。在司马光的理念中,社会结构各层次间受礼所节制的上下尊卑关系,保持着一种内在的、有机的和谐。

(2)君主观。在司马光的理念中,君主处在社会政治结构的核心。按照儒家修齐治平、由内向外的逻辑程序,司马光向君主提出了治理社会的几个重要环节:第一,"王者以仁义为丽,道德为威。"这是讲君主的自身修养,构成社会治理的主观条件和基本前提。第二,"任官以才"。这是社会治理的一个要点,君主还要识辨和任用贤能之才,方能推行自己的治国思想。第三,怀民以仁。在司马光看来,儒家倡导"仁",其最重要的方面在于"太济生民","修政事以利百姓"应是国家治理最后的归宿。第四,交邻以信。明义守信、御之以道,是司马光对待外夷思想的核心。

明朝是中国历史上一个极特殊的朝代:一方面,君主集权达到顶峰;另一方面,多位皇帝荒于朝政,部分时期宦官专权。明朝在政治、经济、文化等方面都在前代的基础上出现了许多新特点。政治方面如废除丞相制、设置内阁机构等;经济方面如开拓海外交流、推行一条鞭法、资本主义经济的发展等;文化方面如专制主义的加强、启蒙思潮的兴起等,使明朝管理思想出现许多创新之处。

2. 张居正与《陈六事疏》

张居正(公元1525—1582年)字叔大,号太岳,湖北江陵人,明朝中后期政治家、改革家,万历初期的内阁首辅,推行了"万历新政",是明代最有权威的一个首辅,也是中国封建社会后期不可多得的政治家。当政期间,面对吏治败坏、财政危机、赋役不均、军心涣散的局面,利用手中掌握的权力,雷厉风行地推行了一系列改革,取得了一定成效。

《陈六事疏》是张居正于隆庆二年上书皇上的一份重要的文件,他根据正德、嘉靖两朝以来的官场积弊,从省议论、振纪纲、重诏令、核名实、固邦本、饬武备六个方面提出改革的重大举措。张居正的治国方略在其出任内阁首辅后全面实施,对政治、军事,特别是经济方面进行大力革新,卓有成效。

(1)政治上,实行考成法。以"尊主权,课吏职,信赏罚,一号令"为主。中心是解决官僚争权夺势、玩忽职守的腐败之风。

(2)军事上,派遣将领镇守蓟门、辽东加修"敌台"三千多座,强化北方的军备实力。在边疆实行互市政策,使边疆在政治经济上保持稳定;在大同、宣府、甘肃等地立茶马互市,保持贸易往来。

(3)经济上,清查土地,赋役折银征收。他下令在全国进行土地的重新丈量,清查漏税的田产,统计全国查实征粮土地比弘治时期增加了近三百万顷,朝廷的赋税大大增加。

(4)一条鞭法。以州县为基础,将所有赋税包括正税、附加税、贡品以及中央和地方需要的各种经费和全部徭役统一编派,"并为一条",总为一项收入,统一征收,使国家容易掌握,百姓明白易知,防止官吏从中贪污。

(五) 清朝时期的管理思想

1644 年,李自成率农民军推翻明朝统治的同时,清军入关,击败了农民军,掌握了国家政权,自此中国进入了最后一个封建王朝。1840 年的鸦片战争是中国历史的转折点,中国传统的自然经济遭到破坏,社会结构也发生了显著的变化,逐渐沦为半殖民地半封建社会。

1. 黄宗羲的管理思想

黄宗羲(公元 1610—1695 年),字太冲,号南雷,晚年自号梨洲老人,浙江余姚人,明末清初著名思想家,反君主专制思想的开创者。《明夷待访录》是黄宗羲新思想的集中总结,他反对君主专制,崇尚民贵君轻;反对重农抑商,提倡工商皆本;力主赋税改革、革新教育,体现时代特色。

(1) 政治管理思想。黄宗羲在《明夷待访录》书中对封建君主专制制度进行了猛烈抨击。他指出封建帝王把天下看作是自己的产业,害民无尽。因此,在政治管理方面黄宗羲主张应限制君权。首先,要明辨君臣关系,黄宗羲认为"君与臣,共曳木之人也"。其次,黄宗羲提倡立法以达到限制君权的目的。黄宗羲面对弊病百出的封建专制制度,仅提出了限制君权,而不是去推翻专制制度,有其不容否认的局限性。但作为深受儒门理学影响的饱学之士,在封建制度的层层禁锢下,能大胆反对封建伦理纲常,并对君主专制猛烈抨击,提出一系列有助于限制君权的政治管理思想,已是难能可贵。黄宗羲的思想,可谓民主管理思想的早期萌芽。

(2) 经济管理思想。黄宗羲总结了明王朝的灭亡,除政治原因外,在经济上主要是因为"夺田"和"暴税"。因此,在土地的管理制度上,他主张实行屯田,即恢复井田制,以达"授田以养民"的目的。黄宗羲在田制管理中的有益探索,既想解决农民土地问题,又想兼顾富民利益。虽然本着为民谋利的良好愿望出发,但这一土地制度本质上仍是封建地主的土地私有制,客观上阻碍了明清之际资本主义萌芽的进一步发展。针对当时暴税的情况,黄宗羲提出"重定天下之赋"。他的赋税管理的设想是"授田于民,以什一为则。未授之田,以二十一为则。其户口则以为出兵养兵之赋"。值得一提的是黄宗羲在整个社会普遍轻视工商业,"崇本抑末"的情形下,大胆提出了"工商皆本"的思想,肯定了工商活动在国家经济生活中的重要地位,对于商品经济和资本主义萌芽的发展,都是大有裨益的。

(3) 人才管理思想。在人才的取用上,他的观点是"古之取士也宽,其用士严,今之取士也严,其用士也宽",结果导致了"严于取,则豪杰之老死丘壑者矣,宽于用,此在位者不得其人也"。这些蕴含着量才而用的人才管理思想,对于今天的人才任用和管理仍有现实意义。

2. 魏源的管理思想

魏源(公元 1794—1856 年),湖南邵阳人,被称为近代中国"睁眼看世界"第一人,他倡导学习西方先进科学技术,总结出"师夷长技以制夷"的新思想。魏源极力推崇西方近代科技，特别是造船技术。他歌颂新兴的私有财产制度，指出"使人不敢顾家业，则国必亡"。关于生产经营方式，魏源极力反对官营而力主私营，甚至建议军用民用机械均可让私商设厂仿造。这种重视商业的精神为创造一个适应工商业发展的社会气氛做了铺垫。在私营商业的组织方面，魏源推崇采用"公司"的组织形式，在农工商各行业中，他一律强调要采用雇佣劳动，体现了极强的资本主义经营方式的倾向。特别值得指出的是他对生产经营成本问题的重视，在他提出的建议中，无论是盐务、漕运、造船还是对外贸易，降低成本都是其主要内容之一。魏源从成本高低的角度衡量官营私营的优劣，算是初步进入了经济分析的领域，在我国19世纪中叶以前的经济思想中极为罕见。

第二节 中国近代管理思想

一、近代管理思想发端

（一）风气初开之际的管理思维

中国真正意义上的企业形式出现于鸦片战争之后。相对于古代管理来说，近代管理不仅是管理方式的创新，更是一场总体性的社会生产方式的变革和社会转型。国门打开后，在西方工商思想的冲击下，一批率先睁开眼看世界的人所宣扬的商务思想为近代工矿企业的兴办和发展提供了思想基础。

1. 本土商品经济的早期主张

中国古代长期奉行的是基于重义轻利的重农抑商的思想，随着经济社会的发展和商品经济的发育，传统的义利观不断受到质疑。

（1）包世臣的经世思想。包世臣（公元1755—1855年），安徽泾县人，致力于经世致用之学，对于漕务、盐政、货币、农政、中外贸易等有着广泛涉猎，在许多问题上形成了独特的见解，提出了改革的主张。1803年，包世臣在《海运南漕议》一文中，提出了依靠一般商人的经营活动来代替封建官府漕运机构的思路。他的这一主张在一定程度上体现了他重视私人商业活动的经济观点。包世臣在《庚辰杂著二》一文提出了本末皆富说，充分肯定工商业在社会经济中的巨大作用，重视私营商品经济的发展也成为包世臣某些改革主张的基本出发点。

（2）龚自珍的"人性怀私"论。龚自珍著有《论私》一文，阐述了"私"的必然性、正当性。龚自珍认为，天地日月都有私，人情怀私是人性的自然流露，"民饮食则生其情矣，情则生其文矣。"就是说，先有经济生活，然后才有礼义制度。他认为只有基本的物质利益得到保证，人的道德自律才可能建立。龚自珍的"人性怀私"论与近代资产阶级提倡"自由、平等、博爱"的思想解放潮流相契合，龚自珍不自觉地充当了资产阶级改良思想的先驱。

2. 国门打开后的工商思想

两次鸦片战争以后，国人眼见西方的军事力量比中国强大，认识到"自强"是抵御外侮的唯一手段。李鸿章致函总理衙门，提出要建立自己的机器制造业，培养自己的人才。其后相当长的时期内，李鸿章用自己的权势和影响，使中国初步建立了近代机器工业体系，造就了一大批掌握现代科学技术的专门人才。

这一时期也出现了许多有关商业和人才的管理思想。李鸿章的幕僚冯桂芳，提出了一个学习西方的原则，"以中国伦常名教为本原，辅以诸国富强之术"，即本辅论，成为以后"中体西用"说的源头。他还在人才问题上，主张要像外国那样重视"制器""尚象"技艺人才，"重其事，尊其选"。政论家和新闻记者王韬指出"商富即国富"，须"恃商为国本"，强调"民间自立公司"，推行雇佣劳动制。曾做过曾国藩、李鸿章幕僚的薛福成提出商"握四民之纲"说，认为有了商则"士可引其所学，农可通其所植，工可售其所作"。

但洋务派官僚在兴办军事工业时，发觉没有大量经费是办不成的，认为以"求强"为主要目标的看法颠倒了富和强的关系。因此，他们把"求富"作为国民经济的主要管理目标，把"求富"作为"自强"的补充，并以"官督商办"的形式办起了若干民用工业。

（二）洋务运动中的管理思想

在中国近代资本主义经济的发生发展过程中，先有清末洋务派企业，后有民族资本企业。19世纪60—70年代，清政府"洋务派"官员，以"自强"为名先后创办了一系列的近代军用工业。19世纪70年代后，又在"求富"名义下创办了大量的近代民用工业。洋务派企业积累了丰富的管理经验以及生产、技术、财务等多方面经营经验。洋务派企业的结局大都是"股本耗折，成效毫无"，而民族资本企业却在帝国主义和封建主义的重重压力下，艰难曲折地获得自己的生存和发展。

1. 洋务派企业的管理思想

（1）管理者选择。当洋务派官僚引进大机器工业的时候，基本上仍用经营封建官府手工业的办法来进行组织管理。在各类洋务派企业中，高级管理人员大多数是满清政府的官员，领的是朝廷俸禄。官办企业资金由政府从国库拨给，官督商办企业的资金是由商人集股而成，官商合办企业的资金也来自国库及商人腰包，俱与这些主管人员无关。他们主办企业，只是把企业当作"供差场所"，许多人根本不懂业务，"或者九九之数未谙，授以矿质不能辩，叩以机括而不能名"。在洋务派官办企业中一切经办人员都是官家所派，而在官督商办企业中已经有一部分买办商人参与工厂的管理，在官商合办企业中私商凭借股东的身份，也拥有一定的权力。

（2）企业经营方式。官僚控制的企业在经营方式上的特点，是利用封建特权进行垄断。清末洋务派经办的军火工业当然是只此一家别无分店，就是洋务派官僚插手的民用工业，也普遍采取经济垄断的手法。甲午以前，洋务派创办的新式民用工业，以官督商办的形式为主，这种形式最符合封建政府控制新式企业的要求。洋务派官僚把官督商办企业看作各自的势力范围。无论洋务派官僚经济垄断的实行情况如何，在主观上，洋务派企业都企图依赖封建垄断而生存。然而没有竞争就不能促进企业改善经营管理，所以洋务派往往把企业办得死气沉沉。

2. 民族资本企业的管理思想

民族资本企业没有洋务派企业所享有的特权，为了生存和发展，只能从改善经营方法着手，努力掌握市场动向，根据市场需要确定生产方向。民族资本企业还注意提高产品质量，增强市场竞争能力。例如大隆机器厂的棉纺机器享有优质的盛誉，被称作"选材坚固，工作精良，设计高明，装置得法，而运转轻灵"。在市场和营销方面，民族资本企业也多方努力，建立密切的产销关系。民族资本企业还积极利用有利的政治经济形势。正是在经营方面民族资本企业较为灵活机动，因而能够在有利的客观形势下，求得自身的发展。

西方殖民主义、中国封建专制主义的双重压迫，造成了近代中国的民贫国弱。中国怎样才能摆脱这一灾难深重的局面，走上富国强兵的道路，是近代中国关心国是民生的思想家和民族企业家梦寐以求的理想。盛宣怀就是近代中国实业家的典型代表。

盛宣怀（公元 1844—1916 年），江苏武进县人，1870 年入李鸿章幕。他的一生"亦官亦商"，始终坚持创办民族实业，振兴国家。他的管理思想集中表现为实业救国和实业富国两个方面，将创办和经营实业作为自己不懈的追求，也希望更多的人创办实业，"与洋人争利"，以振兴国家。在近代艰难的处境中，盛宣怀在实业上作出了重要贡献，这与其可贵的实业思想是分不开的。

二、维新和"新政"时期的管理思想

进入 20 世纪后，中国人对近代企业制度有了更深入的认识，出现"由民自立公司"的呼吁。随后一系列新型的经济法规、条例、章程、办法相继出台。思想家严复翻译出版的赫胥黎的《天演论》和亚当·斯密的《国富论》成了国人新的实践的理论依据。梁启超极力推崇垄断组织托斯拉，对中国经济社会环境进行批评，提出要培养近代企业发展所需的各类人才。近代管理思想有了新的内容。

（一）股份制公司的出现

在 20 世纪初，清政府面临的国内国际危机进一步加剧，而戊戌变法虽然在慈禧太后的镇压下失败了，但其对中国的影响远没有结束。维新派人士提出的很多改良措施在以后的管理中得到重视。清政府在中央设立了工商部，连续颁布了奖赏鼓励科学技术发明的规定。虽然清政府的很多规定都是流于形式，但是很多地方官员和商人还是被发动起来了，人们开始谋求私营业的发展，股份有限公司开始出现。

（二）梁启超的管理思想

梁启超（公元 1873—1929 年），广东省新会县人，中国近代维新派代表人物，近代中国的思想启蒙者。梁启超对中国近代经济发展问题十分重视，特别是在建立新式企业制度上提出了自己的主张。

1. 对垄断组织托拉斯极为赞赏

梁启超认为近代经济学说最基本的法则是效率观，"生计学有最普遍最宝贵之公例一焉，曰以最小率之劳费易最大利益"。与工业托拉斯相似，梁启超极力主张发展"大农业"。他相信，大规模农业"能为种种设备，以从事于农业改良"，生产效率要比小农经济高数倍。梁启超认为，股份资本和新式技术两者结合起来，企业方能发展。他认定："今日欲振兴实业，非先求股份公司之成立发达不可。"梁启超认为理想的文明社会应是由经济组织全面统治的社会。他还论证了私有制存在的"合理性"，认为它是现今社会所承认的"适于正义之权利"，是社会经济发展的动力、文明的源泉。

2. 对股份公司不能在中国健康发展的原因做了探讨

梁启超认为，"中国今日之政治现象社会现象，则与股份公司之性质最不相容也。苟非取此不相容者排而去之，则中国实业永无能兴之期"。他列举了中国传统制度结构中不适应股份公司发展的种种缺陷：缺乏与股份制公司配套的制度；法律实施不力，缺乏"健全之企业能力"；企业观念偏颇等。

3. 股份公司需要高水平的企业人员管理

梁启超认为，股份公司规模大，内部结构又复杂，需要高水平的专业人员管理。他提出要培养近代企业发展所需要的各类人才，要重视商业道德教育。他还指出，近代企业的发展需要新式的企业家，不仅要有深厚的经济管理理论知识，还需深入了解市场实践。

三、科学管理思想兴起

19世纪末20世纪初，在西方出现了科学管理思想，开启了传统思想进入科学管理的新时代。近代中国早期的公司企业中，现代公司制度形式上是建立起来了，但在一些工业企业中，内部管理仍旧沿袭和采用传统的管理模式。到20世纪二三十年代，中国企业开始了以推行科学管理为中心的管理改革。

（一）中国科学管理兴起的背景

20世纪20年代，在国外科学管理潮流的带动下，1930年6月国内成立了中国工商管理协会。协会会议审定形成"提倡科学管理法以期达到实业合理化案"，该议案得到国民政府的积极响应。

20世纪20年代后，国内经营环境发生巨大变化，现代职业经理阶层逐渐形成，中国企业不但面临激烈的市场竞争，还必须面对频繁出现的劳工运动。在改善劳资关系和提高生产率的双重压力推动下，科学管理思想开始在中国受到广泛的重视。到20世纪30年代初，近代中国的公司企业，已经开始进入崇尚和全面推行以科学管理为主要内容的企业管理阶段。

（二）刘鸿生的管理思想

刘鸿生（公元1888—1956年），浙江定海人，早年在开滦煤矿公司任经纪人。从本世纪20年代初开始，陆续办起了鸿生火柴厂（后扩展为中华火柴公司）、上海水泥公司、中华煤球公司、中华码头公司、华丰搪瓷厂、章华毛纺织厂、华东煤矿公司、中国企业银行等一系列企业，成为中国近代著名实业家，在我国的民族资本主义发展史上占有相当重要的地位，曾被称为中国的"煤炭大王"和"火柴大王"。刘鸿生在经营企业的几十年生涯中，积累了相当丰富的经营经验，也形成了一套近代企业的经营思想，在企业的投资环境、市场竞争、人才使用、内部管理等一系列问题上具有自己独到的见解。

1. 投资环境

刘鸿生曾明确指出："工厂之创立与发展，须适应经济环境之条件。"也就是说，只有具备了相适应的投资环境，工厂企业才可能展开正常的经营。他所指的投资环境，主要是指企业投资要有良好的经济地理环境和政治社会环境。

2. 市场竞争

刘鸿生认为"天择物竞两义，商战自以物竞为唯一主旨。"为了使自己的企业在激烈的市场竞争中立于不败之地，他提出了以下的做法：第一，对市场需求进行调查；第二，实行同类企业合并，以增强企业的实力；第三，要重视和提高产品的质量。

3. 人才管理

刘鸿生从企业经营的战略高度出发，十分重视人才的任用问题。他认为，人才是企业经营中具有重要意义的因素，企业的经营效益好坏，关键在于企业经营者的素质和技术人才的技术。他的人才任用观主要表现为：用人唯贤；用人所长；采取一系列措施，创造各种优越的条件和环境，竭力招罗人才。

4. 内部管理

刘鸿生在回顾自己的经营生涯时曾这样总结："鄙人前后所经营之公司，现已有十余处，虽性质不一，工厂出口亦各不同，然关于根本之管理方法，则无不宜适用科学的方法，以顺应世界之新潮流。"他着重抓的管理工作是：第一，加强投资管理，以确保投资的有效性；第二，加强财务管理，力争降低企业成本；第三，加强营销管理，以打开产品的销路；第四，加强统一管理，使企业的运转更加有效。

总之，刘鸿生作为一个企业集体的创办者和组织者，在其长期创办企业的活动中，根据企业所处的环境、所面临的困难，提出了许多行之有效的对策，在企业经营方面积累了许多有益的经验，并形成了一套既符合当时社会历史条件又符合中国特定国情的经营思想。

四、文化管理思想潮流

中国近代管理的发展受到西方思想文化的深刻影响，在这一过程中，法治观念、效率观念、科学观念、民主观念在增强，封建观念逐渐消退。但与此同时，中国传统文化的精神并没有隐退，相反，许多企业家身上体现出东西方文化兼容的特征。20世纪30年代后，卢作孚等实业家自觉地将优秀的传统文化与现代资本主义企业制度相结合，将中国近代企业管理推向了一个新的阶段。

（一）中国近代企业文化的特点

自20世纪20年代开始，中国民族企业纷纷引进西方"科学管理"制度，进行管理革命,这些"胡萝卜加大棒"的政策,遭到工人和工头的普遍反抗。而民族企业在市场竞争中极为劣势,为求生存和发展,一批著名的民族企业家开始在经营管理和技术上下功夫,挖掘传统文化的精华,培育共同的企业价值观,真正开始了创建企业文化的过程。

这一时期形成了如"民生精神""永安精神""美亚精神"等各具特色的企业精神和文化。这些民族企业的精神和文化存在明显的特点,如服务社会的价值观、浓厚的民族特色、重视职工精神道德的培养、企业家以人格魅力赢得工人的尊重和追随等。

(二) 卢作孚的管理思想

卢作孚(公元1893—1952年),重庆市合川人,中国近代史上著名的实业家、教育家和爱国主义者,为中国的近代化建设作出了重大贡献。他的一生先后经历了"革命救国""教育救国"和"实业救国"三个阶段。

卢作孚"实业救国"经济思想的主要目的是实现中国的工业化和现代化,而为了实现中国的现代化必须要进行政治建设、经济建设和文化建设。卢作孚"实业救国"经济思想的核心是以经济建设为中心,大力发展实业,实现中国的现代化。"建立现代集团生活"是卢作孚"实业救国"经济思想的延伸。卢作孚认为在中国传统的农业社会中存在两种集团生活:第一种是家庭生活;第二种是由亲戚、邻里、朋友等关系组成的社会生活。卢作孚认为人无法在社会组织之外生活,集团组织生活是中国人社会生活的核心。

毛泽东曾把卢作孚称为中国近代实业史上不能忘却的四个企业家之一,由此可见卢作孚在近代中国实业界的地位。卢作孚在创建民生公司,大力发展民族经济,抵制帝国主义经济侵略的过程中,逐渐形成了"实业救国"经济思想。

知识链接 3-2

孙中山与三民主义

孙中山(1866—1925)是中国近代民主革命的伟大先行者,他的思想无疑是一个时代的杰出"产物",集中代表了资产阶级革命派的观点要求,其三民主义思想和五权宪法论、建国三时期论、权能论等思想精粹中,蕴含了丰富的管理思想。

孙中山的思想渊源有着明显的中西融合色彩,最大特色在于:它是一种处于时代和社会的实践中而不断发展变化的理论体系。三民主义正是孙中山思想的核心,在《建国方略》中,明确指出中国革命及其建国,共具三大方向,此即三民主义——民族、民权、民生之主张。(1)民族主义。推行武力革命,统一建国,对内则实现民族平等,对外则谋国家独立和领土完整。(2)民权主义。建立人民有权、政府有能的民权政治。人民得以用选举、罢免、创制、复决四项政权,管理政府之行政、立法、司法、监察、考试五项治权,达成"四万万人来做皇帝"的"全民政治"之实践。建构人民有权、政府有能的权能区分政府,而达致民治之最终目标。(3)民生主义。民生主义乃利用外资,发展实业,平均地权,节制资本,达成均富的民生社会。尤重利用外资,使国外之资金和技术人才,协助中国发展实业,改善民生。

中山先生于欧战结束后,出版《实业计划》(The international development of China, 1920)一书,提出六项计划,主张利用外资,由国际共同发展中国实业,最具代表。针对中国现况,提出兼顾区域平衡发展，重视发展经济基本设施，如港口、铁路、公路等。强调重工业的领导地位，并注意基本建设、重工业与轻工业三者彼此间发展的相互关系。

（资料来源：李金强. 孙中山建国思想及其研究意义［J］. 北华大学学报（社会科学版），2017，18（1）：32-34.）

第三节　中国现代管理思想

一、改革开放前的管理思想

从1949年中华人民共和国成立到1978年改革开放的这一时期，是中国人民的独立自主的现代化建设时期，实行高度集中的计划经济管理体制，管理实践出现了许多独创。毛泽东是这一时期管理思想的集大成者。从革命伊始，他就把握住了"实事求是"的精髓，一切从中国国情出发，发展出了自己的管理思想，包括政治管理、政党管理、经济管理和军队管理各个方面。

（一）政治管理思想

思想政治工作是毛泽东管理思想最具特色的一点。首先，坚持全心全意为人民服务的宗旨。在这一宗旨指引下，形成了"向人民负责""密切联系群众、向群众学习""依靠群众""关心群众"等为主要内容的群众工作路线。第二，思想政治工作始终围绕党的中心任务。在新民主主义革命时期，中心任务是带领中国人民夺取政权，取得民族独立，建立新中国；在社会主义现代化建设时期，中心任务是解放和发展生产力。第三，坚持思想教育与加强党的领导相统一。第四，注重思想政治工作的方式方法。这些方式方法包括树立典型的示范和激励方法、运用民主的说服教育的方法、批评和自我批评的方法等。

（二）政党管理思想

中国幅员辽阔，人口众多，如何通过组织制度形式来实现党的领导，保证党中央决策的执行，是中国共产党必须解决的问题。毛泽东找到了解决这个问题最好的途径，就是建立健全广泛而有效率的基层党组织。毛泽东要求建立学习型政党，把学习上升到中国共产党的党建工作上来，号召全党不断加强学习，提高党的战斗力。

（三）经济管理思想

从1949年新中国成立到1976年毛泽东逝世，我国基本实行的是计划经济体制。当时的国情决定了国家要想发展经济，必须集中力量，列计划、重调节，将有限的资源统一利用。毛泽东提出了安排国民经济要以农、轻、重为序的思想。进入国民经济调整时期后，毛泽东又提出了"以农业为基础，以工业为主导"的发展国民经济的总方针，进一步丰富

第三章 中国管理思想的产生与发展

和深化了关于中国工业化道路的思想。

(四) 军队管理思想

在共和国诞生的历史过程中,毛泽东在领导和管理军队的过程中,展现了丰富的管理智慧。首先,解决为谁打仗的问题,让全体官兵打仗思想明确、上下高度一致、目标高度统一、全军凝聚为不可战胜的一个整体。第二,坚持党对军队的绝对领导的思想。第三,党员官兵,尤其是党员干部在战争的紧要关头冲锋在前、危急时刻牺牲在前,"一不怕苦,二不怕死",在人民解放军中形成了光荣传统,铸就了攻无不克、勇往直前的军魂。第四,建章立制,实现管理正规化的思想。第五,树立官兵一致、民主管理的思想。

二、改革开放后的管理思想

1978年以后,中国步入了全面改革开放新时期。这一时期,经济体制改革和社会全面转型,我国进一步打开国门,融入国际体系。我国开始打破原有的高度集权的计划经济体制,国家不再包揽一切经济生产活动,逐步开放市场,引入私营经济,大量民营企业兴起,市场逐渐代替计划,成为社会资源的主要配置方式,企业成为了市场经营的主体。这一时期,中国管理思想的发展主要体现在民营企业管理实践上。

(一) 以效率为中心的萌芽阶段

20世纪70年代末至80年代中期,国家经济工作的重心是恢复企业生产,提高生产率。这一时期的中国管理思想也是国家与企业在明确企业职能、提高效率的探索实践中产生的。

1. "扩权让利"的权力分配思想

中国的经济体制改革始于1978年,主要是从扩大企业自主权、调整国家与企业之间的利益分配关系开始。十一届三中全会指出:我国经济管理体制的一个严重缺点就是权力过于集中,应该大胆下放权力,让企业在国家统一计划指导下,享有更多经营管理自主权。1978年第四季度,四川省选择重庆钢铁公司等6家地方国营工业企业,在全国率先进行了"扩大企业自主权"的改革试点,改革内容涵盖了企业利润分配、生产计划制定与实施以及企业员工奖惩等方面的内容。根据试点企业的经验,四川省制定了扩大企业自主权的办法,允许企业在完成国家计划之外,在生产计划、产品销售、劳动人事、技术改造等方面有一定的机动权力。1979年5月,国家经委、财政部等六部委根据四川省的试点经验,决定在京、津、沪三地选择首都钢铁公司等8家企业进行扩大企业自主权试点。同年7月,国务院颁发《关于扩大国营工业企业经营管理权的若干规定》《关于国营工业企业实行利润留成的规定》等5个改革企业经营管理体制的文件。从历史的角度看,京、津、沪三地8家企业的扩权让利试点是社会主义体制下国家对于经济权力如何分配的大胆尝试,为中国国有企业管理改革指明了"自主经营,自我发展"的正确方向。

2. 步鑫生的管理理念

浙江海盐衬衫厂厂长步鑫生针对集体企业的特点,对企业制度进行全面改革,大大提高企业效益，成为管理成功的典型代表。在人才选拔上，步鑫生从基层生产职工中选拔有技术的优秀人才；在管理制度上，严肃整顿，提高整体纪律性；在收入分配上，采用"二定一保"联产计酬制，严格考核按劳分配；在福利待遇上，生活上关心，保障日常生活稳定。

（二）以质量为中心的探索阶段

20世纪80年代中期至90年代初，中国开始了深层次和宽领域的体制改革，经济体制改革围绕着企业的股份制展开，市场开始发挥其资源配置作用，管理理论的发展逐渐转向以承包和质量为中心。

1. 承包经营

首都钢铁实行的承包制包含了以下三个方面的内容：一是上缴利润递增包干；二是包死基数，确保上缴，超包全留，欠收自负。三是职工福利和个人收入同企业经济效益挂钩。

首都钢铁为更好地推进与实施承包制，充分调动企业管理者与职工的生产积极性，在内部生产管理上实行了生产责任制。首都钢铁的生产责任制包括了"包、保、核"三个环节。企业以生产任务为基准，对每个生产部门的权力义务关系进行过周密的设计与梳理。生产责任制是具有浓厚中国特色的目标管理理念。它的目标分解、指标落实、任务承包、成果考核等做法，同德鲁克目标管理理论也有着异曲同工之处，是符合现代企业的管理方法。

2. 满负荷工作法

满负荷工作法是以提高企业生产效率和经济效益为目标，使企业的各项工作取得最大成效，达到"人尽其力，物尽其用，时尽其效，投入产出比最优"的企业管理方法。满负荷工作法包含了九项内容，分别是：质量指标满负荷；经营工作满负荷；设备运转满负荷；物资使用满负荷；资金周转满负荷；能源利用满负荷；费用降低满负荷；人员工作量安排满负荷；8小时工作满负荷。

3. 海尔管理模式

海尔管理模式的出现是中国现代管理思想发展的重要标志，为后来中国企业管理提供了很好的借鉴，对后来中国企业管理产生了深刻影响，可以说海尔管理模式的出现，开辟了中国企业管理的新时代。海尔管理模式，包含了质量管理、流程管理、人力资源管理等多个方面的管理技术。其中质量价值券管理模式、OEC管理模式与赛马不相马最具代表性。

知识链接 3-3

海尔探索"人单合一"双赢模式

"人单合一"双赢管理模式是由海尔集团的CEO张瑞敏先生提出的，意在解决信息化时代由于国际市场规模不断增大引发的竞争所带来的日益严重的库存问题、生产成本问题和应收账款问题，并将"人单合一"模式作为海尔在全球市场上取得竞争优势的根本保证。

人单合一双赢模式也可以表示为:"人"就是员工,"单"就是用户,"人单合一"就是把员工和用户连到一起。而"双赢"则体现为员工在为用户创造价值的过程中实现自身价值。"人单合一"模式是精益生产的新发展,其实质就是目标管理,即将企业目标分解到各个定单上,将各个定单所承载的责任以分定单的形式下发给相关员工,由员工对各自的定单负责;管理部门通过评价各个定单的完成情况对员工进行绩效考评。

(三) 以市场为中心的融合阶段

20世纪90年代初到90年代末,我国开始探索建立社会主义市场经济体制,市场正式成为我国资源配置的主要方式。激烈的市场竞争要求企业完善管理制度,灵活应对市场,联想和万向的管理思想是这样时期的突出代表。

1. 联想的管理理念

联想的管理思想主要包含了"管理三要素"理论和企业发展阶段理论。

管理三大核心要素是"搭班子、定战略、带队伍";企业发展阶段理论是联想根据自身的发展阶段先后采取了"平底快船模式""大船模式"和"舰队模式",促进了企业的发展。

2. 万向的整体营销理念

万向集团公司始创于1969年,主业为汽车零部件业。万向创始人鲁冠球把一个铁匠铺发展成为实力雄厚的现代企业集团,为中国乡镇企业发展提供了经验和指导,其"整体营销"的管理模式也颇具代表性。

万向的整体营销模式以市场为导向,生产经营的各个环节围绕客户需要,销售、生产的全体员工都要围绕市场"转"。

(四) 以文化为中心的升华阶段

21世纪初至今,中国管理的发展更强调组织文化和员工归属感的建设和培养,这一阶段涌现出来的优秀管理思想以华为的管理理念、比亚迪的管理模式为典型代表。

1. 华为的管理理念

华为的管理理念是以任正非为代表的企业管理者探索企业管理方法的结晶,融合了西方先进管理思想和中国传统文化,具有强烈的中国特色和时代代表性。

在华为的一整套员工激励制度中,最具特色的就是员工持股计划。华为公司内部股权计划始于1990年即华为成立三年之时,至今已实施了4次大型的股权激励计划,包括创业期的内部融资、员工持股;网络经济泡沫时期的虚拟股票;非典时期的自愿降薪和管理层收购以及新一轮经济危机时期的"饱和配股"。

华为的企业文化,主要包括民族文化、政治文化企业化;双重利益驱动;同甘共苦,荣辱与共和《华为基本法》所总结的七条核心价值观。华为团队精神的核心就是互助。华为非常崇尚"狼"性文化,而狼有三种特性:其一,有良好的嗅觉;其二,反应敏捷;其三,发现猎物集体攻击。

2. 比亚迪的管理模式

王传福领导的比亚迪股份有限公司是当前中国汽车及装备制造企业成功管理的缩影,

其所采用的是适合中国制造业企业特点的管理模式,它主要包含半自动化加工模式与"家文化"的企业福利制度。

国内汽车产业电池制造主要依赖引进日本的全自动生产流水线,制造成本高昂。王传福充分发挥国内劳动力优势,自主研发关键设备,半自动、半人工的生产方式大大降低了比亚迪的电池成本。

比亚迪"尊重人、善待人、培养人"的家文化氛围,成为比亚迪企业文化建设的重心。

纵观改革开放以来中国管理思想的发展历程,可以看到,我国管理思想的发展经历了复杂的变化,伴随着对西方管理思想的学习、吸收和创新,逐步开创了"中国式管理"的新模式。

案例分析

无为而治创造奇迹

所谓黄老,是指黄帝与老子。黄老之学是一种以道家为主,吸收了阴阳、儒、墨、法各家观点的治国之术。汉代践行黄老之术,具体的实例如下:

实例一:刘邦入咸阳,便废除了繁苛的秦法,而以"约法三章"代之,简化了法律,恢复了人民言论和行动自由,从而营造了一个宽松的生产生活环境。

实例二:汉初的税率远低于秦朝的税率,这种富民政策,使得汉代的商业和农业生产获得了极大发展,人口也得到了快速增长。

实例三:汉初的几位皇帝,均以公主嫁入匈奴和亲,使得汉匈之间未爆发大规模战争打断国内经济的持续增长,给国内营造了一个和平发展的环境。

实例四:为了对边远地区实行授权管理,刘邦大封同姓子弟为边镇诸侯王,给予他们对地方的管理权,也实际形成了他们对地方利益集团的代理地位,从而刘姓皇室得到了各地的支持。

实例五:汉初以黄老之学治理国家,其中最杰出的代表就是曹参。他以"清静无为"为自己的治理理念,终于让齐国得到大治。

实例六:曹参注意监狱和市场,不乱用刑罚,不多加干涉,在这两处的用法慎重。他就是靠这种方法,使得齐国的人民都能在一个较为安定的环境中进行生产经营和经济恢复。

实例七:曹参担任丞相之后,开始全面负责全国的人才选拔工作。忠厚的人得以身居要职,全国的执法都以宽简为上。这种挑选官吏的风气一直延续到武帝初年。

讨论题:

1. "无为而治"是不作为吗?请谈谈你对无为而治的理解。
2. 道家管理思想是主张集权还是分权?
3. 联系改革开放所取得的成就,谈谈道家管理思想的优点与局限。

复习思考题

1. 简述中国古代早期社会管理思想。
2. 简述孔子的管理思想。

第三章 中国管理思想的产生与发展

3. 简述老子的管理思想。
4. 简述隋文帝对管理思想的贡献。
5. 试比较洋务运动中的官办企业和官督民办企业的不同。
6. 简述改革开放后不同阶段管理思想的特点。

延伸阅读

［1］陈戌国. 周礼·仪礼·礼记 ［M］. 长沙：岳麓书社，1989.
［2］朱熹. 大学，中庸，论语 ［M］. 上海：上海古籍出版社，1987.
［3］杨先举. 孔子管理学 ［M］. 北京：中国人民大学出版社，2002.
［4］郑大华. 晚清思想史 ［M］. 长沙：湖南师范大学出版社，2005.
［5］罗珉. 中国管理学反思与发展思路 ［J］. 管理学报，2008，5（4）：478－482.
［6］吕力. 中国管理思想史研究：对象、原则及存在的问题 ［J］. 管理学报，2010，07（7）：956－962.

第四章
Financial Management

管理环境与伦理

本章主要学习管理环境的概念和分类，管理与环境的相互作用；管理伦理的观点，包括功利主义伦理观、权利主义伦理观、公平主义伦理观和综合社会契约伦理观；管理伦理的影响因素，包括个人因素、组织因素和问题强度；管理伦理的提升途径；企业社会责任的概念、内容和意义。其中，管理伦理的影响因素以及企业社会责任的内容是本章学习的重点，管理伦理的提升途径是本章学习的难点。

知识目标：了解管理环境的概念，管理与环境的相互作用；掌握管理伦理的四种观点及其影响因素；理解企业社会责任的概念、内容和意义。

能力目标：区分管理的内外部环境，掌握管理伦理的提升途径。

素质目标：通过资料收集、课外调查和课堂研讨，树立管理者的伦理思维；通过小组集体学习和训练，培养管理者的企业社会责任意识。

第一节 管理环境

一、管理环境的概念

没有一个组织是独立存在的，每个组织都存在于一定的环境下，并在这种环境中从事活动。组织依靠环境的土壤生存，环境一方面为组织活动提供必要条件，另一方面制约着组织活动。组织的生存与发展和环境不可分割，环境的任何变化，既可能为组织的发展提供诸多机会，也可能使组织遭遇某种不利的威胁、丧失发展机会甚至危及组织的生存。

第四章 管理环境与伦理

西方系统学派认为，所有的社会组织都类似于一个开放系统，即组织总是存在于比它们更大的系统即外部环境之中，而且时刻与外部环境中的其他个体和组织发生物质、能量和信息的交换，组织在这些交换中谋求自身的生存和发展。为了实现组织目标，向社会提供产品和服务，组织需要从环境中不断获取包括土地、资金、技术、信息、原材料、人力资源等多方面的投入，同时借助组织的功能将投入转化成产品、服务、信息等产出（有时候也有一些副产品，如噪音、废水、废气等）回报给环境中的其他组织或个体，而这部分产出可能会成为环境中其他组织或个体的投入，如此周而复始，组织与环境不断发生投入和产出的交换。组织与环境的交换关系，如图4-1所示。

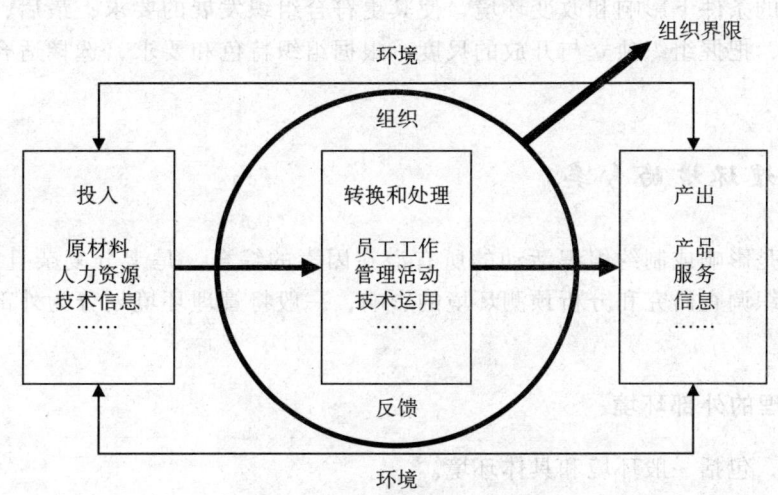

图4-1 组织与环境的关系

（资料来源：潘连柏，曾自卫，伍娜. 管理学原理 [M]. 人民邮电出版社，2017.）

组织是一个"开放系统"，但世界上没有任何一个组织是一个绝对或完全的"开放系统"，组织与环境的开放或交换是有限度的。一方面，组织相对于环境而言是渺小的，当来自外部环境的投入和影响因素很多的时候，任何一个组织都没有能力去容纳这么多的外界投入。例如，为了保护文物、保证游客的安全和秩序，景区一般会在高峰期时限制每日外来进入景区的游客数量；企业在采购生产所用的原材料时，会选择购买自己需要的且符合质量要求的原材料；企业在招聘新员工时，只有企业所需要并且符合岗位要求的候选人才会被录用；企业在向银行贷款或向社会融资时，不会索取超过自己承受范围外的资金，因为企业必须考虑利息和融资成本等风险。另一方面，出于保护自身的需要，组织也不会完全向环境开放自己。例如，为了保护员工的人身安全和企业的财产安全，只有符合要求的来访客才会被允许进入企业的办公区域；企业的核心知识产权（如专利和技术等），一般是不会对外公开的。

为了将组织与外部环境区分开，组织一般会设置一些"围墙"，通过围墙的隔离作用，组织成为一个相对独立的整体，这些围墙就构成了组织界限。换句话说，组织界限就是组织和外部环境之间存在的有形和无形的围墙，用来维持组织的相对独立。借助组织界限，首先，可以把组织和外界环境隔离开，防止外界环境对组织活动的干扰，保证组织的管理、生产和业务等正常持续地运行。其次，可以控制外部环境投入到组织的数量和质量，因为有组织界限，组织可以制定规则，自主选择符合自身要求的外部投入的数量，同时筛选出高质量的外部投入。例如，企业或行业协会的准入规则和标准，学校的录取批次和分数线等。最后，组织可以调整产出，使其更符合环境中将本组织的产出作为投入的其他组织或个体的要求；同时因为组织的独立性，组织可以选择将自己的产出输出给特定的组织或个人。例如，企业或行业协会的质量标准和检验，校企合作的定向培养等。

组织与环境有着不可分割的密切关系，作为组织的管理者，应当善于处理组织与环境的关系，或者说管理组织与环境的关系，即管理环境。首先，组织管理者必须了解和认识环境，把握环境的规律；其次，带领组织适应环境，在当前既定的环境中求生存和发展；再次，在可能的条件下影响和改变环境，使其更符合组织发展的要求；最后，是了解组织与环境的界限，把握组织独立与开放的尺度，根据组织特色和要求，选择适合组织发展的开放程度。

二、管理环境的分类

管理环境是影响或制约组织活动的所有潜在因素的综合，是十分复杂且难以预测的。为了有利于组织调查研究和分析预测环境的影响，一般将管理环境划分为外部环境和内部环境。

（一）管理的外部环境

外部环境，包括一般环境和具体环境。

1. 一般环境

一般环境是指在一定的时空条件下客观存在的各种政治法律环境、经济环境、社会文化环境、技术环境、自然环境等影响组织的因素。一般环境对单个组织而言是一种不可控的宏观环境因素，组织只有去分析和预测环境的现状和变化规律，才能适应环境。

（1）政治法律环境。政治法律环境主要包括政治环境和法律环境。具体来说，政治环境是指对组织活动具有实际与潜在影响的政治力量和对组织活动加以限制的基本政治制度，是一个国家的国体、政体、政党制度、政党派别等结构性要素，具有较强的稳定性。政治环境中的许多因素都是以法律、法规、制度等形式体现，通过有关部门来严格执行，以便制约和影响组织活动。法律环境是指一系列法律规范、法律规范的制定和实施机构以及相应的社会法律意识。其中法律规范是最基本、最重要的要素。由于法律、法规的制定与政治环境中的政治体制、政党、政府等息息相关，所以法律环境从本质上与政治环境是一体的。我国为了适应社会主义市场经济建设的需要，已陆续颁布实施了许多法律法规，其中与企业关系密切的有公司法、劳动法、劳动合同法、消费者权益保障法、反不正当竞争法以及各种税法等，同时政府还制定了诸多产业政策、行业规定等限制性条例。

（2）经济环境。经济环境是指影响组织生存与发展的社会经济状况以及国家经济政策，是影响消费者购买能力和支出模式的因素，包括经济制度、经济体制、社会经济水平、经济周期、居民购买力水平、居民收入状况、价格水平、劳动力供求状况等。一般而言，经济环境对组织有着决定性的作用，主要包括微观经济环境和宏观经济环境。微观经济环境主要指组织所在地区或所服务地区消费者的消费偏好、就业程度、收入水平、储蓄情况等因素，这些因素对组织的影响更为直接。宏观经济环境主要指一个国家的人口数量及其增长趋势、失业率、国民收入、通货膨胀率、国内生产总值、财政货币政策等及其变化情况以及通过这些指标所能体现的国民经济发展速度和发展水平。经济环境对组织经营活动的直接影响体现在多个方面，例如，在物价上涨时，企业一方面必须支付更高的价格获取原材料，同时必须支付给劳动力更高的劳动报酬，迫于成本上升压力，产品价格也要适当提升，产品的市场竞争力会下降，可能销量也随之降低。

（3）社会文化环境。社会文化环境是组织所处地区在社会与文化方面所具备的基本条件，它主要包括民族特征、民族结构、人口数量、人口结构、文化传统、价值观、宗教信仰、风俗习惯、教育水平等因素。社会文化环境因素是影响组织管理诸多因素中最复杂、最深刻的变量。社会文化是某一特定人类社会在长期发展历史中形成的，严重影响和制约着人们的消费观念、需求欲望和特点、购买行为和生活方式，对组织的业务活动产生直接影响。社会文化环境中最主要的因素是人口因素，它影响需求的数量和层次；风俗习惯和宗教信仰会抵制或禁止某些活动的进行；价值观则会影响到人们对营销活动、组织产品和组织存在的判断和认可。对于跨国企业而言，必须足够了解和重视当地的社会文化环境，尊重当地的宗教信仰和风俗习惯，否则企业很难在当地生存和发展。

（4）技术环境。技术环境是指一个国家和地区的技术水平、技术政策、新产品开发能力和技术发展动向等，既包括生产技术，也包括管理技术、生活技术、服务技术等。现代社会的科技进步成果，不仅大大减轻了人们的劳动强度、提高了劳动生产率，同时也为组织管理带来了观念和方法的转变、更新。任何企业为了达到其预定目标，都必须进行生产经营活动，而生产运营活动与生产技术、管理技术等密切相关。例如，蒸汽机的发明，促使工场手工业向机器大工业的转化，大大提高了劳动者的工作效率，解放了人类的双手；手机的发明，大大提高了人们的沟通效率和质量；互联网技术的发展和普及，方便了人们的联络和共享，同时带动了网购行业、物流行业等新兴行业的快速发展。

（5）自然环境。自然环境指一个国家或地区的地理位置、气候条件以及自然资源状况等因素，它为人类提供了基本的物质生存与发展空间。自然环境一般变化比较慢，在较长的一段时间内相对稳定。自然环境与组织的许多方面息息相关，它能为组织提供原材料、土地、能源等，而这些是组织生存和发展所必须拥有的资源，因此，自然环境是制约组织发展的重要因素。自然环境是否有利，与组织建立时的选择有很大关系，主要涉及到组织所处的地理位置、蕴藏的自然资源等。自然资源的分布通常影响着工业的布局，从而可能决定着在不同地区的不同产业和组织的命运。随着社会的发展，自然资源越来越受到关注，组织一方面要选择有利于自身发展的自然资源环境，有效地利用、开发资源；另一方面，组织也要在发展过程中注意节约资源，保护环境，避免对自然环境产生破坏。

2. 具体环境

组织不仅在一般环境中生存，而且在特定的竞争环境中活动，一般把这类具体领域相关的竞争环境称为具体环境。具体环境与组织有密切的关系，对组织有着更为直接的影响。具体环境主要包括顾客、供应商、竞争者、管制者、金融机构等。

（1）顾客。顾客是指购买组织产品或服务的对象，包括个体或组织。只有组织的产品或服务被顾客所接受和购买，组织才可以获得收益，才能继续生存和发展。顾客的需要是组织存在的理由，他们代表着组织产品或服务的消费市场。一旦组织失去顾客，组织也就离死亡不远了,所以顾客是组织生存的基础。一个组织需要同时面对多种类型的顾客,而不同顾客由于价值观、受教育水平、收入水平、宗教信仰等差异会对同一种商品有不同的价值评判标准和需求,因而,组织必须细心研究顾客的特点,尽可能满足每一类型顾客的需求。一方面,组织要保证现有产品的质量,同时做好售后服务工作,确保现有的顾客满意并持续购买;另一方面,组织要广泛倾听顾客的建议,根据顾客新的需求尽可能开发更多新产品,以打开新市场,获取更多的顾客。

(2) 供应商。供应商是指为组织提供原材料、机器设备、生产技术、管理方法、信息、能源等资源的个体或组织。供应商在两个方面影响和制约着组织活动。其一,供应商能否按时按量按质地提供给组织生产所需要的原材料等生产要素,将会决定组织能否按计划生产出相应的产品,影响着组织的生产经营活动。其二,供应商提供给组织生产要素的价格,将决定组织的生产成本,进而影响组织的经营收入和利润。供应商对于组织而言是非常重要的,它能控制投入到组织的生产要素,所以存在一定的不确定性,因而,组织要谨慎地选择供应商,签订供应合同,妥善处理好与供应商的关系,确保供应商能稳定地为组织提供资源。

(3) 竞争者。竞争者是指正在提供或可能提供与本组织相同(或可相互替代)的产品或服务的其他个体或组织。一方面,竞争者会与本组织抢夺外部环境所提供的原材料、人力、资金、土地等生产要素;另一方面,竞争者会与本组织争夺同一市场。竞争者对组织的生存和发展有着直接的威胁,一般从三个方面对竞争者进行研究,分别是现有竞争者、潜在竞争者和替代品提供商。现有竞争者是与本组织直接争夺资源和市场的其他组织,他们一般提供与本组织完全相似的产品或服务。潜在竞争者是即将进入本组织产品或服务市场的其他组织,他们即将与本组织争夺资源和顾客、市场。替代品提供商主要是提供与本组织产品功能或效果类似的产品或服务的其他组织,主要争夺顾客和市场。因此,组织必须认真研究竞争者的产品和动向,及时采取对策应对竞争者的挑战。

(4) 管制者。管制者是指拥有特殊权利,对组织行为有一定约束和监督作用的政府机关或社会组织。管制者主要分为两类:一类是由政府设立,旨在保护公众或组织免受特定组织行为伤害,能够直接影响和控制组织行为的机构,如中国人民银行、中国证券监督管理委员会、中国银行保险监督管理委员会、食品与药物管理部门、环境保护部门等,这类部门一般能制定规章制度来限制组织的行为,在保护个人和组织权益方面发挥了重要作用;另一类是利益相关体,即与本组织利益相关的社会机构和行业协会等,如工会、消费者协会、产业协会、行业自律组织、环保组织等,这类组织一般不同于政治管制机构,没有法律承认的官方权利,但具有广泛的社会影响,能起到很好的监督作用。

(5) 金融机构。金融机构是指为组织的生产经营活动提供资金的服务机构,主要包括商业银行、保险公司、投资公司、担保公司、证券公司和各种基金会等,它们对企业的发展至关重要。除了政府出资设立的组织,其余经营性组织的自有资金来源于股东所缴纳的股本、公积金、留存收益等,但是这部分资金只能满足组织初期的经营活动,一旦组织规模扩大,组织就需要大量的发展资金,这时候金融机构就能起很大的作用。随着经济全球化的发展,组织面临的金融风险越来越严峻。为了避免和降低经营风险,为组织创造更好的绩效,实现更高的组织目标,组织必须与金融机构搞好关系,获取更多的资金用于组织的生产经营活动。

（二）管理的内部环境

管理的内部环境是指存在于组织内部、对其管理及绩效有直接影响的因素。它同外部环境一样，都是对管理者的约束力量，但是又不同于外部环境，因为这些因素是存在于组织内部，并且是随组织产生而产生的，所以在一定条件下内部环境是可以控制和调节的。

关于管理的内部环境包含哪些因素现在还没有统一的定论。根据对组织的一般理解，可以认为组织是由若干有协作意愿的人聚合起来，以实现共同目标的劳动群体。由此推论出管理的内部环境包含使命、资源和文化三个基本要素。

1. 使命

使命是指组织对社会承担的责任、任务以及自愿为社会作出的贡献。使命表明组织存在的价值，是指导和规范组织全部活动的依据，组织的一切活动都必须服从和服务于它的使命。使命还是确定组织性质、划分组织类别的依据。例如，学校的使命是教育和培养人才，所以它的性质是教育组织；医院的使命是救死扶伤，所以它的性质是卫生组织；企业的使命是创造利润、实现价值，所以它的性质是经济组织。因为不同组织存在不同的使命，也就决定了其管理存在很大的不同。组织的使命是对管理的一大约束力量，管理必须服从于和服务于使命。

2. 资源

资源是指组织内部的资源拥有情况和利用情况。任何组织活动都需要利用一定的资源。但是，组织财力有限，决定了所能利用的资源是有限的，所以获取的资源必须节约使用和有效利用。因此，组织了解自身占有的资源及其利用资源的能力，以及科学合理利用资源非常有意义。组织内部资源通常包括财力资源、物力资源和人力资源。财力资源是指组织的资金构成情况、拥有情况、利用情况、筹措渠道等，财力资源状况决定组织日常和业务活动的开展和进行。物力资源是指内部物质环境的构成内容，即在组织活动中需要运用的物质条件的拥有情况和利用程度。人力资源是任何组织中最重要和关键的资源，是指组织的员工数量和质量。

3. 文化

组织文化是指组织及其成员的行为方式以及这种方式所反映的被组织成员共同接受的信仰、价值观念和行为准则。组织文化对组织行为及成员活动会产生重要的影响。如组织文化的价值导向可以指引组织和员工的行为方向，使其不偏离正确的方向，同时作为一种非正式的自我控制，可以起到很好的约束作用；组织文化能影响组织成员心理需要的满足，从而可能影响他们的士气和积极性的高低，进而影响到组织成员个人和组织的绩效；组织文化使组织成员拥有共同的思维方式和行为规范，便于成员间的沟通，促进协调行为、共同行为；组织文化作为组织的整体特征，进而影响组织自身的知名度和美誉度。此外，组织文化还会影响组织的决策及其实施，只有符合组织文化要求的决策才可以去实施。

三、管理与环境的相互作用

（一）环境对管理的影响

1. 外部环境可以给组织的发展带来机遇

国家颁布相关政策支持某一行业的发展，那么在这一行业的组织就能获得国家相应的支持（提供资金、技术，减少税费等），组织就能得以迅速发展；中国改革开放后国家经济的迅速崛起以及市场经济体制的建设，为许多组织带来了发展机遇；中国加入世界贸易组织后，迅速打开了国际市场，很多国内的产品或服务可以销往海外，为很多组织创造了发展机会。管理者必须把握机遇，加快组织发展。

2. 外部环境为组织带来了规范或约束

国家颁布的法律、法规、政策、制度、决定等，都是组织所必须遵守和执行而不可违反的，限制了组织的活动范围；国家执法部门、监督部门对组织的监督，要求组织必须按照质量标准生产出合格的产品，规范了产品市场；外部环境提供给组织的有限资源决定了组织生产经营活动的内容和方向，组织必须根据消费者的需求组织生产。管理者要遵守法律法规，规范组织行为和活动。

3. 外部环境也会给组织发展带来挑战

近几年国家要求钢铁、煤炭等行业进行产能调整和优化升级，给相应的钢铁、煤炭组织带来了很大的挑战。同一行业竞争者的增多，可能加剧了竞争态势，带走了许多顾客和市场，给组织发展带来威胁，如果组织没有迅速反应，改变战略，则可能危及到组织的生存。如智能手机等技术的迅速发展，给传统手机行业带来了巨大的挑战，传统手机厂商巨头诺基亚就因为没有及时转变战略而衰落。因此管理者要敢于应对挑战，积极采取对策，尽可能避开外部环境给组织带来的威胁。

（二）管理对环境的作用

权变理论的基本观点认为，没有适应一切的管理方式，也就是说组织的管理形式和方法必须应外部环境的要求而有所变化。企业外部环境比较稳定时，组织的计划和战略可以缓慢调整；但当外部环境变化剧烈时，组织的计划和战略必须迅速调整。尽管外部环境对任何组织都有不可小觑的影响力，但这并不意味着组织只能被动地适应环境。因为外部环境一直是易变且迅速的，如果组织一味地被动接受和适应环境，那么组织永远跟不上环境变化的步伐。此外，在环境发生变化到组织识别出这种变化并采取相应的措施之间存在时间差，也就是说，组织应对组织变化的速度滞于环境本身变化的速度。例如，当互联网的迅速发展带动互联网手机品牌的崛起，部分传统手机厂商只是简单地适应互联网的变化而将原有手机产品转移到网上销售，没有采取相应的营销方式或手段去开发适合互联网销售的性价比更高的子品牌和产品，而当意识到市场被蚕食后再推出互联网子品牌却早已错过了最佳时机。因此，管理者必须非常了解组织所处的外部环境，具有洞察变化的能力，一旦发现外界环境发生变化，马上分析变化的特点，并制定好相应的对策，才能防患于未然。

组织可以适应环境，组织也可以在一定情况下影响环境，改变环境。随着移动互联网技术的发展和智能手机的普及，传统打的出行方式已不够方便和省时，于是滴滴出行推出了网上打车平台，顾客可以在网上下单，选择出行时间和地点，而私家车车主亦可以接单来赚取收益，滴滴出行改变了人们的出行方式，也创造了新的消费市场和就业模式。还有一些企业斥巨资做广告，目的是激起消费者对本企业产品的需求，改变市场环境。

所以，管理与外部环境是一种双向的互动关系，管理者和组织既需要适应外部环境的要求，同时也需要对外部环境施加积极的、建设性的影响。

第二节　管理伦理

一、管理伦理的概念和观点

随着经济社会的不断发展与进步，企业经营管理的理念和价值观也发生了深刻的变化，从最初只追求所有者的利润到追求所有者的利润与员工的发展，再到追求所有者、员工、顾客的共同发展，最后发展到如今追求企业利益相关者的共同进步。与此同时，国家的法制观念越来越强，国家的法律条文越来越细，公民的守法意识、维权意识越来越高，国家法制建设不断前行。然而，尽管大部分的企业都遵纪守法，法律还是难以约束每一个企业的行为，或者说定义每一种行为的法律性质。于是市场出现许多诸如虚假广告、短斤少两、做假账、商业贿赂、商品质量问题等违反商业伦理道德的行为。随着社会的发展，企业对社会的影响日益扩大，企业的非伦理行为对社会的危害往往十分严重，比如三鹿毒奶粉事件等，因此，企业的管理伦理问题越来越受到管理者、学者和公众的关注。

（一）管理伦理的概念

要了解管理伦理的概念，首先需要了解伦理与道德的含义。"伦"是指人的关系，即"人伦"，"理"是指道德律令和原则，所以伦理是指人们处理相互关系时遵守的道德规则和规范；在西方伦理主要指性格、风俗和风尚等。道德和伦理只在学术上才有所区分，在实际运行和使用中没有什么区别。一般来说，伦理是指一个人或者组织在判断是非时所依据的道德和价值观标准。人或组织的行为、决策的导向取决于伦理标准，而这种标准来源于社会舆论与道德。道德在一定文化领域内实际支配着现有规范来制约伦理的方向和标准。因此，伦理是对现存道德规范的思考，是高于道德的哲学，而道德是伦理在实际中的规范。尽管伦理与道德存在些许差异，但在实际使用中往往可以替换使用，二者通常也表达同样的意思。

组织往往不是孤立存在的，它不断地与外部环境进行交换，同时也会对外界环境产生影响，在这个过程中不可避免地涉及到伦理问题，于是，管理伦理伴随着组织经营生产过程中的一系列问题而出现。管理伦理是指管理领域内所涉及的是非规则或准则。当今时代竞争十分激烈，如果一个组织想要长久的生存和发展，那么它首先必须遵守法律法规，其次还应该讲究伦理、遵守伦理规范。因此要求组织在生产经营的全部过程中充分考虑到社会公认的伦理道德要求；无论在发展战略、经营理念、管理制度和职能设置等方面都符合伦理道德规范，妥善处理好组织与利益相关者如员工、顾客、社区、政府、供应商、竞争者和所有者等的关系，提供符合社会伦理要求的产品或服务，共建稳定、和谐的市场经济秩序。

（二）管理伦理的观点

管理者在制定政策、作出决策时必须充分考虑谁会受到其过程和结果的影响。但是，管理者因为个人成长环境和价值观的不同，其伦理标准不同，考虑问题的优先顺序和其结论也不相同。下面介绍指导管理者制定政策、作出决策时可供利用的四种观点：功利主义伦理观、权利主义伦理观、公平主义伦理观和综合社会契约伦理观。

1. 功利主义伦理观

功利主义伦理观主张以行为所产生的预期结果来评判个人或组织的行为是否正确。大多数的企业都会选择这种伦理观，因为这有利于提高生产效率、维护大多数人的利益。持有该类伦理观的管理者通常利用定量的方法分析决策所带来的成本和收益，进而选择符合绝大多数利益相关者利益的决策。例如，当企业遭遇行业不景气、产能下跌时，企业可以选择解雇20%的员工，这样可以降低人力成本，保证其余80%员工的工资收益和企业的正常运转，并且符合股东利益最大化的原则。但是这种观点存在两方面的问题：其一，为了实现大多数人的利益最大化，管理者可能采取不公平、不公正的手段，甚至做出完全不考虑少数人利益的决策，这是不合乎伦理的；其二，该项观点只指出决策符合大多数人的利益，但是没有规定在这大多数人中如何分配所获得的利益，可能在组织内部产生分配不均等问题，如某些拥有权力的特殊阶层可能获得了绝大部分收益，这也是不合乎伦理的。

2. 权利主义伦理观

权利主义伦理观主张所有人都享有基本权利，诸如受教育的权利、就业的权利、言论自由的权利、个人隐私的权利以及宪法和法律所规定的其他基本权利，任何个人或组织都应该尊重和保护他人基本权利，认为侵犯他人基本权利的行为都是不合乎伦理的。根据这种伦理观所做出的决策必须充分考虑到被决策影响的人的基本权利是否受到保护，该伦理观不强调行为的结果，而是强调行为本身是否合乎伦理标准。例如，在经济不景气的环境下，企业无法支付高额的人力成本，但为了保护员工的基本权利，企业不会解雇员工，因为解雇本身并不合乎伦理道德。管理者应该在可供选择的决策方案中对利益相关者权利进行比较，在此基础上保证利益相关者的权利。例如，企业不可以单纯为了所有者的利益而生产假冒伪劣产品，因为这种行为损害了顾客的合法权益。

3. 公平主义伦理观

公平主义伦理观主张管理者应当以公平、公正、不偏不倚作为伦理决策的指导。依照这种伦理观，企业在招聘新员工时应该以能力和与岗位的匹配度、胜任力作为选择的标准，而不是强调肤色、民族、性别、身高、户籍等其他因素；企业在对员工定薪时，要充分考虑到对工作能力的要求、所处的工作环境状况、工作绩效等相关因素，而不是单纯依

第四章 管理环境与伦理

据入职时间长短、工时长短来定级；企业在产品设计时，最好能设计出存在一定性能差异性的一系列产品序列，这样可以让收入状况不同的顾客都可以选择适合他们的产品，而不是只生产针对少数富豪的奢侈类产品。

执行这种伦理观能有效保护利益被忽视的员工，对追求个人特权的管理者也是一种道德威慑和制约。当然，在客观上它也会支持甚至助长不求有功、但求无过的平庸者规避风险的风气，影响创新与变革，从而影响生产效率的提高。

4. 综合社会契约伦理观

综合社会契约伦理观主张应当把实证（是什么）和规范（应该是什么）共同并入到企业的伦理决策中来，要求管理者在决策时综合考虑到实证因素和规范因素两个方面。

综合社会契约观建立在两个契约之上，其中第一个契约是经济参与人当中的一般社会契约，这种契约用来定义企业可以接受的基础规则，第二个契约是一个社区中特定数量的人当中的较特定的契约，这种契约用以定义社会成员之间可以接受的行为方式。依照这种伦理观，管理者只要按照企业所在地政府和员工都能接受的社会契约进行管理，其行为就是符合伦理道德的。例如，同一个跨国公司在不同国家分设机构的员工，虽然对同一岗位的员工在工作能力、工作职责、工作权限方面的要求基本一致，但身处在不同国家的员工间却存在较大的工资差异（如美国员工和中国员工可能存在 5~10 倍的工资差异），但这个工资标准是可以被中国员工接受和理解的，因为它符合当地的生活标准和工资水平。

因为综合社会契约伦理观要求管理者综合考察各行业和各企业现有的伦理观，再决定什么样的决策和行为是正确或错误的，所以综合社会契约观与其他三种伦理观存在显著不同。

实证研究表明，大多数管理者持功利主义伦理观，虽然功利主义能够为企业创造尽可能多的利益，但随着个人权利和社会公平越来越受到重视，功利主义遭到了越来越多的非议，因为它照顾大多数人利益的同时忽视了小部分人的利益和权利。为了保护个人权利和社会公平，管理者应更多地在非功利标准的基础上建立伦理标准。但是，不管管理者采用何种伦理观作为自己的伦理标准，在面临实际伦理状况和自我利益的冲突时，管理者做出决策都将是十分困难——管理者会陷入伦理困境之中。

二、管理伦理的影响因素

管理者在面临伦理困境时其行为是否合乎伦理受到个人因素、组织因素、问题强度的影响。其中，个人因素主要包括管理者的伦理观、其所处的伦理发展阶段以及个人特征；组织因素包括组织结构和组织文化；问题强度决定了伦理问题对个人来说的重要性。这些因素互相交织，共同影响管理者的伦理判断。

（一）个人因素

1. 管理者的伦理观

由于管理者间的个人成长环境和价值观存在区别，所以每个人接受和持有前述四种不同的伦理观。管理者持有何种伦理观会影响到他制定何种政策、做出何种决策。

2. 伦理发展阶段

美国心理学家劳伦斯·柯尔伯格（Lawrence Kohlberg）认为伦理判断是伦理行为的前提，他把人们的伦理发展阶段划分为三个层次，分别是前惯例层次、惯例层次和后惯例层次，其中每个层次又可以划分出两个阶段。随着层次的持续上升，个人伦理判断会越来越不依靠外界的影响，其做出的行为和决策会更合乎伦理。伦理发展所经历的三个层次和六个阶段如表 4-1 所示。

表 4-1　　　　　　　　　　　　伦理发展阶段

伦理层次	描述	伦理阶段
前惯例层次	处于前惯例层次者，其道德选择只受个人利益的影响。决策依据于个人利益，这种利益是由不同行为方式带来的奖励和惩罚决定的	阶段Ⅰ：服从和惩罚导向。为避免物质惩罚，遵守规则 阶段Ⅱ：自我利益导向。只在符合直接利益时才遵守规则
惯例层次	处于惯例层次者，其道德选择受他人期望的影响，道德价值存在于维护传统秩序和他人的期望之中，包括对法律的尊重、对重要人物期望的反应，以及对他人期望的一般感觉	阶段Ⅲ：人际和谐导向。做自己周围的人所期望的事 阶段Ⅳ：维护权威和社会秩序导向。通过履行自己允诺的义务来维持平常秩序
后惯例层次	处于后惯例层次者，其道德选择具有自主性，受自己认为是正确的个人行为准则的影响，摆脱其所属的团队或一般社会权威，确定自己的道德原则，这些原则可能与社会的规则或法律不一致	阶段Ⅴ：社会契约导向。尊重他人的权利，置多数人的意见于不顾，支持不相干的价值观和权利 阶段Ⅵ：普世伦理准则导向。遵循自己所选择的伦理标准，即使这些标准违背了法律。处于这个阶段的人，会认为他所做的是为全世界人类的福祉着想

（资料来源：赵金先，张立新，姜吉坤．管理学原理［M］．化学工业出版社，2016．）

3. 个人特征

在进入组织之前，每个人都形成了一套相对稳定的价值准则。这些准则既有个体早期长时间的生活实践发展起来的，也有后天教育和训练的结果，是关于善与恶、对与错、诚实与虚伪、礼貌与无礼等基本信念的认识。

除此之外，自我强度和控制中心这两个个性变量也会影响个体行为。自我强度指管理者的自信心强度，用来衡量一个人的信念强度。自我强度越高的人越可能克制冲动并遵守其信念。换句话说，自我强度高的人有自己的判断准则，依据准则去做自己认为正确的事。自我强度高的管理者在道德判断与其行为之间有更大的一致性。控制中心是管理者自我控制、自我决策的能力，用来衡量人们在多大程度上是自己命运的主宰。斯蒂芬·罗宾斯（Stephen P. Robbins）认为可以把控制中心划分为内在控制中心和外在控制中心两类。具有内在控制中心的人认为自己的命运由自己掌控，而具有外在控制中心的人则相信生活中所发生的事情都是运气使然。从道德角度来说，具有内在控制中心的人更可能依据自己的内在伦理标准来指导行为，更可能对其行为负责，从而在道德判断与其行为之间有更大的一致性。相反，具有外在控制中心的人更可能依靠外部力量，不太可能对其行为后果负责。

（二）组织因素

1. 组织结构

组织结构可以对组织中的个体道德行为起到明确的指导、评价和奖惩作用。首先，组织要减少组织结构设计的模糊性，一般认为组织结构模糊性小的组织更有利于增进管理伦理。这就要求组织应当制定严格、正式、系统的规章制度。同时，规范的职务说明书和明文的道德准则可以促进行为的一致性。其次，组织要及时根据内外部环境和资源的变化调整自己的组织结构，为了有利于组织内成员的分工与协作，其管理层级的设计应当清晰有效。

2. 组织文化

组织文化的内容、强弱程度对管理伦理有明显的影响。首先，从组织文化的内容上看，如果一个组织想形成健康的、高标准的管理伦理，则要求这个组织对成员的行为有很高的控制力，以及有对冲突具有高度容忍性的组织文化做支撑。在这种组织文化中的管理者具有高度的进取心和创新精神，认识到非伦理行为的不良后果，并且敢于公开挑战他们认为非伦理的决策和行为。其次，从组织文化的强度上看，组织文化的强度越强，对管理者的影响就越大。如果强组织文化支持高标准的管理伦理，那么它对管理者的伦理行为产生积极和强烈的影响。而在弱组织文化中，管理者可能以亚文化准则作为行为的指南，一旦遇到冲突和矛盾就很难坚持原有的伦理标准，因此导致管理者的非伦理行为。

（三）问题强度

问题强度是指该问题如果采取不道德的处理方式可能会产生的后果的严重程度。问题强度实际揭示了道德对于管理者的重要性程度，它取决于六大因素：危害的严重性、社会舆论的反应、危害的可能性、后果的即时性、受害者的接近度以及效果的集中度。如果某种管理行为造成人们受到很大的伤害，社会舆论反应激烈，能够预见到很大的伤害，从行为到后果的时间间隔短，观察者与受害者关系接近，危害主要集中在少部分人，那这个行为的问题强度就很大；反之，则问题强度较小。现实中，在一些次要问题上不道德行为相对较多，而在广受关注影响深远的重要问题上，不道德行为相对较少，这就充分说明了问题强度对管理伦理的影响。

三、管理伦理的提升途径

提高管理伦理的途径有很多种，比如挑选高道德素质的员工，建立企业伦理准则，在道德方面领导员工，设定工作目标，对员工进行道德教育等。值得注意的是，单独靠其中一种途径发挥的作用微乎其微，所以在实际的管理工作中应将多种途径结合使用以达到提高管理伦理的效果。

（一）挑选高道德素质员工

由于道德的重要性，以及人们存在不同的价值观念和道德水准，组织需要通过严格的挑选将低道德素质的求职者淘汰掉。道德考察的困难主要来自以下两个方面。一是道德考察的标准比较模糊，没有形成明确的量化检测标准，因而无法使求职者在道德上呈现明显的数量差别。二是道德考察容易受其他因素影响而发生误判，因为考察道德大多会调查与求职者一起学习或工作的人员，而这样又常常变成人际关系的考察，偏离道德本身批判的要求。尽管在较短时间内鉴别求职者的道德水准并非易事，但是组织还是应尽全力筛选出具备较高道德素质的求职者，同时还需对其进行综合评价，尽量保证组织内员工德才兼备。

（二）建立企业伦理准则

建立企业伦理准则是减少道德问题、改善道德行为的一项有效办法。20世纪90年代中期，在《幸福》杂志刊登的排名前1000名的企业中，有90%以上的企业通过成文的伦理准则来规范员工行为。在日本有90%以上的企业设有专门的企业道德机构。我国虽然没有这类统计数据，但管理先进的企业也大多有自己的伦理准则。

伦理准则是表明一个组织基本价值观和希望其成员自觉遵守的正式的系列道德规则，明确了组织所期望和鼓励以及反对和禁止的价值观和行为。一方面，伦理准则不能太笼统，应尽量具体，向员工表明他们应以什么精神进行工作；另一方面，伦理准则应当足够宽松，允许员工在不违反原则的前提下提出自己的观点和做出自己的判断。值得一提的是，管理者必须支持和遵守企业伦理准则，且按照伦理准则的标准去实施奖惩，这样才能发挥其效力。

知识链接 4-1

美国政府的"伦理法典"

美国联邦政府制定了下列10条"伦理法典"，作为伦理标准，要求政府部门一切员工执行。

（1）忠诚于最高道德原则和国家，这种忠诚要放在对个人、政党和政府部门的忠诚之上。

（2）拥护美国宪法和各级政府制定的法律法规，绝不逃避法律法规。

（3）为全日报酬付出全日努力，为履行职责付出最热诚的努力和最好的思考。

（4）努力寻求并使用更有效、更经济的方式去完成工作任务。

（5）无论有无报酬，都要公平待人，绝不给任何人以特殊优惠或特权；在正常人认为有可能影响履行政府职责的情况下，绝不收受给予本人或家庭成员的优惠或好处。

（6）在同政府机关职责有关的事情上，不作任何私人承诺，因为政府的雇员没有同公共职责相关的私人语言。

（7）不得直接或间接地同政府发生商业关系，这是同自觉履行政府职责不相容的。

（8）绝不将利用在履行政府职责时秘密获得的任何信息作为谋取私利的手段。

（9）无论何时何地发现腐败，立即予以揭露。

（10）拥护以上原则，始终意识到公共机关是公众的信任所在。

（资料来源：王德中. 管理学（第5版）[M]. 西南财经大学出版社，2012.）

第四章 管理环境与伦理

(三) 在道德方面引导员工

为了更好地在道德方面引导员工，管理者应当从以下两个方面努力：一是管理者应当以诚信友善的态度和敬业奉献、克己奉公的行动取得员工的敬佩和支持，同时在言行方面做到言出必行。只有管理者做到了诚实廉洁、兢兢业业，才能要求员工为集体付出和努力。如果管理者做不到廉洁自律，把公司资源视为己有、处处为自己着想，那么这无疑向员工暗示，这些行为都是可以做的。因此，管理者必须加强自身的道德修养，树立正确的价值观、人生观和世界观。二是管理者可以制定奖惩制度、实施奖惩措施来影响员工的道德行为。管理者选择什么样的人和什么样的事作为提薪或晋升的对象，会向员工传递强有力的信息。现实中有些人通过非伦理的手段，弄虚作假，但可能因此较好地完成了工作任务，从而获得了领导的信任和晋升。晋升这类人是对不良品德的鼓励，对诚实正直的否认。鉴于此，管理者在发现此类错误时，应严惩当事人，同时将事实公之于众，让所有员工都认识到不能以不道德的行为获取利益。

(四) 设定合理的工作目标

从表面上看，工作目标的合理与否似乎与管理伦理无关，但实际上许多管理伦理问题都与工作目标的不合理有关。因此，在确定组织的工作目标时，首先应该有具体明确的各项工作目标，同时又有严格的评估标准，这样可以防止怠工，也可以防止投机取巧。其次，工作目标设置必须合理，因为在过高的目标压力下，员工会为了达到目的而不得不采取不道德行为。

(五) 重视员工的道德教育

越来越多的组织意识到员工道德素质对于组织整体的重要性，它们积极采取各种教育方式（如开设伦理研修班、参观英雄纪念馆、组织专题讨论会等）来提高员工的道德素养。道德教育的主体包括学校、家庭、工作单位和社会。虽然学校、家庭是人的道德形成的关键环境，但是社会和工作单位也应该重视对员工的道德教育。许多事实表明，道德本身就是动态发展的，员工的道德水准会因工作环境、组织文化和管理水平的差异而有较大变化。因此，组织应充分认识到道德教育的重要性和迫切性。

(六) 实施全面的绩效评价

实施全面和客观的绩效评价体系是组织道德建设的必要环节。很多组织的绩效评价体系过于片面和主观，导致许多奖励并没有达到预期的效果。如果单单以经济成果来衡量绩效，忽视职场道德的重要性，就会使员工置道德于不顾，不择手段地追求经济成果，产生不道德行为。因此，绩效评价必须全面而客观；既要看结果，也要看过程和手段；既要看近期经济效益，也要看对组织长远利益的影响；既要看组织利益，也要看社会效益和环境效益。

(七) 进行独立的社会审计

严格而独立的社会审计是改善管理伦理的重要手段。有不道德行为的人都有害怕被抓住的心理，被抓住的可能性越大，产生不道德行为的可能性就越小。按照组织的道德评价决策和管理程序，进行评价相对独立的审计，能提高发现不道德行为的可能性。很多国家都依靠注册会计师的"警察"作用来保证企业披露的财务会计信息的真实可靠，并且效果良好。

（八）提供正式的保护机制

当员工面临道德困境时，究竟是坚持道德原则，勇于和坏人坏事作斗争，还是放弃原则，同流合污，或者明哲保身，不仅取决于个人的道德水准，还与组织和社会是否能提供正式的道德保护机制有关。因此，改善管理道德应当建立道德保护机构，从组织上保护与不良行为作斗争者，避免他们受到伤害。另外，组织应配备道德顾问，由他们倾听员工述说道德问题，帮助分析其原因，引导员工做出正确的选择。

第三节　企业社会责任

一、企业社会责任的概念和观点

（一）企业社会责任的概念

企业责任包括法律责任、经济责任和社会责任。法律责任是指企业应当遵守所在国家和地区的法律法规，遵守本国参加并认可的国际公约。经济责任是指企业应当为投资者实现资产保值、增值。社会责任是指企业在承担法律责任和经济责任之外，还应当承担保护和增进社会公共利益与长期利益的义务。

传统企业在遵守法律法规的基础上，以追求自身经济利益为目标。社会普遍认同亚当·斯密（Adam·Smith）的"看不见的手"的观点，即如果每个企业都追求经济的自我利益，社会总财富就会最大化。那时，将少有社会活动家对企业单一经济目标提出异议。

20世纪60年代以来，企业的社会责任问题开始引起人们的普遍关注。一方面，管理者在管理实践中经常碰到与社会责任相关的决策，比如产品价格与消费者收入问题，产品质量与安全问题，企业与员工的关系问题，环境与资源保护问题，社会慈善事业问题等。另一方面反映在理论界，许多论文指出市场失灵和市场缺陷与社会责任的关系，同时，越来越多的中外管理学教科书开始出现讨论社会责任问题的章节。

随着工业化与城市化进程的进一步加速，随之而来的资源破坏、环境污染、社会分配不均、通货膨胀等问题越发严重，已经阻碍到经济和社会的正常发展，迫切需要政府和企业共同寻求解决对策。与此同时，随着人们素质的普遍提高和收入状况的改善，人们在关注自身生活质量的同时开始考虑社会的可持续发展问题。因此，企业社会责任研究应运而生。

(二) 企业社会责任的观点

1. 古典观

社会责任概念的最早含义是最大利润,即一个企业的社会责任在于通过有效生产,制造消费者需要的产品并以合适的价格出售产品从而合理地利用它的财力和设备。社会责任的内涵和最大利润这个经济目标相重合,当企业实现了它的经济目标就被认为满足了社会的需要,一般很少有人支持企业参与社会事务。

早期持有这种观点的代表者是亚当·斯密(Adam Smith),近期则是芝加哥大学经济学家、诺贝尔经济学奖获得者米尔顿·弗里德曼(Milton Friedman)。弗里德曼有一句著名的格言是:"企业的一项,也是唯一的社会责任是在比赛规则范围内增加利润"。弗里德曼认为,当今的公司管理者大多是职业经理人,即他们并不拥有所经营公司的所有权,他们亦是员工,对股东负责,而股东只关心"投资回报率"。

在弗里德曼看来,当管理者自行决定将公司的资源用于社会目的时,他们是在削弱市场机制的作用,有人必然为此付出代价。具体而言,如果企业履行社会责任导致利润和股利下跌,则它损害了股东的利益。如果企业履行社会责任导致工资和福利的减少,则它损害了员工的利益。如果企业履行社会责任导致产品和服务的价格上涨,则损害了顾客的利益,而当顾客不愿意或者不能支付高价格时,企业的产品和服务的销量降低,企业难以为继,这时候就损害了企业所有利益相关者的利益。

此外,弗里德曼还认为,职业经理人追求利润以外的其他社会目的,其实是在扮演社会公共管理者的角色。而这方面职责应该由公民选举的行政官员来承担,因为企业经营者并不具有社会公共管理者的专长。

2. 社会经济观

社会经济观指出,随着时代的变化,社会对企业的期望发生了变化,企业更依赖于社会,而不只是对股东负责的经济实体。企业除了要为股东赚取合理的利润外,还要对包括股东在内的所有利益相关者(如员工、顾客、供应商、竞争者、债权人、所在社区和政府等)负责。因此,必须建立和维持更大的社会责任。

社会经济观认为古典观的主要缺陷在于视野太窄,只看到眼前利益。管理者应该关心资本的长期收益率最大化。为了实现企业的长远收益,企业必须摒弃以往只把利润作为唯一目标的传统理念,强调企业人力资本即员工的重要性,强调对顾客、社会、环境的贡献。企业必须以不歧视、不污染、不带有欺骗性的广告宣传等行为来保护社会福利,积极融入到其所处的社区,尽可能地资助各类慈善组织,从而在社会改善中扮演积极的角色。

二、企业社会责任的内容

企业社会责任包含的内容和对象非常广泛,下面从企业对投资者、顾客、员工、竞争者、社区、环境等方面的责任进行阐述。

(一) 企业对投资者的责任

在投资者单一或数量较少的情况下,企业对投资者的责任是企业的经济责任而不是社会责任。但随着生产的社会化，投资主体的社会化程度在不断提高，包括政府投资、机构投资和广大股民的投资。因此，在股权高度分散情况下，企业对投资者的责任，成为企业社会责任的一部分。

企业要为投资者提供有吸引力的投资回报，以确保投资者在企业中的利益。只有保证投资者的利益，才能确保企业基本的资金运营，使企业持久地生存下去，企业才有可能考虑其他的社会责任。那种只想从投资者手中获取资金，而不愿或无力给予合理报酬的企业是极其不负责任的，必将被投资者所抛弃。此外，企业还要将财务状况准确、及时地报告给投资者。企业错误或瞒报财务状况，是对投资者的欺骗。

（二）企业对顾客的责任

在市场经济高度发达的今天，顾客日益成为企业命运的主导力量。顾客是上帝，没有顾客或消费者，也就没有了企业组织。因此，为维护顾客权益，首先，企业必须尊重顾客，无论他们是否购买企业的产品和服务，都要尊重顾客的选择权，虚心听取顾客的意见，不强买强卖；其次，企业要满足顾客的需求，要研究顾客的需求偏好，为顾客设计出符合需求的产品或服务；再次，企业要通过科技创新，降低产品使用成本，提高使用效果；最后，企业要处理好与顾客的关系，提高产品质量，完善售后服务，以诚信、高品质和公平公正赢得顾客的信赖。

（三）企业对员工的责任

在人力资源管理越来越深入人心的今天，员工是企业最宝贵的财富，企业只有与员工保持互相扶持、互相爱护的关系，才能吸引优秀员工为企业发展付出艰辛和努力，才能留住员工，使企业保持发展的后劲。企业对员工的责任主要有：第一，尊重每一位员工的人格，认真听取员工的建议，以诚待人；第二，关心每个员工的身体健康和劳动保护，保护员工，避免其受到伤害；第三，为员工提供合适的工作岗位和相对公平的报酬，按时缴纳规定的保险，努力改善员工工作条件和生活水平；第四，鼓励并帮助员工学习，掌握相关工作技术和知识；第五，发生处罚和解雇行为，应当严格按公司规章劳动合同和法律法规办理。

（四）企业对竞争者的责任

市场经济既是竞争经济，也是法制经济。如果企业竞争中不遵守竞争法规和公认的商业道德，竞争的结果必然是假冒伪劣得逞，先进企业和名牌产品受损，破坏生产力发展和社会精神文明建设。因此，企业在竞争中必须做到：不谋求垄断和限制竞争，不仿冒产品及品牌，不侵犯他人商业秘密，不诋毁竞争对手，不搞商业贿赂，不低价倾销，不串通投标，不做虚假宣传和误导，抵制和揭发不正当竞争，处理好与竞争对手的关系，在竞争中合作，在合作中竞争，共同营造和维护健康、有序的市场秩序。

（五）企业对社区的责任

社区虽然不一定与企业有直接的业务往来，但却与企业有着直接或间接的联系，维持良好的社区关系，可使企业有一个稳定的、良好的经营环境，在为社区居民提供便利和实

第四章 管理环境与伦理

惠的同时，获得企业自身的发展。首先，企业要为所在社区的居民提供劳动就业机会，增加地方就业人数；其次，企业要保证社区居民的正常生活不受干扰，主动减少不利于环保的噪音、空气污染等；再次，企业要为社会所在地方政府提供税收，增加地方财政收入；最后，企业要关心社区发展，积极参与社区公益活动，尊重社区文化，帮助维护社区公共秩序，在力所能及的前提下支持当地基础设施建设，为增进社区公共福利做贡献。

（六）企业对环境的责任

环境是企业和社会生存和发展不可缺少的共同空间。环境污染不仅增加了企业的生存成本，更主要是降低了人们的生活质量，破坏了生态平衡，影响社会可持续发展。企业对环境的责任表现在：第一，防止环境污染。企业在生产过程中需要消耗大量的资源，同时向外部环境排放废水、废气、废物、废渣等。企业应当考虑到污染问题，一方面，确保排放物经处理后达到国家排放标准；另一方面，加大环保投入，引进先进生产设备，尽可能降低污染。第二，治理受污染的环境。根据"谁污染谁治理"的原则，承担治污费用，不能推诿。对拒不承担责任的企业，采取罚款、关停等处罚措施。第三，提高环境保护的系统性。要把环境保护的理念和要求贯穿到企业的输入、生产、输出、产品的使用与回收等全过程。

知识链接 4-2

中国企业社会责任标准

1. 承担明礼诚信确保产品货真价实的责任。
2. 承担科学发展与交纳税款的责任。
3. 承担可持续发展与节约资源的责任。
4. 承担环境保护和维护自然和谐的责任。
5. 承担公共产品与文化建设的责任。
6. 承担扶贫济困和发展慈善事业的责任。
7. 承担保护职工健康和确保职工待遇的责任。
8. 承担发展科技和创自主知识产权的责任。
9. 承担保护股东和债权人利益的责任。

（资料来源：潘连柏，曾自卫，伍娜. 管理学原理［M］. 人民邮电出版社，2017.）

三、企业承担社会责任的意义

企业作为社会里的组织，不仅要实现自己的经济利益，还应该承担其社会责任，而且，从长远来看，企业承担社会责任是十分有意义的，这是企业长期发展的必由之路。

（一）满足企业自身伦理道德要求

斯蒂芬·罗宾斯认为，企业社会责任是一种工商企业追求有利于社会的长远目标，而不是法律和经济所要求的义务。一个企业的实力是否强大，是否具有发展的潜力，是否被社会大众所认可和接收，不仅取决于企业的资金状况、管理水平、技术能力、员工素质、产品质量等，还有企业伦理道德的要求。一个企业成熟的标志是形成和发展了以伦理道德为主要内容的企业文化。所以企业一方面要为股东创造更多的利润，另一方面也必须遵守一定的是非准则，必须承担自己的社会责任，使所有利益相关者获得共同繁荣和发展，让企业成为社会良心的维护者。任何组织的存在和发展，只有在它的行为符合社会伦理规范要求，才能被社会大多数人所接受和认可，才能茁壮成长。

（二）降低社会交易成本

福利经济学认为，效率和经济活动中所有成员福利状况有密切联系。如果一个人可以在不使任何他人境况变坏的条件下使得至少一个人变得更好，那么这时的资源配置状态是"帕累托效率最优配置"，也成为"帕累托最优"。与此相对的是"反经济信用行为"，指的是如果一个人的最优是通过损害他人利益实现的，那么这时并未给整个经济体系的效率带来任何改善，通常这些行为都是违反企业商誉、企业信用和企业伦理的。"反经济信用行为"的蔓延会造成社会信用、社会道德的滑坡，同时也扰乱了社会经济秩序，使经济缺乏效率，并破坏社会福利。企业遵守社会伦理道德规范，不仅有利于企业自身发展，同时可以降低社会交易成本，提高社会整体福利，这是一个双赢的结果。

（三）为企业赢得良好的社会信誉

积极主动地承担社会责任的企业一定是诚信的企业。这样的企业立足于消费者，一切以让消费者满意出发，为消费者着想，为他们提供优质的产品和服务，从而赢得消费者对企业的信赖，为企业赢得良好的社会信誉，在社会中树立起良好的企业形象。企业形象是社会对企业的评价，它由企业的经营思想、经营作风、行为方式等多种因素组成。良好的企业形象是企业生存和发展的必备要求。例如，企业积极地开展慈善公益活动，及时帮助有困难的人群，可以提高企业在社会中的声望，创造一种品牌效应，既服务了社会，也利于自身发展。同时，良好的社会信誉也能吸引消费者、投资者和潜在员工。越来越多的消费者和投资者不仅关注产品或服务本身，更对提供这些产品或服务的企业行为感兴趣；越来越多的求职者也开始关注企业的社会声誉，而不仅仅是工资福利。

（四）增强企业竞争力

经济全球化使企业之间的竞争日益激烈，竞争的范围也在逐步扩大。现代企业的竞争已不仅仅是市场规模的竞争、品牌的竞争、产品的竞争、质量的竞争，更重要的是服务的竞争以及企业形象的竞争。企业承担社会责任可以为企业赢得良好的口碑。当今时代企业最重要的资源是人力资源，企业之间的竞争归根结底也是人才的竞争，高质量的人力资源是获得竞争优势的可靠保障。而积极承担社会责任的企业能为他人提供帮助和为社会创造福利，在企业的生产经营活动中突显出尊重人权和以人为本的价值观，促进劳动者自我价值的实现。在管理实践中，企业行为应遵循"人高于一切"的价值观，把员工作为企业最重要的资产，尊重和信任他们，从而可以充分发挥员工的积极性和创造性，有助于提高员工的工作效率，实现提高企业的劳动生产率和整体竞争力。

（五）提高企业创新力

以企业社会责任为宗旨，能为企业产品研发及服务革新带来一种新的思路。社会各界越来越重视企业社会责任与企业创新力的问题。当今很多世界领先的跨国公司有强大的创新能力，并主动承担社会责任。如日本索尼公司在华企业创新地改进了运输方式，使用轻量化和更节省资源的包装，每年能削减7万吨以上的包装垃圾，同时提高了运输效率；日本丰田公司生产的混合动力车Pirus比传统汽车减少排放90%的有害污染物；美国波音公司生产的波音787梦想客机能够在比同类客机节约20%燃料的情况下保持更远距离的飞行。从这些案例可以看出，企业社会责任与企业技术创新是相互促进关系。但值得注意的是，企业不可以为了利润而进行盲目创新。

我们认为，应当把企业社会责任融入到企业战略、产品研发和服务中，以不同的视角看待和思考企业运营和产品研发中的方方面面，不断改进和更新现有流程、模式及产品服务，不断推动企业的创新行为，提高企业的创新力。

（六）促进企业可持续发展

企业承担社会责任可以为企业创造更广阔的生存空间，促进企业的可持续发展。一方面，可以提高企业员工的社会责任感、积极主动性和创造性，有助于企业生产活动的有序正常进行，使管理者具有更大的灵活性和自主性，有利于获得上下游企业的信任、合作和帮助，有助于得到政府的信任、支持和优惠政策。另一方面，企业积极承担社会责任从长远上看也是一种促销方式，在这个过程中为社会做贡献，同时也起到了宣传推广的作用，从而能够长期稳定地为企业获得一批忠实的客户。所有的这一切，都为企业的可持续发展创造了条件。

关爱父母计划

2017年4月11日在北京举行的星巴克中国伙伴及家属交流会上，专程来到北京的星巴克咖啡公司董事会执行主席霍华德·舒尔茨（Howard Schultz）与星巴克中国首席执行官王静瑛共同宣布了一项激动人心的福利激励政策——"父母关爱计划"。这项计划从2017年6月1日起开始实施，主要内容是由公司全资为在星巴克中国自营市场工作满两年且父母年龄低于75周岁的全职员工提供的父母重疾保险。该福利首批预计惠及星巴克中国百多个城市千余家门店的上万名伙伴的父母。

星巴克咖啡公司董事会执行主席舒尔茨表示很高兴能亲自来到中国向中国的伙伴们宣布这项激励政策。"父母关爱计划"政策的实施表明了星巴克公司一直以来对伙伴价值的珍视，也是公司对中国传统家文化的致敬。公司始终相信，最好的成功是与彼此共享。星巴克也将一直从人文视角出发，不断为成为一家值得尊敬和信任的公司而努力前行。人文精神不仅是星巴克不懈努力的核心目标，也是驱动其一路向前的动力。

星巴克中国宣布的这项父母关爱计划很大程度上缓解了伙伴的后顾之忧，为伙伴父母的健康保驾护航，从企业角度为解决伙伴父母的医疗难题提出了创新性的解决途径和有效方法。同时，这也彰显了星巴克中国一直以来不断为提升伙伴体验所作出的努力，以及对深耕中国市场承诺的再次践行。

讨论题：
1. 星巴克中国提出"父母关爱计划"的动机是什么？
2. 结合案例，如何理解企业社会责任与企业绩效的关系？

复习思考题

1. 如果你要在校园内开设一家打印社，你将面临的一般环境和具体环境分别有哪些？结合具体情况进行分析。
2. 怎样正确认识管理与环境的相互作用？
3. 解释功利主义、权利主义、公平主义、综合社会契约四种伦理观的具体内涵，以及它们可能产生的社会结果。
4. 影响管理伦理的因素有哪些？
5. 管理者可以采取哪些方法来改善组织及其成员的伦理行为？
6. 企业的社会责任主要体现在哪些方面？
7. 通过学习，你认为企业是否应当承担社会责任？如果应当承担，企业承担社会责任有何意义？

延伸阅读

［1］匡海波. 企业社会责任［M］. 北京：清华大学出版社，2010.
［2］肖红军. 企业社会责任议题管理：理论构建与实践探索［M］. 北京：经济管理出版社，2014.
［3］费雷尔，约翰·弗雷德里克，琳达·费雷尔. 企业伦理学［M］. 中国人民大学出版社，2016.
［4］Friedman M. The social responsibility of business is to increase its profits［J］. Corporate Ethics and Corporate Governance，2007：173－178.
［5］Weber J. Managers' moral reasoning：Assessing their responses to three moral dilemmas［J］. Human Relations，1990，43（7）：687－702.
［6］Carroll A. B. A Three－Dimensional Conceptual Model of Corporate Performance［J］. Academy of Management Review，1979，4（4）：497－505.

第二篇　原理篇

第五章
Financial Management

系统管理原理

本章主要学习系统管理的概念和特征，了解系统管理的发展历程，掌握系统管理理论的理论要点、代表人物以及系统理论的主要贡献；并了解系统管理理论在实践中运用的障碍以及如何有效运用系统思想指导企业实践。其中，系统管理的概念、特征和理论要点是本章学习的重点，对系统管理理论运用于实践中可能遇到的障碍以及解决措施是本章学习的难点。

知识目标：掌握系统管理的概念、特征和理论要点，了解系统理论产生的时代背景及对管理学发展的重要作用。

能力目标：运用系统理论的知识分析企业案例，运用系统思维指导企业实践。

素质目标：通过课外延伸阅读，拓展和深化对系统管理思想的理解，树立系统管理的意识；通过小组集体学习，掌握系统管理的思维方法。

第一节 系统管理概述

一、系统管理的概念与特征

（一）系统管理的概念

1. 系统的概念

系统是指由若干相互联系、相互作用的要素或子系统结合所形成的具有特定功能的有机整体。这个整体具有各组成部分缺乏的性质，产生自身独特的功能，并和系统环境发生交互作用。系统从组成要素上可分为自然系统和人造系统。自然环境中存在海洋系统、太阳系统、生态系统等。人造系统是人类为了达成预定目的而建立的系统，例如教育系统、城市排水系统、军事防御系统等。

管理系统是指用系统的观点来研究和分析管理活动全过程的一般规律。管理系统由管理目标、管理主体、管理对象、管理媒介和管理环境五大要素构成。

（1）管理目标。管理目标是人们在管理活动中采用管理措施时所预期的结果。

（2）管理主体。管理主体是指拥有企业管理权力，并承担管理责任，决定管理方向和进程的有关组织和人员。管理者和管理机构是管理主体的两个主要组成部分。

（3）管理对象。管理对象也称为管理客体，是指管理者实施管理活动的对象和承受者。因此，管理对象可以是人，也可以是客观事物。在一个组织中，管理的客体包括企业所拥有的一切资源，且最重要的管理对象是人。

（4）管理媒介。管理媒介是指进行管理所采用的管理机制、方法及活动，是管理过程中运用的原理以及实施的方式和手段。

（5）管理环境。管理环境是指存在于一个组织内外部的影响组织业绩的各种力量和条件因素的总和，包括外部环境和内部环境。

2. 系统管理的概念

系统管理是指人们在从事管理工作时，根据管理目标的要求，运用系统的观点、理论和方法对管理活动进行充分的系统分析，从而实现目标的过程。系统管理是从系统论的角度来认识和处理企业管理中出现的问题。

系统管理原理源于系统理论。系统理论认为应将组织作为人造开放性系统来进行管理，管理者应该按照系统特征的要求从整体上把握系统运行的规律，对管理各方面的前提进行系统的分析和优化，并根据组织活动的效果和社会环境的变化，及时调整和控制组织系统的运行，最终实现组织目标。这就是系统管理原理的基本内涵。

（二）系统管理的特征

1. 目的性

管理系统是为实现所设置的目标构建的。管理系统的存在都有它的特定目的，一切管理活动皆需围绕组织的目标展开，目的性是系统管理需要遵守的一个基本原则。系统管理的目的性要求任何管理系统都有明确的、统一的目标。目的不明确、目标不统一都会导致系统管理的无序、低效。然而系统由整体和子系统构成，每个子系统之间以及与整体之间可能存在着相互矛盾的目标。因此，在构建管理系统时，必须围绕着整体目标设置相应的子系统，避免和消除管理系统中与实现目标无关的或是相互矛盾的机构。

2. 整体性

系统管理的整体性要求管理者在协调管理系统内部各要素之间的相互关系以及子系统与整体系统之间的关系时以整体为主，局部服从整体。系统功能的发挥不是构成要素的功能加总，而应该大于各个部分功能的总和。如果我们将一个功能良好、高度联系的团队看作一个系统，那么这个团队的绩效不是简单的团队成员的个体绩效的加总。团队的高效是在所有条件都满足，以共享的目标和高度协调的方式行动时表现出来的。在这种情况下，整体绩效大于局部之和。

3. 动态性

系统的一个重要特征是动态变化。系统的稳定状态是相对的，而变化状态才是绝对的。动态性特征要求运用系统管理理论时根据系统环境的变化对系统的功能、目标以及要素的相互关系进行权变。系统能够在动态中展现某种相对稳定的结构。这种稳定的动态结构称为自组织，这是许多复杂系统的一个重要属性。高度有序是自组织系统最明显的特性之一。比如人的心跳，就是一个高度有序的自组织系统，它能够在一生中持续、有规则地跳动。自组织系统之所以能够保持高度有序状态在于：系统中的组件彼此连接，并且整个系统和周围环境相互连接。自组织系统是一种"开放系统"，能够与周围环境进行连接并交换能量。因此，管理者如果想激发组织的自组织特性，应该保持组织的开放性，并为它注入能量，让其在系统中流动以维持连接和平衡。而管理者持续为组织输入能量的过程正是领导力发挥作用的核心要求。

知识链接 5-1

系统的"自组织"性

系统具备的使自身结构更为复杂化的能力，被称为"自组织"（Self-Organization）。系统的自组织特性让其具有塑造自身结构、生成新结构、学习多样化和复杂化的能力。过去，一些系统理论研究者曾认为自组织是系统的一种复杂特性，不可能被完全理解，人们也曾运用计算机建模技术去仿真、模拟一些系统的行为。当然，这主要针对的是一些内在作用机理清晰、可以定量描述的系统，而不是一些可以进化的复杂动态系统，因为人们会主观地认为后者不易被理解。现代科学证明，即使是非常复杂的自组织形式，也有可能产生于相对简单的组织规则。自组织特性非常普遍，广泛存在于有机系统中。否则，我们就有可能被周遭世界中纷繁复杂的系统搞得眼花缭乱。如果我们能够对自组织特性引起重视，我们将会更好地鼓励而非破坏系统的自组织能力。与适应力相似，人们也会经常出于追求生产率和稳定性的目的而牺牲掉系统的自组织特性。例如，把人们和其他有机系统当作机器和生产过程中的附属品；或者减少农作物的基因变异性；或者建立官僚政治或组织，将人们等同于符号或数字。自组织特性会产生异质性和不可预测性：系统有可能演变成全新的结构，发展出全新的行为模式。它需要自由和试验，也需要一定程度的混乱。但是，这些状况可能令人恐慌，或者威胁到现有的权力结构。结果是，教育体系往往限制了儿童的创造力，而不是激发这种能力；经济政策往往倾向于支持现有的大型组织，而不是鼓励创新型的创业组织；同时，很多政府倾向于管制人民，而不是允许人们自发地组织起来。幸运的是，自组织作为有机系统地一个基本特性，对于大部分的冲击具有一定免疫力。

（资料来源：德内拉·梅多斯. 系统之美——决策者的系统思考 [M]. 杭州：浙江人民出版社，2012.）

（三）系统管理的作用

1. 实现组织的整体优化和动态平衡

组织是一个系统，是一个由相辅相成、相互关联的各个部分组成的有机整体。组成组织的各个部分都在为实现组织整体的目标而履行各自的使命，虽然它们的角度不同、职能相异，但它们都在为组织的整体目标的实现做出应有的贡献和价值。组织各部分只有在整体思维下相互配合，才能实现整体优化；只有树立局部服从全局的思想，才能最终实现公司总体目标。如高层管理者制定战略决策和总体实施计划，中层管理者分解战略决策和制定具体实施计划，低层管理者则执行相关计划和上级的命令并及时报告执行情况。各管理层级只有职责清楚、任务明确、各司其职，才能发挥各自的作用，实现组织管理系统的整体功能。

事物总是在不断发展变化的，组织的外部环境、内部条件同样也在不断发生变化，也就是说企业内外部一体化的系统也是不断发生变化的，这个系统总是处于动态的不平衡中，平衡是短暂的，不平衡是永恒的。企业要不断以动态的思维来适应外部环境的不断变化，不断调整自己的战略来适应环境，追求系统的平衡。

2. 帮助寻找和抓住管理中的主要矛盾

面对越来越复杂的信息、环境和要处理的问题，组织管理者如何分配有限的精力去做最重要最关键的工作，既需要管理者的勇气，又需要管理者的智慧。系统思维可以帮助组织管理者有所为，有所不为，去除不需要的信息，放弃不必要的工作，透过复杂现象抓住主要矛盾，使有限的资源用于刀刃上，提高资源利用效率，达到组织目标。

3. 提升组织的战略思维能力

在组织管理活动中，诸如眼前利益和长远利益、经济效益和社会效益、经营者利益和所有者利益、研发投入和生产投入之间总是存在冲突。正确处理这些冲突，可以使企业冲破一个又一个发展瓶颈，成为具有战略眼光和战略思维的能赢得未来的持续性盈利企业。系统思维是一种整体性思维，它能帮助组织从战略的高度全面衡量发展中的矛盾和冲突，从长远和大局的角度做正确的取舍，从而有利于创造未来。系统管理非常有利于整合各种资源，这种资源整合的能力本身就是一种隐性的能力，是一种竞争对手难以模仿的核心能力。这种资源整合能力的提高，不仅不消耗资源，而且有利于提高资源使用效率，这对于建立企业的竞争优势大有裨益。

二、系统管理的理论渊源与发展沿革

（一）系统管理的理论渊源

1. 西方系统管理思想

系统管理的思想贯穿西方文明发展史。从古希腊时代开始，诸多先哲们就探索系统的基本思想。柏拉图（Plato）将系统理论与社会管理结合起来，运用系统思维构建了他的"理想国"，他认为生活在社会中的统治者、武士、农民和手工业者等各行各业者各守其职，各负其责，整个社会才会井然有序。而亚里士多德（Aristotle）提出了"整体大于部分之和"及"有机整体"的著名论断，成为了对系统思想做出巨大贡献的先驱。亚里士多德还运用系统思维解释社会结构以及社会发展，他指出社会是由群体而不是由个人组成的，各种独立的要素在结合为整体的同时，仍保持着个体的独立性。而人类社会的发展过程如同动物和植物等有机物的生长过程，从最初的种子状态最终发展成为完整形态是由成员的社会本性和政治本性推动的。近代西方世界，由于进化论的发展，人们开始将生物界的理念引入社会学。法国哲学家和社会学家孔德（August Comte）把生物学原理引入社会领域，提出了社会有机体论。

系统理论确立为一门学科始于20世纪40年代末，美国著名的数学家、生物科学工作者贝塔朗菲（Ludwig V. Bertalanffy）创立了通用系统学。同属系统科学学科的代表人物还有信息论的创始人申农（Claude E. Shannon）、控制论的创始人维纳（Norbert Wiener）、耗散结构理论的建立者普利高津（Ilya Prigogine）、协同学的创始人哈肯（Haken Hermann）以及突变论的创始人托姆（René Thom）等。系统管理的兴盛，源于日益复杂化和规模化的现代管理的需要。而现代管理的务实性也需要如系统思想这种渗透力强的思想体系的支撑。

2. 东方系统管理思想

中国古代存在着朴素却博大精深的系统思想。《易经》把世界看成为一个由基本要素组成的系统整体，并引入"八卦"的概念，形成了概括天地间万事万物的世界体系。中国古代的道家所推崇的系统思想尤其是关于系统是自组织的结构的思想受到国际上系统科学家的重视。他们认为"道"作为天、地、人必须遵循的规律和行动法则，是事物之本原，又是事物的法则。中国古代系统思想的精华《黄帝内经》认为，人体是一个有机和谐体，并且是自然界的一部分，因此人的养生规律是与外界自然环境密切相关的。《孙子兵法》更是将系统思想用于军事中的典范。中国古代许多著名的大工程如都江堰等也运用了系统思想。因此，中国古代无处不体现着系统管理的思想。

（二）系统管理理论的发展沿革

1. 通用系统学

自黑格尔（Georg Wilhelm Friedrich Hegel）开创辩证法，系统思想在一定程度上受到了辩证法思想的影响。辩证思想的相互作用、相互联系的整体性思维方式，潜移默化地渗透到了20世纪初科学理论与科学工程实践中，促成了系统论的诞生和发展。

在20世纪30年代，通用系统学创立。贝塔朗菲认识到生命的本质在于它是一种由多个相互作用的部分形成的有机整体，并指出开放系统对于生命组织的重要性，周围环境对生命存在的重要意义，并因能量流的存在而保持高度有序。

贝塔朗菲开创的通用系统学清晰地阐述了复杂系统行为的普遍规则。这些规则包括三个方面：第一，所有学科应保持对整体的关注；第二，有机整体能够获得并保持稳定状态；第三，所有有机体都受到它所处环境的影响，同时对环境施加影响。通用系统学的观点发展出系统管理思想的重要组成内容。

2. 信息论与控制论

20世纪40—50年代，系统论的发展主要表现为信息论和控制论的产生和发展。1948年，美国数学家、通讯工程师克劳德·申农（Claude E. Shannon）和沃伦·韦弗（Warren Weaver）建立了信息论。最初，信息论运用于通讯工具和自动化控制工程中。由于现代通讯技术飞速发展和其他学科的交叉渗透，信息论逐渐显现出它在社会科学以及管理科学方面的应用价值，信息论的研究已经从申农当年仅限于通信系统的数学理论的狭义范围扩展开来，成为现在称之为信息科学的庞大体系。

美国著名的数学家诺伯特·维纳（Norbert Wiener）是信息论的创始人之一。他独立于申农，将统计方法引入通讯工程，奠定了信息论的理论基础。维纳对科学发展所作出的最大贡献是创立控制论。控制论以信息为基础；控制就是为了改善某个对象的功能，以信息为基础，通过信息的输出和反馈输入来达到改变受控对象的过程。控制论的发展为大系统理论，大系统理论的主要研究对象是众多因素复杂的控制系统，如宏观经济系统、资源分配系统、生态和环境系统、能源系统等。现代社会的许多新概念和新技术都与控制论有密切联系。

3. 系统理论

从20世纪60—80年代，系统理论在时代背景下得以继续深化和应用。1963年，弗里蒙特·卡斯特（Fremont E. Kast）与理查德·约翰逊（Richard Johson）、詹姆斯·罗森茨韦克（James E. Rosenzweig）合著了《系统理论与管理》，这本书比较全面地阐述了系统管理的观点，成为创立系统管理理论的奠基之作。系统管理理论的主要理论要点皆源于弗里蒙特·卡斯特的思想。他认为企业属于社会大系统，需要与社会环境不断进行信息、物质等能量流的交换以保持平衡；同时企业自身是一个大系统，需要不断进行投入和产出。管理者应该以系统思维来考量自身的基本职能，才能追求整体的最大利益。

卡斯特和罗森茨韦克还预测了未来组织的发展趋势。他们认为未来组织将会：第一，处于永恒的变化调整中；第二，组织细分化、专业化；第三，组织层次减少，中层管理人员减少，组织逐步由金字塔型转变为蜂腰型；第四，组织内的管理人员及专家比例大大提高。1970年，卡斯特与罗森茨韦克又合著了《组织与管理：系统与权变方法》，由此建立了系统管理理论的基本框架，同时也奠定了他们在系统管理学派中的地位。

系统理论在基础理论方面的深化表现在自组织理论以及系统动力学理论的产生和发展。而系统方法已经形成了大量的规则、方法、工具以及方法论。自组织理论是从动态的角度更深入地研究一般系统的概念和原理，着眼于系统的产生、进化、质变、发展以及自调节、自稳定、自复制、自评价和自选择等问题。自组织理论由耗散结构理论、协同论、突变论、协同动力论、演化路径论、复杂理论等构成。系统动力学则是基于系统论，吸收了控制论、信息论的精髓，是一门综合自然科学和社会科学的横向学科。发展至今，系统管理理论融入了大量计算机、数学理论等工具，拥有众多分支和学派，并广泛应用于现代社会的各个领域。

（三）系统管理理论的主要贡献

系统管理理论将组织视作一个系统，从整体的角度来看待一个组织，并试图从整体价值最大化的角度对组织进行管理。从系统的观点来考察并管理组织，能够帮助组织提高整体运营效率，避免拘泥于局部而忽视了全局发展。组织管理者只有遵从系统原则，才能在了解组织不同职能部门的需要与组织整体需要的基础上，做出最有利于大局发展的决策。

此外，系统管理理论提出部分在组成整体的同时，应保持部分的独立性。因此，系统管理思想指导管理者对组织内部各职能部门进行管理与控制。系统论以"关系说"替代了"要素说"，既注重组织内部的协调，也注重组织外部的联系，把组织的内部和外部作为一个相互联系的动态过程和有机整体。系统管理理论揭示的原理丰富了管理者的思维方式和管理手段，进一步体现了管理的客观规律，使管理观念上升到一个崭新的高度。

第二节 系统管理内容

一、系统管理的基本要素

系统管理的基本要素包括目标、可行方案、模型、费用、评价标准和效果。

（一）目标

在进行有效系统管理前，首先要明确系统需要达到的预期目标。目标是系统所需要实现的结果或是完成的任务。通过计划分析出系统的目标是系统管理的前提，是系统管理的首要步骤。

目标是根据所要研究的问题确定的，通过分析问题即能得出目标。因此目标设置的关键是对问题进行界定，将问题的实质和范围描述清楚。在组织中，确定目标主要包括：产品的发展方向、生产的规模、主要技术和经济指标的赶超水平、组织管理水平的提高程度、现代化管理手段的推广程度以及资源综合利用程度等。

（二）可行方案

为了实现系统的目标，通常会产生多种可行方案。这些方案在系统管理中不仅能够相互替换，而且都是可行的。在进行系统分析时，需要根据系统的目标，广泛收集资料，通过调查了解影响目标的各种因素，掌握处理各类问题的已有经验和方法，采用多种视角和方法，得出各种可替换的方案，以便后期筛选出最优方案。

（三）模型

模型是系统分析的主要工具，是为了反应对象或过程的本质属性而进行的抽象描述。模型可以将复杂的事物简化，使之成为易于处理的形式，并且能够促进预测复杂事物。常用的模型有概念模型、图型模型和数学模型。概念模型是通过创造性的逻辑思维所提出的定性分析模型；图形模型是通过图形的形式来表示实际系统的运作过程，如生产流程图、信息流程图或是网络图；数学模型是运用数学的方法来描述系统变量间的相互作用和关系。其中，数学模型在经营管理系统中应用最为广泛。

（四）费用

建立任何一个管理系统，费用都是必须要考虑的因素。系统费用是用于实施系统方案的有关资源的实际耗费。系统费用一般可用货币来表示。但是在分析对社会的广泛影响时，需要考虑非货币的费用。因此，对于费用的考虑应该全面、客观，将所建立的系统放入整个社会大系统中去考察其所带来的影响。

（五）评价标准

评价标准是对可行方案进行优劣分析的指标。评价指标的选择直接由目标决定。而评价指标又直接决定了最优方案的选择。通过运用评价标准综合分析出系统最优化、系统价值最大化、成本效益平衡以及动态敏捷性最优的方案。评价标准往往需要联系系统各类损益关系和利弊得失进行选择，这样才能为决策提供可靠的依据。

（六）效果

效果即系统最终能够达成目标的程度。效果通常从效益和有效性两方面考量。效益是可以用货币尺度评价的达到目标的程度，而有效性是非货币性的达到目标的程度。效益又可分为直接效益和间接效益。直接效益是系统运行后带来的直接收益，而间接效益是系统运行对社会生产增长带来的潜在效益。

二、系统管理的理论模式

系统管理原理认为，一个组织的管理人员必须理解构成整个运作系统的每个部分。系统由相互联系、相互作用的一组事物组成的，其各部分在运作时要像一个整体，才能发挥功能或是达成目标。

（1）任何系统是由人、物资和其他资源在一定的目标下组成的有机统一体，它的成长和发展受到这些组成要素的影响。在这些要素的相互关系中，人是管理主体，其他要素则是管理对象和媒介。作为管理主体的管理人员既要注重组织内部的协调，也要注重组织外部的联系；既关注组织结构，也关注管理的过程；既强调组织目标，又要强调人的因素，要力求保持各部分之间的动态平衡、相对稳定，以适应情况的变化，达到预期目标。

（2）整体系统是一个由众多子系统组成的、开放的社会技术系统。一般整体系统由多个子系统构成。这些子系统既相互独立，又相互作用，不可分割，从而构成一个整体。这些系统还可以继续分为更小的子系统。

（3）任何系统不仅拥有自身的庞大系统，还属于社会大系统中的一个子系统。系统预定目标的实现，不仅取决于内部条件，还取决于外部条件，如资源、市场、社会技术水平、法律制度等，它只有保持与外部环境的相互影响，保证边界的开放性才能达到动态平衡。

（4）系统内部时刻在进行能量流的交换，同时系统还需要与外界环境进行能量流的交换。把组织看成是一个投入——产出系统，投入的是物资、劳动力和各种信息，产出的是各种产品。

知识链接 5 - 2

系统动力学基本术语

系统基膜（Archetype）：常见的系统结构，能够产生特定的行为模式。

反馈回路（Feedback Loop）：通过影响与同一存量相关的流入量或流出量，使存量发生改变的机制

第五章 系统管理原理

（规则、信息流或信号）。反馈回路是从存量开始的闭合的因果关系链，根据存量的水平，通过一系列相关的决策和行动，影响与存量相关的流量，反过来又会通过流量来改变存量。

调节回路（Balancing Feedback Loop）：一种逐渐趋于稳定或特定目标的、调节性的反馈回路，也被称为"负反馈回路"，因为它能消除或平衡施加给系统的变化力量。

增强回路（Reinforcing Feedback Loop）：是一种不断放大或强化的反馈回路，也被称为"正反馈回路"，因为它会强化变化的方向。它们既可能是良性循环，也可能是恶性循环。

有限理性（Bounded Rationality）：从系统的一部分来看，做出决策或行动的逻辑是合乎情理的，但从系统整体或更大的系统层面上看，这些逻辑就不合情理。

动态平衡（Dynamic Equilibrium）：当所有流入量和流出量相等时，才可能出现的情况。但如果不看流入量和流出量，存量的状态是稳定、不变的。

主导地位转换（Shifting Dominance）：随着时间的推移，相互制衡的反馈回路之间的相对力量强弱发生了改变。

（资料来源：德内拉·梅多斯. 系统之美——决策者的系统思考［M］. 杭州：浙江人民出版社，2012.）

三、系统管理的内容体系

企业是由人力、物资、信息和其他资源在一定的目标下组成的一体化系统。对企业系统进行管理，主要包括人力资源系统管理、物质资源系统管理和信息资源系统管理。

（一）人力资源系统管理

人力资源管理系统的角色已由强调功能性转向对功能性和战略性并重，从被动应变转变为权变管理，从改善现况走向企业再造。人力资源管理系统的核心所在是对人力资源价值链的管理，即人力资源在企业中所实现的价值创造，并进行价值评价和价值分配。对人力资源系统的管理就是为了完成以上三项活动。价值创造环节是从企业价值创造的主体和要素出发来建立企业的价值理念；价值评价环节要以价值创造环节所确定的价值理念为依据，去明确和评价价值创造的主体与要素所创造的价值，从而为价值的分配奠定基础；价值分配环节在前两个环节的基础上，对公司创造的所有价值进行公平合理的分配与再分配。因此，人力资源管理系统，通过完成价值创造、评估和分配活动，提高了员工的满意度、忠诚度，从而提高员工的贡献和绩效，从而帮助管理者通过有效的组织管理降低成本和加速增长来创造价值。随着信息管理的发展，当代的人力资源管理系统往往具有另一层含义，是指运用信息化手段将与人员相关的一切信息和数据综合起来进行管理，实现人力资源管理的各大职能，如人力资源规划制定、人员素质测评、招聘与配置、绩效与薪酬管理、培训开发管理以及劳动关系管理等。

人力资源管理系统在当今有了新的发展。近年来，随着环境危机、生态危机和金融危机的不断出现及其对组织生存发展所造成的影响力日益增强，多数组织开始探寻适应环境变化、弱化环境负向作用的策略途径。学者们将生态学研究思想导入人力资源管理研究中，借鉴系统科学与系统工程技术方法，提出了人力资源管理生态系统。人力资源生态系统提出的前提是人力资源管理系统是企业的一个特殊子系统，其特殊性在于相对于其他子系统受到了更多环境因素的影响和作用，如社会经济发展环境、政治环境、法制环境、教育科技环境和人文社会环境等。因此，人力资源管理模式也逐渐从关注组织内部环境不断转向内外环境的有机结合。在人力资源管理规划、实施、评价和优化等过程中体现出的适应组织环境变化要求的价值取向传递出人力资源管理的生态价值理念。在生态价值理念的指引下，人力资源管理活动需要体现和适应组织内外环境的变化及要求，环境因素与人力资源系统综合构成了一个生态系统，生态化模式也就逐渐成为人力资源管理的新模式。

根据人力资源管理生态系统所面临的不同环境，可以将其分为狭义和广义两个层次。狭义的人力资源管理生态系统是以优化绩效为目的，对系统中的主体、客体、内容以及方法实施系统化过程，这是一个关注系统内部要素的生态圈。广义的人力资源管理生态系统是指建立在人力资源管理内外环境协同共生基础上的具有特定结构关系、功能形态和价值指向的有机系统，在系统的内部和外部能够实现有效的能量循环和信息流动。人力资源管理生态系统的产生和发展深刻体现着系统管理理论在新时代、新背景下对经济和社会发展的重要意义。

（二）物质资源系统管理

物质资源系统管理是指针对组织内部物质资源的采购、仓储以及运输等环节的系统管理。现代组织的物流管理需要将物流管理放入供应链系统中进行优化配置。供应链系统的管理思想改变了传统物流管理方式和模式，因此供应链管理尤为重要。众所周知的联想、丰田等这些影响力较大的组织非常注重供应链管理，在供应链管理领域表现卓越，并以此赢得了组织的竞争优势。

由于供应链系统是一个有机的网络化组织，供应链系统下的物流管理能够实现科学的组织计划，使物流活动在供应链各环节下形成明确的物流关系和物流方向，通过网络技术将物流信息传递给供应链的各个环节，并在物流过程中实施实时监控、灵活调整，有效实现物流运作的低成本、高效率和灵活性。传统物流管理系统强调低成本和快捷性，但是在定制化经济时代，物流服务需要根据用户的需求，以多样化、可靠性产品提升服务体验。供应链系统下的物流管理使组织在物流管理的各环节上能够不断创新服务内容，为客户提供差异化物流服务。通过有针对性地配置和调控，供应链系统下的物流模式表现出更强的适应力，成为了21世纪企业的核心竞争力。

（三）信息资源系统管理

信息资源系统管理是管理者运用现代化的管理方法和手段来分析和研究信息资源在经济活动和管理活动中的规律，并依据这些规律为实现预定的目标而对信息资源进行规划、协调、配置和控制等活动。一个组织的运营作为一个动态的系统包含了众多活动，无论是产品研发与生产、市场开发与经营还是资金分配和人员管理，都以充分的信息资源为前提。任何组织都是一个综合了组织内部和外部的信息流系统，因此任何组织经营都以信息资源管理为组织管理的首要任务。

当今全球范围内高技术的迅猛发展和社会生活的日益信息化，使得企业的管理模式也随之发生了巨大变化。企业的信息管理系统随着信息技术和信息环境的变化，其内涵日益丰富，类型也日趋多样。但它们的本质都是为组织的经营管理工作提供信息支持的人机交互系统。一般来说，企业的信息管理系统具有五种类型：业务处理系统、管理信息系统、决策支持系统、主管支持系统和办公自动化系统。其中，业务处理系统是针对完全结构化的作业控制问题,以支持企业的日常经营活动;管理信息系统是狭义的针对半结构化的管理控制问题,以支持企业的日常管理活动;决策支持系统针对组织中各个管理层次上的特定问题,对于非结构化的决策提供专门支持;主管支持系统以标准化的方式为主管提供高度集成化的信息,满足高级主管的信息需求,解决战略规划问题中的结构化部分;办公自动化系统涉及组织的全部管理活动,以支持组织管理人员的办公通讯联系。

现代企业的运营需要对多种资源的投入和产出进行系统管理。除上述介绍的对企业的人力资源、物质资源以及信息资源进行系统管理外,还需要对诸如资金、技术、品牌、文化等多种资源的科学管理。以企业拥有的资源为基础,实现各资源子系统的有效运营、合理开发和科学配置,使企业获得良好的经济效益和社会效益。

第三节 系统管理实践

一、系统理论在管理实践中有效运用的障碍

(一) 困于事件或系统行为,忽视系统结构

在系统管理的实践运用中,许多人会对出现的一系列事件着迷,或是惊讶于系统中出现的某些偏差。比如每天我们都会关注股市涨跌,却只能就事论事,如因为美元下跌了,所以股市上涨了。如果把系统视为一个黑箱,那么事件只是黑箱时时刻刻产出的表象。

事件会引发人们的各种情绪。我们从电视、报纸或网站见到的事情不断地吸引着我们的注意力。各类事件不断给我们带来惊讶是因为我们看待世界的方式缺乏预见性,也不明了内在的原因。作为冰山一角,事件只是一个更为复杂且巨大的系统中显露的一小部分,且往往不是最重要的。如果我们能看到相关事件是如何积累并形成动态行为模式的,我们就会对事件的发生有预测性。系统的行为就是它的表现具有随着时间变化的趋势。运用系统思想去解决实际问题的人们要做的首要事件就是寻找数据,了解系统的历史情况以及行为随时间发生的趋势图。系统行为的长期趋势为我们深入理解系统结构提供了依据,而理解系统结构又是理解系统会发生什么以及为什么发生的关键,让我们不仅"知其然",还"知其所以然"。

相对于事件层次,大多数的经济分析能够更进一步地达到行为层次。例如,计量经济学模型会以复杂的方程式来发现收入、储蓄、投资、政府开支、利率和产出的历史趋势,以找到它们的统计关系。这些基于行为层面的模型比事件层面更有价值,但是却仍存在根本性的问题。因为他们注重的是变化及各种变化之间的关系,他们过度强调了系统流量,缺乏对存量的关注。因此,基于行为的计量经济学模型在预测短期经济走势时很有效,但是在做长期预测时却表现很差。

因此,在系统理论的实践运用中,我们应该知道系统结构才是系统行为与事件发展和演进的根源。系统结构是各种存量、流量和反馈回路的结合与相互作用。结构决定了系统

可能存在的行为。人们必须反复思考和审视结构与行为，善于系统思考的人们会将二者联系起来，理解事件、行为以及结构之间的关系。

（二）局限于线性思维模式

管理实践中的线性关系往往存在于教科书中。线性系统具有模块化属性，人们可以轻易将其分解成部分，然后重新组装。而非线性系统则是不可拆分与拼装的。非线性关系意味着不确定性、难以计算，并由此会产生更加丰富多彩的行为和结果。例如，随着高速公路车流量的增加，车辆的密度从零增长到一定限度，汽车行驶速度就会受到轻微影响。一旦车流量超过这个限度后，只要汽车的密度再稍微增加一点点，汽车的行驶速度就会显著降低，之后就会形成交通拥堵，汽车速度会降为零。因此，对于高速公路车流的控制和管理就不能运用简单的线性思维去理解和控制。

理解非线性关系是非常重要的，不仅因为它有悖于我们对行动与结果之间关系的正常预期，更重要的是它们导致系统从一种行为模式转化到另一种行为模式，它们能够改变反馈回路的相对力量对比，将影响事件发展的一种推进力转换成另外一种主导力量。

（三）忽视"限制因素"

在管理实践中系统让我们措手不及的往往还有一个原因：在制定组织发展规划或是目标时，我们不擅长考虑限制因素或范围。通常情况下，很多因素一起作用，产生众多结果。几乎所有的输入和输出，都会受到各种限制。根据德国化学家尤斯蒂斯·李比希（Justus von Liebig）提出的著名的"最小因子定律"，如果植物在生长过程中，缺乏某一种要素，那么即使有再多的其他的要素都不管用。这就是"限制因素"的内涵，而许多人都对此忽视或是不求甚解。

在系统动力学领域，系统动力学的奠基人、麻省理工学院的杰伊·福瑞斯特（Jay Forrest）教授开发了的公司成长模型。在该模型中，一家新创立的组织能够发展迅速、快速成长的关键是认识到并处理各种限制因素，这些因素会随着公司自身的发展不断变化。例如，如果某公司雇佣了更多的销售人员，订单大量增加，从而超出产能，则会导致交货延期，客户流失。此时，产能成为制约公司发展的最重要因素。于是，组织高层决定投资建厂，减缓欠货压力。但是，新厂建设过程中需要雇用大量的新员工，并对其进行培训。培训员工将会比厂房建设慢，却无法受到组织的重视，因此效果欠佳，产品质量无法达到标准，导致客户更多地流失。此时，员工的素质成为了制约公司发展的最重要因素。于是，管理者开始注重员工培训。逐渐质量得以改善，新的订单持续增加，但是这时又会出现订单执行与跟踪的问题。由此，我们可以看到组织的发展是与市场、资源等多种因素的动态博弈。当一种制约因素被解除，成长开始启动。而成长过程又会带来不同限制因素的强弱改变，因此，相对最为稀缺的一种因素开始发挥制约作用。在限定的环境内，任何实体想要追求永续发展是不可能的。从根本上讲，关键不是追求持续成长，而是选择在哪些因素的限制下维持生存。

（四）忽视"时间延迟"

在系统中，时间延迟的情况比比皆是。如运输延迟、感知延迟、处理延迟等。生产线更换工装以及资本存量的周转存在延迟。设计一款新产品投放市场需要 3~5 年，在市场上作为新产品销售的时间周期为 5 年，但是使用寿命长达 10 年。顾客会注意到价格的变化，但是根据价格变化调整购买行为会产生延迟。

时间延迟的长短可以彻底改变系统行为。如果系统中的一个决策点对某些信息存在反馈延迟，那么决策就可能偏离目标，从而导致人们为达到原定目标需要采取不同的行动。但是，如果行动太快，则可能因为反应过度，而放大了短期的波动，产生不必要的振荡。因此，时间延迟决定了系统的反应速度、达到目标的准确性以及信息传递的及时性。

当反馈回路存在着较长时间延迟时，需要组织管理者具备一定的预见性。如果缺乏预见性，等到问题非常明显的时候才采取行动，就会错过解决问题的重要时机。认识时间延迟，有助于我们理解系统的许多事件。例如，新的发电厂的建设与投入使用需要很长的时间，电力工业会被周期性的波动困扰，要么供过于求、产能闲置，要么供不应求。因此，预见性是系统管理者不可或缺的品质。

（五）有限理性

市场主体并非如亚当·斯密（Adam Smith）提出的是基于完备信息、完全理性的"经济人"。例如，市场价格会因农民盲目生产过多的大蒜、水果等而暴跌；众多公司看到市场有利可图便扩大生产，最终导致供大于求和价格周期性波动；穷人本身并不富裕，却比富人生育更多的孩子等。这就是诺贝尔经济学奖获得者赫伯特·西蒙（Herbert Simon）提出的"有限理性"。

有限理性意味着人们会基于掌握的信息制定理性的决策，但是这些信息往往是不完整的、有限的，尤其是系统中相隔较远的部分，这导致他们的决策并非最优。我们虽然会以理性的方式尽力维护和扩大自身的利益，但是却只能基于自身所掌握的片面的信息，很难发现自己所面临的所有可能性，也无法预见自己的行动对于整个系统的影响。

因此，要想不掉进系统中"有限理性"的陷阱，管理者需要跳出自己所在系统中的位置，抛弃当时观察到的有限信息，力求看到系统整体的状况。从一个更加广阔的视角，可以重构信息流、目标、激励或限制因素，从而使分割的、有限理性的行为累加起来，产生最优的结果。

二、系统理论在管理实践中有效运用的途径

（一）运用恰当的信息结构

信息流的缺失是造成系统功能不良的最常见原因之一。增加或是恢复关键性的信息流成为了一个强有力的干预方法，而且通常比重建系统的基础更为容易和低成本。例如，摧毁全球渔业的"公共领域的悲剧"之所以发生，是因为在渔业资源状态以及捕捞者是否投资决策之间不存在反馈机制，捕捞者不论渔业资源的存量而肆意扩大捕捞。决定捕捞者是否扩大生产的反馈是鱼的价格，鱼的价格越高，越让捕捞者觉得有利可图，从而不辞辛苦出海把剩余的一点资源也捕捞殆尽。鱼的价格给捕捞者提供的反馈是一个不恰当的反馈回路，最终导致崩溃。

在恰当的时机、以有效的方式恢复缺失的反馈是非常必要的。以另外一种"公共领域的悲剧"为例，内陆地区的人们抽取地下水作生活用水，这时仅仅告诉每一位用水者"地下水位正在不断下降"这个信息是不够的，甚至可能导致人们竞相把井打得更深。而如果把用水价格与地下水的蓄积量挂钩，即当抽采速度超过地下水的补充速度时，提高用水价格，对保护地下水资源可能更加有效。

从人性的角度来看，存在着一种系统的倾向性，即人们总是避免对自己的决策承担责任。因此，作为组织管理者，找到有效改变系统运行状态的方式之一就是找到有效的系统结构，或是说"恰当的反馈回路"。运用到合适的反馈回路才能对整个系统发挥真正的校正作用。

（二）促进系统"自组织"特性的发挥

有机系统最神奇的功能就是它们能够通过创造全新的结构和行为来彻底改变自身，进而适应环境的变化。自组织是系统具有最高适应力的表现形式。一个能够自我进化的系统，可以通过改变自身，来适应各种变化，以维持生存。

认识到系统的自组织性对组织管理乃至人类社会发展的启示就是鼓励多样性和实践。如果强调单一的文化认同，则会让员工关闭学习之门，从而削弱了整个组织对市场的适应力。当然，其他任何的系统都一样，包括生物系统、社会系统，如果变得单一，就僵化而难以自我进化。如果某一组织在文化上忽略、限制试验和创新，不允许差异化和多样性的存在，并消除创新的条件，从长期来看，该组织注定会消亡。

（三）系统目标设定成为系统变革的杠杆点

为什么系统目标能够成为一个撬动复杂系统的杠杆点，而且优于系统的自组织能力。这是因为，推动人们试图控制、消除多样性的动因都来自于系统的目标。如果目标是将全世界置于一个中央计划体系的控制下，就像成吉思汗或是沃尔玛构建的"帝国"一样，那么我们所有可能的选择都会转化到实现这个目标上来。

系统里的人们往往认识不到他们所在系统的整体目标。例如我们问许多公司"目标是什么"，"为了盈利"成为大多数人的回答。但是实际上，盈利只是一个规则，是保持生存和持续经营的必要条件。那么，公司的真正目标是什么，为了成长、增加市场份额，还是将世界（包括顾客、供应商、管理者等）更大程度地置于自己的控制之下？实际上，新制度经济学派的美国经济学家约翰·加尔布雷斯（John Kenneth Galbraith）提出公司的目标是侵吞一切，这也是没有组织能够永续存在的原因。因为总会存在更高层次的制约因素去限制某个局部获得主导权，使之无法极力成长并最终控制整个系统。

组织真正的目标不是永续经营，而是选择在哪些限制因素下维持生存。如果想优化组织系统，改变组织的目标，那么系统中所有的存量、流量、反馈回路、信息结构乃至自组织行为都可以转化到所设置的目标上来。

（四）社会范式决定系统的心智模式

无论是国家、社会，还是组织都有一些公认的观念，一些潜在的假设以及关于社会现实本质的普遍看法，构成了社会的范式。社会范式是人们普遍相信的、关于世界是如何运作的一系列基本假设、规则或是信念。这些信念是隐含的，几乎每个人都知道它们，因此无须特别申明。范式是系统的根源。根植于这些范式，产生了系统的目标、信息流、反馈、各种存量和流量。同时，系统的目标、结构、规则、边界范围、时间效率等都会受到范式的直接影响。因此，如果组织管理者能够在范式层面采取干预措施，将会产生巨大的效应，从根本上优化系统。

组织管理者想要通过改变范式来优化系统是一个难度非常大的工程，因为对于整个组织系统来说，改变范式将会遇到巨大的抵制。组织管理者需要持续留意旧的范式中哪些是失效的和异常的，然后不断宣讲和实践新的范式，并且鼓励员工加入到新范式已被接纳的且占主导地位的社会环境中，切身体会新的范式。尽量避免与反对组织改革的人接触，而置身于心胸开阔、愿意接纳新事物的群体中。

（五）超越范式到达"无人之境"

在新技术呈现井喷式发展的现代商业环境下，组织管理者需要对各类因素保持警惕。影响市场发展、顾客需求的因素一直处于变化之中，以至于管理者在制定组织中长期规划时常感到无所适从。

只有使自己摆脱任何范式的控制，保持灵活性，从系统变化的角度认识到各种范式的存在，才能进入一种自主空间。作为组织的高层领导者，不局限于任何一种范式，为了实现目标，选择任何合适的手段都是可行的。

案例分析

质量、创造力与成本削减

"你知道会发生什么对吗？"乔纳森挑衅地问道。

"我认为很多事情都会发生，你说的是哪一件？"托尼在回答的时候，尽量保持冷静的声音。

"关键问题是质量，"乔纳森继续说道，"作为制片人，我们所做的任何事情都是围绕质量进行的，而且这也是观众收看我们节目的原因。如果你坚持继续强力推行这些削减成本的措施，我们的质量就会下降，观众将会开始收看别的节目，我们的收视率会下降，那时，我们的末日就到了。"

"在这一点上，我认同乔纳森的意见，"克莱尔插了进来，"一旦我们败于收视率之战，我们将永远无法恢复元气"。

"而且，一旦收视率开始下降，广告商也会将我们一脚踢开。"安妮补充道。

"打击我们的收入线……"

"那我们将会削减更多的成本。"

"我认为情况会更糟，"人力资源总监保罗说，"我担心成本削减会对我们的关键职员产生破坏性的影响。我们的部门制片人现在非常生气，更不要说知名演员。如果他们感到厌倦，他们的积极性会下降，最终走人。如果他们离开，我们的情况只会更差。"

"我们那些创意横溢的天才又怎么办？这些有创意的人是我们整个业务的核心。难道我们还要定量给他们配笔吗？"

"你们的意见我都听到了，而且我也理解，"试图重新将会议拉回正轨的总经理托尼说，"但这并不能改变现实，我们仍然不得不削减成本。怎样才能在不引发这些问题的情况下用最好的方法实现呢？"

"昨天我和我们的一个演员进行了一场机智的较量，"保罗说，"她从别的地方得到了一份有吸引力的合同，于是她直接要求涨工资。尽管她并不想勒索我们，但实际上已经非常接近。我认为我们确实需要拨一些钱为演员实实在在地涨一些工资。我知道这样做不会省钱，但是肯定可以阻止观众流失。"

"我不那样认为，"乔纳森说，"那样做非常短视且愚蠢，这是在为其他人勒索我们发放了一张许可证。一旦撕开了一道口子，你就永远无法停止。在我看来，问题在于质量。我们应该制定质量标准，并承诺永不妥协。一旦我们制定了，就一直遵守它。"

克莱尔和安妮交换了一个眼色，然后开口说道"恐怕我不能赞成你们任何一个人的观点。我觉得我们都找错了地方：我们应该削减一般管理费用，而不是制作节目过程中的那些核心活动的成本。难道我们就不能从IT、财务或是其他地方省钱？这些日子人们不都是一直在谈论外包吗？"

"真令人惊讶！"安妮大声说道，"克莱尔，你恰恰用了我的词，但是我们的结论却相差千里。我认为我们根本不应该讨论削减成本，而是如何创造新的收入。难道我们不应该充分利用最佳节目来树立一个品牌，然后从商业中牟利吗？投资一家网站怎么样？或者投资一系列和我们有联系的网站？这些关于削减成本的讨论让我感到沮丧。有什么业务是在削减成本中取得成功的？"

托尼大声说道："好的，伙计们，感谢你们的建议。现在我已经听到了四种完全不同甚至相互抵触的思路：收买我们的职员、定义质量标准、裁掉我们的会计以及开始销售T恤衫。难道我们就不能就任何事情达成一致吗？难道我们不是以同样的方式观察这个世界吗？我们到底应该做些什么？"

讨论题：
1. 如果你是托尼，你该做些什么？
2. 哪个决策是比较明智的？
3. 你能否通过系统循环图来展示并优化你的决策过程？

复习思考题

1. 简述管理系统的构成要素。
2. 描述你所遇到过的一个具体的系统，并结合所学知识分析该系统的特征。
3. 简述系统管理思想的主要代表人物及其主要思想。
4. 系统管理包括了哪些内容？
5. 简述系统管理思想在推动管理思想发展上的主要贡献。
6. 在管理实践中如何有效运用系统管理理论？

延伸阅读

[1] 丹尼斯·舍伍德. 系统思考 [M]. 北京：机械工业出版社，2017.

[2] 德内拉·梅多斯. 系统之美——决策者的系统思考 [M]. 杭州：浙江人民出版社，2012.

[3] 孙耀君. 管理理论的发展和演变 [J]. 经济研究，1986 (7)：31-39.

[4] Bennett E. E, Bierema L. L. The ecology of virtual human resource development [J]. Advances in Developing Human Resources, 2010, 12 (6)：632-647.

[5] Tizzard K. Management System Dynamics [J]. Journal of The Operational Research Society, 1978, 29 (9)：929-930.

第六章

Financial Management

权变管理原理

内容提要

本章主要学习权变理论的概念与特征，权变管理理论提出的理论背景和社会背景，不同时期权变管理理论的理论观点、主要贡献以及局限性。其中，权变管理理论的代表人物及其主要观点是本章学习的重点，科学认识和评价权变管理理论是本章学习的难点。

学习目标

知识目标：掌握权变管理理论的内涵和理论要点，以及权变管理理论多个代表人物的主要观点，了解权变理论产生的时代背景及对管理学发展的重要作用。

能力目标：运用权变管理理论把握企业组织结构变革、领导方式选择、决策方法运用等管理实践活动。

素质目标：通过课外延伸阅读，拓展和深化对权变管理思想的理解，灵活运用权变管理思想分析现代管理实践中出现的各类现象。

第一节 权变管理概述

一、权变管理的概念与特征

（一）权变管理的概念

1. 权变

"权变"在汉语中一般理解为权宜应变，实际含有"权而变"及"从权而变"之意。《孟子·梁惠王》："权，然后知轻重。""权"是称轻重之意，进而引申为衡量。《三国演义》第七十三回："今宜从权，不可拘执常理。"，所谓"从权"是采用权宜变通的办法之意，"权而变"就是权衡、比较各种因素再采取相应措施，因此所谓"从权而变"是根据权衡后的结果选择灵活变通的方式。美国尼勃拉斯加大学教授弗雷德·卢桑斯（Fred Luthans）在其1973年出版的《权变管理理论：走出丛林的道路》一书中也提出了"权变"，并将其与"关系"联系在一起。卢桑斯认为，权变关系是一种在两个或更多的变量之间的功能性关系，即组织的环境系统与管理系统之间的对应关系。

汉语中的"权变"与卢桑斯所言的"权变关系"在精髓上相通，在理论构建和具体应用上存在差异。西方权变管理思想不仅意识到管理活动应视情境而变通（所谓"权变"），而且着力探求如何科学有效地变通，揭示"权变"的规律（所谓"权变关系"）。

2. 权变管理

权变管理是指在衡量内外部因素的基础上以变通的方式实行管理活动的过程。权变理论以系统观点为理论依据，其理论核心是通过分析组织内部各个子系统之间以及各子系统内部之间的相互联系，以及组织和它所处的环境之间的联系，来确定各种变化的关系类型和结构类型，进而采取最适用的管理方法。权变理论的产生以系统理论为前提。权变理论的关键在于对组织所面临的内外部环境和组织自身状况有充分的了解，才能产生有效的应变之策。

（二）权变管理的特征

1. 不确定性

权变管理理论强调在管理中要根据组织所处的内外部条件随机应变，针对不同的具体条件寻求不同的最合适的管理模式、方案或方法。无论是组织结构、组织规模、领导风格还是战略决策，都应该根据内外部条件进行权衡而确定。作为一种行为理论，权变理论认为没有所谓确定的、最优的办法去组织企业、领导团队或者制定决策。组织结构（领导风格、决策方式）在某种情况下效果卓著，但换一种情况可能就无法充分发挥其功能，因为其依赖于组织内外部的约束（因素）。因此，作为管理者，接受环境的动荡性，并从不确定性中发展出多元思维模式成为了一种趋势。

2. 差异化

权变管理是基于系统思想发展出来的一个分支。权变思想要求将组织看成社会大系统中的一个子系统，因此组织的各类活动都应该适应外部环境的要求，针对不同的环境特征表现出不同的特性。因此，组织在不同的环境条件下具有差异性和灵活性。在不同的时代、不同的市场要求、不同的角色中，组织宜采取差异性的组织结构、管理机制和领导方式。权变理论的核心是让组织适应环境，对所面临的环境进行细分和深入探索，才能发展出具有差异性的业务领域，以应对多元化的需求。

3. 整合性

权变理论遵从系统原则，对于组织内部各子系统之间的差异以及所面临的环境进行了差异化的管理。然而，在强调差异性的同时，局部仍然是整体中的局部，组织作为一个开放性的系统，需要进行有机管理，在满足和平衡内部需要并适应环境状况的同时，将具有差异性的子系统维系起来，通过边界管理，解决差异化带来的冲突。因此，权变是一种整合的权变。

（三）权变管理的作用

权变理论认为，不存在适用于任何环境条件的通用的管理模式。管理思想和方法的有效性根据具体情境产生变化。这就要求管理者将注意力集中于对组织环境条件的分析判断上来，根据具体情况灵活运用各种管理手段。权变管理思想对组织的重要意义表现在对管理环境、管理对象、管理理念和管理目标等方面的影响上。

1. 适应动态的组织环境

新时代下的组织所面临的管理环境出现了巨大变化。发达的信息技术和强大的生产能力，给组织带来了生机和希望。同时，自然资源匮乏日益加剧，世界局势紧张和社会的不安定导致各国组织的依赖性增强。社会公众对组织管理的效果抱有更大的希望，组织越来越以社会大众的需求作为行动的出发点。技术的日新月异以及信息传递的加速让组织不得不更加密切地关注它自身所处的位置和周围的环境。忽视环境的影响，将会使组织失去竞争力。通过收集和分析信息来适应环境的组织，则能够更精准更快速地解读环境，并采取适应环境变化的组织行动。对动态环境的适应表现出组织战略的灵活性，组织能够更加快速地应对客户需求的变化，从而调整生产行为，减少资源浪费，提高生产和管理效率。

2. 应对复杂的管理对象

科学地应对复杂、多样的管理对象实施管理工作是采用权变管理的另一重要原因。面对管理对象的复杂性，组织应该从人的素质的差异性、人的观念成熟度的差异性以及人的个性的差异性三个方面采用权变策略。针对管理对象表现出的差异性，采用更加富有弹性的管理方式，以适应管理对象的变化对管理者提出的不同要求。采用权变原则更够发挥出不同员工的长处和才智，这对于管理者自身和管理对象都是有成效的。

3. 更新组织的管理理念

由于组织管理环境的动态性以及管理对象的复杂性给管理工作带来了极大的困难，因此组织管理者应该对管理观念做出调整，更新组织的管理理念。一是以权变的原则应对市场的理念。应以市场为出发点，根据市场的需求来决定从设计开发到生产销售的整个流程。二是以权变的原则更新效益理念。兼顾组织的长期经济效益和短期经济效益，有利于保持组织良好的公众形象，达到长远发展。三是以权变的原则更新人才理念。重视人才、科学培养人才和使用人才，使人才的技能得到发挥，人才的素质得以提升。

4. 实现组织的多重目标

组织具有市场目标、发展目标、员工福利目标以及社会贡献目标等。但是随着市场竞争的日益加剧，组织的目标将越来越以社会贡献为导向，组织只有采用权变的原则，才能在扩大市场效益的同时，兼具实现提高员工的福利以及履行社会责任的多重目标。

社会是组织赖以生存的根基，也是组织创造价值的目的和归宿。组织只有为社会提供优质的产品和服务，以消费者和顾客为上帝，才能实现经济目标。同时，组织需要得到消费者以及其他利益群体的接受和认可，这是组织追求利润最大化的前提，只有这样，组织的产品形象和自身声誉才能在社会中确立地位，组织才能具有获得持续经济利益的可能。采用权变的原则，选择、追逐和实现组织的多重目标，组织才能在众多利益群体和关系间游刃有余。

二、权变管理的理论渊源与发展沿革

(一) 权变管理的理论渊源

1. 西方权变思想的理论渊源

当西方管理思想走到 20 世纪 50 年代以后，管理理论的发展趋于多样化，人们从不同的方面、不同的角度，采用不同的方法对管理问题进行研究，形成了各种各样的管理学说。美国著名的管理学家哈罗德·孔茨（Harold Koontz）将这种情况称为"管理丛林"。现实中的管理矛盾和"丛林"般的管理学说使得经营者变得无所适从。为了走出"管理丛林"，要求提出一种最合理的管理原理、管理模式，以便在一切情况下保证提高管理效率。

权变理论是顺应西方当时的时代背景条件而被明确提出的，在当时动荡的社会环境下产生的满足实际管理需求的管理理论。权变理论强调的是一种根据具体情况形成具体对策的应变思想。因受到美国当时深刻的历史因素影响，它的兴起并受到广泛的重视。20 世纪 70 年代的美国，社会不安、经济动荡和政治骚动，再加上石油危机，组织所处的环境很不确定。以往的管理理论已经无法满足当时社会环境的需求，科学管理理论、行为科学理论等无法有效解释外部环境对组织的作用，更无法为组织提出有效的管理策略，因此人们认识到环境的不确定性，并提出需要灵活地变通地处理问题，从而形成了一种依据环境状况变化而变化管理模式的理论体系，即权变理论。

2. 东方权变思想的理论渊源

权变思想在东方源远流长，我国自古论变的思想学说不绝于书。《孙子兵法》和《三国演义》等著作集中体现了我国古人深刻的兵家权变管理思想。

（1）权变的原则。"兵无常势，水无常形"体现了我国古代兵家思想中权变的态度和原则，指出用兵作战就像流水一样，没有固定的方法和模式，应根据敌人的变化和周围环境的变化来灵活应对。无论是战场还是商场，战略的制定和实施都应该主动地甚至创造性地适应环境变化，使形势朝着有利于自己的方向发展变化。一个组织能否在高度不确定的外部环境中生存下去，取决于其是否明确所处环境的特点和适时采取了相应的策略，并且能够创造性地根据环境为自身的发展创造机遇。

（2）权变的策略。《孙子兵法》中提出"兵者、诡道"，反应了我国古代权变思想中随机应变、毫无常规的用兵策略。战略的艺术性和精髓不外乎用诡诈欺骗、迷惑敌人，使敌人分辨不清，然后"攻其无备，出其不意"。组织权变管理策略的核心是能够拥有"知兵之将"，即"深知用兵之法的将帅"。孙子兵法中多处强调将领的重要性，认为将帅是决定战争胜负、国家兴衰存亡的关键因素。孙子在《九变篇》中还指出将帅要以大局为重，灵活变通。《三国演义》中的刘备多处体现了"知兵之将"的智慧和魅力。刘备具有高度的仁爱之心，待人和善，对待身边大小将士都如亲兄弟一般，从而激发出军队巨大的热情和能量。然而，关羽遇害后，刘备为了兄弟义气，不顾江山大局不听众将士劝阻，亲自率领几十万大军讨伐东吴去给关羽报仇,致使许多大臣心藏怨言,结果让东吴陆逊火烧夷陵,致使整个国力衰败,就属于"将之过也,用兵之灾也"。

(3) 权变的最终目的。"以利动,利而治权"。兵家进行战略决策的唯一标准就是"利",一切军事行动的根本出发点是为了夺得"利"。《三国演义》中陶谦三让徐州而刘备不受。其实,刘备非常聪明地选择"以义取利",以求立足和发展,但其背后的目标仍然是"利"。他达到了"以义取利"的目标,把"义"当作实现"利"的手段,所得到的远远超过所付出的,因此获得了更持续的"利"。

由此可见,东方传统的权变思想内容丰富、影响深远,是现代管理智慧的源泉。在当今的竞争时代,组织如何保持正确的经营方向,审时度势,趋利避害,在市场竞争中立于不败之地,是一项系统性的、持续性的管理工程。同时,古代兵家思想中的权变思想对领导者提出了诸多要求,对现代组织和领导者来说,面对市场经济的激烈竞争,应该从我国古代兵家权变管理思想中汲取有益的经验。

(二) 西方权变管理理论的发展沿革

西方权变理论始于 20 世纪 60 年代末。最早运用权变思想研究管理问题的是英国学者伯恩斯(Tom Burns)和斯托克(George M. Stalker)。他们将企业按照目标、任务、工艺以及外部环境等活动条件的不同进行分类,进而匹配"机械式"和"有机式"两种不同的组织形式。这两种组织模式可以同时存在于一家组织的不同部门,它们在不同的条件下都具有效率。美国管理学家洛尔施(Jay W. Lorsch)和劳伦斯(Paul R. Lawrence)他们被称为是现代权变学说的创始者。他们论述了外部环境和组织结构之间的权变关系。他们的基本观点是应该按照不同的形势、不同的组织类型、不同的目标和价值,采取不同的管理方法。

权变理论于 70 年代逐渐形成体系。卢桑斯(Fred Luthans)是对权变管理理论的系统性发展做出了重要贡献。他提出运用权变理论可以将各种管理理论统一起来,是对过程管理理论、计量学、行为管理理论和系统管理理论的综合。将以上四种学说综合起来,产生了"不同于部分总和的某种东西",即权变学说。卢桑斯提出在权变理论中最重要的是权变关系,权变关系是两个或两个以上的变数之间的一种函数关系,在这种函数关系中通常环境是自变数,而管理的观念和技术是因变数,即管理观念和技术随着环境的变化而变化。

此后,权变理论得到了专注于不同领域的管理学的学者们的运用和扩充,为权变理论体系的构建充实了丰富内容,并产生了许多至今仍为组织管理实践运用的经典理论和模型。权变理论体系主要包括组织结构权变、领导权变、决策权变、人性权变等分体系。权变理论被一些研究者誉为未来管理的方向。它提倡实事求是、具体情况具体分析的精神,注重管理活动中各项因素的相互作用,并且整合了多种管理思想的某些方面的基本认识和方法,以此建立起来多变量的、动态化的管理模式。

(三) 权变管理理论的主要贡献

(1) 权变管理理论批判性地继承了以往多个管理理论的科学观点,并以创新性的思维方式将它们整合到一个理论框架下。权变理论的价值体现在其对管理理论研究所具有的整合意义。在高度不确定性的环境下，为了面对日益复杂的管理实践，并提供更有效、更具体、更持久的指导，需要将已有的管理学说综合为一种更具包容性和现实性的管理理论。而这一整合性理论的发展同时有助于管理界走出管理理论丛林。对于管理学者而言，对管理理论的要求已不再是提出所谓的通用原则，而是更加具体地研究在特定环境条件下的特定的管理模式，这也使得管理理论对管理实践更具针对性和可操作性。

（2）权变管理理论致力于研究环境因素与管理模式和方法之间的关系，从而在理论研究与管理实践中架起了桥梁。古典理论追求在任何条件下的一种普适性的管理模式，以保证管理效率。但是，这种理论框架在当时的时代背景下显得力不从心。经验学派虽然提出要避免古典的万能论，却由于其研究的案例缺乏推广性也难以对企业有指导作用。系统学说虽然重视环境因素与组织的互动作用，却由于过于抽象，亦难以指导实践。权变理论紧密结合了组织面临的具体环境，同时将环境与管理模式间建立起函数关系，从而构建了能够有效指导管理实践的管理理论。

（3）权变理论为我们重新认识领导力提供了新的视角和方向。在权变理论产生之前，领导力的主要理论聚焦在找到一种在任何情境下都是最优的领导方式，而权变理论的发展让我们重新思考领导力发挥作用的边界条件，拓展了我们对领导力的理解。权变理论提倡我们应该从关注单一领导方式转而关注领导者与工作情境之间的匹配关系，从而使领导方式发挥最佳效应。权变理论为组织和团队提供了根据特定情境的不同领导风格的选择，有利于完善对不同领导方式的认识和领导效能的发挥。

第二节 权变管理内容

一、权变管理的基本要素

（一）权变管理的主体

权变管理的主体即管理者自身，管理者如何遵循权变原则，如何根据自身的特点灵活地改变管理方式，是管理者必须掌握的一项重要内容，也是管理者高效开展工作的必要条件。管理者在职业生涯成长过程中，根据自己的优势和实际工作需要，主动选择的过程实际上就是权变的过程。

了解管理者的个性特征，能够使管理者明白自己最适合什么性质的管理工作。权力成就欲望强烈的人更倾向于采用趋于独裁的管理方式，因此这种管理者的管理对象最好也是能够接受独裁管理的人。有的人生性和善，推崇人人平等，因此这类人在选择管理职位时应该选择宜于民主领导的职位。有的人嫉妒心强，缺乏安全感，因此宜选择属下知识水平不高的管理职位。有的人喜欢充满挑战和竞争的工作，因此他的管理岗位应该跳出循规蹈矩的模式，充分发挥自我优势。

除了管理者自身的特性，还应该了解自身的需求以及对于成就的认识。成功的管理往

第六章 权变管理原理

往是富有强烈进取心的人创造的。个人进取是迈向成功的必要条件。积极进取，保持活力，用适当的方法去激励斗志，培养自身强烈的成就感和使命感。一个人的进取力决定了他能否成为一名优秀的管理者，能否走向更高级的管理职位。在现实生活中，我们总能看到具有组织家精神的管理者们，他们充满激情，为自己的理想满怀信心而精神抖擞地工作，他们身上总是散发着常人不具备的积极进取精神。管理者应该根据自己的进取力选择适合的职位，有利于组织从整体上提高绩效。

管理者自身的管理技能是管理主体遵循权变原则时应该考虑的重要因素。管理者根据管理工作的实际需要发挥自己具有优势的管理才华。善于与人沟通的管理者可以通过自己的沟通技能建立关系网，与员工建立良好的上下级关系，通过情感纽带促进绩效；管理技能较好但是自身专业素质欠缺的管理者应该知人善任，充分任用拥有专业知识的人才；权威性管理者应该通过果敢的判断和行动来慑服自己的下级，让下级接受自己的管理风格。

管理者的年龄和经验是管理主体遵循权变时需要考虑的客观因素。管理主体根据自己的年龄和经历以及管理对象的年龄来采取不同的管理方式。年轻的管理者与年轻的下属可以减少权力距离，充分了解和认识，互相帮助共同进取，这样有利于管理工作的开展和管理效率的提高。如果年轻的管理者高高在上，疏远下属，必然遭至下属的厌恶和反感，导致管理工作的失败。年轻的管理者面对年龄较大的下属，应该表现出勤劳实干，敢于承担责任，并与年长下属进行较多沟通，关心他们的生活，虚心接受他们的建议，这样就容易推进管理工作在老年下属中的开展，形成和谐团结的局面。

（二）权变管理的对象

管理对象的复杂性要求管理者采用权变的原则去管理不同的对象，如何因管理对象的不同而采取不同的管理方式是权变管理的重要内容。因管理对象不同采取权变原则，首先要求管理者正确区分管理对象。有的特征属于显性特征，如年龄、文化程度、工作经历等，而有的特征较为隐晦，如个性、人品、能力等。管理者应该在日常管理工作中仔细观察、认真了解和细心体会。

美国心理学家保罗·赫思福德（Paul Hersford）博士提出了一种称为心理类型意识的管理方法，将人从性格特质、自信程度、工作习惯等方面分为若干基本类型。管理者可根据以上特征对自身和管理对象进行分类，并科学地采用适用于不同类型的人员的管理方式。例如，魄力型的人往往对事不对人，关注工作效率而非人际关系，乐于冒险、独断专行，对待分歧开诚布公。管理者应该为其制定好奋斗目标，给予充分的选择权力，发挥他们的主观能动性。而表现型的人注重直觉，待人友善，乐于竞争，决策时不以事实为依据，而是以个人直觉或是他们认为重要的人的想法，行动迅速也多变。对于表现型的对象，管理者需要在各个细节上给予具体的计划和目标，对于他们获得的成绩给予表扬，但是也要常提醒他们冷静思考。

（三）权变管理的环境

管理环境的变化是决定管理者采用权变原则的关键因素。环境包括外部环境和内部环境，管理环境的变化导致管理方式的变化，这是管理工作的适应性原则，即适应环境的客观要求。

近年来，组织的发展以及组织活动的变化，使得管理活动出现重大变革。为了顺应新的组织环境，现代企业的管理模式更加注重对各层次的专有知识的利用，利用社会网络进行社会资源的拓展，依靠群体进行决策以及通过扩展权力进行员工的激励。管理已经演变为一种智能性的活动，环境要求管理者们更加有效利用知识，这也促使了管理活动日益复杂和困难。管理活动顺应环境变化的权变主要表现在以下几点：

（1）由于环境的动态变化和高不确定性，需要管理者面对不确定性、模糊性时需要更大的容忍度，管理者在智力、情感和职业上面临更大挑战。

（2）要求管理者具有更加全面的知识体系、技术专长和自我控制力，能将管理变得更加专业化。继续强调经济增长能力和技术的技能的同时，附加了社会和政治能力。

（3）从管理对象的性别、种族和价值观的融合这一方面要求管理者的管理方式更具多样性，有效的管理将是承认、容忍、鼓励和利用多样性的管理。

（4）更多的管理者将在非结构化的环境，而不是传统的等级结构组织中工作。

（5）管理者的权威将受到环境、技术、结构以及社会心理等方面的制约，管理者虽然继续实施权力，但是应控制在适当范围。

（6）管理者根据环境的需要，应该建立一种更易于变革的氛围，接受环境的变化和组织的快速更新、公开的交往和积极处理冲突的能力。在问题处理过程中，更加强调合作和整体，而非冲突和竞争。

管理者除了需要适应外部环境的变化而调整管理方式，还要根据自己所处的组织内部环境选择有效的管理方法。组织内部环境主要包括组织环境和任务环境。组织环境是指组织的结构、员工的素质等。任务环境则是组织的工作内容，包括产品的生产、服务管理等。根据管理环境的变化灵活机动地改变管理方式是保证管理工作高效进行的重要条件，不知变通的僵化管理只会导致管理的失败。

二、权变管理的理论模式

权变管理理论是通过具体分析组织所面临的内外部的条件，强调针对具体问题采用最适应的管理模式或方案的一种理论体系。

（一）权变管理是系统整体的权变

企业是一个统一的、内部相互联系的、有目的的系统，它又是社会大系统中的一个开放型的子系统，受到社会环境的影响。企业系统以社会大系统的整体为基础，企业系统是派生的；社会大系统中的各个部分相互联系、不可分解，社会大系统下的任何子系统的行为都将影响其他的子系统，子系统的行为又受到社会大系统和与其他子系统之间关系的影响。因此，作为更大的社会系统中的一部分，组织的权变首先体现在对外部环境的分析和适应上。组织宜纵观全局，从不同的角度考虑组织所处的位置，从全局出发保持对系统的适应力。权变管理以分析整体与局部、子系统之间的关系为前提，进而分析出组织所面临的具体问题。管理本身是一个组织、协调和控制人、财、物等各类资源的过程，权变管理是在特定条件下对整体中出现的差异进行具体问题具体分析的过程。

(二) 权变管理需要把握环境要素

从权变的字面含义，会误认为权变是一种紊乱的"凭感官判断"的管理，实际上权变不是仅凭感觉对现实进行主观判断，而是通过周密细致的调查分析，把握独立的环境变量和关联的管理变量之间的关系。因此，权变管理的首要工作是正确认识和把握环境要素。环境要素可以分为内部环境要素和外部环境要素，内容十分庞杂且不断变化。现代组织所面临的科技水平高速发展，环境因素变化增快，生产的专业化、国际化程度日益增强，市场竞争更加激烈，组织需要更加迅速调整自我，以适应环境的变化。总之随着社会的发展，组织环境的影响由小变大、由弱变强，有效把握环境因素越来越重要。权变管理的又一重要任务是正确把握管理变量，并确定权变关系的实质。尽管现实中的问题难以应对，但是只要有正确的思维方式和创新意识，管理者依然可以透过现象看到问题的本质及问题之间的对应关系。因此，认真全面分析权变关系的基本条件和适应的情况，并与现实的环境进行对比，去伪存真，才能正确运用理论来解决实际问题。

(三) 权变管理需要革新

组织的活动是在不断变化的条件下以反馈形式趋向于组织目标的过程，权变需要革新。因此，必须根据组织的近远期目标以及当时的环境条件，采取依势而行的管理方式。创新和改革的阻力往往很大，因为维持现状的势力更强大，这些阻力可能来自个人、团队或是组织的绝大部分。权变管理的变革可通过对现行行为和方式进行"解冻"来克服阻力。改变个体、群体对现行行为和方式的认识，提出新的主张，并运用各种客观数据予以佐证，进而找到改革的突破点。其次可发挥改革者的推动作用，通过树立新的价值观、新的态度、新的行为使组织成员确认变革的价值。

三、权变管理的内容体系

(一) 基于组织结构的权变理论

基于组织结构的权变理论把组织作为一个开放系统，并试图从系统的相互关系和动态活动中，考察和建立一定条件下最佳组织结构的关系类型。权变理论在组织结构方面的研究非常多，众多学者针对不同的环境因素以及组织结构的不同方面提出了多种基于权变思想的组织结构。

1. 技术与组织结构的权变理论

伍德沃德（Joan Woodward）是最早提出组织结构应该根据技术条件进行权变的代表人物，此处的技术条件是指组织的"工艺技术连续性"，在大批量连续性生产的组织中，宜采用古典层级结构；在小批量的非连续生产单位中宜采用灵活的有机的组织结构。由于生产连续性较强的企业生产状况稳定，采用古典层级结构有利于对大规模的资源进行统一调配，并实行高效的监管和控制。而在非连续性的小批量生产组织中，运用流水作业成本较高，只有灵活发挥人员的优势，才能有效获得利润。因此，此类企业一般不存在明确的权责分工，有机式组织结构更能适应生产的特点。

2. 环境与组织结构的权变理论

研究者们通过大量的研究证明组织的结构受到环境的影响，组织宜采用与外部环境特征相适应的组织结构。关于组织结构的权变理论中的环境因素主要包括组织所面临的产品市场的环境、技术经济环境以及科学发展所处的环境。

（1）"有机型组织"和"机械型组织"。英国学者伯恩斯等将组织所面临的环境分为"稳定型"和"变化型"，组织对应地可采用"机械式"和"有机式"两种组织结构。在组织所面临的市场和技术环境相对稳定的状态下，组织可以通过层级清晰、职责明确的古典式层级结构，以实现职能的专门化和权力的集中化，能够为组织带来低成本的生产和高效的管理。而在市场和技术环境相对动荡的状态下，组织宜采用有机式结构。这类结构拥有分权的管理体制，且职责相对灵活，强调信息沟通和横向的信息传递，以快速应对外部变化。伯恩斯等学者在它们1961年出版的《革新的管理》和1967年出版的《机械式和有机式的系统》中论述了这些观点。

（2）"分散化"和"整体化"。美国管理学家洛尔施和劳伦斯的研究认为组织结构同时具有分散化和整体化的特点。1967年他们合写《组织和环境》一书。分散化是指将组织中的各子系统的功能进行区分，以应对外部环境的不同需求。而整体化是指将组织的子系统整合起来共同完成目标。组织的分散化和整合化程度决定组织的权力结构，当组织的分散化程度较高时，宜采用分权式结构，当组织的整合化程度较高时，宜采用及集权结构。

（3）外部环境、技术要求与组织结构。唐·赫里格尔（Don Hellriegel）和约翰·斯洛坎姆（John. W. Slocum）于1973年在《组织设计：一种权变研究方法》一文中，根据外部环境的变化情况以及组织内部子系统间的差异程度进行的两两配对，组织的结构拥有四种类型：第一，外部环境动荡、组织内部子系统间工艺技术差异性大，组织宜采用事业部制结构；第二，外部环境动荡、组织内部子系统间工艺技术差异性小，组织宜采用矩阵式组织结构；第三，外部环境稳定、组织内部子系统间工艺技术差异性大，组织宜采用直线职能制结构；第四，外部环境稳定、组织内部子系统间工艺技术差异性小，组织宜采用高度集权结构。

3. 规模与组织结构的权变理论

英国阿斯顿大学工业管理研究所的希克森（David J. Hickson）等人在60年代末对52个组织进行了一系列考察，他们的研究发现决定组织结构的因素取决于一组环境变量，而非个别因素。这些环境变量包括：组织的存续时间、组织所有者对组织的控制程度、组织的规模、组织的宗旨（服务的对象）、对其他组织的依赖程度、技术特点以及区位特点等。在这其中，组织的规模对组织结构的影响程度甚至比技术特征的影响更强烈、更显著。

4. 权力分布与组织结构的权变理论

美国著名史学家钱德勒（Alfred O. Chandler）提出组织对集权和分权的选择应该采取权变的态度，战略应该与环境和结构相互联系。组织结构是遵从公司战略而设计的，当组织所面临的社会和经济环境产生新的变化时，组织的战略会随之变化，从而对组织结构产生新的需求。钱德勒对美国100家大型组织的深入跟踪考察中发现，当企业经营战略以研发新产品为主时，组织多采用分权的组织结构。并且，当环境的不确定性提高，组织所服务的用户面扩大时,为了更好地应对细分市场,组织也越倾向于分权结构。而当企业以追求效率和稳定型为经营策略时,则倾向采用集权的组织结构。此外,其他学者认为组织权力分布还受到以下因素的影响。见表6-1所示。

表6-1　　　　　　　　　　　影响组织集权和分权的因素

影响因素	趋于集权	趋于分权
环境不确定性	不确定性低	不确定性高
经营战略	追求效率、产量和稳定	追求创新和产品研发
用户范围	用户分布范围窄	用户分布范围宽
组织规模	规模小	规模大
对其他组织的依赖性	依赖性强	依赖性弱
生产技术特点	大批量生产	单件、过程生产

资料来源:杨砾.当代西方管理学[M].北京:世界知识出版社,1990.

(二) 基于领导风格的权变理论

领导是一种由领导者、被领导者、环境条件和工作任务构成的,且这四种因素交互作用的动态过程。领导风格的权变理论认为不存在普遍适用的一般领导方式,有效的领导风格依据环境不同发生变化。领导权变理论中较为有代表性的是费德勒(Fred E. Fidler)的有效领导模式的研究、维克多·弗罗姆(Victor Vroom)等人的领导参与模型以及近几年受到学者们广泛关注的变革型领导方式。

1. 领导参与模型

1973年,维克多·弗罗姆(Victor Vroom)和菲利普·耶顿(Phillip Yetton)提出了领导者参与模型。该模型将领导行为与参与决策联系在一起。弗罗姆和耶顿认为一成不变的领导方式是不科学的,是无法适应环境变化的需求的,并且由于常规任务和非常规任务自身拥有不同特征,因此,领导者需以权变的态度处理不同的任务。

弗罗姆通过设计决策树,提供了根据不同的情境类型而遵循的一系列的规则,以确定领导者参与决策的类型和程度。该模型包含质量要求、承诺要求、领导者的信息、问题结构、承诺的可能性、目标一致性、下属的冲突、下属的信息、时间限制、下属的分布范围、动机—时间、动机—发展这12项权变因素。根据12项权变因素,5种领导行为中的任何一种都是可行的。它们是:独裁 I(AI),独裁 II(AII),磋商 I(CI),磋商 II(CII)和群体决策 II(GII)。独裁 I 类的领导者依靠自身收集信息并加工处理信息进而决策;独裁 II 类领导者只从下属获得部分信息,依靠自身进行信息加工和决策;磋商 I 类领导者虽然会与部分下属磋商讨论,但是其决策过程不一定参考他人建议;磋商 II 类的领导者与下属集体讨论相关问题,并征集他们的建议,但决策过程仍不一定参考他人建议;群体决策 II 类的领导者与下属们集体讨论,并共同制定可行性方案。

2. 变革型领导

伯恩斯首次对变革型领导提出界定,他认为领导者是能够激发追随者的积极性进而更有效地实现领导者和追随者目标的个体,而变革型领导是领导者通过让下属意识到自己所承担职责的重要意义，从而激发下属的高层需求，使下属自愿将团队、组织甚至更大的政治利益放在首位，超越个人利益，从而完成目标。在这一过程中，个体的工作能力和道德水平得以自我提升。巴斯（Bass）发展了伯恩斯提出的变革型领导概念。他更具体地指出变革型领导由理想化影响力、鼓舞性激励、智力激发、个性化关怀四个维度构成。

变革型领导理论非常重视员工自身的价值实现，以员工的需求为中心，充分了解下属的个性化需求，向下属提供富有挑战性的工作和智力激励，通过这些过程，领导者和下属的需求合二为一。变革型领导理论在经济发达、人口文化素质普遍提高的社会背景下具有广泛社会基础和极大的应用价值。变革型领导理论关注人的发展，这是巨大的进步，但同时它仍是一个未发展成熟的、不成系统的理论，这需要我们在理论研究和实践应用中进行完善。

第三节　权变管理实践

一、组织规模的权变管理实践

（一）组织规模权变管理实践的障碍

1. 帕金森定律

帕金森（Northgood Parkinson）是英国的政治家和历史学家，他出版的《帕金森定律》以讥讽的手法描述了组织规模的臃肿和低效率的现象，并分析了其中的原因。帕金森通过描述组织中出现的具体问题揭示了导致组织规模臃肿的原因，当一位不称职的上级无法胜任自己的工作时，他往往拥有三种选择，第一是申请离职，第二是选择一位能干的下属辅助工作，第三是任用两个比自己能力更低的下属当助手。在组织现实中，上级往往都会选择第三条路。上行下效，两个无能的助手又会再找两个更加无能的助手。如此类推，就形成了一个机构臃肿、人浮于事、效率低下的组织。因此，组织在不断发展的过程中，要提防由于帕金森定律带来的组织规模的无效扩张。

2. 组织的"乘数效应"

组织的运营中存在着乘数效应，从而导致组织规模的扩张和效率的降低。组织乘数的规律一般是：组织人员增加——设立新的部门——需要更多办公设施——需要相应的后勤人员——继续增加人员——组织规模庞大。例如，当公司签订了一个新合同，接到新的订单，会将生产员工从500人增加到800人，于是生产主管无法兼任人力资源主管，从而设立了一个正式的员工关系管理部门。这个新成立的部门需要更多的办公场所，而公司现有的场地十分拥挤，于是就购买了一处临时办公点，这一临时办公点需要配备后勤人员，并且增加这一临时办公点需要给各部门增加更多的日常文书工作，还需增加一名办事员。因而在更大型的组织中，组织的"乘数效应"的威力更加惊人。

3. 规模不经济性

组织规模存在着经济性和不经济性两种情况。通过实现大批量生产从而形成技术规模的经济性，这在需求大于供给的市场条件下是非常有效的。首先，组织达到一定规模，使得专业化和劳动分工变成了可能，组织在工程、生产、市场以及信息处理等方面才会使用具有特殊技能的人才。其次，组织规模扩大，有条件采用先进的工艺和技术装备，流水线、自动线等先进的生产组织形式可以降低成本，提高效率。再者，在大规模生产中，组织可以大量购买，从而降低成本和运输费用。不仅如此，在吸引优质人才、筹集资金方面，大组织都比小组织更具优势。因此，规模经济往往会吸引许多组织不顾实际地扩大生产，扩大组织规模。

然而，许多组织忽视了规模的不经济性。首先，技术条件可能导致规模不经济性，如某些特殊设备，在容积达到一定水平后其原材料的配备需要增加更多的成本。其次，随着组织规模的扩大，管理机构越来越庞大，管理越来越复杂，信息传递速度受到影响，管理层出现相互指责、推诿的情况。这导致了人力成本的上升。再者，在组织规模较小时，员工往往能够将自己的工作与组织的成果很好地联系起来，但是在大组织内，员工往往工作积极性得不到激励。因此，大组织存在着规模不经济性，这也是我们通常所说的"大组织病"。

（二）组织规模权变管理实践的途径

从组织诞生到发展至今，在生产组织和管理组织方面大体经历了四个发展阶段，即工场手工业时期、工厂工业时期、公司制时期和跨国公司时期。前三个时期的组织发展趋势是集中化、大型化，但是到了跨国组织阶段，情况变得更为复杂。小组织的发展日益增长，在经济中发挥了重要作用。但是，我们也应该看到，在小组织迅速发展的同时，大组织的数目也在日益增加。大组织的规模仍在增大，组织集中的趋势并没有停止。综上所述，组织规模并不是呈单向的小型化、分散化的发展方向，而是出现了集中与分散、大型与小型"双向协调"的发展趋势。

1. 双向协调："大"与"小"的结合

既然现实中普遍存在着规模经济，那么大组织的存在便是合情合理的，并且越来越多的中小组织正在成长为大组织。但是为了预防"大组织病"，实行"大"与"小"结合的策略是必要的。在实施这一策略时，有两种主要的方式。

（1）化大为小，"大"中含"小"。在大规模组织的内部建立相对独立的小公司，赋予这些公司中的小公司更多的自主权，同其他小组织一样。这样这些小公司在面对市场的变动将具有较大的灵活性和适应性。这些"公司中的小公司"一般作为利润中心组织起来，使整个组织即使规模小也同样充满活力。在这一策略中，重点是要切实做到分权。日本的大组织基本采用这种形式。在大型组织内部设置许多风险型小组织，开展形形色色的创新活动，这是保持大组织持续活力的主要方式。风险型组织投资少、规模小，失败率也高，但是一旦成功，却收效颇高。美国德克萨斯仪器公司下设了90多个附属小公司，而约翰逊公司也划分为150个附属小公司。

（2）大规模组织吸收小组织的优点。大组织要消除信息传递过长的通病，保持组织结构的简化，消除多余的中间层次，疏通渠道。通过缩短管理层次，达到小组织的效率和准确。其次，大组织要注重从小处着手，抓住组织成长的机会。许多大组织热衷于一些缺乏适应性和难以落地的项目，而对一些小项目不屑一顾。大组织应该纠正"贪大求全"的倾向，避免陷入大规模行事的陷阱。大组织要注重组织内部各小部门的工作，保证各组成部门的工作效率，以各环节的优胜质量保证持续成长。

2. 以"收益"定"规模"

越来越多的组织家认识到一味追求规模经济、扩大生产的做法不科学，但是并不意味着放弃规模经济。如果没有规模经济就谈不上竞争力。任何组织如果无法达到行业规模经济的要求就不可能处于良好的收益状态。在大与小中寻找到最佳规模，通过收益来衡量是关键步骤。当组织的生产规模收益没有达到最大时，可以通过扩大规模的传统方式来提高组织效率；当规模收益达到最大时，扩大规模无法提高效率，为了实现增长，组织可以通过实现产品差别化和多样化经营；当组织规模收益递减，则必须提防"大组织病"。从组织的成长周期来看，中小组织往往显得比大组织具有更大的活力，那是因为中小组织的规模收益更具潜力。

3. 围绕"增长"的本质定"规模"

组织规模的选择实际上是组织增长的一方面。组织规模的确定是一个动态的问题，一直面临着机遇和挑战、矛盾和冲突。但是，只有确定了组织增长的实质才能更好地处理组织规模的问题。小组织的增长是迅速的，但是也是脆弱的。美国学者拉尔夫和比加戴克的研究表明，在被研究的68个小组织中，每年的增长率达到45%，但是这种增长率往往只能保持3~4年，因为这些组织的市场占有率太小，发展不稳定。因此，组织的增长不应该仅仅关注于规模的扩张，市场占有率也是值得重视的更关键因素。日本组织往往将市场占有率作为组织发展的第一目标，他们认为，只有有了市场和客户，才会有持续的增长，因此他们追求规模经济，降低生产成本，采用有效的方法扩大组织的市场份额，达到长期发展。

二、组织结构的权变管理实践

（一）组织结构权变管理实践的障碍

1. 组织结构变革的路径依赖

结构惰性在组织结构变革的实践运用中是普遍存在的。虽然接受权变理论的管理者们会根据组织所面临的环境以及战略模式选择不同的组织结构，然而组织结构变革在实施过程中并不是完全自由而不受约束的。组织会受到自身的发展历史、已有的资源和技术条件、组织规模和组织结构透明性等结构惰性的影响。尤其当组织规模越大，组织愈加强调可预测性和可控程度，组织的结构惰性会发挥愈加强烈的作用来抵制组织结构的变革。

2. 组织运行机制设计的工作缺失

组织结构为组织的运行提供了一个整体框架，根据该组织架构，进行人、财、物的分配和集中使用。许多组织建立起组织架构后，认为已形成的稳定结构能够有效强化上下级关系、职责和职权以及交往方式，于是忽略了真正运行机制的配套建设。实际上，在组织的整体运行中，组织结构不能脱离职能运行机制，不注重外在框架下的内在核心内容，组织架构会逐渐僵化成为限制灵活性的枷锁。

3. 惧怕组织结构变革的失败心态

组织结构的权变意味着需要根据管理环境、管理目标等因素调整组织的结构，而组织结构的变革面临着许多的障碍，首先面临着的是高昂的变革成本及前景的模糊性与不确定性。由于现实世界中部分敢于尝试业务流程再造的组织都面临许多的困难甚至失败，使得其他观望者更加惧怕变革。组织变革往往缺乏成功的典范，且因为每个组织面临的具体情境不同，很难有可参照的体系。这使得大部分人对组织的结构变革持保守态度。

组织内部同时存在着众多阻碍结构变革的因素，如在层级结构中，上级的权威和控制力是得到有效保护的，如果改革为扁平制结构，下级的自主观念等增强，大大危害到上级的权威性。传统的管理者认为他们必须保护他们的"领地"。他们狭隘的观念经常导致他们反对有利于组织发展的结构变革。

（二）组织结构权变管理实践的途径

从权变的观点看，不存在一个普遍适用的理想的组织结构。组织结构的有效性受到多种因素的影响，如环境、组织、员工以及管理政策和实践。这些因素一直处于动态变化中，因此，组织的设计和管理也是一个动态的过程。对于组织结构的权变管理的任务就是弄清组织所处的环境以及变化的基础，设计恰当且有效的组织结构。

1. 激发组织设计的原动力

组织设计的一个重要目标就是自动化，通过科学的组织结构设计，使组织内部和部门、人员能够自动履行职责。寻找到推进自动化的动力是保证组织设计有效性的重要条件。管理学者们有两种促进组织发展的动力，即"参谋动力"和"集体动力"。所谓"参谋动力"是通过明确的职能设计和程序，使人们按部就班地工作；通过组织和文件使决策系统化；员工根据组织的已有规章行事。而"集体动力"强调精神引导，通过树立价值和信念，让员工担任执行和决策的双重任务。组织高层对管理活动实施一定的指导，但是组织内部是无系统的、随机应变的。在这种组织中，每个人都心向组织，建立起一个为组织提供资源，向组织获取资源的关系网络。将两种动力的结合，是组织结构有效的关键。在某些环境下，运用"参谋动力"，使组织目标、员工的任务和完成工作的程序更加明确，能够加速员工采取行动的速度和反应的准确性。而在另一些环境下，运用"集体动力"，让员工对组织的目标产生共识，并充分发挥员工的自我能动性。

2. 采用宽严并济的权力策略

组织结构有多种形态，即使基本结构相同，结构内部的组成可能也大有不同。根据组织结构的最基本因素，如分工程度、管理幅度大小、集权与分权的程度，可以把组织结构分为"严格"和"宽松"两种，其他的形态都是在这两个极端间的组合变化。"严格"的组织结构具有高度的专业化的分工，很窄的管理幅度，高度的集权。而"宽松"的组织结构其劳动分工的程度较低，管理幅度宽泛，异质性部门多，且高度分权。

从权变的观点，"严格"和"宽松"的组织结构适用于不同的组织环境。比如行业环

境很大程度决定了组织的组织结构。如果在非常注重资源利用效率和生产效率的行业，"严格"的组织结构更有利于发挥其优势。而在市场需求频繁变化，要求产品不断创新的行业，则应该采用注重分权、民主参与以及宽管理幅度的组织结构。环境的动态变化要求我们结合使用两种组织结构，利用"严格"的组织结构保证效率，利用"宽松"保证适应性和灵活性。

3. 合理利用矩阵式组织结构

在20世纪70年代，出现了矩阵式的组织结构，能够有效结合"严格"和"宽松"两种组织结构的优点，是一种既强调集权，又十分灵活的组织结构。矩阵式的组织结构中，既遵循职能主线，又遵循产品主线，具有双重指挥系统，由两个及以上的部门控制或协调行动。项目小组可根据具体情况灵活设置，从不同的职能部门配置人员以完成特定的任务，完成任务后，再回到各自的职能部门，具有极大的灵活性和适应性。在现代动荡且不确定的环境中，矩阵组织是一种较好的组织形式，这种结构的设计能够充分体现出权变管理的特点。

矩阵式的组织结构，能够充分有效利用资源。每一个项目组和其他的部门共享专业化的资源。同时，矩阵中的员工因为是属于纵横关系网络中的，所以能够从多方面获得信息。并且，职能人员直接参与项目，在重大问题上体现专业的智慧，还能增强其责任感，培养专业管理能力。有效利用矩阵式的结构需要克服该结构的缺陷，如多头领导造成的矛盾、项目组负责人权责难以对应等。但是，只要正确安排，矩阵结构是一种非常有效的组织结构。

案例分析

壳牌人说抱歉

1997年《经济学家》杂志刊登了一篇题目罕见的文章：《壳牌人说抱歉》。这篇文章描述了壳牌石油集团董事长承认公司忽视利益相关者的利益要求而犯的重大错误，并承诺真正地负起责任。事实上，这些错误曾经使壳牌公司进入了它有史以来公共关系最为糟糕的时期。

错误之一是布伦特斯帕邮轮事件。壳牌公司打算将一种名为布伦特斯帕的石油废弃装置沉入苏格兰西150里的大西洋海底6000英尺深处，并宣称这一设备的丢置不会对海洋生物有任何重要影响。但绿色和平组织坚称这一废弃装置将会泄漏出石油和重金属污染物，不利于海洋生物的生长。双方发生争执。壳牌公司激怒了全球的环境保护主义者，欧洲的几百万消费者决定联合抵制壳牌公司的产品，公司在全球消费者心目中的形象一落千丈。

错误之二是尼日利亚天然气开发计划。20世纪90年代以后，壳牌公司一直在尼日尔河三角洲推行一项36亿美元的天然气开发计划。一些尼日利亚人出于对这项计划可能影响环境的义愤，发出了强烈的抗议。尼日利亚政府把许多激进主义分子投入监狱，并且把9名激进主义分子处以绞刑。有人批评壳牌公司在这一事件中支持当地军人政府采取了违反人权的行动。面对批评，壳牌公司的观点是：像它这种以盈利为目的的公司不应当关心人权或环境，因为它不是负有公共责任的公共实体；只要它能够做到对自己的行为准则负责，并且能够在私人的经济活动与公共的、政府的活动之间划上一条明确的界线，它便可以减轻在尼日利亚的责任。然而，这种争辩招致了铺天盖地的谴责。

错误之三是油气储量虚报事件。壳牌石油公司出人意料地分别在2002年、2003年更正自己"已探明"油气储量记录,承认提交给美国证券交易管理委员会(SEC)的数据有误,削减其已探明油气储量数字,将"已探明"类重新划归到"未探明"类或"具有开采前景"类。于是壳牌在伦敦的股价遭遇下滑。面对各界责难、调查和诉讼,壳牌开始寻找托词。它坚持认为,公司当时的油气储量登记时并没有错。相反,壳牌提出,自己是含糊不清的美国监管制度的受害者。壳牌公司还打算状告美国证交会的储量核算标准体系,认为公司修改数据是因为美国的监管标准含糊不清。

在这三件事情中,壳牌公司都没有真正意识到它作为社会系统中的一个成员,与众多的利益相关者发生关系也应该承担其相应的责任。壳牌公司的遭遇也提醒着企业管理者们,企业管理的成效在很大程度上依赖于管理层对利益相关者利益要求的回应的质量。如果忽视系统中利益相关者的利益诉求,企业的持续竞争力必将受到影响。

讨论题:
1. 壳牌公司为什么要说抱歉?
2. 壳牌公司到底应该怎么做呢?

复习思考题

1. 请简述权变管理的内涵与基本特征。
2. 简述东方权变思想的主要内容。
3. 组织结构应基于哪些因素采取权变的管理?
4. 基于领导的权变管理理论有哪些代表人物?他们的权变管理思想是什么?
5. 规模不经济性产生的原因有哪些?
6. 如何实现组织规模的权变管理?
7. 在组织结构的管理实践中运用权变理论会遇到哪些障碍?如何有效克服这些障碍?

延伸阅读

[1] 林恩·佩波尔,丹·理查兹,乔治·诺曼. 产业组织理论与实践 [M]. 北京:中国人民大学出版社,2014.

[2] 埃里克·施密特,乔纳森·罗森伯格,艾伦·伊戈尔. 重新定义公司:谷歌是如何运营的 [M]. 北京:中信出版社,2015.

[3] 杰克·韦尔奇,苏茜·韦尔奇. 商业的本质 [M]. 北京:中信出版社,2016.

[4] Burns J. M. Leadership [M]. New York: Harper Collins, 2010.

[5] Vroom V. H, Jago A. G. Situation effects and levels of analysis in the study of leader participation [J]. The Leadership Quarterly, 1995, 6 (2): 169-181.

[6] Sternberg R. J, Vroom V. The person versus the situation in leadership [J]. The Leadership Quarterly, 2002, 13 (3): 301-323.

第七章
Financial Management

人本管理原理

本章主要学习人本管理的概念与特征，认识人本管理的发展沿革以及中西方人本管理思想的区别；了解人本管理的理论模式和方法体系，掌握人本管理理论的基本内容，理解各种理论的优点和局限性。其中，人本管理理论的内容与方法是本章学习的重点，人本管理理论在企业实践中的应用是本章学习的难点。

知识目标：理解人本管理的概念、目标和理论模式，了解人本管理的理论基础和发展脉络，掌握人本管理理论的内容与方法。

能力目标：掌握人本管理方法，运用人本管理理论分析企业人本管理的问题及原因，完善企业人本管理体系。

素质目标：通过案例分析和课堂讨论，了解人本管理的现实意义，树立人本管理思维；通过小组集体学习和训练，培养人本管理能力。

第一节 人本管理概述

一、人本管理的概念与特征

（一）人本管理的概念

人本管理是一系列以人为中心的管理理论和管理实践的总称。人本管理不同于把人作为工具、手段的传统管理模式，是在深刻认识人在社会经济活动中的作用的基础上，突出人在管理中的地位，实现以人为中心的管理。对人本涵义的划分范式很多，侧重点不一。

总结以往学者们的阐述，人本管理的概念主要包括如下内容。

（1）把依靠人作为全新的管理理念。在企业发展过程中，决定企业持久发展的主要因素是人力资源，即人们所具有的知识、技术和能力，而其他资源的获取均来自于人的创造。人是经济活动中最积极活跃的，人所具备的活力正是企业活力和竞争力的主要来源。因而，必须树立依靠人的管理理念，通过全体成员的共同努力，实现企业的长久发展。

（2）把开发人的潜能作为最主要的管理任务。人本管理的主要任务是促进人们积极主动参与，挖掘人的潜能，促使人们能够在工作中投入充足的精力和极大的热情。

（3）把尊重每一个人作为企业最高的经营宗旨。尊重是人与人交往的基础，作为具有独立人格的个体，都会渴望在交往中得到他人的尊重。一个有尊严的人，会对自己有严格要求，当他的工作被充分肯定和尊重时，他才会尽最大努力去尽到自己应尽的责任。

（4）把塑造高素质的员工队伍作为组织成功的基础。高素质的员工具有较强的敬业精神和责任感，同时能够积极主动地做事，对工作充满热情。提高员工素质可以适应知识、技术快速变化的现代社会，进而提高企业的竞争力和生命力。

（5）把人的全面发展作为管理的终级目标。人的全面发展强调实现精神和物质上的全面发展，同时强调个性自由，激发员工的创造力，进而促进企业、社会的发展进步。

（6）把凝聚人的合力作为组织有效运营的重要保证。组织是由不同的个体组成的生命体，组织的发展离不开个体，同时个体的发展也离不开组织。所以，要实现组织的有效运营，不仅要保证个体的积极性，同时还要保证个体的凝聚力与向心力。这样在组织中达到合力产生的绩效大于每个个体产生的绩效之和。

（二）人本管理的特征

1. 人本管理的核心是人

人本管理把人置于组织中最重要的资源的地位。人本管理中"以人为中心"的管理方式相较于传统的管理方式，是一种根本性的跨越，是更高层次的管理方式。充分发挥人在组织中的资源作用，以员工的能力、特长、兴趣、心理状况安排合适的工作，并且充分发挥人的积极主动性，使组织其他资源在人的作用下发挥最大价值。

2. 人本管理的主体是企业的全体员工

人本管理是一种全员参与的管理，在实行人本管理的企业中，每位员工都是真正主人，管理人员和普通员工之间是一种合作分工关系。企业管理者的工作重点是搞好授权与激励，让每位员工都能享受权力、信息、知识和酬劳，从而使人人都有授权赋能的感受。全体参与使全体员工既成为管理的客体，也同时成为组织管理的主体。

3. 人本管理实现组织目标的主要方式是利用和开发组织的人力资源

在越来越激烈的市场竞争环境中，企业竞争优势的实现关键在于人力资源的利用和开发。面对不断变化的竞争条件，组织不仅仅需要有效地利用现有的人力资源，更加需要开发员工潜在能力，发展新的人力资源，使整个组织保持竞争优势。人本管理把人作为组织最重要的资源，实现组织目标的方式是利用和开发组织的人力资源，这两方面缺一不可。

4. 人本管理活动的服务对象是组织内外的利益相关者

社会中的组织并不是孤立存在的，组织的发展受到外界因素的影响。不能仅仅考虑自身经济的发展，还要考虑与之相关的利益相关者的共同发展。顾客的利益、国家的法律法规、公益事业、环境保护、社区发展规划、国家发展目标都是企业在发展中需要考虑的因素。只有这样，企业才能树立良好的形象，得到公众的普遍支持，从而取得更大的发展。这些活动都反映了广义上的人本管理精神。

5. 人本管理成功的标志是组织与组织成员目标的共同实现

在人本管理中，全体员工既是企业管理活动的主体，也是管理活动的客体，管理活动成功的标志不仅是实现组织总体的经济目标，还包括组织中每个个体目标实现的程度。组织目标的实现是保证个人目标实现的基础，个人目标实现是保证组织目标实现的重要动力，只有将组织目标和个人目标进行有机结合，使二者相互促进，才能提高企业整体的凝聚力、竞争力，实现企业的持续发展。

6. 人本管理是一种思想理论体系和管理实践活动的综合概念

人本管理首先是一种思想理论体系，它是一系列关于如何识人、选人、用人、育人、留人的思想理论的综合。其次，组织在人本管理思想理论体系指导下自发或自觉地开展的管理实践活动，我们通常也称之为人本管理。

 知识链接 7-1

人本管理的层次

情感沟通管理。这是人本管理的最低层次，也是以后将管理水平提升到其他更高层次的基础。在本层次中，管理者和被管理者不是单纯的命令发出者和命令实施者，而是有了其他的沟通，其中主要是情感沟通。比如管理者会设法了解员工对工作的一些真实想法，或是生活、个人发展上的一些其他需求。在本层次中被管理者还没有就工作中的问题与管理者进行决策沟通，但已为决策沟通打下了基础。

员工参与管理，也称"决策沟通管理"，此时管理者一起讨论被管理者的沟通已不再限于对员工的嘘寒问暖，而是员工参与到管理目标的决策中来。在本层次中，管理者与被管理者一起讨论被管理者的工作计划和工作目标。管理者认真听取被管理者的看法，积极采纳他们提出的合理化建议。员工参与管理会使工作计划和目标更加趋于合理、更富有现实性和针对性，从而大大增强了被管理者工作的积极性，提高了工作效率。

员工自主管理。随着员工参与管理的程度越来越高，素质高的员工可以实行自主管理。管理者可以指出公司整体或部门的工作目标，让员工拿出自己的工作计划和目标，经过专家讨论后就可以付诸实施，由于员工的工作能力会得到较大的锻炼，综合能力较高、工作能力较强的员工，在本阶段会脱颖而出，成为独当一面的业务骨干。

人才开发管理。为了更进一步提高员工的工作能力，公司要针对性地开展一些人力资源开发工作。员工工作能力提高的途径要有三个：一是在工作中学习，二是在交流中学习，三是在专业培训中学习。人力资源开发管理首先要为员工建立一个工作交流的环境，让大家相互讨论、学习。同时，人力资源部门也可以聘请一些专家，进行针对性的培训。

企业文化管理。这是人本管理的最高层次。企业文化说到底就是一个公司人员的工作习惯和风格，其形成需要企业管理的长期积累。企业文化的作用就是建立一种被大家所认同的导向。随着公司的发展，企业文化也会不断发展，但不管怎样，企业文化管理的关键是对员工的工作进行引导，而不是仅仅为了公司形象的宣传。

（资料来源：赵继新等. 人本管理 [M]. 北京：经济管理出版社，2008.）

(三) 人本管理的作用

实现人的全面发展是管理的最终目的，而人本管理思想在企业管理过程中发挥着非常重要的作用。

1. 人本管理是经济与社会形势的必然选择

在世界经济日益全球化的今天，知识经济方兴未艾，我们已经进入了崭新的知识经济时代。在知识经济时代，劳动力、资本资源的作用优势已经在减弱，而智力、知识、信息、技术等无形资产在企业发展中逐渐成为决定性的资源。面对知识经济的发展，企业必须在资源的利用中进行转变。

知识经济倡导企业的管理方式从对"物"的管理转向重视对"人"的开发。人本管理是把人作为一种在激烈的竞争中生存、发展，始终充满生机和活力的特殊资源来刻意发掘和科学管理，反映了知识经济的本质和要求，有利于企业形成面向未来的竞争优势。此外，在后金融危机时代，人力成本不断攀升，人力资源成为了企业不可忽视的重要方面，"人本管理"也成为了企业管理中的重要内容。

2. 人本管理是促进人全面发展的重要手段

管理能促进生产力的发展，高度发展的生产力成为了人的全面发展的现实基础。人的发展在多大程度上达到全面性，取决于人有多少时间是超出谋生所必须花费的时间，也就是有多少可以自由支配的时间。可自由支配的时间越多，在其他方面发展的可能性就会越大，更有利于实现人的全面发展。不仅如此，管理能为人的发展提供空间。管理表面上是对人的限制，但是管理为人的发展提供了一定的条件和支持。不同的管理方式可能产生截然不同的结果。不符合人性的僵化管理会限制人的发展，符合人性需要的良性管理会促进人的全面发展。人的自由、全面、充分、和谐的发展，需要在有序管理的宽松环境中进行。

3. 人本管理是提高管理绩效的关键

管理只有把人当成"全面的人"，把人的全面发展作为管理的最终目的，才能在现代社会中创造出更高的效益。人是管理中的首要要素，实现对人的合理管理，调动人的积极性，才能激发人的潜力，实现人的全面发展。高绩效的人员管理带来的不仅是员工的发展，而且会促进企业其他方面管理绩效的提高，最终实现组织的目标。因此，提高人的素质，努力促进人的全面发展，是提高管理绩效的关键。

4. 人本管理是企业生存和发展的需要

企业之间竞争，归根到底还是人才的竞争，对人的管理是现代企业管理永恒的主题，树立人本管理理念将是现代企业生存和发展的根本。企业只有合理地配置人才资源，不断地把人的积极性调动起来，使人的才能和创造力充分地发挥出来，企业才会有生机和活力，才能有发展。

二、人本管理的理论渊源与发展沿革

(一) 人本管理的理论渊源

1. 西方早期的人本管理思想

(1) 古希腊时期的自然人本主义思想。"以人为本"的观念在古希腊哲学家们的思想中就已经开始萌芽。当然，此时的"人本"是相对于"神本"而提出的，而且这里的"神"是指自然神，即威力无比的宇宙世界，是哲学家们基于人们对宇宙世界的无知和恐惧所作出的反应。众所周知，古希腊历史就是一部神话史，神在古希腊人的心目中就是世界的"本源"，认为"神毫不费力地以他的心思左右一切"，因而有着至高无上的地位。然而，即便如此，在古希腊时代人们就已经将人与神摆在了同一位置，认为神祇同他们一样是被生出来的，有类似他们那样的知觉、声音和形状。这无疑为人与神的共生甚至人取代神培植了土壤。循着古希腊哲学的发展趋势，这一认识慢慢便有了质的飞跃。人的注意力开始从外界自然转向人本身，提出了以人为对象中心的命题。从这个时候开始，人们已经不在乎自然是什么样的存在，会对人类怎么样，重要的是人类怎样看待自然。既包含着人类决定和主宰自然的愿望，也包含着人类决定和主宰自然的能力。在希腊思想家们看来，对神秘力量的恐惧感，越来越被一种要了解它们和为了人而利用它们的愿望所代替。也正是这样一种愿望，使人逐渐从"神本"的依附下解脱直至超越出来，人第一次成为了自己的主人，取得了对神化的自然的掂量权，"人类历史上的第一次分权，是发生在人与神之间的。"

(2) 文艺复兴时期的社会人本主义思想。文艺复兴运动，是人本主义思想发展的转折时期。一方面，人的认识由自然本体论转向社会主体论，此时人们关心的不再是人在自然中的本原问题，而是人在社会中的地位问题，尽管针对的对象依然是"神"，但此时的神已不是人类原始崇拜的自然神，而是基督教宣扬的人间神。人们针对基督教对人的残酷禁锢而提出了"人的地位、自由和全面发展"的要求；另一方面，由于人的社会问题的解决，也必然导致人对自身问题的思量。总结这一时期的人本主义思想，我们可以得到三个答案：一是曾经失落的人的主体性被重新找回，人作为自然界的最高灵物的地位和作用被再次受到肯定和尊重，并被坚持和推广开来；二是在人的本质属性得到充分肯定的基础上，人的物质属性被发现和被挖掘出来，人不仅为整体为他人而活着，更为个体为自身而活着，不仅为理性与德行而活着，更为欲望与自由而活着；三是被压抑与被禁锢的人的精神活力和行为能力得到全面解放与充分释放，"知识就是力量"的提出，科学方法的运用与研究，使人作为自然主体的自信心得到进一步提升。

(3) 工业化大生产时期的管理人本主义思想。工业革命以来，电动机的发明将人类由"蒸汽时代"带入"电气时代"，使大规模工业化生产成为可能；内燃机的使用，为交通运输提供了广阔的前景，极大地刺激了商品生产和流通，加快了市场扩充和融汇的步伐；电报、电话的出现和利用，扩大了人们的视域，加速了人们的信息交流；化学工业的兴起和石油、钢铁工业的繁荣，为企业新兴财团的形成创造了条件。企业的规模、高效和标准化生产显得至关重要。正是在这种前提下人本管理理论应运而生。此时的"人本"是相对

第七章 人本管理原理

于"资本"和能源、机器等"物本"而提出的,是对人的有用性、创造性的肯定和挖掘,是"人本"由形上向形下的转变。

2. 中国古代的人本管理思想

人本思想是中国传统文化的精髓之一,也是儒家管理思想最鲜明的特色。儒家的人本管理思想,内容丰富,理论系统,蕴含了宝贵的现代管理价值。特别是先秦儒家思想,有着丰富的人本、民本、重人的思想,其最鲜明的特色体现在"仁爱"思想、"民为贵"思想、"和为贵"思想等。这些思想的精华对现代管理有着深远的影响和重要的借鉴意义。

(1) 以人为本。早在二千年前齐国的政治家管子就提出了"以人为本"的概念,他在《管子·霸业》中说"夫霸王之所始也,以人为本,本治则国固,本乱则国危"。可见,从国家的治理到企业、家庭的管理都离不开人这一最基本的管理单位,都要把人放在首要的位置。

(2) 以德为先。"以德为先"也是我国古代管理思想的特征之一,曾有古人言"为政以德,修己安民"。德才兼备而以德为首历来是选拔任用培养人才的重要原则。一个人的成功不仅仅取决于能力的大小,更重要的是取决于内在的德行,只有在德的基础上充分提高自身才能,才会取得真正意义上的成功,也就是所谓的小胜凭智,大胜靠德。蒙牛乳业的董事长牛根生就曾说过,"有德有才提拔重用,有德无才培养使用,有才无德限制使用,无德无才坚决不用",充分说明了"有德有才是精品,有德无才是次品,无德无才是废品,有才无德是毒品"。无论国家还是企业,启用德行不足的人会付出很大的成本和代价。

(3) 中庸之道。中庸之道是传统儒家和道家文化的黄金法则之一。孔子提倡在德行要"中庸之为德也",反对做人做事的极端化以免产生"过犹不及"的后果。朱熹也说"不偏之谓中,不易之谓庸",体现出的管理哲学就是准确把握做人做事的度,通过调和折中等手段来缓解管理矛盾、稳定管理秩序的目的,以实现管理的和谐发展,最终实现法治与德治的完美融合。

(二) 人本管理理论的发展沿革

1. 古典管理理论阶段

19世纪末20世纪初,泰勒突破传统的经验管理,第一次利用科学的方法解释管理实践,进一步提出了科学管理的原理。科学管理主要是指符合客观规律的管理,按照科学的原则组织企业的生产、经营活动的管理理论和管理方法的总称。强调利用科学的管理方法,提高个人积极性,实现经济效益的最大化。科学管理理论中的人本管理思想主要体现在以下几个方面。

(1) 人本管理蕴涵在科学管理中。从人力资本的产生来看,人力资本的产生是通过投资得到的。组织中人力资本的产生是经过一系列的教育、培训从而得到一定的知识和能力,进而转化为人力资本。从投资的角度来看,人力资本的是一种未来的投资,也就是说减少一定的现期消费来增加未来知识和技能,期望最终可以获得最大的经济利益。

(2) 人本管理是科学管理的发展。人本管理理论从科学管理理论中产生,并随着科学管理理论发展而发展。当科学方法所引发的生产力革命到达一定程度后，生产效率会在一定水平时会停滞不前，需要一种新的动力才能推动革命的继续。这种新的动力就是新的管理方法。

于是，人本管理便在科学管理基础之上蓬勃发展，尤其是在以知识经济为主导的当代，企业成为实现科技与经济结合的主体，而实现科技与经济的良性循环则更要求企业重视人的作用，实施人本管理。

（3）人本管理是科学管理的更高级阶段。随着管理实践的发展和对人的认识的发展，科学管理必然会发展为人本管理。科学管理阶段，实践活动的不断进步和演化推动了管理理论的进步，而科学管理中的人本思想的不断丰富，必然使得人本管理脱胎于科学管理成为更高级的理论，因为企业管理的最终目标都是企业利润最大化，而人本管理的最终目标则是利益相关者的利润最大化。

2. 行为科学理论阶段

管理理论发展的第二个阶段是行为科学理论阶段。1924—1932 年，美国哈佛大学梅奥（George E. Mayo）教授等通过著名的"霍桑实验"，于 1933 年出版了《工业文明中的人性问题》一书，提出了人际关系学说和"社会人"的概念，奠定了行为科学管理理论的基础，"社会人"假设认为，人们工作的动机不在于经济利益，而是工作中的社会关系。物质刺激对调动人的积极性只有次要意义，而社会需要和尊重需要才是激发工作的动力。他们把这种重视社会需要和尊重需要而看轻重物质利益或经济利益需要的人称之为"社会人"。

在 80 年代具有重大影响的《Z 理论——美国企业界怎样迎接日本的挑战》，威廉·大内（William Ouchi）作为日裔美国籍学者，提出了"Z 型组织"的概念，认为使员工关心企业是提高生产率的关键。因此企业应实行民主管理，即职工参与管理。他的理论是在 X 理论和 Y 理论之后，对人的行为从个体上升到群体和组织的高度进行研究，认为人的行为不仅仅是个体行为，而且是整体行为。Z 理论认为，长期的雇佣，信任的人际关系，员工相互平等，人性化的工作条件和环境，注重对人的潜能细致而积极地开发和利用是现代企业"以人为本"的具体的管理模式。

3. 当代管理理论阶段

进入当代，人本管理理论分化出包括非理性管理理论、学习型组织与五项修炼、知识管理理论等新的理论支脉。非理性管理理论认为，管理是社会文化和个体精神的结合，而不仅仅是物质化的技术过程或制度设计。在管理方式和手段上应当重视对情感、宗旨、信念、价值标准、行为标准等"软"因素的长期培育，从而提高凝聚力和竞争力，并大力挖掘人的潜能。学习型组织理论则提出"五项修炼"。第一项修炼是自我超越；第二项修炼是改善心智模式；第三项修炼是建立共同愿望；第四项修炼是团体学习；第五项修炼是系统思考。这五项修炼体现出个人努力和团队学习的重要性，充分提升了以人为本的重要作用。知识管理的目的在于通过知识共享，运用集体智慧提高组织的应变能力和创新能力，提高企业的核心竞争力。以人为本，提高人生产和利用知识的潜能，是知识经济下企业面临的重要现实问题。

第二节 人本管理内容

一、人本管理的基本要素

(一) 人本管理的主体

在组织管理过程中,并不是所有的人都能成为人本管理的主体,人要成为管理主体需要具备相应的条件。人本管理主体的界定有三个限定条件。

1. 具备相应的管理知识和技能

一般意义上对管理知识和技能的理解是人要具备战略规划、组织领导、人际关系协调、控制能力和相应专业技能等。企业中高级管理者当然是人本管理的主体,因为按"人职匹配"原则进入管理层的人具备相应的管理能力。关键是处于非管理职位的人员,包括技术人员、销售人员、生产人员等基层员工用这一标准衡量,能否成为管理主体取决于他们是否具备相应的管理知识和技能。知识经济时代下人力资源质量已大大提高,具备管理知识和技能的基层员工越来越多,何况随着接受企业培训的效果显现,也有越来越多的员工逐步掌握一定的管理知识和技能。可以说,时代的发展已大大扩展了掌握和拥有管理知识和技能的员工普及面。因此,大多数基层员工也具备了人本管理的条件之一。在这一标准上,我们将人本管理的主体确定为企业全体员工,具体包括企业管理人员和基层员工。

2. 拥有相应的权威和权力

管理权力的获得是通过正式组织渠道,由组织正式赋予的从事管理活动的权力,企业中的各级管理者当然符合人本管理主体这一标准。但是权威和权力不同,权威的获得更多的是来源于个人综合素质和能力水平被大多数人接受。作为管理者,理想的境界是同时拥有权威和权力。但基层员工,尤其是越来越多的知识工作者的加入,他们虽然没有组织赋予的正式权力,但却拥有本领域的权威,更何况随着组织结构扁平化、团队在人力资源管理体系中的作用越来越突出,即使是基层员工,也拥有本团队、本领域的管理权力,最起码要实施自我管理。因此,根据这一标准判定,基层员工也是管理主体。

3. 从事管理活动

按这一标准衡量,我们仍然判定企业中的管理层、基层员工也都是人本管理主体。因为企业要应对日趋变化的环境,要紧跟时代发展的步伐,团队工作、授权、自我管理等新的管理方式越来越屡见不鲜,大多数基层员工实际上都或多或少地从事一些管理活动。

(二) 人本管理的客体

人本管理的客体是指人本管理的对象,按照管理客体的要求,人本管理的客体是接受人本管理的人、财、物和信息等,是人本管理主体施展管理活动的对象和不可缺少的因素。人本管理客体可分为人与物两类。

1. 人本管理的第一客体是人

由于接受管理指令的第一对象是人，因此，人是第一管理客体。人是整个管理活动中最能动、最活跃的因素，作为管理客体，具有客观性、能动性的特征。客体的客观性除了具有自身的客观存在的特征之外，其知识、技能、欲望等因素也是客体所具备的较隐性的客观因素。人虽然作为客体，并不是被动地接受主体的要求，具有能动性的客体会根据自身所处的情景有选择性地管理管理主体发出的指令。

2. 人本管理的第二客体是物

这里的物就是一般意义上管理的财、物、信息等，这一客体和管理客体并无二致，具有同质性。把人作为人本管理的第一客体是人本管理区别于其他管理模式的重要特征。在非人本管理下，管理关注的更多是物，包括资源取得、配置、收益等；但人本管理不同，它把人作为管理的第一客体，出发点是人，终极目标仍是人。因为人本身的复杂性和多变性，也决定了人本管理主体在对待管理客体的复杂性，和"物"的不变性不同，这一管理客体因人而异，每个人都有其特殊的个性、态度、价值观和行为，必须注意到这一差别。

（三）人本管理的目标

1. 人的目标

传统管理下的人是"人力资本"，是"劳动力"，是"组织实现目标的手段"，其管理目标体系中没有将人作为个体的目标。但人本管理不同，人既是管理主体，也是管理客体，在组织实施人本管理时，人本身的目标就成为人本管理目标体系中的一部分内容。作为个体的人的目标，主要包括三个层次：第一层是生存目标，即通过人本管理满足温饱、安全等基本需求；第二层为社会目标，即通过人本管理满足社会交往和尊重需要；第三层为发展目标，即通过人本管理实现人自身的价值。人本管理的人性假定是"目标人"假设，作为一个具有独立思考和行为能力的个体，每个人都有这样的目标层次。只不过在不同的发展时期，每一层次目标表现不同。正因为有这样的目标存在，人作为管理主体和管理客体才会有能动性和创造性，如果忽略了人的目标，那管理主体的积极性也不存在，管理客体的能动性也难以发挥。因此，人本管理的目标体系中，必然地要有人的目标存在。

2. 企业目标

从短期来看，企业首要的目标是谋求生存和发展，这时候，人本管理应该是考虑如何才能提高工作效率、降低成本、增加销量，思考做什么、怎样做才能大幅度提高利润。就更长远的战略目标来说，人本管理要实现企业究竟要成为什么的问题。而要实现这一战略目标，就必须在人本管理上实施系统化操作，配合相应的人力资源战略和企业文化战略等才能实施。如果说短期目标靠"把人作为工具"也可以实现的话，要实现战略目标，不实施人本管理就不行了。只有实施人本管理，企业才能形成一种能充分发挥员工的长处和责任心、能统一各种见解和努力、能建立起集体协作、能协调员工目标和公共利益目标的局面，才可能实现企业战略目标。最后，在人本管理下，企业作为组织的终极目标应该是全体员工"工作生活质量"的提高。

这一目标不仅体现在于工作相关的受益，比如：公平合理的劳动报酬、良好的人际关

第七章 人本管理原理

系和安全舒适的工作环境，还体现在工作给他们带来的满足感和幸福感，比如：工作成功带来的成就感和职业生涯中发展的机会。

（四）人本管理的环境

人本管理活动不是在真空中完成的，而是在企业的物理环境与错综复杂的人际关系环境两者相复合的系统中进行的，物理环境和人际关系环境综合起来就是人本管理的环境。

1. 物理环境

人本管理的物理环境指的是员工工作场所环境，包括光线、噪声等一般自然因素和诸如工具、技术、工作空间、工位、自动化程度等特定因素。员工的心理、情绪易受到外界环境因素的影响，进而影响员工对工作的态度，最后会影响员工的工作绩效。这方面管理学家们已经做出较多的研究，并得出明确的结论，毋庸赘言。实施人本管理，关键是创造一个能令员工身心愉快的物理环境：（1）合理的照明；（2）巧用颜色；（3）消除噪声；（4）风景化办公室；（5）注意温度的影响等。营造温馨舒适的工作环境，减轻员工的疲劳，提供其工作积极性。同时，在工具配给、工位安排、自动化程度等方面尽可能依照员工的能力和习惯灵活安排、科学调配，使员工愿意在这样的环境中工作。这是人本管理对物理环境的要求。

2. 人文环境

人文环境是人本管理环境建设的重点，也是难点。与物理环境相比人文环境是人为因素造成的，更加复杂多样。组织中的人文环境主要包括员工间及员工与领导间的关系、工作之间的沟通交流与协作、组织内部的思想价值观、组织文化等。

企业是由具有不同特征的个体组成的，要在组织中实现工作的协调一致，必须协调好组织中的人际关系，所以人文环境在这时就显得尤为重要。首先是企业内部员工与上级、员工之间的关系，这种人际关系直接影响组织的内部凝聚力和向心力，只有当组织中各级具有良好的人际关系，组织的工作绩效才会达到理想的效果，同时这种人际关系也有利于员工产生对组织的归属感。其次是企业内部沟通渠道和沟通制度，如果员工有话无处讲或不知道去哪里讲，员工的心情是不可能愉快的。再比如工作协助和资源分享，如果员工之间能够相互提供技能和知识支援，组织中所有成员愿意互相协助的话，员工就会认为这是个温暖、友善的地方。这些方面对营造一个良好的工作氛围，对凝聚人心会起到相当大的推动作用，也会因此而改变员工对企业的认知，提高组织的向心力。

二、人本管理的理论模式

人本管理有区别于其他管理方式的独特理论逻辑和模式。首先，企业战略在人本管理下，更多的是强调在制定战略过程中实现过程公平，重视员工意见表达，以增强其主人翁责任意识和归属承诺。其次，人本管理要得到实施，关键是要具备实施的人文环境。制度体系的功能就是为员工行为提供激励与约束，企业文化起导向和凝聚功能。最后，人本管理逻辑的终点是企业目标和员工个人目标的共同实现。设计和实施人本管理，就是想办法将人的动力维持在较高的水平并协同指向员工与企业的整合目标。照此逻辑框架，人本管理的理论模式主要关注以下方面。

1. 组织与组织成员的认识与定位

组织首先必须搞清楚究竟谁是管理的主体和客体，组织要实现的目标是什么。只有在这两个方面形成正确的认识，才能找准定位。实施人本管理，企业全体员工是管理主体，那就应该充分尊重员工的主体地位，充分考虑员工主体的个性特点来制定战略和实施管理。在组织目标认识上，组织应认识到利润目标仅仅是组织目标体现中的一个层面，员工个人目标的实现同样是组织的目标之一。其次，作为组织成员，员工个人要对组织性质、组织活动、管理方式及组织能为自己提供的资源有一个正确判断和认识，熟知自己在工作上的优势和劣势，在工作中清晰定位自己，思考如何才能与组织要求达成一致。在组织和组织成员完成相互认识后，组织和组织成员就可以结合对方的要求和自己的需求调整目标，确定行为和管理方式，即重新定位。这一定位是人本管理的基础和前提。

2. 组织与组织成员的目标协调

作为独立的经济体，组织和组织成员各有各的目标体系，这一目标体系之间存在交集，也存在不一致，甚至互相冲突，这就需要组织和组织成员之间在目标取向上求得和谐。在人本管理下，组织在制定企业目标时把员工的个人目标考虑进去，员工就会清楚在组织目标体系中他将会得到什么，自己的目标怎么实现等信息，二者间就可以协调。事实上，组织和个人的目标并不是一成不变的，目标会随着所处情景的不同而发生变化。比如：员工在刚入职时的目标和入职一段时间之后的目标是不同的；员工在组织中地位的变化也会引起目标的变化。组织与成员之间肯定会存在不一致或相矛盾的意见，这时候，就应该重在协调，双方必然要在确保各自利益不至于有较大损失的前提下做出让步，形成合作的局面。

3. 制度建设和企业文化构建

确立了人本管理理念，必须创设人本管理得以实施的人文环境。制度建设和企业文化建设是建立人文环境中必不可少的措施。对企业而言，应建设两方面制度：一是企业基本制度，它规范企业的基本经济关系，构成企业的经济形态，是企业经营机制的决定因素；二是企业的具体管理制度，它规范企业内部各个部门、单位、个人的职责和基本联系渠道，构成企业的组织形态。在组织结构上应尽可能扁平化，在沟通、决策、控制、领导等具体职能设置上，应充分体现畅通、平等、参与等特征，这是人本管理制度建设不可缺少的内容。再者是企业文化建设，刚性的制度确实能保障人本管理实施，但还不足以全方位调动员工的能动性和创造性。只有在企业中形成以一种积极向上、和谐的文化氛围，才能保证两种制度的有效实施，并且激发员工的工作热情和奋斗精神，才能最终实现人本管理。所以，人本管理研究中必不可少的一部分内容是企业文化建设。

4. 人力资源管理体系整合

人本管理的研究主体和人力资源管理的研究主体均是人，具有一致性，所以人本管理的实现要依托人力资源管理的实现。因此，人本管理理论模式中的重点是对企业现有人力资源管理体系按照人本管理的要求重新整合，使之符合人本管理的要求，并达到人本管理的目标。在人力资源体系整合上，更集中体现在培训、薪酬、激励、职业生涯规划、劳资关系建立等与人本管理密切相关的方面，人力资源管理的其他方面内容并不是不重要，而

第七章 人本管理原理

是在人本管理下，它和一般意义的人力资源管理没有实质不同。我们仍可以借助原有人力资源管理平台开展人本管理，但在培训、薪酬、激励、职业生涯规划、劳资关系等方面需要进行全新的思考和构建体系，这几个方面是人本管理的主要内容。

5. 组织目标和员工目标共同实现

人本管理活动的服务对象是组织全体成员，实现组织目标和员工个人目标是人本管理的终极目标。对企业而言，人本管理活动的终点是实现其本身的目标：创新、总体质量提高、长期投资价值、对社区和环境的责任、吸引和保持有才华的员工、公司效率和效益的提高等。这些目标的完成，使企业基本上实现了它对员工、对社会、对用户、对股东的全部责任。从员工角度看，因为企业的总体目标经过员工全体一致的讨论，在企业目标体系中已经融合进去员工个人目标，如果企业人本管理活动是有效管理的话，员工的个人目标——收入目标、提升目标、得到尊重目标、个人能力提升目标，直到实现自我价值等也能得到实现。因此，组织目标和员工目标共同实现是人本管理理论模式的逻辑终点。

三、人本管理的内容体系

（一）对人性的认识

人本管理不同于其他管理思想的是，不再对人做特别的假设，而是把人看作是完整意义上的人。人本管理认为人应该具有如下特征：具有自我意识、自我需要、自身利益，并经常将此置于首位；具有社会人角色，需要感情、亲情，渴望通过与人交往、去帮助别人，也得到别人的帮助；心理、动机、能力和行为是可以塑造、影响和改变的。

中国古代将对人性的研究分为善、恶两个方面。孔孟认为人性本善，而荀子则认为人性本恶。但仅用人性是否善恶作为人性的评判标准不尽合理。因为善恶本身是相对而言，不同阶级、不同文化背景、不同立场的人对善恶的认知并不完全相同，有时甚至可能是截然相反。另一方面，人在不同时期、不同地点针对不同的人所表现的行为也不尽相同。因此，仅用善恶作为评判标准容易引起歧义，定义也是模糊的。而西方流行的马斯洛需求层次理论也有其局限性。马斯洛（Abraham H. Maslow）研究对象都为美国人，其理论对生活在经济文化不同于美国国度内的人不一定完全适用；其次在一个组织内，不是所有的员工都能够从最底层次逐渐移至最高层次。最后，马斯洛假设人是生活在较理想的生活环境，具备健康心理，从某种意义上说，这一假设是脱离社会实际的。人既是同种物质构成的"类"，在具有竞争性、合作性的本质属性条件下，就不可避免地处于多种社会关系中，如何对待这些关系决定了竞争与合作以什么形式出现，因此人的心理活动是非常复杂的。

由上可见，人本管理在管理方式的制定时，需要考虑人性的复杂性，不能仅仅利用人性中的一个方面，以确保管理方式的科学有效。人本管理就是以人为出发点，充分了解人性，并按人的需要，应用不同的方式，进行不同层次的有序和谐管理，即不同阶段、不同类型的人，在不同的时间及不同的环境下会表现出不同的需求，因此，人本管理就是要在管理上不但要有针对性，而且要挖掘、塑造各个阶层的需求，从而最大程度地调动每个人的积极性，最终达到人与组织共同发展的目标。

（二）对人的激励

在现代企业制度下，人本管理的实践首先是激励。企业通过运用组织激励和自我激励等有效的人性化激励方法，使员工积极参与企业各项活动，最终达到情感上的双向沟通；同时，对员工进行成才激励，可以使员工以企业为发展依托，发掘自身潜力，在实现自身价值的同时，企业价值也达到最大化。因此可以说，建立有效的以人为本的激励机制，对搞好企业管理具有事半功倍作用。

激励是企业通过设计适当的外部奖酬形式和工作环境，以一定的行为规范和惩罚性措施，借助信息沟通，来激发、引导、保持和归范企业员工的行为，目的是有效地实现企业目标及员工个人目标。在企业中，有效地运用激励手段，可以在保证较低成本的前提下，最大限度地调动员工的积极性，因此，应该针对不同的员工采取不同激励手段，从而把激励手段用在刀刃上，最大限度地发挥出效果。

（三）企业人力资源管理

人本管理对现代企业管理具有极其重要的作用，因而人本管理的实践显得尤为重要。简单来说，人本管理的实施就是将人本管理理念和管理对策渗透到管理工作中，使管理工作在人本管理的理论体系和基本框架内进行的一系列行为活动。

人本管理作为一种思想理论，随着时代的进步而不断得以发展和完善，并不断被赋予新的时代内容。因此，在实践人本管理的过程中，需要积极借鉴古今中外关于人本管理的思想与经验，进而融入进自身企业的人力资源管理过程中。人本管理的实现是一个系统化的工程，必须同时做好以下工作。

（1）确立"以人为本"的选人、用人机制。人才选聘过程事实上是组织和员工寻找和谐目标、谋求共同发展的过程。以人为本的人才引进机制要树立一种双向选择的理念，既有助于应聘人员在选聘时发挥更积极的作用，也有助于组织选聘适合的人才。企业用人之道，在于正确掌握识才用才之法。任何员工只有在最适合他的工作岗位上才能最大限度地发挥其聪明才智，才能创造出最佳的工作效益。

（2）以人为中心，建立公平、公正、公开制度。合理的制度和做法乃是合乎人性化管理的基本要求，而合理的制度与做法的建立应该是以公平、公正、公开为前提的，只有做到这一点才有对员工的正确评价，各种奖赏和惩罚才不失真实，才让人信服，具有公信力。员工建立了责任感，以人为中心的管理才能变成一种现实。

（3）树立积极的企业文化。企业要高度重视价值观的建设，坚持"以人为本"的管理理念，积极探索新形势下团队文化建设的规律，构建符合时代需要、符合制度需要和个性化需要的文化体系，为增强组织核心竞争能力创造良好的文化氛围和强大的力量源泉。企业需通过开展各种学习活动、培训、宣传、谈话、标示等方式，积极向员工贯彻企业文化，从企业管理的各项管理活动中贯彻企业文化的要求。在进行企业文化的宣传贯彻时，一定要结合本企业的实际，灵活地采取各种措施进行贯彻。此外，管理者要在企业中贯彻这些价值观，必须身体力行，统一思想，才能逐步在全企业内部形成一种共有的价值观。

（4）促进组织和个体的共同发展。在人力资源管理中，管理者尽力做到人岗匹配，让每位员工都能在自己的岗位上完成工作的同时实现自己的价值，促进组织和个体的共同发展。要尊重员工的意见和建议，营造民主氛围，增加感情投资，实现人文关怀，还要高度重视员工创新，尽可能给予引导和支持，潜移默化中创造个体与组织之间的相互信任，凝聚人的合力，形成现代化的有强大竞争力的团队。

第三节 人本管理实践

一、西方人本管理实践

（一）西方人本管理模式

西方的人本管理以美国为突出代表。管理科学理论首先出现在美国，随着时代经济的发展，逐渐形成了人本管理理论。如今美国的大多数企业将人本管理置于企业的突出位置。下面以惠普公司为例介绍西方人本管理实践的具体模式。

1. 关心人

惠普公司"以人为本"的人本管理思想主要体现在关心人、重视人、尊重人。首先，企业的领导会亲自到员工的工作现场，与员工进行现场的沟通、交流，领导切身体验员工的工作环境，关心员工；其次，领导平易近人，在于员工沟通时，双方处于平等地位，给与员工足够的重视和尊重，并且不断地鼓励、支持员工，让员工感受到领导的信任。

2. 相信人

惠普公司相信员工们都是想有所创造，有事业心的人。主要表现在两个方面，一方面惠普公司完全相信自己的员工，他们认为给予员工足够的信任，营造合适的工作环境，员工就会努力做好本职工作。惠普公司实行弹性工时制，员工上班时间可以早点也可以晚一点，并且公司不进行考勤，完全相信自己的员工能够自觉完成工作；另一方面，惠普实行"开放实验室备品库"，工程师可以随时随地使用备品库里的物品，并且还鼓励员工带回家研究，因为他们相信，无论员工在哪里使用研究，总会有所收获。

3. 重视员工培训

惠普公司十分重视员工培训。惠普公司对员工的培训具有长期性，贯穿在员工职业生涯的各个阶段。首先，新入职的员工要接受入职培训；其次，在内部得到晋升后，员工将进入管理岗位，需要针对其沟通、谈判和管理的能力进行培训；最后，在员工达到总经理层时，人事部门会专门制定培训方案——向日葵计划，对员工进行更加系统的培训。惠普公司的受训对象既包括普通的员工也包括总经理，各个级别的员工均有涉及。惠普公司的员工培训形式具有多样化的特点。公司内部的培训主要有讲课、讨论、电影、录像、计算机模拟、案例分析、技巧实习、自学考核，直至师徒传授等。除此之外，公司还鼓励员工到附近的大学脱产选修有关的课程。

4. 重视员工福利

惠普公司具有丰富多样的福利形式，充分考虑员工的多方面的需求。主要有基本的生活福利、文化教育福利、医疗保险、退休金等。另外，还有两项特殊福利：一是现金分红制度，即凡在公司任职达半年以上员工，每年夏初及圣诞节，可得到一份额外收入；另一项特殊福利是股票购买制，即员工任职满10年后，公司还另赠10股。据一次全美调查，惠普是全美最佳福利企业之一。

5. 提倡员工创新

惠普公司不仅相信人人可以做好自己的本职工作，而且相信员能够积极创新。惠普公司支持员工创新主要体现在两个方面。一方面是为员工提供一个有利于个人创新发展的环境，在惠普公司，工程师可以随时取走生产线上的某些部件进行测试，进行研究开发，在惠普公司里，所有人都会积极地为工程师的创新提供力所能及的支持。另一方面，惠普公司在管理制度上使用"目标管理法"，虽然在确定目标时是上下级共同讨论的，但下级在目标实现的过程中所采用的方法具有很大的灵活性。

（二）西方人本管理实践评价

通过对惠普公司的人本管理实践模式的分析，我们可以得出如下启示。

1. 西方人本管理模式讲求实践性

西方人本管理思想的形成多起源于管理实践，是由一些具有一线实践经验的企业家提炼开发出来的，如泰勒、福特（Henry Ford）等。这些富有实践精神和研究精神的企业家有亲自管理企业的经验，通过大量的实践观察找出规律性的管理规则，并加以凝练最终形成具有广泛指导价值的管理理论体系。

2. 西方人本管理模式重视人的自由与理性

西方的价值观念和行为模式是以科学、哲学等自觉的理性精神为基础的。人本管理模式注重理性、科学，侧重外在对象的客观描述与分析，强调人的主观能动性，重视个人英雄主义。此外，古希腊哲学家提出的原子论认为，原子之间互不依赖，人与人之间也如原子般自由、独立。所以，西方的人本主义比较强调个性和个人自由。

3. 西方人本管理模式追求方式的创新

人本管理的方式和方法是多种多样的，也在不断地推陈出新。西方企业的人本管理模式在满足员工心理和生理需要的基础上，不断寻求着创新性的人本管理方法。这些创新的方法不仅可以最大限度地满足员工多样化的需求，也是企业管理能力的体现。

二、东方人本管理实践

（一）东方人本管理模式

东方的人本管理模式以日本为突出代表。日本企业管理的成功很大程度上得益于人本管理在人力调配、工作效率提高、积极性激励和员工参与管理等方面的运用。

1. 人力调配

日本大企业近年来不断推动职位平等政策的落实,以改变原有的僵化的人事制度,引入竞争机制促使企业在内部与外部选拔引用人才的创新。为防止业务分类过于繁杂,组织机构过于繁杂,组织机构过于庞大的"大企业病",许多企业相继撤除了组织间的壁垒,以便人员流动更为灵活,这可使每个人的创造性得到充分的发挥。

2. 工作效率

在新技术革命和智能科学发展的背景下,为了适应新时代的要求,提高工作效率,企业的劳动用工制度发生了重大的变化。劳动管理正向着灵活机动、宽松宜人的管理模式转变。人的个性技能决定了每个人在不同时间具有不同的工作效率,每个人只有在适合自己的工作时间内才能实现效率的最大化。在人本管理的模式下,许多日本企业都在积极尝试实行自由时间制和弹性工作时间制,适应社会发展的智能型部门的员工可以根据自己的实际情况来选择合适的工作时间,自主地安排工作时间,使一部分"宝贵人才"有一个宽松的工作环境,在最佳时间内发挥最佳工作效能。

以人为本管理文化模式认为生命的意义在于时间被充分、合理地利用及其人生价值的实现。实现这种人本的管理制度具有多方面的好处。首先,人性化的管理可以使员工自主地安排自己的工作时间,提高其工作积极性,实现其自身的工作价值;其次,有利于组织绩效提高和组织的发展;最后,有利于推动社会各种产业的发展。

3. 积极性激励

日本企业的成功与企业对员工的积极性激励是分不开的。经济性的激励主要体现在"第二次世界大战"后日本取消了干涉企业经营的财阀控股公司,随后使股份高度分散化,这使企业的实权掌握在经营者的手中。而经营者又是从职工中提拔的。让员工参与企业管理可以共同分担经营风险。情感激励主要体现企业不仅关注员工的工作,还关注员工的生活是否幸福等,在企业内部建立亲如一家人的感情,对待员工像对待自己的家人一样。情感激励可以解决员工的许多实际问题,促进员工为实现企业的目标而奋斗。

4. 参与管理

以人为本管理文化模式强调让员工共同参与管理,强调企业的发展与员工的关系。企业鼓励员工参与生产经营活动,就是要发挥个人的积极性,尊重每个人,从而形成既有共性又有各自特点的企业。通过员工参与管理,可以使员工的个人需要得到满足,另外员工在具体的实践中有利于提高自己的能力,促进工作的进展;同时可以增强员工对企业的责任感,更加积极地投入工作中。

(二) 东方人本管理实践评价

对以日本为代表的东方人本管理实践模式的评价如下。

1. 人力资源灵活的市场适应性是企业获得竞争优势的重要前提

为了适应市场的不断变化,企业不需要断地提高自身的灵活性和适应性。日本企业通过继续教育、培训、岗位轮换等制度措施,不断地提高员工的认识能力、适应能力,成为能够及时应对市场变化的人才,促进企业能够及时根据市场的变化做出相应的调整,赢得市场的主动权,把握住机遇,提高竞争力。

2. 高度的企业向心力是增强企业竞争力的关键所在

日本企业之所以在战后短短几十年时间内迅速崛起,在世界市场上取得巨大优势,其根本原因之一是日本企业通过实施以人为本的管理普遍具有很强的向心力。日本企业通过一系列的政策和措施满足员工的需求,加强了员工的内部向心力,促使员工在工作中投入更多的精力,有利于组织目标和个人的目标同时实现,促进企业和个人的同时发展。

3. 经营民主是调动企业成员积极性、主动性和创造性的基本方式

日本企业中广泛实行的提案制度、自主管理制度以及劳资协议制度、内部工会制度等,旨在提高经营民主化,调动了企业成员的积极性、主动性和创造性,提高了企业决策的科学性。

4. 集体主义与协作精神是企业成功的根本基础

通观日本企业人力资源管理的诸种观念、制度和方法,会发现贯穿其中的一条主线是集体主义和协作精神,企业内部的集体主义与内部协作精神有利于个人的发展,在组织中每个人会取长补短,个人的能力会不断得到提升;协作的精神会激发出组织的潜力,每个人在共同目标下发挥最强的力量,所达到的结果往往超过个人业绩的总和,进一步增强企业的凝聚力。

案例分析

互联网公司加班的"福利"

网上流传的帖子描述了腾讯公司的晚下班福利,即公司以各种福利鼓励员工加班到晚上 10 点后,从而获得免费打车和夜宵的福利:"深圳有一家奇葩网络公司,公司五点半下班,六点半有公司班车,没人逼你加班,但是为了能体面地坐着一人一座的大巴回家,大家愿意主动加班一小时;六点半准备坐班车回家时,就会想起另外一条制度:8 点钟有东来顺的工作餐:样多,管饱,有水果。想想坐班车回家还得自己做饭,那就再主动加班一小时,吃了工作餐再回家呗。8 点钟吃完工作餐准备回家,又想起一条公司制度:10 点钟以后打车报销。一天干了十几个小时,谁还有力气挤公交?那就再主动加班 2 小时呗。所以一般 10 点后是科技园下班小高峰期。这家公司就是腾讯了。"

腾讯公司官网微信立刻回应了这一帖子中所描述的问题。对于"逼加班"的说法,腾讯表示"不可否认,腾讯加班情况还是有的",不过,公司并不鼓励加班。腾讯同时指出,公司 5 点半下班的说法并不属实,由于提倡弹性工作,绝大多数部门没有"打卡上下班时间"。关于 10 点以后打车回家报销,腾讯方面表示,此说法属实,10 点后由公司出发回家的市内交通可以报销,广州地区为 9 点半。而夜宵工作餐不止有东来顺,还包括麦当劳和自己的咖啡馆等等,这也是员工福利之一。

除了"加班福利"外,腾讯还晒出公司的诸多其他福利,引得网友纷纷表示这是"别人家的公司"。在"住"的方面,公司提供最高 50 万元的购房无息借款。据悉,该政策仅针对满足条件的员工购买首套房产使用,员工只需出具购房合同,并提交由央行出具的个人信用查询报告,并不需要其他实物担保。北上广深的员工可以借 50 万元,其他城市可以借 25 万元,员工可在社保地或工作地任选其一进行购房。而没能享受到购房无息借款的新员工可领取租房补贴。只要是腾讯的正式员工、社会工龄小于等于 3 年,且还没享受过无息借款,就可以领取租房补贴,北上广深四地为每年 15000 元/人,其他城市为每年 7500 元/人,最长可以领取 3 年。在"行"的方面,除了晚 10 点后打车免费,腾讯还提供数百条班车接送。

第七章 人本管理原理

腾讯在深圳共约 370 条班车线路，覆盖 1000 多个站点，每天接送约 13000 万人次上下班。可以与一个中小城市的公交系统相媲美。每天早上 6 点到 9 点、晚上 6 点到 10 点之间都有班车发车。

讨论题：

1. 腾讯公司用各种晚回家的福利"鼓励"员工加班的方法会长效吗？
2. 结合实际谈谈对新型人才的管理还有哪些有效的人本管理方式。

复习思考题

1. 简述人本管理理论的发展脉络。
2. 有关人性的假说有哪些？
3. 简述人本管理的内涵。
4. 人本管理的目标有哪些？
5. 人本管理的主客体分别是谁？
6. 人本管理的方法有哪些？
7. 描述我国人本管理的现状，提出管理建议。

延伸阅读

［1］亚伯拉罕·马斯洛. 马斯洛精选集：人本管理［M］. 北京：北京燕山出版社，2013.

［2］李宝元. 人本发展与管理［M］. 北京：经济科学出版社，2016.

［3］刘昕. 人本之道：中国人力资源管理沉思录［M］. 北京：中国劳动保障出版社，2007.

［4］Melé D. Editorial introduction: Towards a more humanistic management［J］. Journal of Business Ethics，2009，88（3）：413 - 416.

［5］Daley D. M. Humanistic management and organizational success: The effect of job and work environment characteristics on organizational effectiveness, public responsiveness, and job satisfaction.［J］. Public Personnel Management，1986，15（2）：131 - 142.

［6］Spitzeck H. An integrated model of humanistic management［J］. Journal of Business Ethics，2011，99（1）：51 - 62.

第八章

Financial Management

柔性管理原理

内容提要

本章主要学习柔性管理的概念与特征,柔性管理的职能与实施的原则,柔性管理的表现形式与作用;柔性管理的内容,包括柔性管理的基本要素,企业管理者进行柔性管理需要具备的素质,柔性管理的内容体系;柔性管理在企业管理中的实践,主要包括企业文化、人力资源管理、营销与开发、产品及技术开发等四个方面。其中,柔性管理的特征、实施原则以及表现形式是本章学习的重点,柔性管理内容是本章学习的难点。

学习目标

知识目标:理解柔性管理的概念与表现形式,掌握柔性管理的内容,熟悉柔性管理在企业管理中的应用。

能力目标:描述柔性管理的特征以及柔性管理的作用,掌握柔性管理者所需要具备的素质以及柔性管理实施的原则。

素质目标:通过阅读书籍、案例分析和课堂研讨,树立柔性管理的理念和意识;通过小组集体学习和训练以及在企业中的实践,培养柔性管理者所需具备的素质。

第一节 柔性管理概述

一、柔性管理的概念与特征

(一)柔性管理的概念

随着经济社会的进步和发展,管理中新的理念和新的思想也不断被提出并被投入实

第八章 柔性管理原理

践。人类社会从工业经济时代发展到了知识经济时代，高科技的发展、市场信息的快速变化、新一代员工能力的提升和诉求的改变等都说明了企业要想在新时代、新形式下生存下去，就必须谋求管理理念和管理方式的相应变革。因此，柔性化的企业管理应运而生。柔性管理从本质上说是一种对"稳定和变化"兼顾的新管理战略。它以"人性化"为标志，强调因人因时因事而变的灵敏与弹性，同时注重平等和尊重，实现隐性价值向显性价值的转变。

柔性管理思想在企业管理中体现为两种路径：一种是从技术和流程出发的柔性管理，以柔性生产和制造为前提，借助技术和流程的改进进行柔性制造、敏捷供应等生产和管理活动；另一种是从企业文化出发的柔性管理，以组织中员工的心理和行为规律为前提，采用非强制的方式，在人们心目中产生一种潜在的说服力，从而将组织意志内化为员工自觉的工作行动。因此，柔性管理从以上两条路径出发，表现出两个方面的内涵。一方面，柔性管理是指企业在已有先进生产技术和规范管理的基础上，经过系统思考，改变心智模式，提高学习能力，实现自我超越，主动地适应外部环境的变化，为用户提供质量优良、价格适中的产品和服务；另一方面，柔性管理是从员工心理和行为的规律出发，采用非强制方式，通过调动员工工作的积极性、主动性和创造性，将组织意志内化为员工自觉的工作行动的管理方式。

（二）柔性管理的特征

1. 内驱性

柔性管理不是依靠制度的强制性或者权力的影响力来使员工被动地产生实现组织目标所需要的工作动力，而是遵循员工内在心理过程，从员工内心深处激发其主动性、内在潜力和创造精神，将组织目标和组织规范内化为员工的自觉认知，从而形成一种内在驱动力和自我约束力，让员工能够自发地采取工作上的行动来努力实现个人目标和组织目标。随着互联网的发展和新生代员工的加入，一些企业通过利用互联网信息技术向员工传递企业的短期、中期、长期目标以及具有企业代表性文化的企业形象，培养和巩固员工对企业的认同感和归属感，从而使员工能够自觉的为实现共同目标而努力。

2. 持久性

柔性管理注重对员工内在的教化，以潜移默化的方式将外在的制度规范、企业文化和组织目标等转化为员工内心的承诺。柔性管理者秉持以人为本的管理理念，时刻将帮助员工实现和创造价值作为管理的出发点，通过言传身教向员工传递企业价值观、使命、管理理念等信息，进而与员工建立一种相互信任的友好关系甚至是情感上的认同，因此，柔性管理对员工形成的影响具有持久性。

3. 滞后性

柔性管理注重内在感化，希望员工从理解的角度出发，主动执行和自觉维护管理规范和组织制度等。由于个体在认知背景、价值观念等方面存在着差异性，以及对管理者想要传达的信息的理解和吸收存在时间上和程度上的差别，柔性管理的成效会因人而异；除此之外，由于组织历史文化和周围环境的影响，柔性管理的方式本身也需要组织文化和氛围的配合与支持。这些因素都意味着柔性管理方法无法追求"立竿见影"的效果，不会像刚性管理那样成效明显,只会在较长的周期内通过员工的思想和行为慢慢显现出来。

二、柔性管理的职能与原则

(一)柔性管理的职能

1. 激发人的创造性

柔性管理在管理方式上具有一定的灵活性,弹性的管理约束机制能为员工营造容错率高、宽松的工作氛围,有助于员工形成自我改善意识,自觉完善自己的工作。同时,柔性管理通过给予员工一定的自主权激发员工工作的主动性。这些都有助于员工创造性想法的产生。

2. 应对迅速变化的外部环境

互联网时代是信息爆炸的时代,也是 VUCA(Volatile、Uncertain、Complex、Ambiguous)的时代,外部环境的不稳定性、不确定性、复杂性和模糊性要求组织决策更加灵敏迅速。这就意味着部门之间的分工与合作必须要更加灵活而紧密,让每个团队或员工获得独立履行职责的权力,甚至能独立处理问题,同时又必须打破部门"墙",实现部门之间的有效合作。如果仅靠规章制度只会让组织机制越来越固化,而通过柔性管理,组织才能够对内外部变化进行迅速反应,形成一种"人尽其才"的机制和环境,迅速准确地做出决策,从而在激烈的竞争中立于不败之地。

3. 满足日益凸显的柔性生产的需要

在互联网时代,人们新的消费理念和需求正发生着巨大改变,个性化需求越来越突出。因此,企业生产必须要以客户为中心,生产提供满足人们不同需求的产品或者服务。这就需要组织的生产决策能够快速响应市场需求变化,以柔性生产的思想指导研发生产工作。由此带来的巨大变化必然要反映到管理模式上来,管理模式将会更加具有灵活性。只有这样才能更有效地实现柔性生产,满足客户不断变化的需求。

(二)柔性管理的原则

1. 坚持以人为本

人本管理遵循人是社会人的基本观念,不把人作为企业盈利的手段和工具,而是在深刻认识人在组织工作中的重要作用基础上,突出人在组织中创造价值的作用,实现以人为本的管理。以人为本就是以人为中心,把尊重人、关心人、发展人作为经营管理活动的出发点。尊重人格、顺应人性、理解人心是柔性管理相较于刚性管理最为突出的特点之一。京瓷创始人稻盛和夫始终秉持"把作为人应该做的正确的事情以正确的方式贯彻到底"的经营理念,在每一次关键经营决策之时都不忘记进行"作为人,何为正确?"的反思。同时,在日常经营过程中,他坚持不开除包括钟点工在内的任何一名员工,因为他认为"公司永远都是保障员工生活的地方"。稻盛和夫所提倡的"敬天爱人"的经营哲学以及他的经营管理实践,不仅体现着非常浓厚的"以人为本"的管理思想,更是柔性管理思想的具体实践。

2. 坚持以客户为中心

实施柔性管理必须坚持以客户为中心，企业不仅要为顾客提供产品或服务，更要追求满足寓于产品或服务中的顾客价值诉求，使顾客在消费产品或服务时能够获得超值的感受。首先柔性管理强调企业要打破供给决定需求的传统理念，以实现客户价值为导向，将组织的发展战略、愿景规划、管理模式、业务流程等方面定位在更多地帮助客户实现其价值需求上。其次，企业要时刻关注市场上客户需求的变化，为客户提供差异化的产品或服务，努力实现多样化和个性化客户需求。最后，以客户为中心的实施原则还强调企业可以通过开展系统的客户研究、优化业务流程、提升运营效率等多个方面把利润留给客户。

3. 坚持权变的管理思想

权变管理是指管理要根据组织的内、外部环境的变化情况作相应的调整，即管理无定式，应因地、因时、因人而宜。权变理论的中心思想指出企业组织作为社会大系统中的一个小单元，必然要受到环境的影响。因此我们需要根据企业组织在社会大系统中的处境和作用，采取相应的组织管理措施，从而保持对环境的最佳适应。同时由于在达成组织目标的过程中，组织所面临的外部环境总是在不断变化，因此必须根据组织的近远期目标以及当时的条件，采取依势而行的管理方式。权变管理思维是柔性管理中"以动制动"管理理念的最佳体现。人性的权变观认为，人是复杂的，要受多种内外因素的交互影响。因此，人在劳动中的动机特性和劳动态度，总要随其自身的心理需要和工作条件的变化而改变。权变型的领导善于把握组织的环境条件，工作任务结构以及被领导者的心理需求和个性特征，根据具体情况进行管理。柔性管理从本质上说是一种对"稳定和变化"兼顾的新管理战略。它以"人性化"为标志，强调因人因时因事而变的灵敏与弹性，要使柔性管理在管理实践中发挥功效，需要坚持权变的管理思想。

三、柔性管理的形式与作用

（一）柔性管理的形式

1. 柔性化的组织管理

柔性化的组织管理首先体现在柔性化的组织结构上。传统的金字塔式组织结构由于其信息传递的局限性以及层级过多导致决策缓慢等原因，越来越难以适应不断变化的内外部环境，所以有必要向柔性更强的扁平式组织结构过渡。扁平化组织结构不仅能够带来更大的管理弹性，有利于组织内部信息的流动以及对外应变能力的提升，而且拉近了管理者与被管理者之间的距离，减少了他们沟通交流中的冲突和不协调因素，较好地调动了组织内部各个方面的积极性。柔性化的组织管理还体现在权力的分配和使用上。传统的组织管理强调集权的作用，柔性化的组织管理更强调分权的作用，主张从实际出发让下属参与管理决策，充分发挥下属的主观能动性。

2. 柔性化的决策管理

柔性化的决策管理首先体现在决策目标选择的柔性化上，以满意准则而非传统的最优准则作为决策目标选择的标准。传统的决策理论追求在一定条件下唯一的最优解，认为决策目标的选择应遵循最优化选择,然而事实上决策的前提总是具有不确定性,我们一般无法按照最优化准则进行决策。而柔性化的决策管理认为决策目标的选择是多样性的,且以满意准则为决策标准,提倡管理者在日常经营实践中根据自己已掌握的信息做出满意的选择,而不是执着于唯一的最优解。柔性化的决策管理还体现在决策过程的柔性化上。传统刚性组织中管理的决策一般由高层做出,基层执行。而在柔性化的决策过程中,决策层包括专家层和协调层,管理决策是在信任和尊重组织成员的基础上,经过广泛讨论而形成的。同时在柔性的决策管理中,决策的形式也更加多样化,例如,头脑风暴、无领导小组讨论、决策中心等。决策目标选择的柔性化、决策过程的柔性化以及决策形式的多样化都体现了柔性化的决策管理。柔性化的决策管理更具有弹性,因为它从某种程度上尽量避免了由于刚性决策可能带来的失误。

3. 柔性化的经营管理

企业经营所面对的对象是组织的内外部利益相关者。柔性化的经营管理首先体现在对内部利益相关者的服务上。管理者要关注内部员工的利益,把员工作为服务的对象,树立为员工服务的意识,从员工的基本需求出发,把握员工心理规律,尊重员工,给予员工主动发挥自身才能和实现价值的机会。其次,柔性化的管理还体现在对外部利益相关者的服务上,管理者要关注外部利益相关者的利益,强调员工为公司服务的作用,构建能够支持这种服务有效进行的柔性管理系统和柔性机制,建立起企业内部、社会、客户之间的服务链条,从而使得组织有能力实现外部利益相关者的价值诉求。

4. 柔性化的战略管理

柔性化的战略管理首先体现在战略目标的制定上。柔性化的战略管理使得企业战略目标的制定更能适应企业所面临的动态的内外部环境,随着内外部环境的变化及时作出战略目标的调整,柔性化的战略目标制定有利于企业战略目标的实现。其次,柔性化的战略管理还表现在战略计划的可持续性和实施的滚动性上,依靠滚动性和可持续性的战略计划,企业实施计划的过程中能够更加灵活,有利于战略目标的最终实现。最后,柔性化的战略管理还表现为在确定战略目标之后,进一步关注战略变化的可能性和战略的创新性,使战略目标能够根据内外部环境变化统筹和协调近期、中期和远期的利益,促进战略实施的良性推进。

5. 柔性化的人力资源管理

就人力资源管理而言,其一系列的"柔性"元素更加突出。一是人员流动机制柔性化。形成新的人力资源流通渠道,人员不分国籍、文凭,只要是合适人才就引进;废除职务常任制,改为双向流动制,人员可自由流入、流出;打破职能部门之间的界限,鼓励员工跨专业、跨部门流动、组合,满足创新需要;将以工作为中心转变到以任务为中心,只要完成任务、实现创新,上班不再受时间、地点的限制等。二是培训考核方式柔性化。建立新的人力资源培训体系,重视跨文化能力教育,鼓励员工之间相互交流和学习,创造有利于学习的环境。三是激励机制柔性化。建立新的人力资源激发器,制定一套反应迅速、变化灵活、方式多样的柔性激励机制。四是企业文化柔性化。建立柔性的企业文化,营造一种充分尊重人、理解人、关心人、发展人的企业文化是激发组织员工工作积极性,充分发挥组织人力资源价值的重要保障。

(二) 柔性管理的作用

从本质上来讲，柔性管理是一种思维方式的转变，它引导企业管理者在管理实践中运用非线性思维，从事物演变规律上来分析后续的发展进程，做到管理行为上应对变化的同步转型。柔性管理是企业发展史上一场管理创新的革命，越来越多的企业柔性管理实践表明，相对于传统的刚性管理，柔性管理在企业管理中发挥着独特的效能。同时，柔性管理也推动了企业管理的创新发展。

1. 柔性管理推动了企业管理理念的创新和发展

传统的企业管理理念是用相对静态的管理方式来应对动态的管理现象，是一种"以静制动"的管理。而柔性管理的关键管理理念是"以动制动"，在动态管理中求得发展。传统的静态管理理念难以适应企业面临的不断变化的外部环境，缺乏足够的管理弹性和必要的回旋余地。而柔性管理正好弥补了传统管理的这些缺陷，以一种动态、权变、适应和系统化的管理思想指导企业的管理实践，这是在企业管理理念上的创新和发展。随着全球经济一体化的不断加强，中西方柔性管理思想将在未来企业管理的各个领域得到实践。

2. 柔性管理开拓了以人为本管理的新高度

传统的以人为本的管理思想在"人本"战略、思维模式、管理方式等许多方面都存在着不足与缺陷。而企业柔性管理所强调的"以人为本"是从管理的出发点、管理方式、管理的最终目的等方面突出了其与传统人本管理的区别所在。柔性管理的出发点是员工对组织文化、制度的认知、理解和内化，在管理方式上强调遵循员工心理活动的内在规律，以潜移默化的管理方式将组织文化、组织目标等内化到员工头脑中去。同时，在管理的最终目的上柔性管理关注"利益相关者的价值创造和价值诉求的实现"，而利益相关者则不仅包括企业外部的利益相关者，还包括组织内部的利益相关者。在这一方面，柔性管理打破了传统人本管理的局限性，把价值创造和利益分享作为管理的最终目的，充分调动各个方面的积极性来努力达到这一最终目的，体现了人本管理的核心，极大丰富了"以人为本"的科学内涵，将人本管理推进到了一个新的高度。

第二节　柔性管理内容

一、柔性管理的基本要素

(一) 柔性管理的对象

从柔性管理的内涵出发，柔性管理包括两种对象。柔性管理的第一种对象是企业组织进行的各项活动，包括研发、生产、销售以及供应链管理等，通过将柔性管理中满足顾客的需求和偏好的经营导向、权变的管理思想以及企业流程再造的理念融入生产和管理等活动中去,不断优化流程,从而使组织的各项活动在面对外部环境变化时的反应能够更敏捷、更快速和更加高效。柔性管理的另一种对象是组织中的人,人是整个管理活动中最能动、最活跃的因素,作为柔性管理的对象,具有主观性、能动性的特征。由于员工作为企业的主体,所以企业对员工的柔性管理应从员工心理和行为的规律出发,采用非强制方式,通过激发员工内在情感和工作主动性,将组织意志内化为员工自觉的工作行动。柔性管理在对人的态度上更加凸显以人为本的管理原则,坚持把尊重人、关心人、发展人作为经营管理活动的出发点。

(二)柔性管理的目的

柔性管理以实现管理的和谐为目的,柔性管理是一种以人为本,以管理和谐为目的的现代管理模式。无论企业管理者采取什么样的管理措施,他们所希望达成的目标是一致的,即最大限度地发挥员工的积极性,提高工作效率,使企业取得良好的经济效益。为了实现这一目标,管理者和员工之间就必须做到和谐相容。实施柔性管理,让管理过程充满人性和人情,用民主的、友善的、灵活的办法组织员工、安排工作、化解矛盾,对企业构建和谐管理氛围有着非常重要的意义。在柔性管理中,激发人的主动性成为实现管理和谐这一目的的前提。柔性管理强调感情投资,重视人才的培养和使用,主张员工自我管理、自我服务、自我超越,在明确个人工作目标和企业目标相一致的前提下,在工作中不断地自觉加以调整,把组织视作实现自我成就的平台。在这样的管理氛围中,管理者和员工之间已经不再是单纯的管理与被管理的关系,而是形成了一种和谐的伙伴关系。柔性管理主张积极引导员工主动、广泛地参与管理和决策过程,实行民主决策。同时,柔性管理也注重营造和谐融洽的管理氛围,提倡团队学习,促进组织上下形成共同的心智模式,从而实现管理的和谐。

二、柔性管理的素质要求

(一)修己安人的管理意识

从微观层面来看,修己是管理者对自身素质的修炼和提升,安人则是对别人负责和关爱。企业管理者想要实践柔性管理的思想,首先就要具备修己安人的意识。具体需要具备以下几方面的素质:

1. 自我管理的意识和能力

管理者首先要具备一种自我管理的意识和能力,尤其是在工作中对自身情绪的管理。在管理工作中,管理者的一言一行都影响着员工的工作状态,甚至在某些企业中,管理者的情绪被员工誉为心情的"晴雨表",可见管理者情绪管理的重要性。在团队士气低迷之时,管理者必须适当控制自己的焦虑和担忧,以积极的情绪营造一种团结合作、共渡难关的氛围;在取得重大成果之时,管理者既要表达成功的喜悦也要注意保持清醒的头脑,提醒员工不要陷入自大浮躁而止步不前。除了情绪管理,管理者还需要不断提升自己的素质和能力,严于律己,以身作则,以言传身教的方式获得下属的肯定和追随。

2. 富有同理心

柔性管理的突出特点是以人为本。管理者要实践以人为本的理念，就必须把尊重人、理解人、发展人作为日常管理的出发点。管理者在管理工作中要具备同理心，通过移情作用，激发员工内心深处的情感和工作动机。在与员工沟通时要换位思考，与员工建立起相互信任的关系，维系人心，减少内耗，从而充分调动员工的工作积极性。

3. 具备人文情怀

人文情怀要求我们遵循人的发展规律，从人文、人性的视野来看待世界和人的发展。人文情怀所秉持的人文精神从根本上启迪人的自重、自爱，倡导人勇敢追求人生价值的实现，充分肯定了人的创造力和价值，是柔性管理思想所特别提倡的。企业管理者是企业规范的制定者和企业发展的领头人，管理者的人文素养直接体现在企业文化中，对企业文化中人文精神的建设起着不可估量的作用。具备人文情怀的管理者能够更好地将企业文化、组织目标等内化为员工的思想和行为，推动员工在工作中实现自身价值，发挥柔性管理的效用。作为企业的掌舵人，很多杰出企业家的人文特性使得他们能够始终前瞻性地看到社会发展演进的方向，洞察社会人文、政治、科技和人们生活习惯的发展方向，从而使企业在变化中不断发展壮大。

（二）开放而权变的管理思维

管理者要践行柔性管理思想，需要具备开放性的管理思维，这种管理思维的开放性主要表现在经验开放性和对待新事物的开放性上。经验开放性是指个体的宽宏大量、喜爱创新和不保守。经验开放性特质高的管理者对新事物具有好奇心，能够包容不同观点，愿意积极分享个人经验和知识。具备开放性思维的管理者能够营造一种开放、包容的管理氛围，激发员工在工作中的主动性和创造性，鼓励员工之间进行经验交流和知识共享。例如，华为公司的迅速发展离不开管理者们开放的管理理念，他们在管理过程中管理者广开言路，在公司内部交流社区中鼓励员工说真话、说实话，体现了柔性管理的开放性。

权变管理是指管理要根据组织的内、外部环境的变化情况作相应的调整，即管理无定式，应因地、因时、因人而宜。权变管理思维是柔性管理中"以动制动"管理理念的最佳体现。当今现代企业管理的变化发生在各个方面。例如，在国际竞争方面，由过去你死我活的零和博弈，转变为优势互补、风险共担、互惠双赢的"战略联盟"关系。在企业组织结构方面，强调适应性、灵活性、高效性，不再存在最好的、统一的组织结构模式，而是矩阵制、扁平化、虚拟化、网络化等多种组织形式并存。这些转变都要求企业管理者树立权变管理思维，用动态变化的视角来看待企业管理中出现的问题，以及灵活应对管理的内外部环境的急速变化。

知识链接 8-1

自我管理

知识经济时代对组织成员的创新和主体意识提出了更高的要求，加强自我管理能力已逐渐成为组织成员不断提升自己的必然途径。自我管理是指具有自我意识、自主意识和自由能力的个人在正确认识自己的前提下，通过合理的自我设计、自我学习、自我协调和自我控制等环节，追求个人自我价值实现和全面发展以及实现组织目标的管理实践活动。

自我设计是自我管理的第一阶段。自我设计是个人主动地去寻求自己的生活姿态的一种认知和实践过程。自我设计必须立足于社会条件，结合自己的个性特征找到适合自己的发展方向和目标。

自我学习是自我设计的必然要求。自我学习作为一种社会化活动，在很大程度上决定了一个人的成长路径，是个人追求自我发展和实现自我完善的基本方式。

自我协调是自我管理的重要阶段。自我协调一般包括协调自身和协调自身与环境的关系两个方面的内容。个人通过不断调节自身的心理、身体，以及身心二者间关系来实现身心平衡，通过协调自身与外部环境如处理人际关系问题来追求自身与外部环境的关系相对平衡。

自我控制是自我管理的保障环节。自我控制是个人根据目标要求进行自我检查和分析，及时发现行为中的偏差并采取纠偏行动，以保障自身沿着自我设计的原轨道行进。

（王永明．自我管理：知识经济时代的管理哲学［D］．苏州大学，2008．）

三、柔性管理的内容体系

柔性管理的内容体系主要由三个方面组成：一是从外部客户出发，柔性管理强调以客户为中心，以满足客户需求为导向；二是从内部客户视角，柔性管理提倡企业坚持以人为本的管理理念，关注组织内员工的需求；三是从组织本身角度，柔性管理强调组织柔性，追求不断优化组织结构，促进企业再造。

（一）以客户为中心的柔性管理

按购买产品和接受服务的类型和所有者情况来看，企业的客户可以分为外部客户和内部客户。外部客户是指组织外购买企业产品或接受服务的对象；内部客户一般指企业内部的员工，或者企业内部的一个单位或组织。随着社会生产力的发展，社会物质资源极大丰富，客户需求已经逐渐由单一到多元，从一般到个性转变。另外，随着信息化发展的全面渗透，企业在价格、质量、款式等方面进行竞争的余地日渐缩小。所以柔性管理认为，要赢得市场竞争，企业不仅仅要迅速响应客户需求，更要以客户为中心，创造客户需求。以客户为中心的柔性管理通过不断为客户创造价值，从而实现企业的价值。因此，企业必须学会站在客户的视角看待自己的产品或服务，深度挖掘客户需求，以满足客户需求为导向。

对于外部客户而言，客户需求的本质主要体现在方便、价值、应用和可靠这四个方面，通过满足客户对这四个方面的需求，形成相应的产品和方案。也就是说，所有客户的需求，最终需要企业将之转化为一系列产品或服务，通过造就客户对它们的深度体验，形成客户对公司、产品、方案、服务与价值的感知。柔性管理强调企业要将顾客的需求与偏好放在首位，并将需求和偏好转化成顾客需要的产品或服务，进而从中获得需求与价值交换的利润。因此，确定创造和提升顾客价值的方案解决顾客所关注的问题的方案，以及如何将顾客感知到的但是还没有完全清楚表达出来的愿望或需求转化为适合顾客心意的产品或者服务的方案是柔性管理的关键所在。从支付宝、微信的移动支付、闲鱼网上交易平台的问世，到各大城市扫一扫便骑走的共享单车，无不体现着以客户需求为导向的思想对赢得市场的重要性。

（二）以人为中心的柔性管理

21世纪的竞争是人才的竞争，知识经济的到来使人才的重要性更加凸显。企业想要在市场竞争的大潮中立于不败之地，就必须不断提高竞争力。而提高竞争力的前提，是拥有创新的团队以及高素质的员工。因此，企业要树立一种以人为本的管理理念，坚持以人为中心的柔性管理。具体体现在下面几个方面：

1. 营造以人为本的企业文化

企业首先要在内部营造一种以人为本的企业文化。一方面企业要营造相互尊重的氛围，尊重人、尊重人性、尊重人的尊严、尊重人的劳动和价值、尊重人的需求等等。比如越来越多的企业设立部门家庭日，邀请员工家属到公司部门参观和参与活动，不仅获得了员工的支持更获得了员工家属对企业的信任。另一方面企业也要向员工传达一种"人尽其才"的观念。为员工的发展创造条件，充分调动每名员工的内在潜力，发挥每个人的特长。例如，知识型员工对知识和事业的发展有着不懈的追求，企业要从实际出发，不仅要为他们提供与其贡献相当的报酬，同时要充分了解员工的个人需要和愿望，为其创造适合个体职业生涯的发展空间。

2. 健全人才培养机制

在信息经济迅速发展的时代，知识的更新速度非常迅速，人们只有不断学习、吸收新的知识，才能跟得上时代的步伐，知识型员工更是如此。柔性管理是一种应对变化的管理，企业员工只有通过不断获得新知识，才能更好地应对外部需求变化。因此，企业要不断健全人才培养机制，为员工提供获取新知识的机会，有针对性地为员工开展各类基础训练、专业培训和深化培训。同时企业还要建立知识共享的平台和通道，让员工能够更加方便地获取到自己工作所需的知识。

3. 关注员工的多样化需求

对于企业员工而言，柔性管理强调不仅仅要关注其对薪酬、休息休假等基础层面的需求，更要注重他们对工作流程体验、组织认同、自我成长等高层次的需求。随着"90后"成为就业的主力军，内部员工对工作的看法和对企业的需求也发生着变化。相应地，柔性管理要求企业从员工越来越多样化的需求出发，在领导方式、管理方法、企业文化创新等多个方面做到与时俱进。

（三）组织结构的柔性管理

1. 打造柔性化的组织结构

组织结构是组织的全体成员为实现组织目标，在管理工作中进行分工协作，在职务范围、责任、权利方面所形成的结构体系。组织结构直接影响到企业的反应能力和决策能力，柔性管理就是要通过各种途径增强企业组织机构的柔性，从而提高企业的反应速度和决策效率。组织结构柔性化是以创新能力为宗旨，通过分工合作、共担风险，以及适当的权限结构调整向基层员工授权，并满足员工的高层次需要，增强员工的主人翁责任感，使其不仅自觉提高各自的工作标准，甚至把组织意志变为个人的自觉行动。其特点在于结构简洁、反应迅速、灵活多变，通过有效配置企业所有的资源，发挥整体资源优势以适应市场变化。

柔性化变革通过整合企业业务流程、建设企业文化等方面来增强企业的核心竞争力，优化企业的组织系统。从具体实践来看可以从以下几方面着手进行柔性化变革：一是对企业人力资源进行柔性化管理，建立一种灵活的、柔性化的引进人才和推动人才成长的机制；二是构建"团队"型组织，增强组织群体凝聚力，通过灵活的组织内部结构形式实现组织整体结构的柔性化；三是减少组织纵向层级，由集权向分权过渡；四是适时转变战略，增强企业运行的柔性化。

2. 促进企业流程再造

企业流程再造最早由管理学家迈克尔·哈默（Michael Hammer）和詹姆斯·钱皮（James A. Champy）提出，通常定义为通过对企业战略、增值运营流程以及支撑它们的系统、政策、组织和结构的重组与优化，达到工作流程和生产力最优化的目的。柔性管理认为不断满足内外部客户的需求、践行以人为本的管理理念需要通过不断的企业再造来实现。同时，为了适应新的竞争环境，企业必须摒弃已成惯例的营运模式和工作方法，以满足客户需求为目标，以改进工作流程为中心，重新设计企业的经营、管理方式。企业流程再造的最终归属是为了组织能够更好地适应环境变化，更加高效高质地满足客户需求。

第三节 柔性管理实践

一、柔性管理在企业文化建设中的实践

企业文化是 20 世纪 80 年代初由美国学者在研究了日本战后的经济发展之后提出来的，它是一种以培养人的价值观念为基础的人性化思维管理模式。它强调企业精神、价值观和凝聚力，突出人在企业管理中的中心和主导地位，它在柔性管理中具有重要的地位。

企业文化是现代企业在长期的生产经营过程中，逐渐创造和形成的以价值取向为主体并具有企业特色的物化成果和精神成果的总和。

柔性企业文化是一个包含文化观念、价值观念、企业精神、道德规范、行为准则、企业制度、企业内外部环境、企业形象等多方要素的综合体。其中企业精神和企业经营理念体现了企业价值观，是柔性企业文化的核心要素。柔性企业文化可以分为以下三个层次：精神文化层隐含于组织的运作过程中，体现在每个环节中，是组织的精神和观念。精神文化是一种在企业生产经营活动过程中形成的独具本企业特征的意识形态和文化观念，是企业文化的核心内容。精神文化层中的核心内容是企业精神，是企业中各个个体所形成的群体的共同意识。规范文化层是企业内规范和约束个体意识和行为的规定或者习惯，主要包括各项规章制度、行为规范、传统习惯、领导风格以及人际关系等。直观文化层是一个组织可以外显化的文化符号或者标识，包括组织标志、产品、组织容貌、服务特征等等，是一种实体性文化，是企业和员工的理想、价值观、精神面貌等的具体体现。

第八章　柔性管理原理

企业文化理论作为高层次的柔性管理理论，构建具有柔性管理理念的企业文化具体包括以下几个方面：

（一）塑造企业精神，形成企业凝聚力

企业精神是企业在长期的生产经营实践中，逐渐形成和发展起来的企业群体共同意识和主导行为。它是企业文化的核心，是增强企业凝聚力、向心力和持久力的精神动力源。恒大集团以其"艰苦创业、无私奉献、努力拼搏、开拓进取"的企业精神凝聚全体员工为"质量树品牌、诚信立伟业"的企业宗旨而努力，经过多年的艰苦创业取得了斐然的成绩，跻身于世界五百强。恒大精神成为鼓励员工为实现企业共同目标而团结协作的粘结剂和内在动力。

（二）坚持以人为本，激发人的潜力

人是企业发展的根本，人才与积极性是企业生机活力的源泉。柔性文化是以人为本的文化，以开放的组织文化作为实施的前提，强调提高人的素质、充分授权、增强员工学习能力以及自我管理能力。柔性的企业文化尊重人、关心人、发展人，形成企业内聚力，为企业的生存和发展提供动力。企业在激发人的积极性方面可以采取：目标激励、榜样激励、民主激励、榜样激励、关怀激励、归属激励、危机激励、文化激励、公平激励等方式。

（三）塑造员工责任心、鼓励自我超越

员工责任心是员工对自己和他人以及对企业所负责任的认识、情感和信念，是承担责任和履行义务的自觉态度。作为企业有机整体的一份子，责任心强的员工对于组织各部门合理运作和实现组织目标至关重要。同时企业也要鼓励员工不断追求和自我提升，使他们产生自动自发的内在动力源，从而推动企业的发展和创新。

二、柔性管理在企业人力资源管理中的实践

组织环境一直处于变化中，为了适应环境变化，实现组织战略目标，人力资源管理必须通过对企业人力资源进行系统的整合，最大限度地发挥组织人力资源的创造性来达到客户满意。虽然系统方法是人力资源管理思考问题的基本方法，但管理对象的特殊性又决定了人力资源管理要有柔性。当今时代，知识型员工成为大部分企业生存和发展的主力军，他们拥有高度的工作自主性，并依靠自身的专业知识和创造性思维，在工作中不断进行知识管理和形成新的知识成果。对于知识型员工而言，他们更加注重个人价值目标和企业经营目标的结合，保证个人职业生涯的规划和设计与企业的发展相一致。这就意味着人力资源管理应该在了解员工需求的前提下，给予员工最大的支持。柔性人力资源管理首先应立足于满足员工包括物质需求与心理需要在内的多层次需求，极大地开发员工潜在的能力，激发他们的工作热情，从而增强组织的凝聚力和竞争力。柔性人力资源管理为企业经营发展提供了有力的保障。

（一）柔性化的招聘管理

柔性指标成为柔性化招聘管理的重要部分。相对于传统的招聘标准，柔性化的人力资源招聘管理要求把应聘人员的品行、德行、价值观和对工作的认知程度等因素也加入到衡量用人的标准当中。同时，柔性化的人力资源招聘管理更注重求职人员对企业的认同感。目前已经有越来越多的企业在招聘员工时通过企业文化价值观匹配的测试来对候选人进行初步筛选。

（二）柔性化的工作管理

柔性化的工作管理主要体现在柔性化的工作设计上。传统的工作设计偏重于形式的规范性，工作描述过细，纵向层级过多，工作内容单一。这样的工作设计不仅对纵向沟通效果造成负面影响，也不利于员工积极性的激发。因此，在进行工作设计时组织既要考虑组织内外部环境的变化，也要考虑员工意愿和价值的实现。柔性的工作设计首先体现在工作场所的人性化设计上。赫茨伯格的双因素理论指出，工作场所因素属于保健因素。而保健因素投资是人力资本投资的方式之一，这种因素投资的增加一定会带来员工积极性的增强。人性化的工作场所设计不仅能够缓解员工的工作压力，增加工作环境的舒适度，还有助于激发员工的创造力。例如，腾讯公司的俱乐部式办公环境、华为的花园式办公区域的设计以及越来越多的企业在员工健康锻炼方面的投入都体现了柔性化的工作场所设计。其次，柔性化的工作设计还体现在工作内容的丰富化以及柔性工作时间安排等多个方面。比如不断丰富或增加员工的工作内容，通过合理的轮岗制度赋予员工更多的尝试机会。同时，企业可以结合具体情况实行弹性工作制度，给予员工工作时间上的自主权。

（三）柔性化的培训管理

企业柔性管理的实现必须以高素质员工队伍为基础，员工的培训与教育是使其不断成长的动力与源泉。具有柔性意识的员工善于学习，能够很快适应新环境的变化和挑战，因此员工柔性是企业柔性的保障。一支高素质的、能迅速应对市场环境变化的员工队伍是实施柔性管理模式的关键。柔性化的培训管理视人员培训为企业的一种战略投入，或者是企业的一种柔性投资。企业要建立适合企业的柔性化员工培训体系，首要任务是根据企业和员工情况进行培训需求分析，根据企业员工的学历水平、年龄结构、岗位需求等因素的不同，结合企业发展战略需求和员工的职业生涯规划和职业生涯定位，为员工量身制定培训项目，提高培训效果。

（四）柔性化的绩效考核

有效的绩效考核是推动员工积极投入工作的强大动力。柔性的人力资源管理不仅要建立一套完善的工作绩效评价系统，还要让员工的心理和实际报酬与目标的达成状况有机结合起来，使每一位员工都能切实履行职责，并获得相应的回报。柔性化的绩效评估考核机制面向未来，注重员工在未来的表现和业绩。通过面向未来的职位评价和柔性绩效评估，可以重点分析对企业未来发展最为重要的岗位，确定最适合这些岗位的人员。这就要求企业员工不仅能够应对突发的例外事件，还要有应对未知问题和情况的能力和潜力。

（五）柔性化的激励管理

在柔性的激励机制设计中，企业要充分考虑各类员工的工作性质，尤其是从事创造性活动的高素质员工。因为创造性活动往往充满了不确定性和偶然性，是一个长期的探索过程，且智力活动本身难以计量，创造性工作更难以量化。因此，企业需要根据工作性质、员工不同级别等进行分类激励的弹性薪酬福利方案设计。同时也要构建柔性化的精神激励措施，在薪资激励的基础上，加强对员工精神层面的引导。柔性化的激励模式能够同时满足企业员工的物质需求与精神需求，企业可以通过激发员工的工作主动性与创造性，提高员工的自信心和团队的凝聚力，达到提高组织绩效的目的。

三、柔性管理在企业产品与技术开发中的实践

产品开发有广义与狭义之分。狭义的产品开发即为传统意义上的新产品开发；广义的产品开发则是指产品创新，是将产品要素合理组合，以获取最大效益的全过程活动。

企业柔性管理模式在企业产品与技术开发方面的应用，必然会带来企业技术与产品开发管理的柔性化趋势。企业产品与技术开发管理的柔性化，其实质在于把"以人为本"的管理理念注入到企业产品与技术开发的全过程，真正体现"顾客至上、员工至上"的理念并通过借助最新的产品与技术开发管理工具，使开发与管理过程更加具有弹性，更加容易适应瞬息万变的外部和内部环境。

企业产品与技术开发管理柔性化主要体现在敏捷化产品开发中。敏捷化产品开发是一种基于速度竞争的企业产品开发模式。它顺应市场环境的迅速变化，适应产品生产周期的不断缩短，满足顾客个性化需求。产品开发领先企业不仅在整个供应链上具有优先选择资源的优势，还能通过先入为主效应，抢先与顾客确立伙伴关系，获得领先者或开拓者的声誉。

实现敏捷化产品开发可以通过推动顾客、供应商及外部企业的积极参与来提高效率。在产品设计阶段，通过顾客参与产品开发，尽早确定产品设计终稿。这样既可以确保所开发的产品适应顾客需求，又可以减少因开发后期对产品功能设计的修改而降低产品开发成本，缩短产品开发周期。在产品开发过程中，积极推动供应商与制造商参与产品开发过程。比如可以将一部分开发任务交给供应商完成，有效减少企业自身开发的工作量。也可以让供应商自己设计由他们制造的配件，这样能够减少由配件生产问题所带来的时间延迟。

实现敏捷化产品开发可以通过采取并行工程和跨部门小组的组织方法。新产品开发包括市场调查、产品设计、制造、市场推广等阶段。而每一个阶段中的小环节有些是可以平行进行的。采用并行工程通过多个企业或多个阶段的同步运作，可以加快新产品开发、制造和市场开拓的速度，从而大大缩短从产品概念形成到在市场上获取收益整个过程的时间，实现产品开发的敏捷化。

敏捷化产品开发还可以通过产品设计标准化或模块化来实现。设计标准化也可以称作设计模块化，即把一些大量使用的、通用的零部件设计储存在数据库中，方便设计人员在进行某些特定产品设计时调用。产品设计的标准化促进了开发团队的知识共享，有助于提

升开发效率。

互联网思想的核心秘诀

"专注、极致、口碑、快",这是北京小米科技有限公司创始人雷军归纳出来的互联网思想核心七字诀。"天下武功,唯快不破",尤其是在互联网时代下的今天。有时候,"快"就是一种力量。苹果 iOS 操作系统一年升级一次,但是只能在 iTunes(数字媒体播放应用程序)上完成;谷歌的安卓系统一季度升级一次,而小米的升级速度是一周一次。

小米手机使用的操作系统小米 MIUI,从 2010 年 8 月 16 日首发后,固定每周下午五点在 MIUI 官网上发布更新迭代版本,MIUI 因此被称为"活"的系统。小米认为,通过让用户在使用产品过程中发现问题随时进行改进,才能最快地跟上安卓操作系统的更新速度。另外,用户使用小米手机可以随意刷机,安卓原生系统或其他的定制版本系统皆可以应用小米手机。

讨论题:
1. 小米公司为什么将"快"归纳为其互联网思想核心七字诀之一?
2. 小米公司的快速成长给企业管理者带来哪些启示?

复习思考题

1. 什么是柔性管理?
2. 柔性管理有什么作用?
3. 柔性管理具有哪些突出特征?在管理中发挥什么职能?
4. 柔性管理对企业管理者提出了什么要求?
5. 简述柔性管理的内容体系。
6. 比较分析柔性管理思想与人本管理思想的区别与联系。
7. 分析柔性管理思想对企业文化建设的启示。

延伸阅读

[1] 郑其绪. 柔性管理 [M]. 东营:中国石油大学出版社,2006.

[2] 乔治·戴伊,戴维·雷布斯坦因. 动态竞争战略 [M]. 上海:上海交通大学出版社,2003.

[3] 安应民,郝冬梅. 企业柔性管理:获取竞争优势的工具 [M]. 北京:人民出版社,2008.

[4] Bae J, Lawler J. J. Organizational and HRM strategies in Korea: Impact on firm performance in an emerging economy [J]. Academy of Management Journal, 2000, 43 (3): 502 – 517.

[5] Beach R, Muhlemann A. P, Price D. H. R, et al. A review of manufacturing flexibility [J]. European Journal of Operational Research, 2000, 122 (1): 41 – 57.

[6] Cheung W, Babin G. A metadatabase – enabled executive information system (Part A): A flexible and adaptable architecture [J]. Decision Support Systems, 2006, 42 (3): 1589 – 1598.

第九章
Financial Management

绩效管理原理

本章主要学习绩效管理的概念、特征与影响因素，绩效管理的流程与作用以及绩效考核的技术、方法和实践。其中，绩效管理体系的内容是本章学习的重点，绩效考核的技术方法是本章学习的难点。

知识目标：理解绩效管理的概念和发展、了解绩效管理对组织的作用和其战略意义，熟悉绩效管理的基本流程，掌握360度绩效考评、关键绩效指标、平衡计分卡法等为代表的绩效考核技术。

能力目标：描述绩效考核与绩效管理之间的区别，分辨绩效管理的特征与影响因素，灵活运用不同类型的绩效管理方法和工具。

素质目标：通过案例学习和课堂研讨，梳理互联网时代绩效管理者所必备的全球性思维和本土化意识；通过资料搜集和小组集体学习，培养学生的独立思考能力和团队协作精神。

第一节 绩效管理概述

一、绩效管理的概念与特征

（一）绩效管理的概念

绩效管理是指管理者与员工通过持续开放的沟通，就组织目标和目标实现方式达成共识的过程以及促使员工做出有益于组织的行为、达成组织目标、取得卓越绩效的管理实践。绩效管理以其完善的计划、监督和控制手段，有助于企业用前瞻性的眼光看待问题并有效地规划组织和个人的未来发展。实质上，绩效管理是事前计划安排、事中管理控制和事后考核回馈所构成的全方位一体化体系。绩效管理是一个完整全面的侧重于信息的沟通和组织以及个人绩效提升的管理实践过程，它注重员工能力的培养，能建立管理者和员工之间的绩效合作伙伴关系。

无论是从基本的概念内涵上，还是从具体的实践操作上，绩效管理与绩效考核之间都存在着较大的差异。绩效考核是指用来衡量、评价、反馈并影响员工工作特性、行为和结果的一套正式的、结构化的制度，强调对绩效的识别、判断和评估。绩效管理强调的是信息的沟通和绩效的提高。然而绩效管理与绩效考核又是息息相关、密不可分的。绩效考核是绩效管理的一个不可分割的组成部分，能为绩效管理提供有力依据，帮助组织提高绩效管理的水平，有助于员工提高个体绩效能力进而促进企业获得卓越的绩效水平。

（二）绩效管理的特征

1. 多因性

影响绩效的因素有很多，其高低并不由单一因素决定，而是受组织内部和外部因素共同作用。影响绩效的内部因素主要包含组织战略、组织文化、组织结构、技术水平以及创始人领导风格等；外部因素主要包括社会环境、经济环境、国家法规政策、同行业其他组织的发展情况、技术变革等。但并不是所有影响因素的作用都是一致的，在不同的情境下，各种因素对绩效有不同程度的影响。

2. 多维性

多维性是指管理者需要从多维度、多角度去分析和评价绩效。对于组织绩效，学者们普遍认为应当包含三个方面，即有效性、效率和变革性。有效性指达成预期目标的程度；效率指组织使用资源的投入产出状况；变革性则指组织应对将来变革的准备程度。这三个方面相互结合，最终影响组织的竞争力。在对员工个人绩效进行考核时，通常需要全面考虑员工的工作结果和态度两个方面。对于工作结果，往往围绕工作完成的数量、质量、效率以及成本指标进行。对于工作态度，通常围绕全局意识、纪律意识、服从意识以及团队协作等指标来评价。根据考核结果的不同用途，可以选择不同的考评维度和指标，根据期望目标和实际完成值之间的绩效差距设定具体的目标值和其对应的权重比例。

3. 动态性

环境的动态性和复杂性使得员工的绩效会随着时间的推移而发生改变，因此，在确定绩效评价和绩效管理的周期时，应充分考虑到绩效的动态性，具体情况具体分析，根据不同的绩效类型选择适当的绩效周期，以确保组织能够及时、充分地掌握不同层面的绩效状况，降低管理成本，获得较高绩效。同时，在不同的商业环境和企业发展阶段，组织关注绩效的侧重点不尽相同，有时关注效率，有时关注效果，有时统筹兼顾多个方面。所以不管是组织还是个人，都需要以系统的和动态发展的眼光来认识和理解绩效管理。

二、绩效管理的因素与流程

（一）绩效管理的影响因素

从组织层面来分析，影响绩效管理的因素主要包括观念、高层领导的支持度、人力资源管理部门的尽职程度、高层员工对绩效管理的态度、绩效管理与组织战略的相关性、绩效目标的设定、绩效指标的设置、绩效系统的时效性。从个人层面来分析，影响绩效的因素主要包括技能、激励、环境以及机会四类，也就是说，绩效是技能、激励、环境以及机会的函数。即绩效 $P = f(S, M, E, O)$。

1. 技能

技能（S）指的是员工的工作技巧和能力水平，其影响因素通常包括天赋、智力、学习教育及培训的精力等。需要注意的是员工的技能不是一成不变的，组织可以通过各种方式来提高员工的整体技能水平。比如招聘阶段的科学合理的筛选，入职后为员工提供个性化培训或以赞助的方式鼓励员工参与职业课程等来提高其工作技能和业务水平。

2. 激励

激励（M）指的是通过提高员工的工作积极性来发挥其对组织绩效的积极作用。组织应根据员工个人的个性、需求结构和动机等因素，选取恰当的激励手段和方式，以确保激励手段真正起到作用。

3. 环境

环境（E）可以分为组织内部的环境因素和组织外部的环境因素两类。组织内部的环境因素通常包含：工作环境的布局和物理条件；工作设计的质量以及工作任务的性质；组织结构和政策；工资福利水平；培训机会；组织文化和工作氛围等。组织外部的环境因素包含社会政治、经济、科技和市场的竞争强度等。组织的内部和外部环境通过影响员工的工作行为和态度同时对员工的工作绩效产生影响。

4. 机会

机会（O）相比于前三种影响因素，具有更高的偶然性。机会可以促进组织的创新和变革，提供员工学习、成长和发展的有力条件。无论是对组织还是个人，机会对绩效的影响都极为重要。

（二）绩效管理的基本流程

绩效管理通常被视为一个五步循环的过程：绩效计划与指标制定、绩效过程监控、绩效考核及评价、绩效反馈及面谈以及绩效考核结果的应用。

1. 绩效计划制定

绩效计划是绩效管理实施的关键基础，作为绩效管理流程的最初环节，对绩效管理的整体实施效果有重大影响。

2. 绩效过程监控

绩效管理的过程控制需要管理者持续地对员工进行指导和反馈，这种沟通是一个双方沟通进展情况、找到影响绩效的问题根源以及找出解决方案的过程。

3. 绩效考核及评价

绩效考核是一个按事先确定的工作目标及其衡量标准，审核员工绩效的实际完成情况的过程。

4. 绩效反馈面谈

绩效反馈面谈能让员工更好地了解上级对自己的期望、自己的绩效水平并明确个人需要改进的地方，同时也给下属提供了就这些问题与上级主管进行沟通和寻求引导的机会。

5. 绩效考核结果应用

绩效考核的结果的应用主要体现在引导员工行为、提供员工绩效改善的建议，作为招募和甄选员工的依据和判断培训开发有效性的依据。

总之，绩效管理是一个环环相扣的动态循环体系，应有效整合每个环节让绩效管理系统的各个阶段有效地进行，进而提高绩效管理的整体效率和水平。

三、绩效管理的目的与意义

（一）绩效管理的目的

1. 促进组织和个人绩效的提升

绩效管理的第一目标是提升组织和个人的绩效。绩效管理通过设定科学合理的多层次目标，为员工指明了奋斗方向，同时，通过对员工的甄选与区分保证优秀人才得到应有的重视并淘汰不胜任的人员。

2. 促进管理流程和业务流程优化

绩效管理的第二个目的是促使各级管理者从公司整体利益以及工作效率出发，尽量提高业务处理的效率，在任务流程或者业务流程的"因何而做、由谁来做、如何去做、做完了传递给谁"四个方面不断进行调整优化，使组织运行效率逐渐提高，在提升组织运行效率的同时，逐步优化公司管理流程和业务流程。

3. 保证组织战略目标的实现

保证组织战略目标的实现是绩效管理的第三个目标。企业通常有自己的发展思路和战略，根据外部经营环境的变化及组织内部条件制定出年度经营计划和投资计划，并在此基础上制定企业年度经营目标。企业管理者可以将年度经营目标分解成为各个部门的年度绩效目标，然后分解为每个岗位的关键业绩指标。

（二）绩效管理的意义

1. 个人意义

绩效管理可以帮助员工明确自己的工作任务和目标，他们会知道领导希望他们为组织贡献什么，自己的决策权限所在、工作完成情况的具体要求以及向上级寻求指导的过程。企业可以通过信息和知识的传递和员工进行双向沟通，同时通过找出阻碍员工和组织前进的绊脚石，避免将来更大的隐患，管理者则无需卷入到所有正在进行中的各种事务中，进而节省时间能够集中精力去做自己认为最应该做的事情。由此可见，员工通过绩效管理对自己的工作目标更加明确，也了解自己取得了一定的绩效后会得到什么样的奖励，从而会更加努力提高自己的期望值和工作积极性。员工个人获得了成长和进步，会进一步增强工作动力，由此形成良性循环。

2. 组织意义

在组织层面，企业一方面可以透过绩效管理的过程和结果，不断地进行组织学习，形成一个以绩效为导向的企业文化，不断改进战略规划，帮助企业持续发展；另一方面，企业通过绩效管理系统对目标在任务的层面进行了有效分解和管理，并对任务执行情况进行及时跟踪和评估，在过程控制的层面确保了企业目标的实现。由于科学的绩效管理过程本身就是一个追求"质量"和"效率"的过程，即满足或者超越企业内、外部客户期望的过程，这就意味着有效推动了企业运营系统的高效运转，保证了企业健康持续的发展。

3. 社会意义

企业作为社会的一个商业单元，其内部矛盾的诞生往往源于员工之间对绩效考核方式和方法的抱怨。而绩效管理体系的有效运行，能够让这个负面情况得以控制，让企业内部公平得到最有力保证。员工的工作得到尊重与肯定，这对于他们作为社会个体的身心发展起到极大的推动作用。除了从心理学角度来分析，我们也可以从组织行为学和经济学来思考绩效管理的社会意义。大多数组织结构的调整如缩减管理层次、减小规模、高绩效工作系统的建立都是对社会经济状况的一种反应。组织结构变革后，管理思想和风格得以调整，如员工更多的自主权带来更好的客户体验；员工更多的参与式管理提升了他们的工作满意度和激情，个人和组织层面的绩效和公平度都得以提高的同时，个人、组织和社会的经济效益也得到改善，所有这一切都对社会经济、文化的发展起到了不容忽视的推动作用。

第二节　绩效管理内容

一、绩效计划

（一）制定绩效计划的原则

绩效计划是绩效管理过程的初始，它是确定组织对员工的绩效期望并使其得到员工认可的过程，包括组织对员工工作成果的期望和组织希望员工表现的行为和使用的技能。绩效计划包括组织绩效计划、部门绩效计划和个人绩效计划。在制定绩效计划的过程中，无论是制定组织绩效计划、部门绩效计划还是个人绩效计划，都应该遵循下列基本原则。

1. 岗位需求性原则

在进行绩效管理之前，通过搜集工作分析的相关资料，如职位说明书、部门职责表等制定绩效计划所需要的信息，对工作标准进行明确的定义，并就这些工作标准与员工进行沟通。原则上说，这些标准应该反映岗位的职责和特征需求。

2. 战略相关性原则

在制定绩效计划体系时，必须坚持战略相关性原则。这意味着一方面，在组织使命、核心价值观和愿景的指引下，依据战略目标和经营计划制定组织绩效计划，然后通过目标的分解和承接，制定出部门绩效计划和个人绩效计划；另一方面，工作标准与组织战略目标必须相关联。

3. 系统协同性原则

绩效计划体系是以绩效目标为纽带形成的全面协同体系。在纵向上，要求依据战略目标和经营计划制定的组织绩效目标、部门绩效目标和个人绩效目标是一个协同的系统。在横向上，业务部门和支持部门的目标也需要相互协同，尤其是支持系统需要为业务部门达成绩效目标提供全方位的支持。

4. 全民参与性原则

为确保组织战略目标能够被组织所有员工正确地理解，让绩效计划制定得更加科学合理，管理者必须和员工进行充分的沟通并认真倾听下属的各种意见，妥善处理各方利益。

5. SMART 原则

在绩效计划的制定中，特别是在设置绩效目标和绩效指标时，需要遵循 SMART 原则。"S"（Specific）指的是绩效目标应该尽可能地细化、具体化。"M"（Measurable）是指目标应能够衡量，即可以将员工实际的绩效表现与绩效目标相比较，也就是说，绩效目标应该提供一种可供比较的标准。"A"（Attainable）是指目标通过努力就能够实现。"R"（Relevant）指绩效目标体系要与组织战略目标相关联，个人绩效目标要与组织绩效目标和部门绩效目标相关联。"T"（Time Bound）是指完成目标需要有时间限制。

（二）制定绩效计划的步骤

围绕组织战略制定绩效计划，需要保障几个层次的绩效计划层层支撑，以确保绩效管理系统能全面反映组织战略目标的具体要求。

1. 准备阶段

绩效计划通常是管理者和员工进行双向沟通后所得到的结果，这种计划的设定需要经过一些必要的准备以确保得到理想的结果。这些准备工作主要有：

（1）组织最新的战略管理资料，如组织的目标、组织在该绩效周期的发展战略等。

（2）为避免员工感觉组织的长期战略遥不可及，应结合企业的年度经营计划来制定绩效计划。直接从企业年度经营计划中分解出业务单元的工作计划，使其与业务单元自身的职能相联系，且和各单元员工的绩效标准结合更紧密。

（3）采用团队计划的形式明确小单元内的目标责任并使其具体化，同时协助个人绩效计划的设定。

（4）通过个人的职责描述和职位说明书规定员工的职责任务，并结合绩效计划指出这些任务完成应该达到的标准。

（5）如果员工达成了上个绩效考核周期内所有绩效计划表上所列的目标，本期绩效计划就需要提出新的目标；如果上一期的目标没有完成，就应该将它们转到当期的绩效计划中来，作为继续考核的标准。

2. 沟通阶段

管理者与员工要通过反复充分的沟通就绩效计划的内容如绩效周期内的工作目标和计划达成共识。该阶段需要注意的问题有：

（1）营造友好的沟通环境。轻松自在的环境容易让沟通者彼此身心得到放松，减轻抵触和敌意，同时避开嘈杂的场所以防干扰也是必要的。

（2）平等友好的沟通原则。管理者应将员工放在和自己平等的地位上讨论问题，一方面多听取他们的意见，在沟通中确保目标设定的方向和组织战略一致；另一方面调动员工的积极性，激励他们朝着共同的目标努力。

（3）持续的沟通过程。需要及时回顾沟通前所准备的信息，在组织经营目标的基础上，协助员工设立自己的符合SMART原则的工作目标和关键业绩指标。制定计划时，管理者应向员工表明其帮助解决问题和困难时所能提供的支持与帮助。计划制定结束并不意味着不需要修改了，而应该根据环境和组织战略的变化及时对绩效计划进行调整。

（4）恰当的沟通形式包括：定期同员工单独进行简短的情况沟通；同时每月或每周召开小组会，让每位员工汇报任务和工作的完成情况；也可以提供给员工进行个人简短书面报告的机会；当沟通出现阻碍或问题出现时，应根据员工的具体需求依情况采取合适的沟通方式。

二、绩效指标

（一）绩效指标制定的原则

绩效指标体系的设计需要考虑两个方面的问题：绩效指标的选择和各个指标之间的整合。建立一个良好的绩效指标体系，需要遵循以下原则。

1. 定量为主与定性为辅原则

定量化的绩效评价指标由于其具有确定、清晰的级别标度，在实践中被广泛使用。但其并不适用于所有的职位，因此我们可以尽可能地将能够量化的指标进行量化，采取定量指标为主，定性指标为辅的原则。

2. 少而精与可测性原则

为帮助企业把有限的资源集中在关键业务领域，有效缩短绩效信息的处理过程和绩效评价的过程，以少而精的原则设计支持组织绩效目标实现的关键绩效指标。在选择绩效指标时，要考虑获取相关绩效信息的难易程度即现实可行性，同时，在确定评价指标时也要考虑是否有合适的评价者能够对绩效考核指标作出评价。

3. 独立性与差异性原则

评价指标之间的界限应该清楚明晰，保持一定的独立性；同时明确每个指标的具体内容，确保评价指标在涵义上有明显的差异，避免重复。

4. 一致性与完整性原则

针对企业的战略目标建立的评价指标体系，要保证各个绩效指标确实能够支持战略目标在各个层面上的子目标，同时评价指标应能够完整地反映评价对象系统运行总目标的各个方面。

（二）绩效标准的制定

1. 描述性标准的制定

描述性标准往往基于实际发生的事情或者行为。制定描述性标准有以下五个基本步骤：

（1）对不同绩效水平的员工的工作行为进行长期而连续的观察和详细的记录；
（2）分析、整理行为资料，分辨造成员工间绩效差异的一系列显著行为；
（3）将选择的行为分配到已有的行为指标下；
（4）对筛选出的一系列行为进行详细、客观的描述；
（5）对各个行为指标下的行为划分等级，建立具有参照性的行为标准。

2. 量化标准的制定

（1）以公司层面、部门层面和职位层面的绩效目标和绩效指标为依据，初步确定各个层面的量化考核标准；
（2）参考企业最近几年的绩效标准，对初步绩效标准进行调整；
（3）将调整后的各级量化考核标准分发给各级管理人员和相关员工；
（4）各级管理人员及其下属就各级量化考核标准进行讨论，并在取得一致意见的基础上对考核标准作出调整，然后将调整意见与调整后的绩效考核标准提交给有关部门；
（5）企业汇总各级的量化标准，形成最终的量化考核标准。

以上是对绩效指标与标准的总体概述，在实际应用中，规模较大的企业一般都有自己独立的绩效管理体系和方法，实践中，应该将这些绩效指标与标准的设计理论与企业的绩效管理系统相结合。

三、绩效评价

（一）绩效评价的内容

绩效评价是指由绩效管理主管部门选定的评价主体根据绩效目标协议所预定的评价周期和评价标准，采用有效的评价方法，对组织、部门及个人的绩效目标完成情况进行评价的过程。不论评价组织、部门或是个人绩效，都要以绩效计划阶段设定的目标值等内容为依据。

绩效评价的内容可划分为业绩和态度评价两部分，二者相互联系、相互影响，共同构成绩效评价系统。

1. 业绩评价

业绩评价是绩效评价最核心的内容。所谓业绩，是通过工作行为取得的阶段性产出和直接结果。评价业绩的过程不仅要判定个人的工作完成情况,也要衡量部门、组织的指标完成情况。更重要的是,管理者要以评价结果为基础来有计划地改进绩效欠佳的方面,从而达到组织发展的要求。对组织、部门、个人层面的业绩评价不仅要包括利益相关者层面结果相关的指标,也要涵盖实现路径即过程和保障措施层面的指标,兼顾结果同时监管过程,以保证业绩评价的完整性和准确性。

2. 态度评价

能力强的人似乎能够取得更高的工作绩效,现实情况却并非总是如此,能力强仅仅是获得高绩效的重要条件之一。不同的工作态度可以对工作结果产生不同的影响,因此,在绩效评价时,除了要对评价对象的相关工作业绩进行评价,还要对本人的工作态度进行评估,以鼓励其充分发挥现有的和潜在的工作能力,最大限度地创造优异的绩效,并且通过日常工作态度评价,引导评价对象发挥工作热情。值得注意的是,在评价工作态度时,主要关注被评价主体是否努力、认真地工作,工作中是否有干劲、有热情,是否遵守各种规章制度等,应忽略评价对象的职位高低或能力大小。

(二)绩效评价的类型

根据组织不同层次,绩效评价的类型可分为组织、部门和个人绩效评价。个人绩效评价是部门绩效评价和组织绩效评价完成的基础。因此,完善的绩效评价体系要从组织层面延伸到部门层面和个人层面,并注意目标在横向与纵向上的协同。

1. 组织绩效评价

组织绩效评价系统作为组织管理系统的一部分,围绕组织战略、组织结构等要素进行设计,通常具备以下特征:第一,战略一致性。组织绩效评价系统中的目标、指标等内容必须能够对组织战略的实现提供有力支撑。第二,反映组织的特征。任何评价系统都要通过行为引导的作用达到一定的目的。第三,准确性。为了确认实际的组织绩效是否符合原先的预期及绩效信息的准确性,组织绩效评价系统对于评价什么和如何进行评价必须界定得十分清楚,同时应尽可能采用可验证的、客观的资料作为评价的依据,确保组织绩效评价的准确性。第四,可接受性。为确保组织绩效评价系统为成员所接受并发挥积极作用,该评价系统应尽可能地为组织成员考虑,并通过沟通与协商得到大家的认同。第五,及时性。为确保信息被及时地获得并发挥效用,组织绩效评价系统应包含促进系统有效运作的及时信息。第六,应变性。良好的组织绩效评价系统应该对组织的战略调整、外部环境的变化等因素具有一定的敏感性和动态调整性,能够及时做出反应并进行适当的调整。

2. 部门绩效评价

高效的部门绩效管理体系有助于企业实现其运营目标,具体可以通过以下方面实现:(1)能把企业的经营目标转化为详尽的,可测量的部门绩效评价标准;(2)能用量化的指标追踪跨部门的、跨时段的绩效变化;(3)能帮助及时发现问题,分析实际绩效表现达不到预期目标的原因;(4)对企业的关键能力和不足之处做到一目了然;(5)能为企业经营决策和执行结果的有效性提供有效支持信息;(6)能鼓励团队合作精神。

3. 个人绩效评价

个人绩效评价是指对员工在现任职务中的表现情况以及担任更高一级职务的潜力，进行有组织、定期的并且尽可能客观的评价。个人绩效评价实质上就是为了明确员工的能力、工作状况和工作适应性及其对组织的相对价值而进行的有组织的、实事求是的评价。虽然学者们对于个人绩效评价有不同的理解，但总的来说，个人绩效评价可以视为评估个人工作绩效的过程和方法。

四、绩效反馈

（一）绩效反馈的概念

绩效反馈是绩效管理系统的最后一个环节，是指在绩效评价结束后，管理者与下属通过绩效反馈面谈，将评价结果反馈给下属，并共同分析绩效不佳的方面及其原因，制定绩效改进计划的过程。其目的是通过良好的沟通使员工了解自己在绩效周期内的绩效表现，并针对绩效方面存在的问题采取相应措施，从而提升绩效水平。如果考核结果无法反馈给被考评的员工，它将失去激励、奖惩和培训的功能。因此，绩效反馈对绩效管理至关重要。

（二）绩效反馈的类型

1. 按照反馈方式分类

绩效反馈一般通过语言沟通、暗示和奖惩等方式进行。语言沟通是指考核方将绩效考核结果通过口头或书面的形式反馈给被考核者，对良好的绩效加以肯定，对不良绩效予以批评；暗示方式是指考核者以间接的形式如上级对下级的亲疏度，对被考核者的绩效予以肯定或否定；奖惩方式是通过物质上如加薪、奖金或罚款及非物质如升迁或降级的形式对被考核者的绩效进行反馈。

2. 按照反馈中被考核者的参与程度分类

绩效反馈根据被考核者参与程度可分为指令式、指导式和授权式。指令式是最接近传统的反馈模式，其主要特点是管理者告诉员工他们所做的哪些是对的哪些是错的，以及他们应该做什么，下次应该做什么，他们为什么应该这样而不应该那样做。指导式以教与问相结合为特点，以管理者和员工为中心。主管可以询问员工关于某些事情的看法，例如为什么认为工作任务没做好，怎样改进，哪些方法最恰当等等。通过这些沟通可以让管理者和员工共同探讨解决方法。授权式的特点是完全以员工为中心，不断向他们提出问题，鼓励员工自己探索和发现，而非灌输式教导。

3. 按照反馈的内容和形式分类

绩效反馈可分为正式反馈和非正式反馈。正式反馈是事先计划安排好的，如定期的书面报告、面谈、定期小组或团队会议等。非正式反馈的形式也多种多样，如茶歇闲谈、走动式交谈等。

第九章 绩效管理原理

(三) 绩效面谈

绩效面谈作为绩效反馈的主要形式，是一种正式的沟通方法。科学合理的绩效面谈是绩效反馈顺利进行的基础。被评估者通过绩效面谈，可以了解自身绩效情况，扬长补短；同时也可将企业的愿景、目标和价值观进行传递。绩效面谈的主要贡献在于企业可以提高绩效考核的透明度、突出以人为本的管理理念和传播企业文化；员工可以增强自我管理意识、充分发挥个人潜能，从而达到企业和员工的双赢。

1. 绩效面谈的步骤

绩效面谈以一对一沟通的形式展开，为了使绩效面谈真正发挥其应有的作用，达到绩效反馈预期的效果，在面谈中应根据面谈内容制定相应的步骤策略。主要思考主题包括根据面谈内容应确定哪些问题以及这些问题的提问顺序应如何安排。针对这些疑问，可以运用高绩效教练技术中的 GROW 模型，作为绩效面谈步骤制定的参考依据。

知识链接 9-1

GROW 模型

高绩效教练技术关注一对一教练的模式，而问题是教练沟通中的主要形式。GROW 模型认为基于现状的目标容易倾向于负面，变成对过去问题的总结和改进，员工容易被过去的表现所局限而缺少创新，所以在每一次教练沟通中，强调首先决定问哪些问题，以及以什么样的顺序来提问。该模型提问的顺序应遵循以下四个步骤。

目标设定（Goal）：本次教练对话的目标，以及教练的短期和长期目标。

现状分析（Reality）：探讨当前的情况。

方案选择（Options）：可供选择的策略或行动方案。

该做什么（What），何时（When），谁做（Who），意愿（Will）。

将 GROW 模型中的提问顺序运用于绩效面谈，则绩效面谈有以下步骤。

（1）设定此次面谈想要取得的成果。考虑希望考核者和被考核者分别通过此次绩效面谈获取哪些信息、取得怎样的绩效改善。

（2）从软、硬指标两方面分析被考核者现状。硬指标是指被考核者的可量化的工作业绩完成情况；软指标是指被考核者的行为表现，如工作态度、工作能力、积极性、责任感、人际关系等。考核者通过引导的方式，帮助被考核者通过这两方面的指标完成情况分析上一绩效周期内的综合表现。

（3）选择绩效改进措施。根据现状分析结果，考核方向被考核方提出可供选择的改进措施，管理者帮助员工在可选方案中做出选择，或者引导其进一步完善这些改进措施。

（4）制定改进措施的执行方案。根据改进措施，制定出具体的执行方案，根据要做的事情，制定出详细、可行的时间进度表。

（5）对新目标的展望。考核者应在绩效面谈中结合上一绩效周期的绩效计划完成情况，结合被考核者新的工作任务，帮助考核者一起制定新的绩效计划。

2. 绩效面谈的策略

在绩效反馈面谈中，管理者可以根据员工工作业绩和态度分类制定不同的策略。

（1）贡献型策略。贡献型员工的工作业绩和工作态度都很好。对于贡献型员工，面谈策略是在了解企业激励政策的前提下予以奖励，对其提出更高的目标和要求并积极维护和保留这批优秀员工。

（2）冲锋型策略。冲锋型员工的工作态度和绩效不稳定。对于冲锋型的员工，面谈策略是通过良好的沟通建立信任、了解原因，改善其工作态度；通过日常工作中的辅导改善工作态度，不滞留问题。

（3）安分型策略。安分型员工的工作认真态度端正，可是工作业绩一直得不到提高。对于安分行员工面谈的策略是以制定明确的、严格的绩效改进计划为重点；严格按照绩效考核办法予以考核。

（4）堕落型策略。堕落型员工想尽一切办法替自己辩解或承认工作没做好。其面谈策略是重申工作目标，澄清员工对工作成果的看法。

（四）绩效反馈效果评估

1. 反馈效果评估

绩效反馈面谈后，主管需要对面谈效果进行评估，以便调整绩效反馈面谈的方式，取得好的面谈效果。面谈效果评估应集中回答下列问题：

（1）此次面谈预期目的是否达成？若未达成下次应如何改进？

（2）哪些内容需要调整？

（3）此次面谈对被考评者有何帮助？

（4）被考评者得到充分发言的机会了吗？

（5）自己学到了哪些辅助技巧？

（6）自己对面谈结果的整体感受和评价如何？

组织实施绩效反馈后，员工工作行为会发生一些变化，如更积极主动地工作；保持原来的工作态度；消极、被动地工作抑或抵制工作。作为绩效管理最后一个重要环节，如果这一环节做得不到位，将影响整个绩效管理的全过程。所以，绩效反馈结束后，需要针对了解到的情况提出绩效反馈的改进方案。

2. 改进绩效反馈

就如何改进绩效反馈，有以下几点值得注意：提高管理者素质，强化责任心，建立科学的绩效考核面谈制度；管理者要考虑以何种方式进行沟通，使沟通的双方相互理解、信任、认同；管理者必须高度重视面谈反馈的重要性，主动与员工沟通，认真做好面谈前的准备工作，明确面谈目的，尤其是对绩效欠缺的员工必须要有充分的考核依据；管理者在面谈中，要摆正自己的心态、坦诚沟通，必须和员工就其业务、业绩、薪酬等方面进行交谈；注意谈话的场所和环境以提高面谈效果；明确谈话态度帮助员工制定改进计划并追踪效果；认真收集反馈意见，不断完善信息。

第三节 绩效管理实践

一、基于360度考评的绩效管理实践

(一) 360度绩效考评的概念

360度绩效考评又称"全方位考核法"或"多源考核法",是一种全方位、由多个评价维度来了解个人绩效的绩效评估考评方法。该方法是由美国英特尔公司提出并实行的。随着"人本"管理理念以及网络信息技术的推广,以360度绩效评估为核心的绩效管理体系风靡全球。

360度绩效考评体系主要由以下三个部分组成:一是员工的自评。关于员工本人的自评可以用"三个三",即评价自己的三个主要贡献,三个关键优势,三个发展领域。二是360度的评估,即员工的同事、上级、下属对其的评价。三是员工与主管会有一个绩效面谈。

通过以上三项的综合,经理和一个评估小组成员一起给员工的绩效考核打分数,然后根据该分数确定员工所属的绩效考核等级的级别,由此可见,360度绩效考评是一个沟通的过程,也是一个激励和管理员工的流程。

(二) 360度绩效考评的关键程序

1. 准备阶段

准备阶段的主要目的是使所有相关人员,包括所有评估者与受评者和所有可能接触或利用评估结果的管理人员,正确理解企业实施360度评估的目的和作用,建立对该评估方法的信任。

2. 评价阶段

评价阶段的重要工作是组建360度绩效评估队伍。组建360度绩效评价队伍时,需要特别注意评价组成员要获得受评者的同意,以确保最终结果得到考评对象的认同和接受,同时为评价者提供360度评估反馈技术的培训,使他们熟悉并能掌握该技术。评价过程中,除了上级对下级的评价无法实现保密之外,其他类型的评价应采取匿名方式,严格维护填表人的匿名权以及对评价结果报告的保密性。最后,企业管理部门应针对反馈的问题制定相应措施。

3. 反馈和辅导阶段

向受评者提供反馈和辅导是一个非常重要的环节。来自上级、同事、下级等的多方反馈可以让受评者更加全面地了解自己的强项和弱项,认清自己真实状况以及公司和上级对自己的期望之间的差距。通过评价结果的反馈,受评者可以获得有关自己素质能力、工作

风格和工作绩效等的评价意见，更全面、客观地了解自己的优缺点，为个人未来职业生涯及能力的发展提供最为精准的判断。

（三）360度绩效考评的优缺点

1. 优点

360度绩效考评，简单易行，具有以下优点：（1）综合性强；（2）避免了考核的片面性；（3）通过客户的评价和监督推动工作质量和工作效率的提高；（4）可以作为中高级管理人员的民主测评手段；（5）多维度引导促进员工全面发展；（6）排除团队消极分子的有效手段。

2. 缺点

360度绩效考评虽然有很多优点，但也存在不足：（1）考核结果容易受到情感因素的影响；（2）被考核者的考核成绩不一定反映其绩效；（3）考核容易流于形式；（4）数据收集和处理的成本高，使用范围受限制；（5）由于员工普遍对考核工具缺乏了解，许多考核人并不主动学习和掌握考核方法，而是被动地接受人事部门的考核安排；（6）考核过程中可能导致企业内部产生紧张气氛和团队内部的勾心斗角，互相猜疑。

二、基于关键绩效指标的绩效管理实践

进入20世纪80年代，随着管理实践的发展，绩效管理作为人力资源管理的重要方面，受到了更加广泛的关注。管理学界开始关注将绩效管理与企业战略相结合，将结果导向与行为导向的评估方法相结合，强调工作行为与目标并重。由此，关键绩效指标应运而生。

（一）关键绩效指标的概念与类型

1. 关键绩效指标的概念

关键绩效指标（Key Performance Indicators，KPI）是指将组织战略目标经过层层分解而产生的、具有可操作性的、用以衡量组织战略实施效果的关键性指标体系，是一种把企业的战略目标分解为可运作的愿景目标的工具。其目的是将组织战略转化为内部流程和活动，促使组织获取持续的竞争优势。

2. 关键绩效指标的类型

（1）根据绩效类型的不同，可以将关键绩效指标分为组织关键绩效指标、部门关键绩效指标和个人关键绩效指标三个层次。其中组织关键绩效指标来自于对组织战略的分解；部门关键绩效指标来自于对组织关键绩效指标的承接和分解；个人关键绩效指标则来自于对部门关键绩效指标的承接和分解。

（2）根据指标性质的不同，可以将关键绩效指标分为财务指标、经营指标、服务指标和管理指标。其中财务指标侧重衡量组织创造的经济价值；经营指标侧重衡量组织经营运作流程的绩效；服务指标侧重衡量利益相关者对组织及其所提供的产品和服务的态度；管理指标侧重衡量组织日常管理的效率和效果。

（二）关键绩效指标的构建

设立一个完整的基于关键绩效指标的绩效管理系统通常包含以下六个步骤：

1. 确定关键成功领域

建立关键绩效指标体系的第一步就是根据组织的战略，通过鱼骨图分析，寻找组织实现战略目标或保持竞争优势所必须的关键成功领域，即对组织实现战略目标和获得竞争优势有重大影响的领域。

2. 确定关键绩效要素

关键绩效要素是对关键成功领域进行的解析和细化，主要解决以下问题：①每个关键成功领域包含的内容是什么；②如何保证在该领域获得成功；③获得成功的关键措施和手段是什么；④获得成功的标准是什么。

3. 选择关键绩效指标

选择关键绩效指标应遵循三个原则：①指标的有效性，即所设计的指标能够客观地、最为集中地反映要素的要求；②指标的重要性，即通过对组织整体价值创造业务流程的分析，找出对其影响较大的指标，以反映其对组织价值的影响程度；③指标的可操作性，即指标必须有明确的定义和计算方法，容易取得可靠和公正的初始数据，尽量避免凭感觉主观判断的影响。

4. 构建组织关键绩效指标库

在确定了组织关键绩效指标之后，需要按照关键成功领域、关键绩效要素和关键绩效指标三个维度对组织的关键绩效指标进行汇总，建立一个完整的关键绩效指标库，作为整个组织进行绩效管理的依据。

5. 确定部门关键绩效指标

部门绩效指标一般由关键绩效指标和一般绩效指标构成。关键绩效指标绝大部分来自于对组织关键绩效指标的承接或分解，也有一部分是部门自身独有的指标。一般绩效指标通常来源于流程、制度或部门职能。在一般情况下，组织关键绩效指标需要全部落实到具体的部门，否则必然会导致重要工作遭到忽视。部门关键绩效指标的确定过程也可以看做在组织关键绩效指标库中根据分工进行指标选择的过程。部门绩效指标通常包含关键绩效指标和一般绩效指标，并且所有的绩效指标要全面体现在部门绩效计划中。

6. 确定个人关键绩效指标

个人关键绩效指标的确定方式同部门关键绩效指标的设计思路一样，主要是通过对部门关键绩效指标的分解或承接来获得。个人绩效指标体系同样包括关键绩效指标和一般绩效指标两类指标。其中一般绩效指标通常来源于员工所承担职位的职责，也有部分来自于对部门一般指标的承接和分解。

知识链接 9-2

微软的绩效考评系统

微软的 78 565 名员工在截至 6 月 30 日的 2007 财年创造了 511.2 亿美元的收入，继续保持着一个令人羡慕的长期增长和盈利模式。但是，公司的绩效管理系统却在员工和管理者之中引起了广泛的不满。

员工要接受两个等级的绩效考评：一个基于现在的绩效，用来决定价值增长；另一个针对潜在的和未来的绩效，用来设定股票奖励。

在旧系统下，管理者在 0～5 之间以 0.5 的间距按照强制分步法对现有绩效进行评级。因为现有绩效不仅决定了年度收入增长，还是员工申请其他职位的依据，因此强迫分配法是他们的痛处。

最终，微软抛弃了它的 0～5 评级量表，采用了一个三点的 "承诺" 量表，三点是指 "超过" "达到" 和 "表现欠佳"，这里没有强制分布。Ritchie 报告说："在新系统下的分布是我们期待的。" 在最后一个完整的周期内，37% 的员工被评级为 "超过"，58% 的员工被评为 "达到"，5% 是 "表现欠佳"。一般规律是最优秀的团队比一般员工的价值增长高出 50%。

（资料来源：Fay Hansen, "Lackluster Performance," Workforce Management, November 5, 2007）

三、基于平衡计分卡的绩效管理实践

（一）平衡计分卡的概念

平衡计分卡（Balanced Score Card，简称 BSC），就是根据企业组织的战略要求而精心设计的指标体系。按照卡普兰和诺顿的观点，"平衡计分卡是一种绩效管理的工具。它将企业战略目标逐层分解转化为各种具体的相互平衡的绩效考核指标体系，并对这些指标的实现状况进行不同时段的考核，从而为企业战略目标的完成建立起可靠的执行基础"。

平衡计分卡是 20 世纪 90 年代初哈佛商学院的罗伯特·卡普兰（Robert Kaplan）和诺朗诺顿研究所所长（Nolan N. Institute）、美国复兴全球战略集团创始人兼总裁戴维·诺顿（David Norton）所从事的 "未来组织绩效衡量方法" 中的一种绩效评价体系。该计划的最初目的在于提出一种全新的、超越传统的以财务量度为主的绩效评价模式，使组织的 "策略" 能够转变为 "行动"。

平衡计分卡打破了传统的单一使用财务指标衡量业绩的方法，在财务指标的基础上加入了如客户因素、内部经营管理过程和员工的学习成长等驱动因素，在企业战略规划与执行管理方面发挥了非常重要的作用。

平衡计分卡作为战略管理与执行的工具旨在帮助企业将战略转化为具体行动和竞争优势，是在对企业总体发展战略达成共识的基础上进行的战略管理与实施体系。

（二）平衡计分卡的基本内容

平衡计分卡将组织的使命和战略转化为有形的目标和评估指标，其内容主要体现在以下方面。

1. 客户

平衡计分卡在客户方面，管理者们确认了组织将要参与竞争的客户和市场部分，并将目标转换成一组指标。如市场份额、客户留住率、客户获得率、顾客满意度、顾客获利水平等。

2. 内部经营

为吸引和留住目标客户，满足股东的回报需求，管理者应关注与客户满意度和实现组织财务目标相关的组织内部经营过程，并为其设立衡量指标。

3. 学习与成长

平衡计分卡在学习和成长方面确认了组织为了实现长期的业绩而必须进行的对未来的投资，包括对雇员的能力、组织的信息系统等方面的衡量。

4. 财务

产品质量、订单完成时间、生产率和客户满意度等方面的改进只有转化为销售额的增加、经营费用的减少和资产周转率的提高，才能转化为组织财务上的成功。平衡计分卡的财务方面列出了组织的财务目标，并对战略的实施和执行在经营成果改善上的贡献进行衡量。

（三）平衡计分卡的优缺点

1. 优点

平衡计分卡作为一种管理手段和管理思想的体现，主要优点有：
（1）避免了财务评估方法的短期行为导向；
（2）将组织行为聚焦在战略目标上；
（3）有效将组织的战略转化为各层级的绩效指标；
（4）加强和提升员工对组织目标和战略的沟通和理解；
（5）培养组织和员工的学习能力和其他核心能力；
（6）实现组织长远发展；
（7）提高组织整体管理水平。

2. 缺点

平衡计分卡中许多条目尤其是非财务指标类是很难解释清楚或者难以衡量，这给绩效衡量指标的确定带来了难度。企业管理者应当专注于战略中的因果关系，将战略与其衡量指标有机结合起来。当组织战略或结构变更的时候，平衡计分卡也应当随之重新调整，同时伴随而来的是大量时间和资源的耗费。另外，平衡计分卡执行起来有一定难度，通常一份计分卡的执行耗时5~6个月，另外再需要几个月的时间来调整结构使其规则化，因此开发总耗时一年或更长。

 **案例分析**

IBM 公司的绩效管理创新

创建于1911年的国际商用机器公司IBM公司，从最初生产打孔卡、制表机、钟表、奶酪切片机的制造商通过一个多世纪发展成为目前全球最大的信息技术与服务公司。如今的IBM有硬件、软件、服务和金融四大利润来源，同时在向新的业务包括认知、云计算和大数据等领域转型。为支撑这种移动互联网时代的新业务转型，从2015年下半年开始，IBM正式启动了一套敏捷、灵活的帮助员工制定短期目标、实现即时绩效反馈的全新绩效管理体系的变革。

IBM新建立的个人绩效考核体系称为"PBC（Personal Business Commitment，即个人业务承诺），该项目分为三个主要板块：根据公司和部门的战略要完成的一些主要的业绩，即业务目标；针对部门经理的要求设定的员工管理目标；和针对全体员工的个人发展目标。目前IBM个人绩效PBC使用的是一个全球在线系统，在系统里，每个员工有一张个人绩效系统PBC表格。绩效考核结果分为三个档次，分别是PBC1、PBC2和PBC3。PBC1代表各项优异；PB2代表目标达成，即良好；PBC3代表考评结果不理想。虽然IBM没有强制分布，但PBC2大概占公司员工的70%，PBC1占20%左右，公司根据不同的考核结果给予员工不同的薪酬待遇。值得注意的是，IBM还有一个透明机制，即当员工反对考核结果时，可以去人力资源部门申诉，提出自己的意见和建议，这无疑给员工提供了一个更加公平的考核环境。

为了进一步使公司创新的文化在工作中得以实现，IBM同时列出了对优秀经理的7个要求：

（1）确保下属理解自己的工作，以便更好地实现公司战略目标和部门目标；

（2）身体力行，建立清晰的绩效标准，积极管理绩效欠佳者；

（3）认可个人和团队做出的积极贡献；

（4）倾听员工，尽力帮助员工解决他们的问题，确保积极的绩效管理氛围；

（5）发扬公司的企业文化和核心价值观，培养健康的团队氛围；

（6）支持员工的可付诸实践的想法，鼓励员工进行创新；

（7）协助员工建立适合自己的个人发展计划和目标，指导员工达成目标，实现个人成长。

在绩效管理创新方面，新建立的绩效管理体系"Checkpoints"通过IBM内部Checkpoint Tracker系统，可以随时更新反馈内容，帮助经理和员工根据业务演变的需要来动态地去改变目标，以一种系统化和便捷化的形式，一方面便于员工获得有关个人发展的及时回馈，同时帮助经理将员工的目标进展情况随时进行存档。Checkpoint的原则是让绩效反馈贯穿全年，使目标变得生动起来，让员工在完成重大目标的过程中体会到协同推动感和里程碑式的成就感，从而获得进一步的激励，形成绩效管理良性循环。以下五个标准是Checkpoint作为绩效反馈和对员工最终评价的基石：（1）业务成果（Business Results）；（2）对客户成功的贡献（Impact on Client Success）；（3）创新（Innovation）；（4）自己对他人的责任（Personal Responsibility to Others）和（5）技能（Skills）。

"业务成果"是和在全年过程中设定的目标相联系的，"对客户成功的贡献""创新"和"自己对他人的责任"是和IBM的价值观紧密相关的。至于"技能"这一项标准，如何评测它取决于员工自身的技能和其从事的工作类别和职责。同时，由于市场环境的改变，客户需求的变化速度也在加快，随之而来的是业务重心的改变，为了跟上这些节奏，目标的设定期限也由年度转为季度，这就避免了年初设定的目标在年中出现不适用情况的出现。过去的做法是由经理和员工在年初讨论全年目标，年中进行反馈，年底进行评估。现在，新的体制将绩效目标变成了3～5个月的短期即时目标，更能适应市场变化的需求并作出灵活的变动。

在全面推广Checkpoint系统的同时，IBM公司也为其员工提供了作为即时反馈基础的名为ACE（Appreciation 鉴别，Coaching 教练，Evaluation 评估）的应用。员工可以下载这个 APP，通过它寻求反馈，亦可给予经理反馈，同时管理者也可以随时随地给任何一个员工提供回馈，真正达到实时互动。

讨论题：

1. 请结合案例分析一下 IBM 公司进行绩效管理改革的主要动机。
2. IBM 公司新设立的的个人业务承诺（PBC）项目相比于传统的绩效沟通和反馈方式有哪些优势？
3. 华为公司为什么选择借鉴 IBM 公司的绩效管理体系？

复习思考题

1. 简述什么是绩效管理？绩效管理和绩效考核有何差异？
2. 影响绩效管理的决定因素有哪些？
3. 绩效管理对于企业组织有什么意义？
4. 绩效管理的具体内容和基本流程是什么？
5. 目前企业常用的绩效管理工具有哪些？它们适用于何种情境？
6. 中国企业运用 360 度绩效考评和平衡计分卡时有哪些注意事项？

延伸阅读

［1］郑晓明. 人力资源管理导论［M］. 北京：机械工业出版社，2016.

［2］塔玛拉·钱德勒. 绩效革命：重思、重设、重启绩效管理［M］. 北京：电子工业出版社，2017.

［3］罗伯特·卡普兰，大卫·诺顿. 平衡计分卡：化战略为行动［M］. 广州：广东经济出版社，2013.

［4］Bass B. M. Leadership and performance beyond expectations［J］. Academy of Management Review，1985，12（4）：756.

［5］Denisi A. S，Murphy K. R. Performance appraisal and performance management：100 years of progress？［J］. Journal of Applied Psychology，2017，102（3）：421.

［6］Otley D. Performance management：a framework for management control systems research［J］. Management Accounting Rresearch，1999，10（4）：363－382.

第三篇 职能篇

第十章

Financial Management

计划职能

本章主要学习计划的概念、性质和类型，了解计划的作用以及影响因素，学会依照七个步骤制定计划并进行评价；目标管理的发展与应用，了解目标管理的优缺点；决策的概念、特点、类型、理论，以及制定决策的步骤。其中目标管理的实行及决策的制定是本章学习的重点，计划评价与决策理论是本章学习的难点。

知识目标：掌握计划、决策和目标管理的内涵，熟悉计划、决策和目标管理的操作过程，了解决策的相关理论。

能力目标：描述不同层次管理者在不同情境下所需计划、目标管理和决策的区别，能够识别决策中隐藏的心理学因素并能够利用这些因素帮助管理者改善决策。

素质目标：通过资料收集、课外调查和课堂研讨，树立计划意识，了解决策过程；并通过小组集体学习和训练，培养团队协作精神。

第一节 计划概述

一、计划的概念和性质

（一）计划的概念

在《辞海》中，计划是指人们为了达到一定目的，对未来时期的活动所做的部署和安排。在管理学中，罗宾斯（Stephen P. Robbins）认为，计划是指定义组织目标，确定战略以实现这些目标，以及制定方案以整合和协调工作活动。我们认为，计划是指根据对组织内外环境的分析，提出未来一定时间内组织要达成的目标以及实现目标的途径。一般来说，计划的内容包括5W1H。

What：做什么？即计划的主体内容，我们具体要做什么。

Why：为什么做？即计划的理由，确保"做正确的事情"。

Who：谁去做？即计划的执行者、责任主体。

Where：在什么地方做？即计划的实施地点。

When：什么时间做？即计划的时间安排。

How：怎么做？即具体的方法和程序，确保"正确地做事"。

（二）计划的性质

1. 目标性

管理工作是为组织目标服务的，计划作为管理的一个职能，也要依据组织目标来设定。有了正确的目标，才算得上"做正确的事"；没有明确目标，或者有明确目标，但是跟组织目标不一致，都可能会带来计划的低效，甚至对企业发展产生负面作用。

2. 领先性

计划的领先性是指在管理职能中，计划处在最首要或基础的位置，即所谓"谋定而后动"。定好计划，然后各部门依照计划一致行动，一切资源就可以有秩序地流动，不会像无头的苍蝇那样失去方向，最终得以顺利实现组织目标。

3. 普遍性

计划的普遍性是指计划不是组织某几个成员或者某个特殊群体的事情，所有的管理人员或多或少都会参与计划的制定和执行。当然，由于层次、分工不同，不同人负责的计划及这些计划带来的影响可能不一样，例如高层管理者可能参与战略计划多一点，而基层管理者更多做出业务/战术计划。但总体上，计划是公司所有管理人员都会参与的活动。

4. 效率性

计划和其他管理工作一样，也要考虑效率问题。制定和实施计划需要成本，将这个成本同计划实施后得到的成果相比较，若成果大而成本小，显然这个计划就很有效率；若以很大的成本取得很小的成果则是得不偿失的。需要注意：第一，这里的成本不但包括物质支出，还包括了个人满意度等无形因素。第二，计划制定者也不可一味关注一时的收益和成本或追求当前最高的收益—成本比，有时候应强调以能接受的成本获得优势。这些优势可能用金钱一时无法衡量，但长远来看，对企业的发展非常重要。第三，计划是否能够达到预期目标还会受到各种不确定因素的影响，在最后评价计划的时候不能全凭最后结果，还要考虑计划过程是否合理、不确定因素的影响情况如何。

二、计划的类型和作用

(一) 计划的类型

用来描述组织计划的常用方法是计划的宽度（战略计划、业务计划）、时间框架（短期计划、长期计划）、具体性（指导计划、具体计划）以及使用频率（一次性计划、持续性计划）。这些计划类型并不是彼此不相干或相互排斥，他们可以共同体现在某一个计划上。例如，战略计划通常是长期的、指导性的、一次性的，而业务计划通常是短期的、具体的、持续性的。

1. 战略计划与业务计划

根据业务范围可以将计划分为战略计划与业务计划。战略计划应用于组织整体，时间跨度较大（通常为5年以上），目标是总体性的、战略性的；业务计划则负责将战略计划落实，更加有针对性，时间跨度较短，最终体现在各业务部门或行动单位的具体行动方案上。

2. 短期计划与长期计划

根据时间长短可以将计划分为短期计划和长期计划。通常认为5年以上的计划属于长期计划，它描述了组织在较长时期的发展方向和方针。规定了组织在未来想达到的高度。但是"长期"的时间界限也不是一成不变，随着市场竞争更加激烈，信息交流、资源流动更加迅速，可能会缩短"长期"的时间。

3. 指导计划与具体计划

根据具体程度可以将计划分为指导计划和具体计划。指导计划只给出大致方针和原则，给予行动者很大的自由处置权；具体计划则有明确的目标和方案。如"下个月的销售额保持增长"，就是一个指导计划；而具体计划则可能会规定销售额要增长10%，并且可能还规定了具体的策略，例如通过减价促销来增加销售额。需要注意的是，指导计划和具体计划各有优劣，计划制定者必须对指导计划的灵活性与具体计划的清晰性进行权衡。

4. 一次性计划和持续性计划

根据使用频率可以将计划分为一次性计划和持续性计划，或者叫非程序性计划和程序性计划。前者是特殊的活动，不重复出现，比如组织转型、新产品开发、薪酬制度的改变等。处理这些事情没有很多先例可循，没有一成不变的方法和程序，它的性质、结构和后果都不是管理者熟悉的，这样的事情就要特殊对待。与之相对的是持续性的计划，它是一般的活动，重复出现，比如每天常规的生产活动，有很多先例，它的性质、结构和后果都是管理者熟悉的，这样的事情就可以建立规范的程序去处理，以提高效率。最后，管理者要注意识别环境的变化，以适时改变计划：原先一次性的计划重复出现就可以把它固定下来作为持续性计划；而原先持续性的计划可能在环境发生重要变化后就要特殊对待。重要的是，管理者要对环境当中的重要信息保持敏感。

（二）计划的作用

管理者愿意花费资源去做计划是有原因的，因为计划对组织目标的实现有重要的作用。

1. 指明组织行动方向

一个明确的计划能告诉企业人员在何时何地该做什么、怎么做，相关人员、设备、资金等资源才能有序投入，不会因为各自为战造成混乱并带来管理的低效。

2. 帮助管理者进行管理控制

计划不但规定了要做什么事情，还规定了要达到的标准和相应的规则。有了标准和规则，管理者可以更好地进行授权管理，而不用担心授权以后会失控。当员工行为背离企业目标时，计划可以作为管理者控制、调整员工行为的依据。计划还可以作为相关人员绩效判断、责任划分的依据。因为计划是事先制定的，这样评定绩效、划分责任就有据可依，避免了事后互相扯皮，保证了管理过程的透明和公平。奖励和惩罚有据可依，对于员工也有很大的激励作用。他们会知道并且乐意做组织期望的事情，不愿意做组织不希望他们做的事情。

3. 帮助管理者把握未来

未来不确定因素很多，难以全盘掌控，而人们常常有规避不确定的倾向，相比起不确定，人们更愿意做熟悉的事情。但对于企业来说，今天熟悉的、成功的实践在未来不一定同样能奏效，企业想要生存和发展必须要认同并且设法应对不确定性。例如，过去可以说"酒香不怕巷子深"，不必打广告就可以吸引顾客；后来同类产品多了起来，本企业的产品也可以销往全国各地，这时候企业可能就需要借助各种广告宣传来让大家了解这个品牌，因此电视广告成为商业宠儿，央视"标王"的说法随之出现；到了移动互联网时代，传统的电视广告可能又要让步给APP平台广告、热门综艺节目和网剧里的植入广告；甚至随着自媒体时代的到来，广告又要让步给"口碑"，一些公司声称自己不打广告，主要原因就在于现在微博、微信、知乎、贴吧等社交、分享平台的快速发展，速度极快的信息传播使得借助某个特定平台的广告来传播产品显得不再那么必要。

对于管理者来讲，必要的展望未来、了解趋势并且利用趋势是非常重要的。计划是关于未来的部署，要求管理人员必须对未来进行分析、讨论和安排，从这个角度看，计划能帮助管理者更好地了解未来，降低未来的不确定性，从而能够把握机会。

三、计划制定的影响因素

（一）组织层次

虽然计划的参与者包括所有管理者，但是由于所处组织层次不同，管理者参与的计划也存在不同。大多数情况下，基层管理者的计划活动主要是制定战术计划，当管理者在组织中的等级上升时，他的计划角色就更具有战略导向性，影响力也更大。

(二)产品生命周期

产品都要经历一个生命周期(life cycle),开始于形成阶段,然后是成长、成熟,最后是衰退。不同的生命周期对计划有不同的要求。

在产品形成期,目标是尝试性的,不确定性较大,因此采取指导性计划以保持灵活性,便于迅速调整。

在产品成长期,随着目标更确定、资源更容易获取和顾客忠诚度的提高,计划也更具有明确性,这时候短期的、更具体的计划比较合适。

在产品成熟期,企业发展相对稳定,这时候长期的具体计划比较合适。

在产品衰退期,企业又重新面对不确定性,这时候要对企业的发展做新的考虑,计划也相应地由具体变为指导性的、短期的,以及时反应,顺利度过衰退期,保持企业健康成长。

(三)环境的不确定性程度

环境的不确定性高时,计划要保持灵活性,在执行计划的过程中,管理者应随时准备修正或改变计划。计划的终极目的是帮助实现组织目标,管理者要始终将这点放在心中,明白计划本身不是目的,也不是毕其功于一役的事情,一切要以组织目标是否达到为判断依据。

知识链接 10-1

精益创业

精益创业源于"精益生产"的理念,提倡企业进行"验证性学习",先向市场推出极简的原型产品,然后通过不断地试错试验和学习,以最小的成本和有效的方式验证产品是否符合用户需求,灵活调整方向。如果产品不符合市场需求,最好能"快速地失败,廉价地失败",而不要"昂贵地失败";如果产品被用户认可,也应该不断学习,挖掘用户需求,迭代优化产品。

以火箭发射和汽车驾驶为例子,火箭发射要求设备十分精密,成千上万个参数都是预设好的;汽车驾驶则允许路上做各种调整。传统上关于创业的很多商业计划看上去像火箭发射,这些计划细致入微地制定了要采取的步骤,以及期望的结果,他们陷入了一种危险境地,哪怕假设中有细小错误,也会带来惨痛后果。

相反,精益创业的方式是教你如何驾驭一家新创企业。你不需要基于众多假设而制定复杂的计划,可以通过转动方向盘进行不断调整。埃里克·莱斯(Eric Ries)把这个过程称为"开发—测量—认知"的反馈循环。通过这样一个驾驭过程,创业者可以知道何时以及是否到了急转弯时刻,这个时刻被称为"转型"时刻。或者,自己是否应该"坚持"走在当前的道路上。

很显然,这种特殊的对待计划的方式在快速变动的商业环境中十分重要。管理者必须审视自己的业务及其所处的阶段,根据实际情况制定出合适的计划,而不能拿着一本传统的商业计划书就指望目标能够畅通无阻地实现。

(资料来源:埃里克·莱斯. 精益创业[M]. 北京:中信出版社,2012.)

四、计划编制

（一）计划编制步骤

计划编制的步骤包括确定目标、确定前提条件、拟定可供选择的方案、评价各种备选方案、选择方案、制定派生计划、用预算使计划数字化。

1. 确定目标

目标是期望的成果，制定计划的第一步是要确定计划的目标，即组织想要实现什么。通过将决策所确定的长期目标分解为各个阶段的目标，并且落实到各个部门、各个活动环节，使得宏大的愿景和期望能够落地，变为现实。

2. 确定前提条件

前提条件是对我们的计划在什么环境下（企业内部的、外部的）实施的问题的回答。对前提条件的考虑有两点要注意，第一是企业内外部环境十分复杂，将所有因素都考虑在内既不现实也没必要，管理者要考虑的是一些关键的要素；第二，计划制定人员要保持坦诚的沟通，对环境有较为一致的清楚认识，这样计划工作就较容易开展。

3. 拟定可供选择的方案

在这个阶段，重要的是提出尽可能多的方案。可供选择的行动计划数量越多（当然方案要保持一定的差异化，否则只是简单的重复，没有明显差别），被选计划的相对满意度就越高，行动就越有效。在这个阶段，企业常常会广泛发动群众的力量，鼓励自己的员工，甚至包括企业之外的供应商、消费者等提供意见。如海尔集团推进"创客"发展，鼓励员工与顾客交流，不断迭代产品。其中一个团队在25天内吸引了550949人关注，33841次交流互动，通过不断收集用户反馈意见并积极改进产品，最终形成了"雷神"游戏笔记本品牌。

4. 评价各种备选方案

在这个阶段，管理者要对收集到的大量方案进行评价，评价方法分定性和定量两类。定性的评价可能会涉及到：这项计划符合我们企业的愿景和使命吗？符合法律和道德吗？定量的评价通常有一系列的指标，这些指标有不同的权重，管理者依据这些指标和权重给各个方案打分评价。可能的指标有计划完成所需时间、预期投资回报率等等。不论用哪种方法，管理者都要全面考虑到计划所带来的有形的无形的利弊得失，不能因为自己偏好某种方案就选择性地处理相关信息。

5. 选择方案

当评价工作完成后，可能存在几个方案不相上下的情况。管理者需要注意的是依据实际需要调整决定。有的时候环境变化较慢，一时延迟计划决定也是允许的；有的时候环境瞬息万变，机会稍纵即逝，管理者就要抓紧时间选择，不能等到情况明了时再做决定，因为那时候可能大局已定，再好的计划也派不上用场了。这种情况下，管理者可以先选定一个计划方案，同时对其他方案进行细化和完善以充当备选方案。

6. 制定派生计划

基本计划需要派生计划的支持,"明年将 X 产品在中国的市场份额扩大 5%"是一个基本计划,想要实现这个计划可能还要有其他派生计划的辅助,例如促销计划、招聘和培训计划,这些派生计划同基本计划配合一起发挥作用,基本计划才有望被顺利完成。因此制定派生计划也是整个计划过程的一个重要部分。

7. 用预算使计划数字化

计划的最后一步是依据计划制定预算,这样做的好处一方面是标准清晰、便于执行,另一方面决策者也可以较为方便地对计划执行过程进行控制。

(二)对计划进行评价

计划的评价可分为程序性评价和经济效果评价。程序性评价主要是对计划工作本身质量的评价,可以从客观性、结构化程度和适变性三方面来进行。客观性主要考察计划所依据的信息是否客观真实、计划制定程序是否规范;结构化程度主要考察计划是否符合逻辑,确保按照计划实施能够达成组织目标;适变性主要考察计划的弹性,即当外界环境发生重要变化时,计划是否能够适时调整过来以保证目标的实现。

计划的经济效果评价则是指在计划完成后对计划进行回顾,看计划的各项目标是否达到。一个投入到位但是各项目标均没有达到的计划一定是存在问题的。这些问题可能来自客观环境中存在的不确定因素,也有可能来自计划本身,或者是相关人员执行不到位,管理者在评价的时候要注意区分。

第二节 目标管理

一、目标管理的概念

(一)目标

目标是所期望的结果或对象。著名管理学家彼得·德鲁克(Peter F. Drucker)在他的著作《管理的实践》中写道:"任何一个其业绩和结果对企业的生存和兴旺有着直接的和举足轻重影响的领域,都需要有目标。"他又说,"这些关键领域的目标应该能做到五点:能用简洁易懂的语言说明所有的企业现象;在实践中接受检验;能预测行为;在决策制定过程中就能加以评估;能让实际经营者分析自己的实践,并因此改善经营绩效。"德鲁克对目标的重要性和特点总结得很到位。

(二)目标管理

目标管理(Management by Objective,MBO)最早是由彼得·德鲁克(1954)在其著作《管理的实践》中提出,他认为每位管理者的工作目标必须根据他对上级单位的成功所做的贡献来决定，每位管理者必须自行发展和设定单位的目标。美国管理学家乔治·奥迪奥恩（George S. Odiorne）发展和完善了德鲁克的目标管理思想，他指出，"目标管理是这样一个过程：通过这个过程，组织的上级管理人员和下级管理人员共同确定组织的目标，根据对每一个人所预期的结果来规定他们的主要责任范围，并且利用这些指标来指导他们所管部门的活动和评价每个成员做出的贡献"。罗宾斯则将目标管理定义为"设定管理者和员工双方认可的目标并用这些目标来评估员工绩效的一个过程。"

二、目标管理的要素与步骤

（一）目标管理要素

目标管理计划有四个要素：具体的目标、参与型决策、明确的时间框架和绩效反馈。具体的目标让所有工作有据可依，可以衡量。参与型决策是目标管理的一大特色，目标管理不是某个特殊群体的事情，而是需要上下级都能参与其中，达成共识，将组织目标转化为自己的目标。明确的时间框架是指目标管理要有时间安排，什么时间点出什么成果要有所规定，从而能够按照合适的节奏前进，避免由于时间管理不善而带来诸多问题。最后一个要素是绩效反馈，它能提供最新的数据来帮助计划执行者了解计划的执行情况和出现的新问题、新状况。必要的时候，绩效反馈可作为计划调整的依据。

（二）目标管理步骤

一个典型的目标管理计划包含以下步骤（见表 10-1）：

表 10-1　　　　　　　　　　　目标管理的步骤

1. 制定组织的总体目标
2. 将总体目标分解到各部门
3. 部门领导与其下属管理者共同制定本部门的具体目标
4. 管理者与员工共同制定每位员工的具体目标
5. 管理者和员工共同制定具体的行动方案
6. 实施行动方案
7. 定期评估目标实现进展并提供反馈
8. 采用基于绩效的奖励以强化目标的实现

（资料来源：罗宾斯. 管理学 [M]. 北京：中国人民大学出版社，2012.）

三、目标管理的优缺点

（一）目标管理的优点

1. 使得上下级目标与组织目标明晰一致

目标管理要求每个管理人员必须以企业的成功为中心，其成果必须与组织目标保持一致。依据这些原则，员工制定出更加明确的绩效目标和行动方案，从而可以自我衡量绩效。目标管理使得更多的互动参与成为可能，通过加强不同责任者之间的沟通，使得目标更加清晰；并且使监督人员的角色从评判者变成了协助者，从而减少角色冲突。这些特点保证了上下级目标明晰一致、组织目标与个人目标明晰一致，有助于组织目标的实现。

2. 激发个人的主动性

目标管理强调下属的参与，重视管理的结果，而非监督活动本身。在目标管理过程中，每个人都可以通过比较实际结果和目标来评估自己的绩效，以便进一步改进自己的工作。这种参与性提高了个人的自我控制感，激发了个人的主动性。与之相关的关于工作自主性（Work Autonomy）的研究也证实了这点，研究指出，工作自主性与很多积极行为积极相关，如组织公民行为、建言行为；并且，在同等受教育程度下，更多的工作自主性带来更大的工作满意度。而较低的工作自主性或工作控制感，与削弱员工的工作主动性和工作热情等方面的负面效应直接相关。

（二）目标管理的缺点

1. 目标管理对于员工的假设不一定存在

马斯洛（Abraham H. Maslow）认为，目标管理基于"有责任心的工人"的假设，实际上隐含了"每个人都是成熟的人"这样一个心理学假设。德鲁克的那些管理原则"可能实际起作用的对象只是那些相对健康的人、相对坚强的人、相对优雅和善良的人，以及有德行的人。"显然，企业员工并不是个个都是这样的人，工作场所中仍然存在不那么健康、没那么成熟、没那么有责任心，甚至并不想自己设定目标的人。对这一类型的员工，一味使用目标管理也许并不那么奏效。

2. 可能过于重视企业目标，忽视了个人的内在动机

哈里·莱文森（Harry Levinson）认为目标管理包含绩效评价，延续了泰勒的更加理性的管理过程，但是在这一过程中可能忽视了个人的动机：他究竟要什么，他擅长什么，随着时间变化，他的动机是否发生了变化？高层启动了总的目标管理计划并匹配相应的考核与薪酬机制后，员工将面临很大的心理压力，导致其最终选择的目标可能是一个不得已的选择，不一定与其优势和动机保持一致，因此哈里·莱文森提出了"目标管理：究竟是谁的目标？"的疑问。想当然地认为公司的目标就是个人目标的做法忽视了个人的内在动机，"胡萝卜加大棒"的激励方式从长期来看可能会给组织带来不利的后果，例如更低的员工满意度和更高的离职率。

知识链接 10－2

从 MBO 到 OKR

安迪·格鲁夫（Andy Grove）1987—1998 年间任英特尔公司 CEO，他带领公司从一家存储器芯片制造商成功转型为全球微处理器领域的霸主。格鲁夫对目标管理（Management By Objective，MBO）推崇有加，把它引入英特尔作为其管理哲学的关键组成部分。只不过他对模型做了一些修改，他限制了目标的

个数,选择聚焦某些目标;将关键结果(Key Results)附加到目标(Objective)中,并且建议以更频繁的节奏去设定OKR(Objectives And Oey Results,目标和关键结果),推荐季度甚至月度;兼顾自上而下和自下而上两种方式;最后,格鲁夫明白在OKR中强调目标挑战性的重要性,他认为"在MBO系统中,目标应当被设定得非常有挑战性,这样即使员工(或组织)竭尽全力,也能有一半的成功机会。当每个人都努力地去超越自己的现有水平时,结果一定会不同凡响,哪怕这意味着有一半几率会失败。"这套模型在英特尔取得了成功,后来被投资人带到谷歌,也取得了巨大的成功,进而被全球数以千计的企业所采用,包括硅谷的一些知名企业如领英(LinkedIn)、推特(Twitter)。

保罗·尼文(Paul R. Niven)和本·拉莫尔特(Ben Lamorte)在他们2017年的新书《OKR:源于英特尔和谷歌的目标管理利器》中将OKR定义为"一套严密的思考框架和持续的纪律要求,旨在确保员工紧密协作,把精力聚焦在能促进组织成长的、可衡量的贡献上",并且对这一模型最新的实践做了很多详细的介绍,感兴趣的读者可以自行阅读。

(资料来源:保罗·尼文,本·拉莫尔特. OKR:源于英特尔和谷歌的目标管理利器[M]. 北京:机械工业出版社,2017.)

第三节 决策

一、决策的概念与特征

(一)决策的概念

决策是指为了实现组织目标和解决组织面临的问题,在科学搜集并详细分析相关信息的基础上,提出实现目标和解决问题的各种可行方案,依据评价的准则和标准,选定方案并加以实施控制的过程。这个过程实质就是识别问题、分析问题和解决问题的过程。

在组织情境中,决策的主体是管理者。决策是由管理者做出,作为管理者一项重要的职能对组织的成功起着至关重要的作用。如果由管理者单独做出决策,那就是个人决策;如果是管理者和其他人一同做出,那就是集体决策。

决策是一个过程而不仅仅是从若干方案中选择一个的简单行为。决策包含着一系列的过程,例如确定问题、制定和评估方案等等。虽然有时候这一过程因为熟练而变得非常快,例如选择今天晚上吃什么,可能几秒钟就做出了决定,但是这背后还是蕴含着各种考虑和比较,仔细理解这些环节对决策是十分有帮助的。

(二)决策的特征

1. 目标性

任何组织决策首先要确定组织目标,目标是组织在未来特定期限内完成任务程度的指向和标志,没有目标就谈不上决策。合理的目标下做决策才是"做正确的事情";目标不合理,即使决策程序再正当,也不过是"正确地做事",可能会事倍功半甚至产生负面结果。

2. 选择性

决策一定要在几个方案中进行选择。如果只有一个方案不得不选，那就谈不上决策了。甚至可选方案太少，也会限制决策的质量。管理者要避免陷入"非黑即白"的思维，以为黑白就是全部的颜色。应该要多方考虑问题，运用科学的方法、集思广益想出多个方案。

3. 满意性

选择活动方案的原则是满意原则，而非最优原则。最优是理想状态，现实中决策者无法达到理想状态的要求：搜集全部的信息，对这些信息进行全面的分析，以及做出最佳预测。满意原则要求以合理的代价获得令人满意的结果即可，条件比最优放宽很多，但是结果也能令人接受，这个才是常态。尤其是现在很多商业活动竞争激烈，外部环境变化迅速，等到决策者花费大量时间、精力和金钱，想出一个"完美"的方案后，市场早就不是当初的模样。

4. 实践性

决策要产生期望的效果，它必须能够实践。不能为决策而决策，使得决策仅仅走个形式，开开会，形成一些文件后就束之高阁；或者决策中提出不合理的要求，根本实现不了。好的决策能经得起实践的考验，通过实践，实现决策之初的目标。并且一开始的决策并不一定是最终决策，能够一劳永逸。在实践中遇到新的情况可能会需要对当初的决策进行调整，或者做出更多其他决策以支持这个决策的完成。

知识链接 10-3

ofo 与小蓝单车的决策

共享单车企业 ofo 一开始推出的单车车身、轮胎、密码锁等都是最简单的，安全性和质量都不高，但是车子的基本功能它都有，并且造价便宜，因此企业能大量制造、发放 ofo。ofo 迅速占领市场，并且得到资本的青睐，融资从 2015 年 10 月的 pre-A 轮 900 万人民币快速发展到 2017 年 7 月的 E 轮 7 亿美元。随着公司不断发展，ofo 不断改进车子，如更换密码锁、更换轮胎以增加安全性、减少损耗率，可以说比最初的要"完美"一些了。创业机遇难得，短短的一两年时间，ofo 与摩拜单车两家独大。

另外一家共享单车企业——小蓝单车的做法与 ofo 截然不同，它一开始就想做"精品"，小蓝单车的成本超过 2000 元，号称"最好骑的共享单车"，并且集中投放一线城市。然而它入局较晚，变数较大。由于融资困难，加上单车成本过高，小蓝单车的投放比例远远低于 ofo 和摩拜两大巨头，最后陷入困境。

二、决策类型

（一）长期决策与短期决策

从决策的时间看，可以把决策分为长期决策和短期决策。长期决策是指有关组织今后发展方向的长远性的、全局性的、战略性的重大决策，如更改组织架构、进入一个新的市场等。短期决策是为实现长期战略目标而采取的短期策略手段，如企业某款产品的广告方案、日常生产中的资源配置问题等。

（二）集体决策与个人决策

从决策的主体看，可以把决策分为集体决策和个人决策。集体决策是指多个人一起做出决策，个人决策则是指单个人做出决策。

集体决策的优点是：能收集更多的信息；不同背景的人参与，可能会带来更多不同的方案；特别的，因为增强了个人参与性，决策可能更容易被参与者理解和认同，后期推进起来也可能更加顺利。

集体决策的缺点是：决策过程会耗费更多的时间；群体成员希望被群体接受和重视，特别是被群体领导的重视，但群体讨论很可能演变成"猜测领导的偏好和想法到底是什么"的游戏，这可能会导致不同意见，特别是反对意见受到明显压制；可能会出现少数几个人主导决策的情况，如果他们能力不佳，最后只能得到一般或较差的决策；可能会产生群体转移（Group Shift），它指的是群体成员在讨论备选方案和制定决策时往往会放大自己最初的观点或立场，保守的更加保守，冒险的则更加冒险；也可能造成责任分散，个人不会仔细考虑决策的方方面面。

（三）程序化决策与非程序化决策

从问题的重复程度来看，可以把决策分为程序化决策和非程序化决策。程序化决策指的是那些例行的、按照一定频率或间隔重复进行的决策。它主要解决的是常规性的、重复性的问题，例如每日简单的生产决策。这些决策可以制定相应的流程、规章制度来规范处理，提高决策效率。与之相对的那些无先例可循的非常规性问题，例如是否进入一个新的市场、是否同意投入重金开发某款新的产品等，这类决策需要管理者慎重对待，创造性地、系统地处理这些问题。

值得注意的是，程序性决策与非程序性决策也不一定一成不变，随着组织内外环境、组织诉求的变化，原先程序化的决策可能转变为非程序化决策，需要重新审视，小心处理；对流程的了解深入之后，原先非程序化的决策也可以转化为程序化决策，有标准的流程去处理它，从而节省管理者的精力。

（四）确定型决策、风险型决策与不确定型决策

从环境的可控程度看，可以把决策分为确定型决策、风险型决策与不确定型决策。

确定型决策是指在环境可控（稳定）条件下进行的决策。在确定型决策中，决策者明确知道决策后有哪些结果，并可以通过直接比较决策结果来选择合适的方案。

风险型决策也称随机决策，随机意味着可能发生的结果有多种，管理者并不确切知道哪种结果会发生，但是管理者知道可能有哪些结果，以及各个结果发生的概率。

不确定型决策是指在不可控条件下进行的决策，决策者对可能发生的结果及各个结果发生的概率都不清楚。因此这种决策的难度最大，风险也最大。

三、决策制定过程

决策制定是一个过程，而不是简单的从若干方案中挑选出一个的行为。这一过程通常

包含以下八大步骤：识别问题、确定决策标准、为各项标准分配权重、形成各种备选方案、分析备选方案、选择一个方案、实施该方案以及最后的评估决策效果。

（一）识别问题

每一项决策都始于一个问题，心理学中通常认为问题由三部分构成：初始状态，即开始时决策者面对的不完全的信息状态或令人不满意的状况；目标状态，即决策者希望获得的信息或状态；操作，即为了从初始状态迈向目标状态，决策者可能采取的步骤。这三部分加在一起形成了问题空间（Problem Space）。罗宾斯则将问题定义为现实状况和预期状况之间的不一致。例如你的顾客大量流失到竞争对手那儿，这是现实状况，而预期状况是顾客数量增加，或者至少维持不变，这样，预期和现实不一致，问题就出现了。

正确的问题定义有助于问题解决，缺少信息或模糊的问题则让决策者感到迷惑。有效地确定问题非常重要，但并不容易。可能一个人认为是个问题，另一个人觉得根本不是问题，无需处理。另外一个值得注意的情况是决策者要将本质问题与表象问题区别开来。顾客流失是表象，深层的问题是企业的产品或服务不令人满意。决策者要想真正解决问题，就要耐心挖掘出深层的问题，否则给出的方案很可能只能短期起作用，而失去了尽快调整的时机，错失了长期的优势。还是以顾客流失为例，如果竞争对手的产品已经升级换代了，功能大大改进，而自己还固守着老一代。短期降价促销也许能吸引一部分顾客，"顾客又回来"的假象掩盖了深层次的产品问题。一时的火热销售继续让管理人员忽视改进产品。促销活动不能长久维持，又没有过硬的产品支撑，一段时间后，企业必然会在这个业务上衰落。

（二）确定决策标准

一旦决策者确定好了问题，他就必须确定决策标准。每位决策者都有一些标准来指导自己的决策，即使这些标准并没有明确阐述。例如某个决策者想采购一台办公电脑，他可能会列出一系列标准：价格、续航能力、便携性、内存、外观、质量（维修率）等。这些标准是他很看重的特点，但是这些特点不是同等重要的，例如，对要经常出差办公的人来说，电脑的续航能力和便携性相对于外观就更加重要。标准的确定也可以借助于团队智慧，通过大家的讨论，就重要的标准达成共识。更重要的是，讨论有可能帮助决策者了解到那些被他忽视的重要标准。例如决策者可能很容易注意到价格、质量等可以被量化的标准，而忽视外观这样不易量化的标准，但是不易量化的标准同样会对产品的使用产生巨大影响：一台笨重的电脑可能被认为不符合"设计师"的品味，商务人士的电脑则不能显得太俏皮、前卫。当标准确立之后，下面一个步骤就是确定各项标准的权重。

（三）为各项标准分配权重

如果这些决策标准不是同等重要，像上述例子所阐述的那样，那决策者就要为各项标准分配权重。一个简单的方法是给予最重要的标准 10 分的权重，然后参照这个权重分数来为其他标准打分。若觉得续航能力和便携性非常重要，那么这两个标准都打 10 分，其他的得分可能如表 10-2 这样安排。

表 10－2　　　　　　　　　　为各项标准分配权重

标准	权重
价格	8
续航能力	10
便携性	10
内存	7
外观	3
质量	8

（四）形成各种备选方案

在这个阶段，决策者需要列举各种可能的备选方案。备选方案代表了能选择的不同行动，对备选方案的重要性怎么强调都不过分，毕竟决策就来自最佳备选方案。因此搜索所有可能的备选方案，或者至少考虑那些有创意的、真正解决问题的方案，对决策者来说是很有必要的。但在形成备选方案阶段，所有这些方案只是被列举出来，还没有被评估。假设该决策者通过一番搜索比较后拟定了以下方案，有 A、B、C、D、E 五款电脑，对其中某一标准的得分最高定为 10 分，其他项参照这个分数来打（如表 10－3）。

表 10－3　　　　　　　　　　形成各种备选方案

品牌名称	价格	续航能力	便携性	内存	外观	质量
A	10	8	9	5	8	8
B	8	9	8	4	6	5
C	6	6	6	4	6	5
D	8	10	10	10	7	10
E	3	6	10	8	10	8

（五）分析备选方案

在这个步骤中，我们将 A、B、C、D、E 在表 10－2 中的权重与表 10－3 中各对应项目的得分相乘，再将得分相加算出每个品牌的总得分（如表 10－4）。

表 10－4　　　　　　　　　　分析备选方案

品牌名称	价格	续航能力	便携性	内存	外观	质量	总分
A	10	8	9	5	8	8	373
B	8	9	8	4	6	5	320
C	6	6	6	4	6	5	254
D	8	10	10	10	7	10	435
E	3	6	10	8	10	8	334

（六）选择一个方案

在这个步骤中，该决策者可以选择一个方案了，依据第五步计算出来的总分，很容易发现 D 产品（435 分）是列出的五款产品中最好的选择，因为它的得分比其他几款产品都高。

（七）实施该方案

在这个步骤中，我们要将选出的方案付诸实施。如果要借助他人实施某个方案，那么前期让他参与决策，或者在告知他做什么的同时告诉他这么做的理由，都有助于他实施方案。此外，在这个阶段，决策者仍然要注意环境的变化，是否当初制定方案的那些假设仍然没有变化？使用的决策标准、形成的备选方案是否无需更改？尤其是该决策有长期影响时，决策者更要慎重。

（八）评估决策的效果

决策制定最后一个步骤是评估该项决策的结果以检查问题是否得到解决。如果问题没有得到解决，决策者就要反思决策的哪个环节出了问题：问题没定义清楚，定义了错误的问题，漏掉了某项重要指标，权重划分不合理，可选方案不够多，等等。彻底的反思有助于避免下次犯同样的错误。如果问题得到顺利解决，决策者也可以总结这次的成功经验，必要时形成规范的处理流程，这样其他员工遇到同样问题时就可以不必再从头尝试，以提高处理效率。

四、决策心理与理论

（一）决策心理

虽然很多决策者希望自己能在决策时保持理性，依据充足的信息，考虑多种因素，做出恰当的决策，但决策者还是会受到各种心理因素的影响，其惯常的思维亦存在一系列缺陷。了解这些心理因素有助于决策者更好地了解决策过程，从而改进自己的决策。

1. 承诺升级

承诺升级（Escalation of Commitment）是指决策者越来越认同以前的某项决策，即便有证据表明该项决策可能是错误的。决策者之所以表现出这种行为，一个可能的原因是调整或改变决策便意味着承认最初的决定可能是有缺陷的。一些决策者不愿意接受这点，不愿意接受自身的不完美，或者不愿意在他人（例如下属）面前展示出自己的缺陷；继续投入至少可以让自身错误暴露得晚一点，甚至存在侥幸心理。

经济学中"沉没成本"的概念可以帮助缓解承诺升级的消极影响，即过去的投入已经投入了，不论是成功还是失败都无法挽回，现在的决策主要依据不是过去已经投入多少，而是以现在为起点，比较继续投入的收益与成本，如果收益大于成本，则继续投入是有效率的；如果收益小于成本，则没有必要继续投入。即使为某个员工培训投入了很多资金，给了很多机会让他尝试，但他还是不能胜任更高职位的工作，那么就没有必要接着投入，而应该果断换人。

2. 框架效应

框架（Frame）是指对一个选择的一个特定的描述，框架效应指的是由无关紧要的措辞变化引起的巨大偏好变化。例如，一位年轻的牧师问主教："祈祷时能抽烟吗？"答案自然是"不能"。过了一会儿，那位年轻的牧师却发现有位年长的牧师在祈祷时抽烟。于是年轻的牧师出言制止："祈祷时不许抽烟！刚才我问了主教，他说我们在祈祷时不许抽烟。"没想到年长的牧师回答说："哦，这就奇怪了。我刚才也问了主教抽烟时是否可以祈祷，他说我们可以在任何时候祈祷。"

3. 决策偏见

当决策者高估自己的知识和能力，或者对自己以及自己的表现持有一种不切实际的正面看法时，他们就表现出自负偏见。很多决策者认为自己对未来更具洞察力，因而做出大胆的决策，然而他们很可能并不擅长预测未来。

当决策者满足于当下的好处而不愿意放弃这些好处、承担即时成本去获得未来更大的回报时，他们就表现出即时满足偏见。特别在压力之下，很多管理者急于度过眼前危机，容易做出一些不合理的决策。

决策者如果存在锚定效应偏见，他就可能过分看重最初获得的印象、观点和数据，并据此做出决策，而不能根据后来的信息及时调整。医院在预测将来一段时期内的就诊人数时，往往会参考过去同期内就诊人数的记录，将数字锚定在这个数字上进行调整，得出将来就诊人数的预计结果。但是这样做过于依赖过去的记录，在环境变动比较大的情况下可能不适用。

当决策者有选择性地提出问题、搜集信息时，他们就表现出选择性偏见。因为自己的偏好、思维方式已成习惯，决策者可能并不能意识到自己表现出了选择性偏见。特别值得注意的是，很多下属为了迎合上级，也会选择性地提供信息给上级。因此对上级来说，营造坦诚交流的环境，对多方意见保持开放是非常重要的。

随机性偏见描述的是决策者竭力从随机事件中归纳出意义。决策者可能觉得在他人面前展示控制性是很重要的，因而不愿意承认自己不能控制偶然性，并可能因此采取错误的方式来应对偶然性。

当决策者把成功的功劳迅速归于自己名下而把失败归咎于外部因素时，他们就表现出自利偏见。这样做管理者就失去了仔细学习决策经验的机会，而满足于一时的心理安慰。

最后，后见偏见（事后诸葛亮）指的是事情发生之后，决策者总觉得自己事前能够预测该事情的发生，而实际上事情的发生受到很多因素影响，决策者在之前很可能并不能预测，或者不会对自己的预测这么肯定。后见偏见对于决策质量的评估至关重要，因为如果"我早就知道了"，那么出了问题肯定是由于其他因素的影响，决策者可能会错怪他人，或者将过失推给环境因素，不利于决策的合理评价。

（二）决策理论

1. 古典决策理论

古典决策理论盛行于 20 世纪 50 年代以前，它以"经济人"假设为基础，认为决策的主要目的就是为组织获取最大经济利益，该理论主要内容包含以下几点：

（1）决策者必须全面了解决策环境相关的信息；

（2）决策者必须充分了解有关备选方案的情况；

（3）决策者应建立一个合适的层级结构，以确保命令的有效执行。

（4）决策者进行决策的目的始终在于使本组织获取最大的经济利益。

很显然，部分假设并不现实，例如，决策者常常不能全面掌握有关决策的信息情报；决策者在考虑问题的时候也不完全受经济因素影响，他可能会受到自己的知觉因素的影响，我们在"决策心理"中已经看到了这类影响。总之，古典决策理论这种理想的状况与现实还存在距离，随着研究的发展，它也被新的理论所代替。

2. 行为决策理论

行为决策理论的发展始于20世纪50年代。西蒙在他的《管理行为》一书中指出，理性的和经济的标准都无法确切地说明管理的决策过程，进而提出"有限理性"标准和"满意"原则。有限理性（Bounded Rationality）指的是管理者会理性地制定决策，但是由于处理信息的能力限制，他们的理性受到制约，并不是完美无缺的。因为他们无法分析所有备选方案的所有信息，所以管理者通常是满意某项标准或要求，而不是做到最好。换句话说，管理者尽可能保持理性，接受"足够好的"方案。行为决策理论的主要内容包括以下几个方面：

（1）人是有限理性的。既不是完全理性（完全客观、符合逻辑），也不是完全不理性的。无论如何，人所获得的知识、信息、计算能力等等都是有限的，只能在这个限度内尽量做到最好。即使有可能收集到大量信息，管理者限于时间精力等成本的考虑，也不会去穷尽所有可能，而会选择在相对本地化和具体化的具体空间中进行搜索（局域搜索而非全局性和系统性的搜索），在可以企及的备选方案中做出选择。

（2）决策者在识别和发现问题中容易受知觉上的偏差影响，仅仅考虑问题的某些方面而不能面面俱到，甚至有很多管理者按照直觉来决策。

案例分析

星佳败局

在星佳（Zynga）中国区正式被总部裁撤之后，该公司的股价遭遇了令人始料未及的大幅跳水，而这一天，正是星佳对外公布2014年Q4与全年财报的前一天。在财报公布后，星佳股价已经从2月11日的2.8美元跌至2月13日的2.2美元左右，跌幅超过20%。星佳股价遭遇断崖式下跌，其原因却不言自明——投资者们并不看好星佳撤出中国市场这一看似理智、实则草率的行为。

星佳的盛与衰

2007年创立的社交游戏公司星佳，曾因所推游戏受大量用户追捧而成为社交网络新时代的新星。最高峰时的星佳在脸书（Facebook）的游戏活跃用户排名前10位中占据了6位，日活跃用户为6500万。相比之下，魔兽世界的活跃用户总数也只是1150万。

2011年，星佳在中国发布的第一款游戏是携手腾讯的《星佳城市》。这款游戏的前身是星佳几年前在脸书上发布的社交游戏《City Ville》。尽管曾取得过不错的成绩，但不少人仍然认为《星佳城市》是失败的。因为国内的游戏市场与海外市场的"时差"小，Flash游戏发展基本与星佳海外版同步，社交游戏市场衰退很快。再加上腾讯有自己的游戏《开心农场》，因此虽然对于《星佳城市》有所支持，但其整体回本能力远落后于本土的游戏。

星佳开发产品过于依赖自己的数据分析系统。该系统不仅可以在运营过程中反馈问题，其厉害之处更在于可以在游戏立项之初就预测游戏的 DAU（Daily Active User，日活跃用户数量）、收入。因此在星佳，新游戏的立项必须提交缜密的预测报告。一个普通的策划要经过层层审核后才能通过，很多游戏光立项就花了将近半年的时间。而在中国国内市场半年时间，一款不算太成功的页游就已经可以收回成本了。

"在这套方法论的束缚下，星佳的产品在不断迭代的过程中一定会出现同质化的现象，对用户的吸引力也必然会下降，我们称之为乳酸效应。但是星佳的方法论又不支持新的品类创新，就这样陷入了一个死循环。"星佳一名员工说。

伴随着针对中国市场开发的产品节节失利，凸显的是在星佳中国成立之初招人时便埋下的隐患。星佳看中海归经历、高学历、外企背景，然而实际招来的人是什么样的呢？星佳中国员工 Tom 透露："我觉得这是公司理念层面存在的一个问题，高层中几乎没有骨灰级的游戏玩家，我当时所在的（产品经理）团队有一个很奇葩的现象，就是除了我之外没有任何一个人有过产品的运营经验或者是游戏行业相关的从业经验。这些人来自各种计算机相关的其他行业，换句话说就是这个团队里面没有真正懂游戏的人。我们可以看到国内很多取得成功的游戏，它的产品经理首先是一名狂热的游戏玩家，他有自己的游戏信仰，在热情和理想的驱动下去做一款游戏，最后成功了。但星佳里，自上而下我都没有看到这样对游戏有热情的员工"。

在上市之后，迫于业绩压力，星佳只能选择收缩——从陆续关闭海外工作室和裁员开始。

决策层失误，星佳中国买单

在业绩与财务的双重压力下，星佳中国终于成为了其决策层失误的一个牺牲品。

在此前关于星佳中国被裁撤事件的报道中，新浪游戏曾分析星佳中国被关闭的主要原因是为了给股东呈现一份更好的财报，因此才在利弊权衡之下选择了关闭其在中国的办公室。事实上，这一说法获得了前星佳中国总经理田行智的肯定："美国上市公司一旦受到财务压力，他们的第一反应就是通过缩减人员这样一个很简单粗暴的方式来控制成本，告诉投资者他们在"聚焦"。怎么缩减呢？肯定是从他们认为的非核心业务线开始。这也是一个典型的美国上市公司缩减成本的模式，这样他们才能向华尔街交代。"

据新浪游戏了解，星佳北京工作室这两年其实是盈利的，而且在本土化方面做得相当不错。但2013年之后，管理层的更迭与新 CEO 的上台却把历经波折的星佳推向了败局。

来自微软的唐·马特里克（Don Mattrick）接替了创始人马克·平卡斯（Mark Pincus）的位置，成为星佳的新任 CEO，他在加盟星佳之前一直在微软负责 Xbox 的相关业务。"在他上任之后，以前星佳在中国市场的积累以及战略的布局就完全被丢掉了，因为唐负责的 Xbox 业务在中国一直被限制，所以他对中国只有负面感觉。"，田行智这样评价星佳这一届管理层。

田行智继续补充道："新 CEO 上台以后，业务压力很大，要挽回星佳总部业务的衰减，他就更不可能花时间去了解中国市场了"，"所以美国方面对中国的解读，就是中国是一个边缘化的业务，其实在我看来，他们并不了解中国游戏市场的潜力，这就是中美跨国公司沟通的一个鸿沟。"

"很多大的决策，其实归根结底，就是全球 CEO 一个人过去的经验、看法驱动的。"但星佳决策层的失误，却要由星佳中国自己买单。

有某匿名人士向曾向新浪游戏透露："在美国总部下发裁撤命令之前，星佳中国已经接近谈下上千万美金的大中华区游戏版权金，但总部还是放弃了中国部门，这同样说明了星佳总部对中国市场的机会与潜力一无所知。"

讨论题：

1. 星佳的决策出现了诸多问题。请整理出这些问题，并分析这些问题为什么会产生以及如何做才可以改善这些决策？

2. 如果你是星佳新任 CEO，面对业绩下滑的压力，你会如何对待星佳中国？为了做好决策，你认为还需要哪些信息和安排？

3. 星佳的数据分析系统过去也许能"精准"预测收入等指标，但它是否适应于当前的商业环境？请以国内企业腾讯或其他公司为例，谈谈他们目前是如何计划和开发产品的？

复习思考题

1. 简述计划与决策的过程。
2. 简述框架效应，并举两个日常生活中的例子说明。
3. 简述目标管理的思想及步骤。
4. 目标管理有哪些不足之处？
5. "有限理性"假设的基本观点是什么？
6. 简述决策者可能具有的偏见。

延伸阅读

［1］彼得·德鲁克. 管理的实践［M］. 北京：机械工业出版社，2011.

［2］保罗·尼文，本·拉莫尔特. OKR：源于英特尔和谷歌的目标管理利器［M］. 北京：机械工业出版社，2017.

［3］张继辰，王伟立. 华为目标管理法［M］. 深圳：海天出版社，2015.

［4］Levinson H. Management by whose objectives?［J］. Harvard Business Review，2003，81（1）：107 - 116.

［5］Tversky A，Kahneman D. Judgement under uncertainty：heristics and biases［J］. Science，1974，185（4157）：1124 - 1131.

［6］Kahneman D，Dan L. Timid Choices and Bold Forecasts：A Cognitive Perspective on Risk Taking［J］. Management Science，1993，39（1）：17 - 31.

第十一章
Financial Management

组织职能

本章主要学习组织的概念与要素、组织的类型与功能;组织设计的概念、内容、影响因素、原则和步骤;组织结构的概念与形式;人员配备的概念、任务、原则和过程;组织文化的概念、特征、结构与功能、建设与传播。其中组织设计的原则、组织结构形式、组织文化的建设与传播是本章学习的重点,组织设计的步骤是本章的难点。

知识目标:理解组织的概念与要素,了解组织的类型与功能;理解组织设计的内容、影响因素、原则和步骤;掌握各种组织结构的优缺点;了解人员配备的原则与步骤;理解组织文化的概念、功能与结构,建设步骤、原则与传播方式。

能力目标:依据组织规模等特征设计合适的组织结构;分析各类组织结构的优缺点;为岗位配备合适的人员。

素质目标:通过课程学习、课外调查和课堂研讨,培养组织规划与设计的意识,重视组织文化建设和人员配备工作。

第一节 组织概述

一、组织的概念与要素

(一) 组织的概念

组织一词在我国古代的含义是纺织,即将丝麻编织成布帛。在西方,组织一词来自于医学领域中的"器官"。从管理学角度出发,不同的学者对组织有着不同的理解和定义。古典组织理论学家马克思·韦伯（Max Weber）认为组织是为达成一定目标经由分工与和合作,形成不同层次的权力和责任制度,从而构成的人的集合。美国管理学家路易斯·艾伦（Louis A. Allen）认为组织是为了使人们能够高效率地实现既定的目标而进行的明确责任、授予权力和建立关系的过程。社会系统学派的代表人物切斯特·巴纳德（Chester I. Barnard）认为组织是一个有意识地对人的活动或力量进行协调的体系,并认为组织具备三种普遍的要素：共同目标、协作意愿和信息沟通。管理学大师哈罗德·孔茨（Harold Koontz）和海因茨·韦里克（Heinz Weihrich）认为组织意味着一个正式的、刻意设计的角色或职位结构,强调的是组织角色的性质、内容及对职务结构的刻意设计。管理学家斯蒂芬·罗宾斯（Stephen P. Robbins）认为组织是对工作任务进行安排以实现组织目标的过程,这个过程服务于多重目的：将任务划分为可由各个职位和部门完成的工作；将工作职责分派给各个职位；协调组织的多项任务；将若干职位组合为部门；建立正式的职权线等。

综合不同学者的观点,我们知道组织包含两层含义：一是作为名词,是指为了实现某一特定的目标而形成的人的集合,是确保人们社会活动协调开展、顺利达到预期目标的体系,如企业、学校、政府机关等；二是作为动词,是管理的职能之一,认为组织是为了有效实现组织共同目标设计组织结构、设置岗位、配备人员、制定规章制度,各部门或人员相互协调的活动过程。因此,我们从管理学的意义上对组织做出如下定义：组织是为了高效率地实现既定的共同目标而建立机构,并按照一定的规则、程序进行责权结构设置、人员配备等活动,最终实现组织共同目标的过程。

（二）组织的要素

组织的要素主要包括人员与权责、共同目标、协作意愿和信息沟通。

1. 人员与权责

组织是一定数量的人的集合体。为了实现共同的目标,需要对组织成员赋予相应的权力与责任。权力与责任是实现组织目标的必要保障。组织成员只有权力没有责任可能导致权力的滥用,只有责任而没有权力会降低组织成员的积极性并阻碍工作任务的完成,这都将导致组织无法实现目标。

2. 共同目标

任何组织都是为目标而存在的,目标是组织存在的前提,企业中的每一个组织机构的建立、撤销、合并必须服从于企业的目标。组织有了共同的目标才能统一指挥、统一意志和统一行动。

3. 协作意愿

协作意愿是指组织成员愿意进行相互合作、为实现组织目标做出贡献的愿望。协作意愿决定了组织成员的积极性、能动性的高低。

4. 信息沟通

组织不仅是人的集合,而且是不同资源的集合。信息是组织内共享的重要资源。信息沟通是指信息在组织内部传递、交换、处理、反馈的过程。组织的建立与运行都是在信息沟通基础之上进行的。信息沟通将共同目标和协作意愿连接起来，最终才能形成组织。

二、组织的类型与功能

（一）组织的类型

1. 按照组织建立程序及存在形式分类

按照组织建立的程序及存在的形式可以将组织划分为正式组织和非正式组织。正式组织与非正式组织相互交错地并存于一个单位、机构或者组织之中。

正式组织是经过有计划的设计，按照一定的程序，遵循严格的规范，有明确的等级和部门结构的一种组织形式。例如，企业、学校、医院等都是正式组织。正式组织具有以下特征：第一，正式组织是经过规划而不是自发形成的。第二，正式组织有十分明确的目标，组织成员致力于实现既定的目标。第三，正式组织会制定各种规章制度约束组织成员的行为，以保障组织行动和方向的一致性。第四，正式组织赋予领导正式的权力，领导具有权威性，下级必须服从上级。第五，正式组织注重效率，组织成员彼此分工协作，以最经济、有效的方式实现目标。

非正式组织是未经正式筹划而由人们在交往中自发形成的一种个人关系和社会关系的网络。非正式组织的最大作用是感情的联系和快速的信息沟通。例如，一起骑行的骑行客、一起打球的球友等都是非正式组织。非正式组织具有以下特征：第一，非正式组织是以人们的共同喜好或者共同的思想等为基础而建立的，是自发形成的。第二，非正式组织的主要作用是满足个人不同的需要。

2. 按照组织目标分类

按照组织的目标可以将组织划分为互益组织、工商组织、服务组织、公益组织。互益组织是满足组织成员的利益的组织，如俱乐部、政党等。工商组织是以满足其所有者和经营者的利益为目标的组织，如商业公司、银行等。服务组织是以满足特定的服务对象的需要为目标的组织，如学校、医院等。公益组织是以满足社会公众的利益为目标的组织，如政府机构、研究机构等。

3. 按照组织结构分类

按照组织结构的不同可以将组织划分为机械式组织与有机式组织。

机械式组织是一种刻板的、严密控制的组织。机械式组织具有以下特征：严格的层级关系、有限的信息沟通（大多是下行沟通）、固定的职责、高度正规化、集权化。机械式组织设计试图将个性差异、人的判断及由此产生的模糊性和不确定性降到最低。现实生活中虽然不存在纯粹的机械式组织，但大多数大型公司和政府机构在一定程度上都有机械式组织结构的特点。

有机式组织又称为适应式组织，是一种灵活的、具有高度适应性的组织。其特征是：纵向或横向的合作、信息自由流动、不断调整的职责、低度正规化、分权化。在有机式组织中，员工一般都经过良好的训练，具有熟练的技巧，所以在工作中不需要很多的正式规则和直接监督。一般来说，创业阶段的企业近似于有机式组织。

4. 按照组织形态分类

按照组织形态可以将组织划分为实体组织和虚拟组织。实体组织是为了实现某一个共同目标，经由分工与合作及不同层次的权力和责任制度而构成的人群集合系统。实体组织是组织的最初形态，我们通常所说的组织也都是指实体组织。虚拟组织与传统组织有所区别，是以信息技术为支撑的人机一体化组织，主要指两个以上的独立的实体（如客户、供应商、竞争对手等）为迅速向市场提供产品或服务在一定时间内结成的动态联盟。虚拟组织通过他们相互在市场上销售的货物或提供的服务来协调相互的业务。苹果公司的成功与其建立和控制的商业生态系统直接相关。

（二）组织的功能

组织在管理活动中发挥着巨大的功能与作用，主要有汇聚功能、放大功能和交换功能。

1. 汇聚功能

通过有效的组织设计，组织能够将个体汇集成为具有共同目标的集体，从而能够更加高效地整合和利用组织内的人、财、物等资源，从而实现单独个体无法完成的目标，这就是组织的力量汇聚功能。用简单的数学公式表示，就是"1 + 1 = 2"。

2. 放大功能

通过组织内部成员有效的分工与协作，将产生整体大于个体之和的功效，可以实现个体力量简单相加后无法达到的目标，这就是组织的力量放大功能。用简单地数学公式表示，就是"1 + 1 > 2"。

3. 交换功能

个人之所以加入组织并投入一定的时间、精力、知识等，其目的是想从组织中得到某种利益。而组织之所以愿意对个人投入一定的成本，是希望个人为组织做出贡献，实现组织目标。组织的建立能够满足个人和组织的需要，有助于实现个人与组织的共赢。

知识链接 11 - 1

手表定律

手表定律是指一个人有一只表时，可以知道现在是几点钟，而当他同时拥有两只时却无法确定。两只表并不能告诉一个人更准确的时间，反而会制造混乱，让看表的人失去对准确时间的判断。

手表定律在企业管理方面给我们带来了非常直观的启发：员工不能由两个及以上的人来同时指挥，否则这个员工将无所适从；一个组织不能同时设置两个不同的目标，否则组织将失去前进的方向；一个组织不能制定不同的制度标准，执行制度时也要一视同仁，做到"制度面前人人平等"，否则这个组织将陷入混乱。

第二节 组织设计

一、组织设计的概念与内容

(一) 组织设计的概念

组织设计是一个选择、完善组织结构以使资源配置最优化从而完成组织使命和目标的过程。组织设计的目标是针对环境寻找最优的组织结构,从而有效积聚组织资源,协调好组织中部门与部门之间、人员与任务之间的关系,使员工明确组织对自己赋予的权力和应承担的责任,最终实现组织目标。

(二) 组织设计的内容

组织设计包括横向设计和纵向设计。组织横向设计主要解决部门的划分问题,反映了组织中的分工合作关系。组织纵向设计主要解决管理层次的划分与职权分配问题,反映了组织中的隶属关系。

1. 管理幅度与管理层次

由于受时间、精力等众多因素的影响,任何一个管理者都不可能直接领导组织中的所有工作,所以需要委派一定数量的人协助其工作,因此在此过程中需要明确划分管理幅度和管理层次。管理幅度指一个管理人员能直接有效地领导和监督的下级人员数目。管理层次指组织内纵向管理系统所划分的等级数目。

管理幅度与管理层次有非常密切的关系。在组织规模一定条件的情况下,管理幅度与管理层次在数量上存在反比例关系,管理幅度增大,管理层次就会减少;反之,管理幅度减少,管理层次就会增加。同时,二者之间存在着相互制约的关系,管理幅度起着主导作用,管理幅度决定管理层次。

由于管理幅度与管理层次在数量上存在反比例关系,且管理幅度起着主导作用,所以确定了管理幅度,管理层次也随之可以确定。因此我们只需探讨影响管理幅度的因素。管理幅度的影响因素主要有:

(1) 上下级的工作能力。如果管理者个人的知识与经验丰富、管理能力强,就可以领导更多的下属,因此管理幅度可以适当增加。如果下属工作能力强,综合素质强,无需上级主管过多的指导和监督,那么上级主管的管理幅度就可以适当增加。

(2) 工作内容和性质。工作内容和性质包括管理者所处的管理层次、下属工作的相似性、计划的完善程度和非管理事务的多少等。处于不同管理层次的管理者在工作量、工作复杂性和用人比重等方面存在不同。高层管理者的工作量最大,因此用于指导、协调下属的时间较少,所以管理幅度可以适当减少,反之亦然;下属的工作相似性高,则用于指导每个下属的时间就会减少,管理者的管理幅度可以适当增加,反之亦然;计划越完善,下属对计划越清楚,这样就可以减少管理者的指导和培训的时间,管理者的管理幅度可以适当增加,反之亦然;管理者从事的非管理事务越多,则用于管理的时间就越少,那么管理幅度则需适当减少,反之亦然。

(3)工作条件。工作条件包括工作地点的接近性、信息手段的配置情况、助手的配备情况等。如果下属的工作地点较为分散,那么上级与下属、下属与下属之间的沟通相对来说就会比较困难,因此管理者的管理幅度就会减少;如果组织内部配置了先进的信息技术,一方面可以帮助管理者及时、准确、全面地了解下属的工作情况,从而提出一些有利的建议,另一方面也有利于下属人员更好地了解自己的工作情况,从而做出改进,在这种情况下,管理幅度可以适当增加;如果管理者配备了适当的助手,那么就可以减少管理者的工作量,因此可以适当增加其管理幅度。

(4)工作环境。如果组织内部的工作环境较稳定,所处的外部环境也变化较小,那么组织变革可能较少发生,组织成员可以按照既定的程序和规则处理问题,较少依赖上级领导,因此上级领导的管理幅度可以适当增加。反之,组织面临的内外部环境越动荡,上级则需要花费更多的时间和经历对下属进行指导和培训,因此可能会适当减少管理幅度。

2. 部门化

部门化是指将若干职位组合在一起的依据和方式。部门化的目的是确定组织中各项任务的分配和责任的归属,以求分工合理、职责分明,有效地实现组织目标。常用的部门划分方法如下。

(1)职能部门化。按照职能划分部门是应用最广泛的方法之一。例如,现代企业通常设置的生产、销售、财务等部门就是按照职能来进行部门划分的。职能部门化的优点是:符合专业化分工的原则,有利于提高人员的使用效率,并简化了培训工作;最高主管要对最终成果负责,从而为最高主管实施严格控制提供了手段,有利于维护最高主管的权威;部门内部活动协调指挥比较容易。职能部门化的缺点是:易使各部门过度局限于自己所在的职能部门,部门间的协调工作比较困难,从而不利于组织目标的实现;由于各部门主管人员过于专业化,因此不利于培养综合全面的管理人才,也进一步导致组织适应环境变化的能力较差。

(2)产品部门化。产品部门化是根据产品或产品系列来组织业务活动,许多多元化经营的企业采用这种方法。例如,现代企业的"事业部"或"集团"就是采用的这种方法。产品部门化的优点是:一个部门负责一个产品,能够将产品的多样化和部门的专业化很好地结合;有利于促进企业的内部竞争和高层次人才的全面培养。产品部门化的缺点是:带来管理人员增多、管理费用增加的问题。

(3)区域部门化。区域部门化是将某一地区的业务活动集中起来,并委派相应的管理者,形成区域性的部门。区域部门化的优点是:能对本地区环境的变化及时做出反应;在当地开展组织业务活动,能够降低成本,并提高工作效率;各个地区分散经营,能够使组织分担风险;有利于培养全面管理人员。区域部门化的缺点是:各地区的协调成本增加,总部对各地区的控制难度也增加;需要很多具备全面管理能力的人才;存在管理机构重叠问题,会导致管理费用的增加。

(4)顾客部门化。顾客部门化是根据所服务的顾客特征和类型进行部门化。顾客部门化的优点是:关注顾客需求并改进工作,能更好地满足顾客的需求,提升市场竞争力。顾客部门化的缺点是：需要更多的能妥善处理顾客关系的管理人员；各部门之间的差异较大，导致协调工作较困难。

（5）流程部门化。流程部门化是把任务的流程分成若干阶段，以此来划分部门。流程部门化是很多制造业厂商及连续生产型企业常用的方法。流程部门化的优点是：符合专业化的原则，能够取得经济优势，提高机器设备的利用率。流程部门化的缺点是：各部门之间相互协作要求高，且一旦衔接出现问题，将直接影响组织目标；不利于全面管理人才的培养。

3. 职权设计

职权是指组织内部授予的指导下属活动及其行为的决定权，是基于职位而存在的合法权力。组织内的职权包括直线职权、参谋职权和职能职权三种形式。直线职权是直线人员所拥有的包括制定决策、发布命令及执行决策的权力，例如指挥权。直线职权从组织的顶端开始，向下延伸至最底层形成一条指挥链。参谋职权是指在某个领域具有专长的参谋人员向具有直线职权的管理者提出建议或者提供服务的权力，例如建议权。参谋为具有直线职能的管理者承担一定的工作，并受其领导。职能职权指某职位或者部门具有的原属于直线管理者的那部分权力，由直线管理者授权产生。职能职权的设立能够减轻直线管理者的任务负担，提高管理效率。

直线职权形成一种自上而下的指挥系统，参谋职权反映的是一种顾问关系，职能职权介于直线职权和参谋职权之间，是直线职权派生的限于特定性能范围内的直线权力。在管理活动中，要妥善处理直线职权、参谋职权和职能职权的关系：

（1）保证直线职权的有效运用。直线职权是确保组织有效运行的首要职权，参谋职权和职能职权行使的前提是不削弱直线职权的权威性和有效性。在行使直线职权过程中，直线主管对计划实施过程和结果承担主要责任，参谋配合其工作。

（2）发挥参谋职权的作用。参谋是为直线管理者提供建议、配合其工作的，不应该左右直线管理者的工作。

（3）适当限制职能职权。职能职权能够提高直线管理者的工作效率，但是也容易导致多头领导等问题，所以要适当限制职能职权的使用范围，例如解决"如何做"之类的问题，而不是"做什么"等问题。

集权和分权反应组织的纵向职权关系，是组织中决策权限的集中与分散程度。集权指决策权在组织系统中较高管理层次上的一定程度的集中，分权指决策权在组织系统中较低管理层次上的一定程度的分散。在组织中，集权和分权是相对的，没有绝对的集权，也没有绝对的分权。

集权的优点是可以加强组织统一指挥、统一协调和直接控制，避免了只注重局部利益等现象的出现。集权的缺点是会使高层管理者负担过重，限制了中、低层管理人员的积极性和主动性的发挥，可能会降低决策的质量，也不利于管理人员的培养，甚至会滋生官僚作风。分权的优点在于可以减轻高层管理人员的负担，增加中、低层管理人员的积极性和主动性，可以使中低层管理者得到很好的培养和锻炼。分权的缺点是容易带来各自为政的现象，会增加各部门之间协调的复杂性，且对管理人员的综合素质有较高的要求。

影响集权与分权的主要因素包括组织因素、外部环境、人员因素等。

（1）组织因素。组织因素包括组织规模、活动的分散性、获取管理人才的难易程度、政策的一致性要求、控制手段、组织的历史等。当组织规模较小时，集权化管理可以促使组织高效率运行，组织规模越大，决策和协调任务就越发困难，因此就需要实行分权化管理；当组织活动分散在不同的地方，也往往需要实行分权化管理。而计算机技术、统计技术等现代控制技术的发展有利于促进权力的下放。组织缺乏综合素质强的中、低层管理人员会限制分权的实施，这时集权有利于保证组织方针政策的一致性，例如，在重大危机的时刻，组织往往会采取集权式的管理方法，这时的分权在一定程度上可能会破坏组织方针政策的一致性。组织的历史会对集权与分权造成影响，例如，通过内部成长由小到大发展起来的企业，或者是在创始人的监护下发展起来的企业，往往会表现出集权的特征，而通过兼并或收购形成的企业则往往表现出分权的特征。

（2）外部环境。外部环境是影响集权与分权的重要因素。例如，当外部环境较为复杂时，组织一般会实行分权化管理以迅速适应环境变化。

（3）人员因素。人员因素包括管理者因素和被管理者因素。管理者的性格、爱好、能力等影响集权与分权的程度。例如，权力控制欲较强的管理者可能没那么容易放权，那么就必然影响组织的集权与分权；是否进行授权也要视被管理者的个人情况而定，对于较高素质且对权力有一定向往的下属可以授予更多的权力。

二、组织设计的原则与影响因素

（一）组织设计的原则

组织设计过程中应该遵循一定的原则，具体包括任务目标原则、统一指挥原则、权责对等原则、分工协作原则、稳定适应原则、适当管理幅度原则。

1. 任务目标原则

每一个组织都有其特定的目标和任务，为了实现组织目标，组织设计应该以组织的目标和任务为主要依据，因事设职，因职设人。

2. 统一指挥原则

统一指挥原则是组织设计的重要原则。统一指挥原则是指在组织中每一个下级只能接受一个上级的指挥，并对这个上级负责。在管理工作中实行统一领导，有利于建立严格的责任制，消除多头领导、政出多门的现象，确保组织的高效性和灵活性。

3. 权责对等原则

权责对等指组织成员的职权和职责是对等的。如果有权无责，则可能导致滥用权力；如果有责无权，则可能影响成员的积极性和主动性，导致其无法履行责任，无法完成任务。

4. 分工协作原则

分工指按照提高管理专业化程度和工作效率的要求，将组织的目标分解成各部门或个人的任务或目标，明确规定各部门或个人的职权、职责。有分工就必须有协作，协作包括部门与部门之间，部门内人与人之间的协作。在部门设计中，必须做到分工与协作的结合。

5. 稳定适应原则

为保证企业的正常运转，企业的组织结构应该保持相对的稳定性。但是，组织是处在复杂的内外部环境中，因此也要求组织结构具有一定的适应性，只有这样才能使组织保持活力。贯彻稳定性与适应性相结合的原则，应该是在保持稳定性的基础上进一步提高企业组织结构的适应性。

6. 适当管理幅度原则

管理幅度是指领导者直接领导的下级的数目。管理层次是指组织内纵向管理系统所划分的等级数目。管理幅度与管理层次在数量上具有反比例关系。领导者的管理幅度需要控制在有效的范围内，幅度过大，就会超出领导者的能力，造成组织管理的混乱；管理幅度过小，则没有充分发挥领导者的能力，造成资源的闲置和浪费。

（二）组织设计的影响因素

组织活动是在组织战略的指导下、在一定的环境中、利用一定的技术条件进行的，因此，组织设计必须考虑战略、环境、技术和组织规模等一系列因素。

1. 战略

战略是实现组织目标的各种行动方案、方针和方向选择的总称。组织结构与组织战略的关系非常紧密，组织战略决定组织结构，组织结构服务于组织战略。不同的战略要求不同的业务活动，从而影响组织设计中的职务划分和部门划分。组织战略重点的改变，会使组织工作重点发生改变，从而改变各部门和各职务在组织中的重要程度，因而需要对各职务之间、部门之间以及岗位之间的关系做出调整。

2. 环境

任何组织都存在于一定的环境中，外部环境必然会对组织结构产生一定影响。环境中存在很多不确定性的因素，组织为适应环境的变化，就需要对组织结构进行设计与调整。一般来说，在简单、稳定的环境中，机械式的刚性组织设计最为合适；在越复杂、动荡的环境下，越需要柔性、灵活的组织设计。

3. 技术

组织活动需要利用一定的技术。技术以及技术设备的水平不仅影响组织活动的效率，而且会影响组织活动的内容划分、职务的设置和对工作人员的要求。

4. 组织规模

组织规模是指组织的人数。组织人数的多少明显地影响组织结构。首先，组织的规模越大代表着组织的人数越多，组织中的劳动和分工就越细，这就导致横向差异和纵向差异的增加，并使监督、协调、控制的难度加大，从而增加了组织结构的复杂性。其次，组织规模的扩大，管理者要么采取加强直接控制的方法，但是与此同时也会增加管理成本；管理者要么采用规范化的管理方法，用严格的规章制度规范和控制员工的行为，这样就会提高组织结构的规范化程度。最后，组织规模的扩大，会使高级管理者难以直接进行管理工作，所以就必须授权，委托他人进行管理。一般来说，组织规模越大，分权程度就越高。

三、组织设计的步骤

(一) 职务分析与设计

通过收集及分析资料，结合组织自身的实际情况，确立组织目标。在确定组织目标和任务之后，根据任务的性质、工作量等将组织目标和任务逐步分解为各个子任务，并进一步根据子任务的性质、工作量等设计和确定职务的类别和数量，来分析这些职务承担者所必需具备的能力和素质要求。

(二) 部门划分

部门划分是根据各个职务的工作性质及相互关系，按照职能相似、活动相似或者关系紧密等原则，将各种职务组合起来形成部门的过程。部门划分应该尽量注意以下三个问题：部门与部门之间的职能尽量避免重复；组织所有的工作在部门划分之后不能有遗漏，都应该归属于相关部门；部门之间的工作量应该基本相同，部门人员配备应该与工作量相匹配。

(三) 层级设计

在职务分析的基础上，组织需要根据实际情况，对初步设计的职务进行调整，同时根据每项工作任务的性质、内容等确定管理幅度和管理层级，并规定各职位的职责权限，并通过制度规范使各职务、各部门形成一个有机的整体。

(四) 人员配备

在完成职务分析与设计、部门划分和层级设计的步骤之后，根据职务、岗位的知识和技能要求，选拔和配备合适的人员。

(五) 组织结构的形成和完善

根据组织目标与组织现有的人力资源状况，结合组织的内外部环境，经过各方面的综合平衡，最终形成正式的组织结构。在组织结构运行过程中，不断根据实际情况，对组织结构进行调整，使组织结构不断完善。

第三节　组织结构

一、组织结构的概念与特征

(一) 组织结构的概念

美国管理学家罗宾斯（Stephen P. Robbins）认为，组织结构是组织内部对工作的正式安排。普蒂（Joseph M. Puttu）和韦里奇（Heinz Weihrich）认为，组织结构是为了协调组织中不同成员活动而形成的一个框架机制。由此可见，组织结构是表明组织各部分排列顺序、空间位置、聚散状态、联系方式以及各要素之间相互关系的一种模式，是整个管理系统的框架。

（二）组织结构的特征

组织结构的特征体现在复杂化程度、规范化程度和集权化程度三方面。复杂化程度是指组织分化程度，包括组织内部的专业化分工程度、管理幅度和管理层级数量、人员及部门地理分布情况等。规范化程度是组织依靠规则和程序引导员工行为的程度，包括组织内部行为规则、规章条例的多少以及执行的严格程度。集权化程度是指组织内决策权的集中和分散程度。集权意味着决策权集中在组织的高层，分权意味着决策权分散在组织内的各个管理层次。

二、组织结构的形式

由于组织的内外部环境和组织目标的不同，组织结构类型也存在不同。目前，常见的组织结构形式归纳如下。

（一）直线型组织结构

直线型组织结构是最早也是最简单的一种组织结构。直线型组织结构的主要特点是组织中各职位是按垂直系统直线排列的，各级管理者执行统一指挥和管理职能。其结构形式如图 11-1 所示。

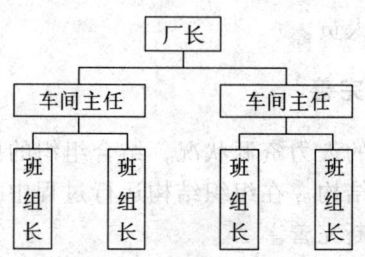

图 11-1　直线型组织结构

直线型组织结构的优点包括结构简单、权责分明、指挥与命令统一、决策迅速、工作效率较高等。其缺点是对管理者的要求高，管理者受个人能力、精力限制往往难于应付繁杂事务，且这种组织结构类型只适合于规模较小、产品单一、工艺过程简单的组织。

（二）职能型组织结构

职能型组织结构的特点是按专业分工设立相应的职能机构，并赋予一定的管理职责和权力，各职能机构在自己业务范围内可以向下级单位传达命令与指示，直接指挥下级单位。其结构形式如图 11-2 所示。

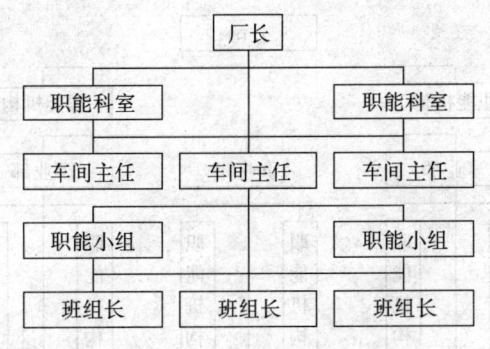

图 11-2　职能型组织结构

职能型组织结构的优点是各职能机构能发挥自身的专业优势，提高了管理的专业化程度。其缺点是由于实行多头领导，妨碍对组织生产经营活动的统一指挥，容易造成管理混乱。职能型组织结构在实践中并没有得到广泛的应用。

（三）直线职能型组织结构

直线职能型组织结构是在吸收了直线型组织结构和职能型组织结构的优点的基础上形成的一种组织机构，它以直线制为基础，在各级生产行政领导者之下设置相应的职能部门，分别从事专业管理。直线职能制是一种按经营管理职能划分部门，并由最高经营者直接指挥各职能部门的体制。其结构形式如图11-3所示。

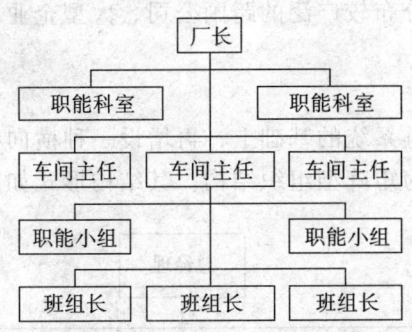

图 11-3　直线职能型组织结构

直线职能型组织结构既有直线制统一指挥的优点，又有职能制发挥专业管理部门作用的优点，从而能够提高管理效率。其缺点是各职能部门之间横向联系较差，容易发生脱节和矛盾。直线职能型组织结构是比较理想的组织结构，因此被比较广泛地应用，但是其优势在规模不太大、外部环境相对稳定的企业中才能较好发挥。

（四）事业部型组织结构

事业部型组织结构最初是在美国通用汽车创立的。事业部型组织结构是在公司统一领导下，按产品、地区或市场划分的统一进行产品设计、采购、生产和销售活动的半独立经营单位。各事业部拥有一定的自主权，并设有相应的职能部门，其最突出的特点就是"集中决策、分散经营"。其结构形式如图11-4所示。

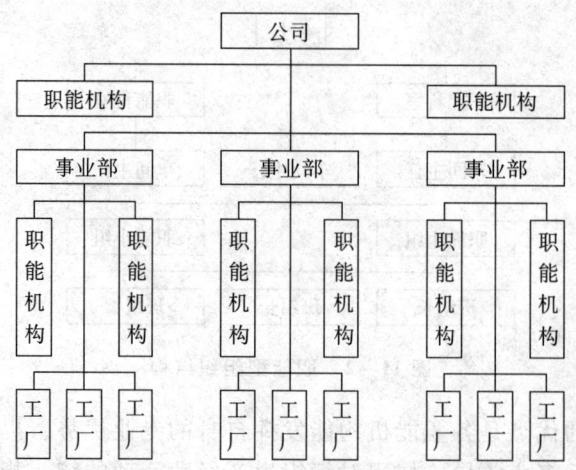

图 11-4 事业部型组织结构

事业部型组织结构的优点是对产品和销售能够实行统一管理、自主经营、独立核算，有利于发挥各事业部的积极性，更好地适应市场，提升组织的竞争力；减轻组织最高层领导者的负担，使其有更多精力投入到公司的战略决策和发展规划中；有利于培养综合性的管理人才。事业部型组织结构的缺点是组织机构重叠，管理成本高，造成管理人员的浪费；各事业部的利益与公司的整体利益不易协调，甚至会有很多冲突；事业部急于追求短期利益，对需要长期投资的新产品研发问题很难做到迅速决策。事业部型组织结构适用于有较复杂的产品类别和地区分布较广泛的跨国公司、大型企业或企业集团。

（五）矩阵型组织结构

在直线职能制垂直指挥链系统的基础上，再增设一种横向指挥链系统，由此形成具有双重职权关系的矩阵，被称为矩阵型组织结构。其结构形式如图 11-5 所示。

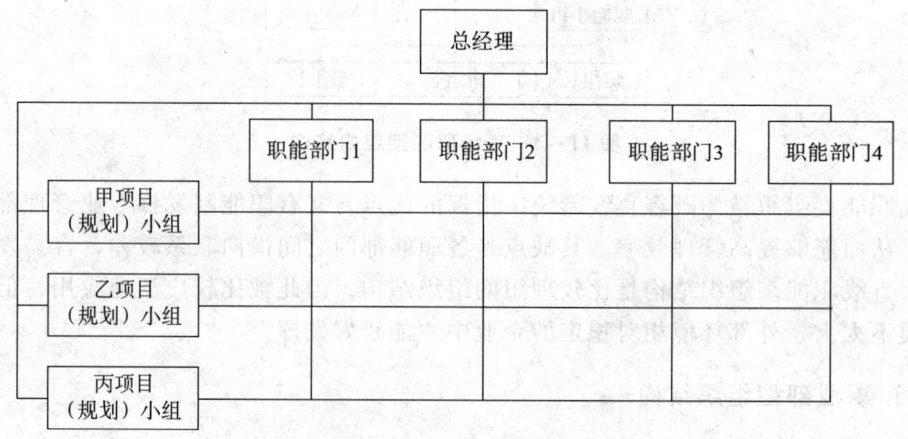

图 11-5 矩阵型组织结构

矩阵型组织结构的优点是加强了横向部门的联系和纵向部门的协调，提高了组织的灵活性和应变能力；各种专业人员集中在一个项目小组里，能够集思广益，更加有助于取得创造性成果。矩阵型组织结构的缺点是组织中存在双重职权关系,所以可能会导致领导责任不清、执行者无所适从等现象。这种结构主要适用于科研、设计等具有较高创新性要求的组织。

(六) 网络型组织结构

现代信息技术手段的发展促进了企业与外界的联系,企业可以不断缩小内部生产经营活动的范围,不断扩大与外部组织之间的协作,从而产生了一种基于契约关系的新型组织结构,即网络型组织结构。网络型组织机构也被称为虚拟组织。其结构形式如图11-6所示。

网络型组织结构优点:组织中的很多活动实现了外包,可以降低生产和管理成本;组织采取与外部合作的形式,可以更好地结合市场需求来整合各项资源,使组织结构更具灵活性。网络型组织结构的缺点:由于与外部组织的合作都是临时的,如果某一合作单位突然退出且其地位不可替代时,那么组织将面临危机;涉及到的单位比较多,出现问题时较难协调和控制。网络型组织结构适用于小型企业,也适用于需要连接集团松散层单位的大型企业。

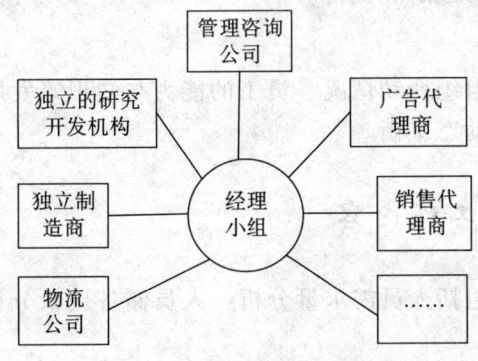

图 11-6 网络型组织结构

第四节 人员配备

一、人员配备的任务与原则

(一) 人员配备的任务

人员配备是指根据组织结构中所规定的职位的数量和要求,对所需人员进行有效的人力资源规划、招聘、选拔、考评、培训的过程,简而言之,就是把适当的人安排在适当的位置上的过程。

人员配备既要考虑组织需要,也要满足成员需要。从组织需要角度看,必须保证为每个岗位配备合适的人,使组织能够有效运作,并且注意组织后备干部队伍的建设,培养和维持组织成员对组织的忠诚感;另一方面也要考虑组织成员的个人需要、特征和爱好等,为个人安排适当的工作,使个人的知识和能力得到很好地运用与提升。

(二) 人员配备的原则

1. 因事择人原则

因事择人原则是人员配备的首要原则,是指根据岗位的需要,选择具有相应的知识和技能的人员到适合的岗位上工作。

2. 因材器用原则

因材器用原则是根据每个人的特长和兴趣爱好来分配不同的工作,以最大限度地发挥成员的才能,调动其积极性。

3. 公开竞争原则

公开竞争原则是在选聘、培养和提拔人才时要努力做到公平、公正、客观,以最大限度上获得社会和组织成员的理解和支持。

4. 动态平衡原则

动态平衡原则是根据组织变动情况、员工的能力与知识等发展情况对人与岗位进行及时的调整,实现人与事的动态平衡。

二、人员配备的工作内容

人员配备的工作内容包括人员需求量分析、人员储备现状分析、人员选拔、人员考评与人员培训五个环节。

(一) 人员需求量分析

人员需求量分析是人员配备的首要工作。人员需求量是以组织设计出的职务数量和职位类型为依据,职位类型指出了需要什么类型的人,职位数量表明了每个类型的职位需要的人数。在现实中,组织会面临复杂多变的外部环境,组织结构也会随之进行调整,那么组织人员需求量也会随之发生增减。此外,组织人员的退休和调出等原因也会带来职位的空缺,从而需要组织进行招聘,这也是影响人员需求量的一个重要的因素。

(二) 人员储备现状分析

明确了组织人员需求量之后,就需要分析组织人员储备现状。组织人员储备现状分析可以利用组织的人才储备图进行分析,主要包括:分析组织目前的人员状况,如组织员工的部门分布、技术知识水平、年龄状况等;分析目前组织员工流动的情况和原因,预测员工的流动趋势,以便在此之前采取相应的措施,并及时给予替补;了解组织提拔和内部调动的情况,保证工作和职务的连续性。通过分析组织的人员储备状况,可以及时发现可提拔的对象,可以避免人才的埋没和人员的流失;可以识别出表现欠佳的人员,及时对其进行岗位调整或者培训;可以发现组织人员储备不足,提前进行招聘补充。

（三）人员选聘

人员选聘是指组织为了发展的需要，根据人员需求量和自身组织人员储备现状的实际情况，寻找和吸引有能力的人员，并从中选出合适的人员予以录用的过程。人员选聘是组织人员配备工作的基础。在此过程中，主要考虑两个方面，一是职位的要求；二是人员应当具备的素质、能力和意向。

人员选聘的方式主要有内部选聘和外部选聘，内部选聘指从组织内部选拔能够胜任的员工来填补组织中的空缺职位，外部选聘指根据组织制定的标准和程序，从组织外部选拔符合空缺职位工作要求的员工。组织需要根据组织规模、组织发展阶段、岗位要求等因素选择招聘方式。内部选聘和外部选聘的优缺点如表11－1所示。通常情况下，组织在选聘人员时，采用内外部结合的方法是比较好的。

表11－1　　　　　　　　　内部选聘与外部选聘的比较

方式	优点	缺点
外部选聘	①利用外来优势 ②平息和缓和内部竞争者的紧张关系 ③为组织带来新的管理方法和经验	①外部人员不了解组织内部实际情况，需要更长时间的培训和适应 ②对应聘者不了解，可能会导致招聘失败 ③挫伤内部员工的积极性
内部选聘	①提高员工积极性 ②对选聘人员比较了解，确保选聘工作的正确性 ③选聘者由于了解内部情况，能迅速上岗	①可能引发员工间的矛盾 ②导致"任人唯亲""近亲繁殖"等的现象 ③在企业急需人才时可能难以满足需要 ④选择的范围相对较小

（四）人员考评

人员考评是对员工工作绩效的考评，具体来说就是对照工作岗位说明书和工作任务，对员工的业务能力、工作表现及工作态度等进行评价的过程。人员考评是组织绩效管理的工具，是人员配备与调整、人员培训、合理奖励的客观依据。

人员的考评内容包括德、能、勤、绩四个方面。"德"主要指员工的思想素质和职业道德，一般包括责任心、集体主义观、使命感等；"能"主要指员工在工作中表现出来的能力，包括专业理论水平、实际工作能力、发展潜力；"勤"主要指员工的工作积极性和工作态度，主要包括积极性、责任感、纪律性等；"绩"主要是指员工的工作绩效，包括工作的数量、质量、经济效益和社会效益等。

（五）人员培训

培训是组织为了实现组织目标和员工个人的发展目标而有计划地对全体员工进行训练和辅导以适应并胜任岗位的活动。

人员培训的目标是传递信息、更新知识、改变态度和发展能力。传递信息是培训的基本要求，如通过培训使员工了解本企业的产品性能、工艺流程、市场状况等信息。更新知识是通过培训促进员工知识与技能的提高，以更好地胜任岗位工作。改变态度是通过培训可以促使员工逐渐了解组织文化，强化员工对组织价值观的认同，按照组织的行为准则来开展工作。发展能力是通过培训可以提高员工的操作能力、沟通能力等。

人员培训的方法有很多，组织应该根据自身的实际情况以及受训者的特征来选择相应的方法。具体的培训方法主要有：

（1）课堂培训。课堂培训是指通过内部知识培训或选派人员去大学、培训中心等专门机构进行学习，使受训者掌握系统的专业知识，提升其综合素质。

（2）轮换工作。轮换工作是指使受训者在不同部门里的不同岗位进行轮流工作，以全面了解组织的不同岗位的工作内容，积累不同的经验，掌握业务全貌，培养协作精神和全局观念。

（3）提升。提升包括有计划地提升和临时提升。有计划地提升是指按照计划好的途径，使组织人员经过层层锻炼，从低层逐步提拔到高层。临时提升是正式管理人员由于某些原因，例如生病或出差等，导致职位空缺，指派受训者代理其职务。

（4）设立助理职位。设立助理职位是让受训者与有经验的主管人员一起工作，有经验的主管人员可以给予受训者特别培养和考察，这种方法有助于受训者积累经验，有助于受训者升职。

神户制钢所的造假丑闻

日本钢铁企业神户制钢所（Kobe Steel, Ltd.）是日本第三大钢铁企业，仅次于新日铁住金、JFE钢铁公司，其粗钢产量725.9万吨，在全球钢铁公司中排名第53。作为世界500强企业之一，神户制钢所在日本享有盛誉。

2017年10月8日，神户制钢所承认，在2016年9月至2017年8月底期间，对铝制零部件1.93万吨、铜制品2200吨和铝锻件1.94万件，违反合同篡改了强度和尺寸等质量数据。神户制钢所的造假丑闻，给"日本制造"这个国家品牌蒙上了阴影。

神户制钢所造假并非"一日之寒"。经调查发现，包括管理人员在内的数十人参与其中，这说明神户制钢所造假案是一起长期的、集体性的行为。神户制钢所副社长梅原尚人也承认，部分产品从10年前开始就一直沿用篡改后的数据，篡改数据也并非个别人所为，而是获得管理层默许，是公司整体性问题。

神户制钢所造假的铝制品波及客户约200家企业，以汽车厂商等为主，包括丰田、本田、马自达、三菱、日产和铃木在内的日本车企巨头都已受到波及。以丰田汽车为例，丰田已确认使用了神户制钢所生产的问题产品，包括在日本国内工厂组装的部分车型的引擎盖、尾门等，而问题铝制品已被用于部分车型的引擎盖等部件。丰田方面正在对汽车安全性进行确认，如果涉及汽车性能和安全，或将引发大规模召回。

在日本，神户制钢所的故事并非个案。近来"日本制造"丑闻频出：日本汽车巨头日产在出厂检验环节中，大量使用无资质人员敷衍出厂检验手续；三菱和铃木篡改汽车燃油及经济性测试数据；日本汽车配件制造商高田公司（Takata）因隐瞒安全气囊质量缺陷已于2017年6月申请破产。

长期以来，日本制造一向以精细严谨和过硬品质享誉世界，"排队购买日本马桶盖"曾经一度成为中国媒体上的热门话题，"开不坏的丰田"更是成为全球司机多年公认的口碑。如今密集爆发的日企造假让业界震惊，"日本制造"怎么了？

讨论题：

第十一章 组织职能

1. 神户制钢造假事件暴露了哪些组织管理问题？
2. 神户制钢造假事件对中国制造企业有哪些启示？

复习思考题

1. 组织的要素与功能是什么？
2. 分析直线职能型组织结构的优缺点。
3. 比较分析事业部型组织结构与矩阵型组织结构的优缺点。
4. 简述管理幅度与管理层次的关系。
5. 组织结构设计要遵循哪些原则？
6. 人员配备有哪些原则？
7. 简述人员配备的程序与内容。

延伸阅读

［1］切斯特·巴纳德. 组织与管理［M］. 北京：机械工业出版社，2016.

［2］加里·德斯勒. 人力资源管理［M］. 北京：中国人民大学出版社，2017.

［3］吉姆·柯林斯. 从优秀到卓越［M］. 北京：中信出版社，2009.

［4］Duncan R. What is the right organization structure? Decision tree analysis provides the answer［J］. Organizational Dynamics，1979，7（3）：59－80.

［5］Oldham G. R，Hackman J. R. Not what it was and not what it will be：The future of job design research［J］. Journal of Organizational Behavior，2010，31（2－3）：463－479.

［6］Ortenblad A. The learning organization：towards an integrated model［J］. Learning Organization，2004，11（2）：129－144.

第十二章
Financial Management

领导职能

本章主要学习领导的概念与本质、领导与管理的联系与区别、领导的作用、领导影响力；领导特质理论、领导行为理论和领导权变理论；员工激励的概念、过程与作用；员工激励理论。其中，领导理论和员工激励理论是本章学习的重点，领导权变理论是本章学习的难点。

知识目标：理解领导的本质与作用；理解领导与管理的联系与区别；掌握各种领导有效性理论；理解员工激励的概念、过程与理论。

能力目标：能够运用领导理论和员工激励理论分析管理实践中的具体活动和行为。

素质目标：通过集体学习培养作为领导者应当具备的素质；在管理活动中因地制宜使用激励方法，提高领导者管理水平。

第一节 领导概述

一、领导的概念与本质

（一）领导的概念

领导有两种词性，一是作为名词属性的"领导"，是"领导者"的简称；二是作为动词属性的"领导"，即"领导者"所从事的活动。领导者是一种社会角色，是指从事领导工作和活动的主体，即能实现领导过程的人。不同学者对领导的认识各有不同。拉尔夫·

斯托格狄尔（Ralph M. Stogdill）提出领导是对组织群体或个体施加影响的活动过程；彼德·德鲁克（Peter F. Drucker）认为领导是创设一种情境，使人们心情舒畅地在其中工作；哈罗德·孔茨（Harold Koontz）将领导定义为一种影响力，即影响人们心甘情愿地和满怀热情地为实现群体目标而努力的艺术或过程；史蒂芬·柯维（Stephen R. Covey）认为领导的本质是影响力，真正的领导者能够影响别人，使别人追随自己；斯蒂芬·罗宾斯（Stephen P. Robbins）将领导定义为领导者所做的事情，具体来说，是影响群体实现目标的过程。综上所述，从领导职能的角度出发，可以将领导定义为指挥、带领、引导和鼓励个人、群体或组织在一定条件下实现目标的行动过程。

（二）领导的本质

领导的本质是一种对他人的影响力，即管理者对下属的心理与行为的影响力，这种影响力能够促使下属自愿地把自己的力量贡献给组织，从而促使组织目标的实现。正确理解领导的本质，需要把握以下三点：领导者一定有追随者，没有追随者的领导谈不上是领导；领导者拥有影响追随者的能力，这些能力既包括组织赋予的职权，也包括领导者个人所具有的影响力；领导具有目的性，其目的是通过影响下属心理与行为使其能够自愿为实现组织目标而努力奋斗。

二、领导与管理

（一）领导与管理的联系

领导与管理经常被混为一谈，其主要原因是领导与管理有密切的联系：第一，领导是管理的四大职能之一，领导工作是管理工作的重要组成部分；第二，领导和管理在行为主体上具有共同性，因为在大多数组织中，很难将领导者与管理者完全地分开；第三，领导和管理都是一种引导和影响他人实现组织目标的活动与过程；最后，管理者依赖于组织授予的职权进行管理，领导者也可以依赖于职权进行管理。

（二）领导与管理的区别

领导与管理的区别在于：第一，领导是管理活动的一部分，完整的管理活动还包括了计划、组织和控制。第二，管理是建立在合法的、强制性的职务权力的基础上对下属的行为进行指挥的过程，而领导既可以建立在上述权力的基础上，也可以建立在个人影响权和专长权的基础上来影响下属的心理和行为。第三，管理的对象包括人、财、物，而领导的对象更侧重人，侧重于激发人的潜能，发挥人的积极性。最后，管理者是正式任命的，拥有合法的职权，存在于正式组织中，而领导者既可以是正式任命的，也可以是从非正式组织或者群体中脱颖而出自发产生的。

三、领导的作用

（一）指挥作用

领导常常被比喻成乐队的指挥，或者是操纵行船的舵手，这类比喻形象地说明了领导的指挥作用。在组织工作过程中，需要头脑清醒、胸怀全局、高瞻远瞩的领导者帮助组织成员认清所处的环境和形势，指明组织的目标和达到目标的路径，并率领和鼓舞员工为组织的目标而努力奋斗。

（二）协调作用

在日常工作过程中，由于组织成员的文化背景、年龄结构、经验阅历、利益诉求等存在不同，人与人之间、部门与部门之间难免会发生各种矛盾和冲突，甚至在行动上可能会出现偏离目标的情况，就需要领导者来协调各方面的关系，使组织全体成员步调一致，以促使组织目标及早实现。

（三）激励作用

为实现组织的目标，领导者需要激发组织成员的斗志，鼓舞他们的士气，充分调动他们的积极性，激发他们的创造力。

（四）沟通作用

领导者是信息的传递者、监听者、发言人和谈判者，在信息传递层面发挥着重要的作用，以保证组织活动的正常运行。具体形式包括：信息的传输、交换与反馈，人际交往和关系融通等。

四、领导影响力

领导影响力指领导在与他人的交往过程中，影响和改变他人的心理与行为的能力。领导影响力主要来源于职位权力和个人权力。

（一）职位权力

职位权力是领导者在组织中担任一定的职务而获得的权力，由职位产生，由组织和上级赋予，并受组织规章制度的保护，属于正式权力。领导的职位权力在领导者不再担任领导工作后将大大削弱甚至消失。

1. 职位权力的构成

（1）法定权。法定权是由于个人被任命担任某一职位，因而被授予与职位对应的权力和地位。领导者有指挥、支配下属工作行为的合法权力，下属一般会理所当然地要接受和服从领导者。

（2）奖赏权。奖赏权是指领导者能够决定对下属的奖赏的权力。下属会为了获得奖赏而接受和服从领导者。例如，领导者在职位范围内可以决定或者影响下级的薪水、奖金、晋升等，进而有效地影响下属的态度和行为。奖赏权的有效性取决于下级对奖赏是否期望。

（3）强制权。强制权也被称为惩罚权，是指领导者惩罚下属的权力。强制权其实质就是利用人们对惩罚的恐慌心理而影响和改变其态度和行为。惩罚包括扣罚工资奖金、批评、降职、辞退甚至是开除等。惩罚权虽然见效快，但作为一种消极性的权力，可能会引起下级的不满、愤怒，甚至是报复行为，因此务必慎用。

2. 职位权力的影响因素

（1）传统因素。自古以来，人们对领导者有一种传统观念，认为领导者不同于普通人，认为领导者有权力、有才华，下属必须服从领导者。因为这种传统观念影响着每一个人从小到大的思想，所以就自然而然地增强了领导者言行的影响力。

（2）职位因素。职位是指个人在组织中的职务和地位。具有领导职务的人，组织会赋予其一定的权力，这种权力使领导者能够左右下属的行为、处境和前途等，从而使下属产生一种敬畏感。领导的职位越高，权力也越大，下属对领导的敬畏感也就越强烈。

（3）资历因素。资历是指领导者的资格和经历。领导者的资历越深，越能受到追随者的尊敬和爱戴，其言行的影响力也越大。

（二）个人权力

个人权力是来自于领导者个人的权力，与职位的高低无关，而是由于领导自身的某些条件而具有的，例如特殊的品质、非凡的才能等。

1. 个人权力的构成

（1）专家权。专家权也被称为专长权，指由个人的专长、特殊技能或专业知识而产生的权力。在组织中，专家权来自于下属的尊敬和信任。例如，一些知名教授、著名学者、著名工程师等都会因为他们的专业技能而获得专家权，在一定领域内具有巨大的影响力。

（2）感召权。感召权也被称为模范权，是与个人的品质、魅力、经历和背景等相关的权力。在组织中，感召权的实现来自于下属对上级的信任和敬佩，并愿意模仿和跟从。例如，一些政治领袖、文艺明星等都具有这种权力，因而能够激起追随者的忠诚和热忱。

2. 个人权力的影响因素

（1）品格因素。品格因素是指领导者的道德、人格、作风等。领导者的优良品格能够深深吸引下属，使下属对其充满敬爱感，并且能使人模仿。

（2）能力因素。能力是指能够胜任工作或解决问题的能力。一个有能力的领导者能够使下属对其产生敬佩感和信任感，会使下属自觉地去接受他的影响。

（3）知识因素。知识是人们在改造客观世界的实践活动中所获得的直接经验和间接经验的总和。知识是能力的基础。知识丰富的领导者能使人产生信赖感，从而增强其影响力。

（4）情感因素。情感是人对客观事物好恶倾向的内在反映。人与人之间建立了良好的感情，便能产生亲切感，相互之间的吸引力就会越大，对彼此的影响力才会越大。领导者能体贴和关心下属，与下属同甘共苦，与下属建立良好的情感，其影响力往往比较高。反之，领导者与下属的关系紧张，就会在双方之间产生排斥力，领导者的影响力就会下降。

第二节　领导理论

一、领导特质理论

领导特质理论是着重从领导者的品质、素质、修养的研究来探索领导有效性的理论。研究者希望通过对领导特质的研究，找出一些领导的共同特质，解决什么样的人适合当领导的问题。领导特质理论可以分为传统特质理论和现代特质理论。

（一）传统特质理论

传统领导特质理论认为领导者的品质是天生的，与后天的教育与培养没有关系，古希腊哲学家亚里士多德（Aristotéles）就持有这一观点。传统领导特质理论的代表观点如下：

1. 吉赛利的观点

美国管理学家埃德温·吉赛利（Edwin Ghiselli）在调查了 90 个企业的 300 名经理人员后，在其《管理才能探索》一书中提出了领导者的 13 种特征，包括 8 种个性特征和 5 种激励特征，并将这些特征按照重要性进行了分类，如表 12-1 所示。

表 12-1　　　　　　　　　　　　　有效领导者的个人特征

重要性	个性特征	激励特征
非常重要	首创精神 自信心 才智 督查能力 决断能力	对事业成就的需要 对自我实现的需要
中等重要	适应性 成熟程度	对工作稳定的需要 对指挥别人的权力的需要 对金钱奖励的需要
最不重要	性别	

2. 斯托格迪尔的观点

美国俄亥俄州立大学工商研究所的拉夫尔·斯托格迪尔（Ralph M. Stodgill）在对 124 项研究进行考察，并查阅整理超过 5000 种与领导者素质相关的书籍和文章后，总结归纳出领导者素质，其中包括五项身体特征、16 项个性特征、6 项与工作任务有关的特征、9

项社交特征和两项社会性特征。

（1）5项身体特征包括精力、外貌、身高、年龄、体重。

（2）16项个性特质包括有良心、有风度、情绪好、身体健康、智力过人、可靠、勇敢、有胆略、责任心强、善于创造、直率、有理想、自律、有组织能力、有判断能力和善于交际。

（3）6项与工作任务有关的特征包括责任感、事业心、毅力、首创性、坚持性和对人的关心。

（4）9项社交特征包括能力、合作、声誉、人际关系、老练程度、正直、诚实、权力的需要和与人共事的技巧。

（5）两项社会性特征包括社会经济地位和学历。

（二）现代特质理论

现代特质理论认为领导特质是在后天的实践中形成的，并且可以通过学习和培养形成。现代特质理论的代表观点如下。

1. 鲍莫尔的观点

美国普林斯顿大学威廉·鲍莫尔（William J. Baumol）从胜任领导工作的要求出发，提出了一个企业家应具备的10个条件：

（1）合作精神。愿意与人合作，能通过说服和感动赢得人们的合作。

（2）决策能力。具有依据事实而不是依靠想象的决策能力和高瞻远瞩的能力。

（3）组织能力。善于发掘下属的能力，能有效地组织人力、财力和物力。

（4）精于授权。既能使自己大权独揽，把控大局，又能小权下放，使下属具有一定的自主权。

（5）应变能力。不墨守成规，善于应变。

（6）敢于创新。对新事物、新环境、新理念有敏锐的感知能力，具有创新意识和勇气。

（7）勇于负责。对下级、上级、客户、社会等具有高度的责任心。

（8）敢担风险。敢于承担企业发展不景气的风险，有创造新局面的决心和信心。

（9）尊重他人。重视和采纳别人的意见。

（10）品德高尚。品德为企业员工和社会人士所敬仰。

2. 鲍尔的观点

美国麦肯锡公司的创始人之一马文·鲍尔（Marvin Bower）在其《领导的意志》一书中提出领导应当具备14种品质：行动正直、公正、举止谦逊、善于倾听他人的意见、心胸宽阔、对人要敏锐、对形势要敏锐、积极进取、有卓越的判断力、宽宏大量、灵活性及适应性、稳妥而及时的决策能力、激励人的能力和紧迫感。

3. 日本企业的双十要求

日本对企业管理人员在品德与能力两方面各有10项要求。品德方面的要求是：有使命感、有责任感、有进取心、热情、公正、勇敢、诚实、忍耐性强、可信赖的程度高和有积极性；能力方面的要求为：思维决策能力、规划能力、判断能力、创造能力、洞察能力、劝说能力、对人的理解能力、解决问题的能力、培养下级的能力和调动积极性的能力。

领导特质理论没有考虑到情境、追随者等因素对领导有效性的影响，因而存在一定的局限性。但是领导特质理论的研究成果和研究方法对我们选拔和培训领导者起到了积极的借鉴作用。

二、领导行为理论

领导行为理论试图从研究领导者的行为特点与绩效的关系，来寻找最有效的领导方式。主要从领导者更关心工作绩效还是更关心群体关系，以及在决策过程中领导者是倾向于民主还是倾向于专制两个角度来研究领导行为。

（一）领导作风理论

领导作风又称为领导方式，是指领导者在活动中表现出来的比较固定的和经常使用的行为方式和方法的总和。美国心理学家库尔特·勒温（Kurt Lewin）及其研究团队通过实验研究提出了以下3种领导方式。

1. 专制型

专制型领导方式的主要特点如下：从不考虑别人的意见，所有的决策都由领导者自己做出；事先安排一切工作内容、工作程序和方法，并要求下属绝对服从；与下属接触较少，上下级心理距离较大。

2. 民主型

领导者在做决策时鼓励下属积极参与，允许下属发表意见，下属具有一定程度的自主决定权。民主型领导方式的主要特点如下：决策是在领导者的鼓励和协助下由领导者和下属共同讨论决定的；领导在分配工作时，尽量照顾到下属的能力、兴趣和爱好；主要是运用个人权力和威信使下属服从，而不是依赖职位权力和命令使人服从；领导与下属保持积极的沟通和接触，上下级的心理距离较小。

3. 放任型

领导者对下属采取自由放任态度，下属具有很大的自主权。放任型的领导方式的主要特点是决策权交于下属手中，领导者不向下属做任何说明，也不向下属做指示。

勒温根据实验结果提出：放任型领导方式工作效率最低，从而无法实现组织目标；专制型领导方式虽然能够通过严格的管理实现组织目标，但是组织成员没有责任感、士气低落。而民主型领导方式工作效率最高，不但可以实现组织目标，而且组织成员具有较高的工作积极性和创造性。

勒温等人的研究区分了不同的领导方式，探讨了不同领导方式对工作效率的影响，为后续领导理论的研究提供了借鉴。但是这一理论仅仅关注了领导方式，没有探讨领导所处的情境。

（二）领导方式系统理论

美国行为学家伦西斯·利克特（Rensis Likert）和同事们对领导行为方式进行大量研

究，形成了领导方式系统理论。他们把领导行为分成员工导向和生产导向两个维度，员工导向是指领导者重视人际关系，生产导向是指领导者关心工作的过程和结果。在这个基础上，他们提出了4类领导风格。

1. 专制—权威型

专制—权威型的特征是：领导者非常专制，很少信任下属，领导者独自决策，下属只需执行；领导主要运用命令和惩罚的手段来执行领导职能；与下属采取自上而下的沟通方式，不注重自下而上的信息反馈。

2. 开明—权威型

开明—权威型的特征是：领导者对下属有一定的信任，下属在一定程度上能够参与决策，但决策权仍然牢牢掌握在领导者手中；采取奖赏和惩罚并用的激励方法；允许一定程度上的自下而上的沟通。

3. 协商型

协商型的特征是：领导者对下属抱有相当大但并不充分的信任，允许下属在具体问题上做出决策，在较大程度上会采纳下级的想法和意见；注重信息的双向沟通。

4. 群体参与型

群体参与型的特征是：领导者对下属有充分的信心和信任，积极采纳下属的意见；上下级关系融洽，信息在上下级之间传递顺畅。

利克特等人的研究表明群体参与型领导方式在制定目标和实现目标方面是最有效率的。群体参与型更具参与性的特点，因而利克特大力倡导这种方式。

(三) 四分图理论

美国俄亥俄州立大学的罗尔夫·斯托格迪尔（Ralph Stogdill）教授和卡罗·沙特尔（Carroll Shartle）教授通过研究归纳出两种主要的领导行为维度，即工作维度和关怀维度。这是首次尝试用二维空间来表示领导行为，为以后的研究开辟了一条新的途径。

工作维度是指领导者表现出的界定和构造自己与下属之间工作角色的倾向程度，高工作型的领导者对工作有明确的安排和要求，会制定工作程序、方法和规章制度，强调在规定期限内完成工作绩效。关怀维度是指领导者表现出重视员工和人际关系的倾向程度，高关怀型的领导者注意满足下属的需要，注意倾听下属的意见和要求，尊重和信任下属，帮助员工解决问题。研究结果表明，工作维度和关怀维度结合可以产生不同的领导方式。如图12-1所示。

(1) 低关怀—低工作型，领导行为表现出忽视人也忽视工作的特点。
(2) 低关怀—高工作型，领导行为表现出以工作为中心，忽视人的特点。
(3) 高关怀—低工作型，领导行为表现出以人为中心，但是对工作缺乏重视的特点。
(4) 高关怀—高工作型，领导行为表现出对人和工作都重视的特点。

一般来说，高关怀—高工作型的领导方式会比其他三种类型的领导方式更有效果。

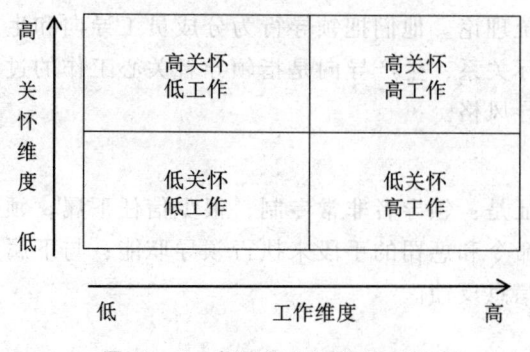

图 12-1 领导行为四分图理论

(四) 管理方格理论

美国著名行为科学家罗伯特·布莱克（Robert R. Blake）和简·莫顿（Jane S. Mouton）提出了领导方格理论。他们用横坐标表示领导者对生产的关心程度，用纵坐标表示对人的关心，并将代表两类领导行为的坐标各划分为9等份，1代表关心程度最小，9代表关心程度最大。交叉形成了81个方格，每个方格代表图对生产和对人关心的不同程度而组合形成的领导方式，如图12-2所示。

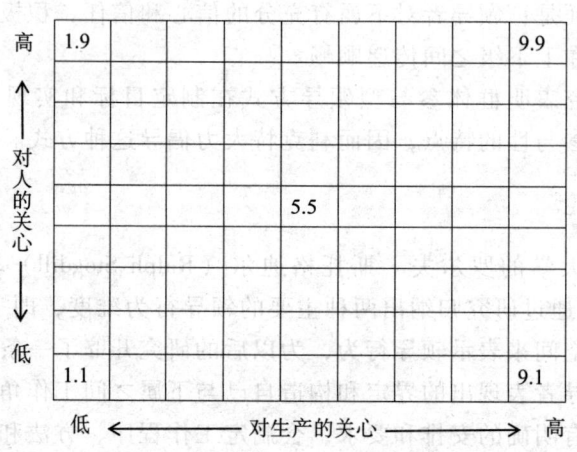

图 12-2 管理方格图

布莱克和莫顿的领导方格理论列举了以下5种典型的领导方式：

（1）（1.1）型为贫乏型领导方式，领导者既不关心生产，也不关心人，只做最低程度的努力来完成任务和维持士气。

（2）（1.9）型为乡村俱乐部型领导方式，领导者的工作重点在于建设良好的人际关系，支持与体谅员工，形成轻松愉快的组织氛围，但较少去考虑如何协同努力去实现组织目标，生产管理松弛。

（3）（5.5）型为中间型领导方式，领导者对人和生产都有适度的关心，兼顾工作和员工士气两方面，使适当的组织绩效成为可能，使职工感到基本满意。这种领导方式追求平衡，不追求卓越，从长远的角度看，可能会使企业落伍。

（4）（9.1）型为任务型领导方式，领导者非常关心生产，但是不关心人，领导者试图将员工个人的因素的干扰减少到最小，以取得尽可能高的生产效率。这种生产方式容易导致员工士气低落。

（5）（9.9）型为团队型领导方式，领导者既重视生产，又关心人，把组织目标的实现与满足员工需要看得同等重要，强调组织目标与个人目标利益一致。

布莱克和莫顿指出，哪一种领导方式最佳要看实际效果，最有效的领导形态不是一成不变的，要依情况而定。领导方格理论为领导方式的概念化提供了框架，但未对如何培养领导者提供答案，且忽略了情境因素对领导有效性的影响。

以上领导行为理论探讨了领导行为类型对领导有效性的影响，但是缺乏对影响领导有效性的情境因素的探讨。

三、领导权变理论

领导权变理论主要是探讨各种环境因素怎样影响领导者行为及有效性，认为在不同的情况下领导需要不同的素质和行为，才能达到有效的领导。领导权变理论认为并不存在具有普遍适应的领导特性和领导行为，有效的领导者能因组织当时所处的情景的不同而变化自己的领导行为和领导方式。

（一）领导的连续统一体理论

领导的连续统一体理论是由美国管理学家罗伯特·坦南鲍姆（Robert Tannenbaum）和沃伦·施米特（Warren Schmidt）提出来的。他们的研究发现专制领导方式和民主领导方式是两种极端的领导方式，在这两种极端领导方式中间存在着许多过度型的领导方式，这些领导方式构成一个连续统一体，如图12-3所示。

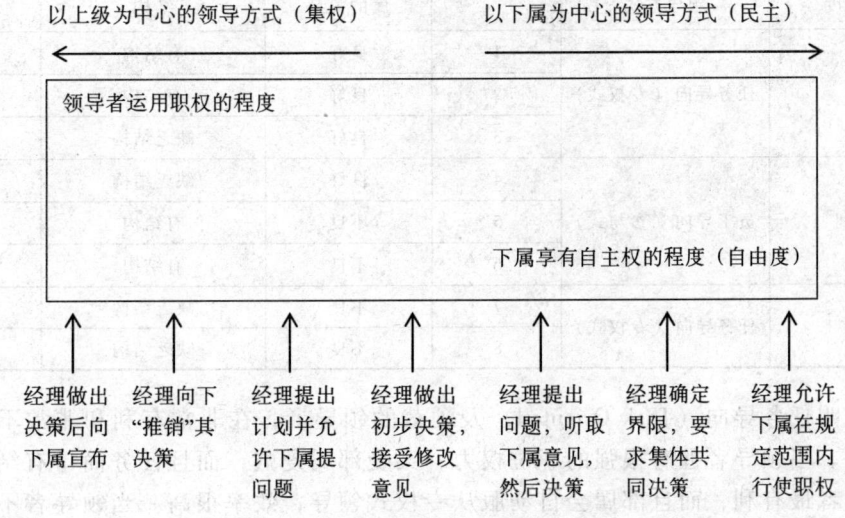

图12-3 领导方式的连续统一体理论

坦南鲍姆和施米特指出，不能简单地认为某种领导方式是最差的亦或是最好的。领导者应该根据领导者、下属、环境三个方面的因素，有针对性地在这一系列领导方式中选出最恰当的一种。领导者方面的因素主要包括领导者的价值观、对下属的信任程度、对组织目标的理解和认同程度、对集权和民主的基本倾向等。下属方面的因素主要包括下属追求自主的意愿程度、是否愿意承担责任、下属目标与组织目标的一致性、下属的知识、经验和能力等。环境因素包括组织的价值标准、组织的类型、组织规模、高层领导所提出的要求、决策问题的性质和紧迫程度等。

坦南鲍姆和施米特认为领导者、下属、环境因素是不会变化的,变化的是这三者间的组合。事实上,这三者不仅自身会发生变化,而且也互相影响,这是二位学者忽视的地方。

(二) 费德勒权变模型

费德勒（Fiedler）是美国伊利诺伊大学教授,自 20 世纪 50 年代初开始研究领导有效性问题。1964 年,在广泛调查取样和庞大数据验证的基础上,他提出"有效的领导类型因领导或群体所处的情境如何而系统地发生变化"的著名观点,在领导有效性研究领域激起了强烈的反响。

费德勒认为,领导有效与否,主要决定于 3 种情境因素：

（1）职位权力,即领导者具有多少正式的奖惩权。

（2）领导者与部属的关系,即部属尊敬或爱戴上司的程度。

（3）任务结构,即任务明确的程度。

由 3 个维度可组成 8 种情况,在表 12 - 2 中根据领导者所处环境的有利程度加以排列。有利的程度指领导者的影响力,影响力越大则越有利。

表 12 - 2　　　　　　　　　　不同情况下有效的领导方式

情况对领导者的有利程度	有效的领导方式	情况	领导者与部属的关系	任务结构	职位权力
最有利	任务导向（专权式）	1	良好	有结构	强
		2	良好	有结构	弱
		3	良好	缺乏结构	强
中等有利	员工导向（参与式）	4	良好	缺乏结构	弱
		5	不良	有结构	强
		6	不良	有结构	弱
最不利	任务导向（专权式）	7	不良	缺乏结构	强
		8	不良	缺乏结构	弱

研究表明任务导向（Task Oriented）及独裁的领导者,在非常有利和非常不利的情况下最有效果。当领导者握有很强的职位权力,又受部属爱戴,而且任务简单有结构,这种情况对领导者最有利,而且部属会自动服从专权式领导,效率很高。当领导者不为部属爱戴,握有职位权力又少,而且工作不明确,情况坏到他没有其他选择,只有任务导向的领导方式才能奏效。如果此时采用员工导向（People Oriented）的领导,部属可能不把领导者放在眼里。在强调创新的产业中,管理人员不受欢迎但又必须要监督工程师和科学家,正是这种情况的最佳写照。

费德勒权变模型对管理的有益启示主要有两个方面：一是领导者本身应按照上述的一般规律，采用相适应的领导方式，实施有效的领导；二是上级领导者在选用下级领导者时，应以权变模型为指导，从企业和组织的实际情况出发选用领导者。如果是最有利或最不利的企业或组织，选拔任务导向型的领导者最好；其他情况的企业或组织，则选拔员工导向型的领导者最为合适。

（三）生命周期理论

领导生命周期理论是美国心理学家卡曼（Karman）在四分图理论和阿吉里斯（Argyris）的"不成熟—成熟"理论基础上于1966年提出的一种三维空间领导有效性模型。要了解它，先要明确阿吉里斯的学说和四方图理论。关于领导行为四分图理论，前面已有介绍，这里略而不论。阿吉里斯是哈佛大学心理学家，通过对儿童的研究，他发现一个人从婴儿进入成年，由不成熟到成熟，其人格特征要发生7种变化：

不成熟	成熟
被动 ——	主动
依赖 ——	独立
少量行为 ——	多种行为
淡薄的兴趣 ——	较浓的兴趣
时间知觉性短 ——	时间知觉性长
附属的地位 ——	同等或优越的地位
不明白自我 ——	明白自我、自我控制

阿吉里斯认为，以上这些改变是渐变的，并非所有的人都能达到完全成熟。他还发现，传统的管理方式将成年员工当作孩子看待，员工本来具有对工作环境的控制能力，但组织机构却将他们的这种能力束缚住了，使他们的这种能力难以发挥，员工成了可替换的零件，这就造成了幼稚的工作和成熟的个人之间的不协调。

生命周期理论完全认同阿吉里斯的观点。卡曼认为，四分图理论提出的"高工作""高关怀"的领导方式不一定经常有效，"低工作""低关怀"的领导方式也不一定会经常无效。关键要看下属的成熟程度如何。这样，他将四分图的二维分析结合阿吉里斯的一维观点构成了自己的三维理论。卡曼的观点是，领导方式应由工作行为、关系行为、下属的成熟程度这三个因素来决定，随着下属成熟程度的由低到高，形成一个生命周期。由于下属的成熟具有不成熟—初步成熟—比较成熟—成熟的阶段性，所以，生命周期一般按照高工作与低关系—高工作与高关系—低工作与高关系—低工作与低关系的程序发展变化，这就构成了有效的领导行为曲线，如图12-4所示：

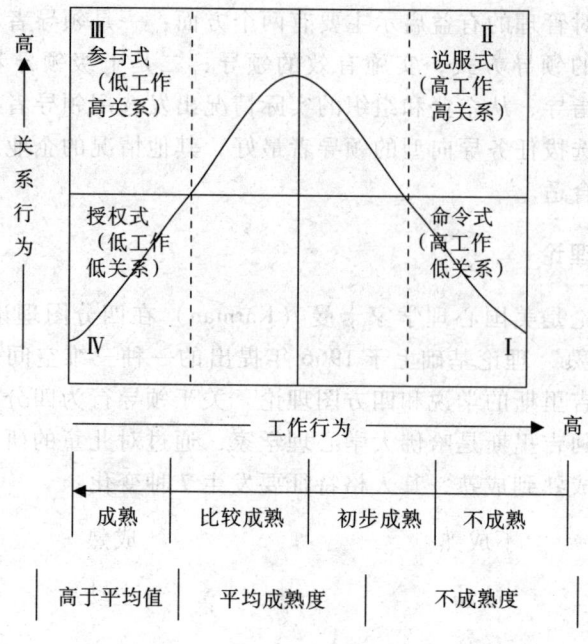

图 12-4 领导生命周期理论

领导生命周期理论示意图直观形象地表述了生命周期理论的核心思想：领导者的行为要与被领导者的成熟度相适应，随着被领导者的成熟度的提高，领导方式也要作相应的改变。换句话说，也就是随着员工年龄的增长、心理的发展、技术的提高、经验和知识的积累，由不成熟逐步向成熟发展，领导方式也要相应的有所改变，才能取得领导的最佳效果。生命周期理论认为，当职工的平均成熟度处于不成熟阶段时，命令式即高工作、低关系的领导方式最有效，当平均成熟度进入初步成熟阶段时，以说服式即高工作、高关系的领导方式最佳；当员工进入比较成熟的阶段，领导的任务行为要减少，关系行为要增加，即要采用参与式领导方式；最后，员工成熟了，领导方式则宜用授权式，即低工作与低关系的领导方式。但这不代表领导者对员工放任不管，而是去充分信任员工，让他们发挥自己的才干去独立地完成工作。

显而易见，领导生命周期理论不但有四分图与"不成熟—成熟"理论的成分，亦含有重视人格、人的自尊与自信的内容。这种新的情境理论对于提高领导者的管理水平也是有意义的。

知识链接 12-1

管理者的五项主要习惯

管理学大师彼得·德鲁克（Peter F. Drucker）在《卓有成效的管理者》一书中指出优秀的管理者应该具有以五种习惯：①善用有限的时间。地位越高的人，其自由支配的时间越少，因此有效的管理者必须排除一切干扰，集中时间和精力做主要事情，掌握时间上的主动性。②注重贡献。有效的管理者一定会注重"贡献"，懂得如何把"知识转化为成果"，为"贡献"而工作，使自己的工作和企业的成效结合起来。作为管理者应该关注三个方面的贡献，即扩大组织的直接成果，强化组织的存在价值，培养明天需要的人才。③善于用人所长。也仅要发挥下属所长，也要发挥上司所长，还要发挥自己所长。④分清事情的轻重缓急。有效的管理者总是先做重要的事情，所谓"要事优先"。⑤能做有效的决策。管理者的基本工作就是决策，有效的管理者的决策要领是弄清决策事项的性质和确定目标及边界条件。

（资料来源：彼得·德鲁克．卓有成效的管理者．北京：机械工业出版社，2016．）

（四）路径—目标理论

路径—目标理论是由加拿大多伦多大学教授罗伯特·豪斯（Robert J. House）和特伦斯·米切尔（Terence R. Mitchell）以维克托·弗鲁姆（Victor H. Vroom）的期望理论为依据而发展和完善的一种领导权变理论。路径—目标理论认为，领导者的工作是协助下属实现个人目标和组织目标，并提供必要的指导、支持和奖励。豪斯等人通过研究，提出了4种领导行为：

（1）指导型：领导者做出决策，下属负责执行。
（2）支持型：领导与下属能够和平共处，领导更多地考虑员工的利益与需求。
（3）参与型：领导允许下属参与决策和管理，并认真听取和对待下属的意见和要求。
（4）成就型：领导为员工确立具有挑战性的目标，并相信员工能达到这些目标。

在采用上述领导方式之前，主要考虑两个方面的因素，第一是员工的个人特性，包括员工的受教育程度、对成就的渴望、处理问题的能力、愿意承担责任的程度等。例如，认为自身工作能力强并且能够胜任当前工作的下属喜欢成就型的领导者；而认为自己工作能力较弱的人则喜欢指示型的领导者。第二是环境因素，其中包括任务的性质、组织的正式权力体系和工作群体等。例如，当任务分配不明确时，就需要通过指示型领导来明确任务目标和预期奖励。

第三节　员工激励

一、激励的概念

激励是心理学上的概念，其基本含义是激发人的动机，鼓励人朝着所设定的目标采取行动的心理过程。在管理工作上，激励是指通过运用各种管理手段，刺激员工的需求，激发员工动机，促使员工努力实现组织目标的过程。

激励是一个非常复杂的过程，它从个人的需求出发，到实现目标和满足需要结束，中间涉及到许多因素。当人的需求没有得到满足时，就会产生一种不安的心理状态，当出现能够满足需求的目标时，这种不安的心理就转化为动机，并在动机驱使下向目标努力。目标实现后，需求得到满足，不安的心理状态就会消失。之后，又会产生新的需求，引起新的动机和行为。因此从需求的产生到目标的实现是一个循环往复、永无止境的过程，这个过程本质上是一个激励的过程。激励过程主要有三个部分：需求、动机与行为。可以把这一过程用模型表示出来，如图12-5所示。

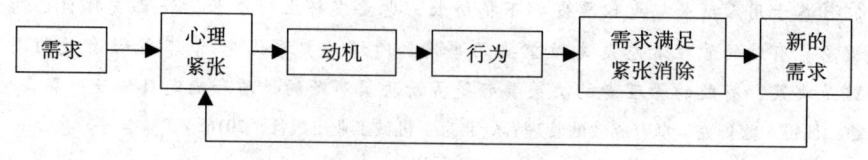

图12-5 激励过程模型

二、激励的作用

激励对调动人的工作积极性和创造性有十分重要的作用，具体表现在以下方面。

1. 挖掘人的潜力

人的潜力在通常情况下并不一定能够发挥出来，但是通过激励可以调动人的积极性。人的积极性越高，人的潜力越能得到发挥。

2. 吸引留住人才

组织丰厚的薪酬福利待遇、完善的培训机制、极大的发展空间等不但能帮助企业留住内部人才，也能提升组织的吸引力，有利于吸引外部人才。

3. 实现企业目标

激励有助于调动员工的积极性，使员工发挥潜能，激发员工的创造力，提高员工的工作绩效，进而有助于实现企业目标。

4. 提高员工素质

提高员工的素质不仅可以通过培训来实现，也可以运用激励的手段达到。企业可以对不断学习、贡献突出的员工进行表扬，对不思进取、表现不佳的员工给予批评，并在福利待遇、晋升等方面区别对待，这种做法会能够营造一种良性的竞争环境，促使员工不断努力学习，端正工作态度，从而提升自身素质。

三、员工激励理论

（一）需要层次理论

1. 基本内容

需要层次理论是由美国心理学家亚伯拉罕·马斯洛（Abraham H. Maslow）在1943年出版的《人类激励理论》一书中首次提出。马斯洛认为人有一套复杂而又强烈的需要系统，这些需要大致可以分为5种：生理需要（Physiological needs）、安全需要（Security needs）、归属需要（Love and belonging needs）、尊重需要（Esteem needs）以及自我实现需要（Self-actualization needs），如图12-6所示，这些需要可以被放在一个层级系统中，并是由低到高逐级形成和发展的。

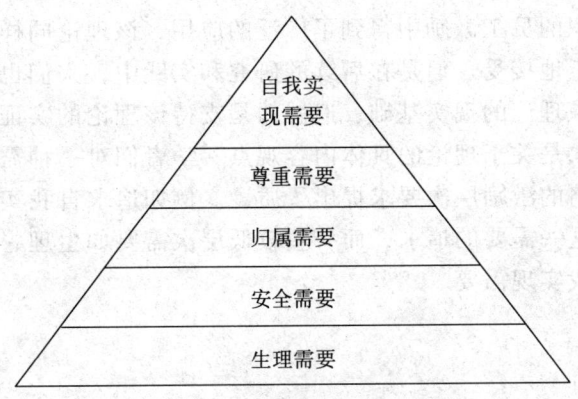

图 12-6 马斯洛需要层次理论

(1) 生理需要。人类维持自身生存与发展的需要，是人类最原始最基本的物质性需要。包括衣、食、住、行、性、休息、健康等方面的基本满足。生理需要处于马斯洛需要层次中的最低层次，个体在生理需要未获满足前不会转向更高层次的需要。在企业管理过程中，管理者必须意识到，员工在生理需要未满足时对于做什么工作不会很在意，他们会接受任何能满足该需要的工作。试图通过满足生理需要来激励员工的管理者往往基于以下假设：下属仅仅是为了金钱而工作。

(2) 安全需要。个体对安全、稳定的追求，避免受到威胁、病痛的影响。包括职业安全、人身安全、社会保障、劳动保护等等。受到安全需要激励的员工将工作视为一种保护基本需要满足的手段。重视安全需要的管理者往往强调规章纪律、工作安全、额外福利的重要性，他们从不鼓励创新和冒险；被管理者也会相应严格遵守规章制度的约束。

(3) 归属需要。当个体的生理需要和安全需要得到满足后，归属需要开始变得重要。人们希望归属于一定的群体，成为其中的一员，相互关心、支持，并希望通过付出情感得到他人的友谊与爱。例如与朋友保持友谊，与家人享受天伦之乐，并被一些团体接纳和认可。在工作条件下，当归属需要成为一种激励源时，员工视工作为建立、寻找温暖和友好的人际关系的机会。当今社会越来越多地对跨国公司满足外派人员归属需要提出了挑战。

(4) 尊重需要。前三种需要满足后，尊重需要就产生了。尊重需要包括自我尊重和希望受到他人尊重两层含义。自我尊重包括个人感受到的成就感和自我价值，希望受到他人尊重是指希望他人接受自己以及让他人认为自己是有能力与竞争力的。关注尊重需要的管理者会通过公开奖励和认可来激励员工。

(5) 自我实现的需要。这是人最高层次的需要，在上述四种需要满足的情况下才会产生，个体有充分发挥自己潜力、成为自己所期望的人、实现自己的理想、成就一番事业的需求。追求自我实现的个体接受自我以及他人，致力于提升自己的问题解决能力。

2. 理论评价

(1) 需要层次理论的优点。马斯洛的需要层次理论使管理者意识到员工存在多种需要，并建立了一个理论框架供理论界和实践界了解需要的类型。不同需要之间的顺序尚在其次，重要的是对员工有多种不同需要的强调，需要层次理论对于激励理论的建立具有里程碑意义。

(2) 需要层次理论的局限性。马斯洛的理论所显示的内容模型在表面上看来是合乎逻辑的，因此在现代组织的员工激励中得到了广泛的应用，该理论同样被许多管理学教材的作者和实践者不假思索地接受。但是在后续的研究和实践中，人们也提出了该理论中存在局限性。首先是关于该理论的现实基础，遗憾的是支持该理论的实证研究为数甚少，缺乏研究证据的检验；其次是关于理论的具体内容观点，学者们对一种需要被满足后激励作用便减少以及该理论严格的激励层次要求提出了质疑。例如追求自我实现的个体在获得成就后会进一步激发其对这一需要的追求，而一些较低层次需要如生理、安全需要未得到满足时个人也可能存在自我实现需要。

（二）ERG 理论

1. 基本内容

ERG 理论是美国耶鲁大学的克雷顿·奥尔德弗（Clayton Alderfer）在马斯洛需要层次理论的基础上，于20世纪70年代提出来的。该理论将人的需要归纳为生存需要（Existence）、关系需要（Relatedness）和成长需要（Growth）。其主要贡献在于对马斯洛需要层次理论的修正和扩展，此外，由于该理论是在大量实证研究的基础上总结而成，得到了更多实证研究的支持。

生存需要是对个体基本物质、生存条件的需要，是最基本的需要。包括对衣、食、住、行等的需要，与马斯洛的需要层次理论相较，生存需要大体相当于需要层次理论中的生理需要和安全需要。

关系需要是指维持人与人之间关系的需要，通过与同事、上下级、朋友、家人等建立和维持人际关系得以满足，相当于马斯洛需要层次理论中的归属需要和尊重需要。

成长需要是指个体对自身发展的内在渴望。相当于马斯洛的尊重和自我实现需要。

综上可知，奥尔德弗对人类需要类型的认识其实与马斯洛相似，只是归类不同，他没有对需要进行严格的区分。

2. 理论评价

由于对需要并没有进行严格区分，且是基于较多的实证研究，该理论相对于需要层次理论更少受到限制。ERG 理论给予管理者的启示是，当下属在成长需要上屡遭挫折时，管理中应注意引导其行为向满足关系或生存需要发展。同时，与需要层次理论一样，ERG 理论也强调了需要满足是个体激励很重要的一部分。

（三）双因素理论

1. 基本内容

双因素理论是美国行为科学家、心理学家、管理教育专家弗雷德里克·赫兹伯格（Frederick Herzberg）于1959年提出，又称"激励—保健"理论。在双因素理论取得成功以后，1968年，赫茨伯格在《哈佛商业评论》杂志上发表了《再论如何激励员工》这一成果，再次回顾了双因素理论，并由此引出了工作丰富化（Job enrichment）的论题，介绍了工作丰富化的原则和实际应用。

赫兹伯格及其助手在对宾夕法尼亚州匹兹堡一个工厂的200名会计和工程师进行了一项关于工作动机的研究，研究人员要求这些专业人士主要回答两个问题：(1) 什么时候你感到你的工作非常好；（2）什么时候你感到你的工作非常糟糕。通过关键事件法收集数据，研究人员得到了一个有趣并且相当一致的发现：人们对工作满意时所作出的回答和他们对工作不满意时作出的回答大相径庭。一些内部因素始终与工作满意相关，如获得进步、受到认可、责任大小、取得的成就等，而另一些因素则总是与工作不满意相关，对工作不满意的员工，倾向于抱怨外部因素，如公司政策、薪金水平、人际关系、工作条件等。如表12-3所示。

表12-3　　　　　　　　　　　工作环境中的激励因素与保健因素

保健因素	激励因素
公司政策与行政管理	成就
监督	认同
工资	工作本身
人际关系	责任
与上下级以及同事的关系	进步
工作环境	晋升

2. 理论评价

（1）双因素理论的科学性。一是企业管理者要重视调动和保持员工的积极性，注意对员工提供保健因素，以消除员工的不满情绪；二是赫茨伯格提出的"内在激励"与"外在激励"的问题，与我们所提倡的物质奖励和精神奖励有相似之处。强调管理者要针对不同人的不同的需要，采取不同的方式进行激励，在满足其基本的物质需要以后，要重视满足精神需要，以增加对其积极性的激励强度。

（2）双因素理论的局限性。后续研究对双因素理论的不认同主要在于其研究设计和研究方法的严密性，还有一部分是对理论本身提出的问题。研究设计方面，在变量设计中，该研究仅观察了激励与工作满意度之间的关系，而并未对满意度与绩效的关系进行研究。同时，有学者也提出了对该研究的方法论方面的质疑。根据归因理论，人们容易把功劳归因于自己，而把失败归因于外部环境，该归因理论可能影响被试者对调查中两个问题的回答。此外，有学者提出样本和环境也可能影响被试者对激励因素和保健因素的偏好，如果将样本换成搬运工人，结论中得出的激励因素和保健因素可能就会不同。除了研究设计方面的局限外，也有部分学者对理论本身提出了质疑。与马斯洛需要层次理论一样，双因素理论同样因缺乏实证支持而被质疑；激励因素和保健因素的分类不是很严格，如薪水既可以是保健因素，也可以作为对员工的成就认可而变成一个激励因素。

（四）成就需要理论

1. 基本内容

美国哈佛大学教授麦克利兰（David C. Mclelland）和他的合作者提出了成就需要理论，他们提出个体在工作中主要包括以下三种需要：

（1）成就需要（Need for achievement）。追求成功和卓越的需要。

（2）权力需要（Need for power）。控制他人且不受他人控制的需要。

（3）归属需要（Need for affiliation）。建立友好和亲密的人际关系的需要。

归属需要和权力需要与管理的成功密切相关，而成就需要则不一定。最优秀的管理者往往具有高权力需要和低归属需要，而高成就需要者未必能成为优秀的管理者，因为他们更关心如何使自己做得更好，而不是如何影响他人更好地工作。

2. 理论评价

（1）成就需要理论的贡献在于具有广泛而有益的社会影响。该理论对员工的高层次需要作了全面的概括，提出不同需要的人的心理和行为特点，对企业组织如何选拔和激励人员有一定的指导意义。

（2）该理论正确地论述了成就激励不完全是美国中产阶级的现象，许多民族和国家由于经济增长的需要，对成就激励的需要同样十分迫切。

（3）成就需要理论侧重于内在激励，提出了通过教育和培训可以造就出高成就需要的人才的观点，是有借鉴意义的。

麦克利兰理论的提出与赫茨伯格一样，是建立在对部分工程师、会计师的调查基础上的，其结论不具有普遍意义。

案例分析

褚橙的成功

褚时健的"褚橙"和乔布斯的"苹果"一样，火了！2012年11月5日，往年不出云南就卖完的"褚橙"首次进京，由"本来生活网"独家开卖，受到消费者尤其是企业家队伍的火热追捧，成为京城最时尚的礼品水果。由于橙子是成熟一批上市一批，没买到"褚橙"的人们纷纷留下手机号和邮箱地址，排队等候提货的达三千多人，"褚橙"预订量超过三十吨、六千箱、十五万枚，一些客户一次订购少则二三十箱，多则近千箱，与家人、朋友、同事分享。

褚老曾因将一个即将破产的地方小厂打造成亚洲第一烟草企业（红塔集团）成为中国烟草业的传奇人物，被民间誉为"烟王"。更让人们敬重的是，在经历了人生的辉煌与沉沦之后，2002年，75岁的褚老和老伴马静芬又回到了哀牢山深处再次创业，成立了新平金泰果品有限公司，种起了冰糖橙，一种就是十年。"搞农业不容易，不能性急。"褚老说，"路子选好就慢慢来。"可见，打造"精品农业"的关键要事前搞好市场分析，选择市场前景好的产业，不能盲目投资。

走进"褚橙"园，满眼尽是一山一坡枝繁叶茂、硕果累累的橙子。"搞农业要讲基础、讲管理、讲科学，缺哪项都不行。"褚老说，"水、土壤、肥料、植保是农业基础，开发前就要考虑好。要做到旱季用水有保证，病害治理重预防。"

"因为基础打得牢，我们的果树没有大小年之分，年年高产。"褚老的话在我们"农业人"听来是多么熟悉但又十分震撼，熟悉的是他讲的都是农业常识，震撼的是一个86岁的老者竟然能做到让3000亩果树没有大小年之分，年年大丰收。

他聘请专家、引进人才、培育品种、钻研栽培管理技术、自制有机肥、配套水电路、打造一流团队、采用"公司＋基地＋农户＋科研院所"经营模式：十年沉默终成金，一个集高品质、高科技、高附加值、高市场竞争力、高价格、高收益于一身的高端"褚橙"横空出世。

讨论题：

1. 褚橙在市场上获得成功的关键是什么？

2. 褚橙成功对其他企业的经营有什么启发？

 复习思考题

1. 简述领导的本质与作用。
2. 领导和管理有什么联系与区别？
3. 简述领导影响力的来源。
4. 简述管理方格理论的主要内容。
5. 费德勒模型的主要内容是什么？
6. 需要层次理论的主要内容是什么？
7. 员工激励的作用有哪些？

 延伸阅读

[1] 詹姆斯·库泽斯，巴里·波斯纳. 领导力：如何在组织中成就卓越[M]. 北京：电子工业出版社，2013.

[2] 斯蒂芬·罗宾斯，玛丽·库尔特. 管理学[M]. 北京：中国人民大学出版社，2011.

[3] 杰克·韦尔奇，苏茜·韦尔奇. 赢[M]. 北京：中信出版社，2017.

[4] Judge T. A, Bono J. E, Ilies R, et al. Personality and leadership: a qualitative and quantitative review[J]. Journal of Applied Psychology, 2002, 87 (4): 765.

[5] Herzberg F. One more time: How do you motivate employees[J]. New York: The Leader Manager, 1986: 433-448.

[6] Tannenbaum R, Schmidt W. H. How to choose a leadership pattern[M]. Boston, MA: Harvard Business Review, 1973.

第十三章

Financial Management

控制职能

本章主要学习控制的概念和特征，控制的作用和类型；控制的过程，包含确立控制标准、衡量工作绩效和采取纠正措施三个步骤；有效控制的原则、影响因素和实现途径。其中控制的过程和有效控制的影响因素是本章学习的重点，有效控制的实现途径是本章的难点。

知识目标：了解控制的概念和特征；理解控制的目的与作用；熟悉控制的类型；掌握有效控制的原则和影响因素。

能力目标：掌握控制过程的步骤和有效控制的实现途径。

素质目标：通过资料收集、课外调查和课堂研讨，树立管理者的控制思维和意识；通过小组集体学习和训练，培养管理者的控制能力。

第一节　控制概述

一、控制的概念与特征

（一）控制的概念

控制是指监控组织各方面的活动，使组织实际运行状况与组织计划要求保持动态适应的工作过程。由管理人员作为一项重要的管理职能开展的控制工作，我们通常将之称为"管理控制"，以便与物理、机械、生物及其他领域的控制相区别。

控制的概念有狭义和广义两种。控制的狭义概念，指的是"纠偏"，也就是按照计划

第十三章　控制职能

标准衡量计划的实际完成情况，针对出现的偏差情况和严重程度采取纠正措施，以确保计划可以顺利实现。控制的广义概念，不仅仅指"衡量误差"和"纠偏"，还包含在必要的时候修改计划标准，以使计划更加适合实际情况。

控制是确保组织的所有活动与组织的目标和计划相一致的管理活动，因此，有必要对计划与控制的关系进行分析，以进一步理解控制的含义。哈罗德·孔茨（Harold Koontz）曾说过："可以把计划工作和控制工作看成一把剪刀的两刃。失去其中任何一刃，剪刀也就没有用了。没有了目标与计划，也就不可能控制，这是因为必须要把业绩同某些已规定的标准相比较。"事实上，计划和控制是同一个事物的两个方面。首先，计划为控制提供了标准和依据。如果没有计划标准，控制也就无从谈起，人们失去了控制的方向，不知道控制什么和如何控制。其次，控制是计划得以实现的重要保证。如果没有控制，计划也就失去了价值。人们不知道自己干得如何，存在什么问题，怎么改进工作。最后，计划和控制的效果互相依赖。计划制定的越具体、全面和完整，控制的效果也就越好；控制工作做得越科学、有效，计划的实施效果也就越好。

在管理工作的实际过程中，往往难以区分计划和控制究竟谁在前、谁在后。控制可以说既是一个管理工作过程的结束，又是一个新的管理工作过程的开始。现实中，组织的运行往往是从"非零"起步的，通过分析上一阶段控制的结果，确定下一阶段组织的目标和计划，并在组织结构、人员配置和职能设置等方面做出相应的改变。所以说，控制职能又是下一阶段管理过程的起点。管理工作本质上就是由计划、组织、领导、控制、创新等职能有机联系而构成的一个不断循环的过程。

（二）控制的特征

1. 目的性

控制职能和其他管理职能一样，具有明确的目的性特征。管理者进行控制的根本目的在于保证组织活动的开展能够与预定的组织目标和计划协调一致，保证组织目标的最终实现。换言之，管理控制并不是管理者主观任意的行为，它总是受到一定的目标指引，服务于达成组织特定目标的需要。控制工作的意义体现在通过发挥纠正执行中的偏差和适应环境的变化这两方面的功能，促使组织更有效地实现其根本目标。

2. 整体性

管理控制的整体性有三层含义：一是从控制主体来看，组织全体成员的共同责任是实现计划和完成组织目标，管理控制针对的主体是全体组织成员；二是从控制对象来看，管理控制覆盖组织活动的各个方面，既包括人、财、物、信息等资源，也包括组织各层次、各部门、各工作阶段，甚至每个人的工作；三是从控制范围来看，管理控制需要把整个组织的活动作为一个整体看待，使各方面的控制协调一致，以达到整体的优化。

3. 动态性

管理控制不同于一般的机械、物理及其他领域的控制，后者是一种高度程序化的控制，具有相对的稳定性。但组织并不是静态的，组织的内部条件和外部环境时刻在发生变化，导致管理控制的标准和方法不能一成不变，应当及时调整。管理控制的动态性特征可以提高控制的适应性和有效性，从而因地制宜地制定不同的控制制度和措施，以达到组织目标。

4. 人本性

管理控制是由具体的人执行的,本质上是对人的行为的控制。只有作为控制主体的人真正理解并执行控制的时候,控制才能发挥作用。控制不仅仅是监督,更重要的是通过指导和帮助切实提高员工工作能力和自控能力。人本控制要求在控制过程中要以人为本,在保证组织目标完成的前提下,帮助员工完善自我、实现自我。

二、控制的目的和作用

(一) 控制的目的

控制工作的主要目的是"维持现状",即在变化着的内、外部环境中,通过一系列控制工作,随时检查计划的执行状态,对比计划制定的标准及时发现可能存在的偏差,采取必要的纠正措施,以使组织的既定目标得以顺利实现。

控制工作的另一个目的是要"打破现状"。变化的内、外部环境有时候会对组织提出新的要求,或者组织管理人员对现状不满,希望通过改革、创新等开拓新的局面。这个时候,组织就必须打破现状,修改原制定的计划,确定新的目标和管理控制标准,使之更有利于组织目标的实现。

(二) 控制的作用

控制作为管理的重要职能,其主要作用如下:

1. 控制是完成计划的重要保障

计划是实现目标的基础,是整个组织人员行动的纲领。尽管它有如此重要的意义,但实际执行者因主观或客观总是难免要违背或偏离计划要求,要克服这一问题,就需要有力的控制来使组织成员按计划所规定的要求从事活动。而且,即使设计好全面、科学的计划,但由于内外部环境的变化,以及管理者受到个人知识、素质、能力的限制,制订出的计划在执行过程中也可能出现偏差。这时,控制工作就起到了执行和完成计划的保障作用,并且在管理控制中产生新的计划、新的目标和新的控制标准的作用。控制对计划的保障作用主要体现在两个方面:其一,通过控制工作可以及时纠正计划执行过程中出现的偏差,督促组织成员按计划行事;其二,对于计划中的一些无法避免或不符合实际情况的偏差,应当根据实际情况进行修正和调整,使之更符合实际。

2. 控制是提高组织效率的有效手段

控制能提高组织效率。对于组织的管理者而言,通过控制可以反馈决策执行的水平和效率,同时也可以了解到自身的决策能力和水平、管理控制能力和水平,这有助于管理者管理水平的提升;而对于组织的执行者而言,由于每个人的认知能力和工作能力存在差异,对计划的理解也并不一致,不可避免地犯一些错误,出现一些失误,造成实际执行情况与计划和目标不一致,通过控制可以避免小问题泛滥成灾,影响组织计划和目标的实现而给企业带来损失。通过这两方面的监控,有助于组织整体效率的提高。

3. 控制是管理创新的催化剂

控制不仅要保证计划完成，并且还要促进管理创新。一方面，现代控制活动强调人员的积极性的重要作用，如在预算控制中实行弹性预算；另一方面，多种控制方法的出现与应用、反馈控制系统的建立，对于激发管理创新起着非常重要的作用。

4. 控制是组织适应环境的重要保障

组织计划的执行和目标的实现往往需要经过一个较长的工作过程。在计划的执行过程中，组织的外部环境和内部条件可能会发生变化，如经济危机的发生、政府出台新的政策和法规、组织内部资源的调整等。内外部环境条件的变化不仅阻碍计划的正常实施，还可能导致原来的计划、标准与变化后的环境不相适应。因此，有效的控制系统不仅能防止偏差的累积，还可以帮助管理者预测和把握内外部环境的变化，及时针对这些变化带来的机会和威胁做出正确、有力的反应，在必要时，对原有的计划和目标做出调整，甚至重新制订计划和目标，以将组织活动调整到与内外部环境最相适应的状态。

三、控制的类型

（一）事前控制、事中控制和事后控制

按照控制信息获取的方式和时点不同，可将控制分为事前控制、事中控制和事后控制。

1. 事前控制

事前控制也称前馈控制，是指在某项工作开始之前进行的控制，即根据以前的经验教训或通过科学分析，在工作开始之前，对工作中可能产生的偏差进行预测和估计并采取防范措施，以保证计划和目标的实现。事前控制的目的在于将可能的事故消除于产生之前，做到防患于未然。

事前控制的优点表现在：首先，事前控制是在工作开始之前进行的，避免了偏差发生造成的实际损失；其次，事前控制对事不对人，不易造成正面冲突，易于被员工接受。比如监考人员开考之前在考场上强调考试纪律，不针对任何单一考生，一般不会与考生形成正面冲突，同时对有违纪或作弊想法的考生有一定的警示作用。

然而，事前控制的缺点也显而易见，它需要大量及时和准确的信息，需要对过程充分了解，并及时了解新情况及问题，这要求必须投入较大的精力和资源。从现实来看，要做到这些是十分困难的，因此任何组织都不能完全依赖事前控制。

2. 事中控制

事中控制也称现场控制，是指在某项活动或工作过程中进行的控制，即管理者对正在进行的活动给予指导和监督，以保证按规定的政策、程序和方法进行。事中控制的目的在于保证本次活动尽可能地少发生偏差。

企业管理中生产现场管理活动主要内容就是事中控制，由基层管理者执行。这种控制通常包括两项职能：一是技术性指导，包括指示适当的工作方法和工作过程；二是监督下属的工作，发现偏差时立刻纠正，确保下属正确完成任务。事中控制由于要求管理者及时

完成包括比较、分析、纠正偏差等完整的控制的各方面工作，所以控制工作的效果更多地依赖于现场管理者的个人素质、作风、指导方式以及下属对这些指导的理解程度等因素，对管理者的要求较高。

事中控制的优点在于具有监督和指导的作用，通过事中控制的反馈可以提高组织成员的自我控制能力和工作能力，减少事后控制可能出现的损失。但是，事中控制也存在一些弊端。首先，事中控制应用的范围较窄。一般而言，对于便于计量的工作更易使用事中控制，如标准化的生产操作，但对于一些复杂且难以计量的工作，如研究性工作等则不易使用。其次，由于事中控制是现场反馈，可能使被控制者产生挫折感，引起控制者与被控制者之间的对立情绪，从而降低了控制效果。再次，事中控制受管理者的时间、精力和能力的制约较大，如不能及时发现问题就无法进行事中控制，因而仅限于在关键项目上使用这种控制方式。

3. 事后控制

事后控制也称反馈控制，是在工作结束后进行的控制。事后控制把注意力主要集中在工作结果之上，通过对前一阶段工作的总结，对比标准进行测量、比较、分析和评价，发现存在的问题，进而矫正今后的行动。很显然，事后控制的目的不是要改进本次工作，而是力求"吃一堑，长一智"，改进下次工作质量。

事后控制是最悠久的控制类型，也是最常用的控制方法，传统的控制方法几乎都属于此类。例如，企业对每季度、半年度、年度财务报表的分析总结，学校对学生的违纪情况进行处理，期末进行的期末考试，对组织成员进行年终考核等，都属于事后控制。

事后控制的优点在于总结规律，为进一步实施创造条件，实现良性循环、提高效率。主要表现在三个方面。首先，在重复的周期性活动中，前一次活动发生的问题以及经验教训可以警醒下一次活动的组织者。其次，可以降低偏差对后续活动过程的影响，如在产品出厂前进行最终的质量检测，可以及时剔除掉不合格品，避免这些不合格产品流入市场造成的不良后果。组织成员可以总结经验教训，清楚产生偏差的原因，为下一轮工作的开展提供经验。再次，事后控制可以提供员工奖惩的依据。

事后控制的缺点主要有两方面。其一，损失已经造成。由于事后控制作用在工作结束之后，此时偏差已经产生，实际的业务活动已经造成了对组织的损害。其二，存在实际滞后性。从衡量实际工作绩效、同标准进行比较并分析偏差产生的原因，到制定纠偏措施并实施，需要花费一定的时间。这样很可能出现这种情况：在纠偏时，实际状况又发生了新的变化，导致刚刚制定的纠偏措施可能又跟新的状况不相适应，从而影响了纠偏效果。

最后需要说明的是，事前控制、事中控制和事后控制各有利弊，实践当中不可能完全依赖某一种单一的控制手段，组织中的管理者应该善于根据实际情况，将它们有机搭配，嵌套融合，设计出有效的组织控制系统，实现更好的组织绩效。

 知识链接 13-1

控制金字塔

控制金字塔提供了在组织中实施控制的方法。这种方法首先进行简单的控制，然后再转为较为复杂的控制。使用这种方法要考虑的第一个领域是简单控制，这类控制涉及的是重复性活动和几乎不需思考的工作（例如，关灯）。令人惊讶的是，组织的一般业务流程中已经包括了许多这类活动的控制。要考虑的第二个领域是自动化控制，这类控制不需要太多的人员干涉就能有反馈回路（例如，工厂温度的调节）。这些系统需要监控，但这类控制可以靠机械或计算机来实现。第三个领域是操作员控制，这类控制需要人做出反应（例如，一个销售员检查记录）。这种控制类型的关键在于使控制员理解这种控制。第四个领域是监督控制，监督者控制着实施控制的人（例如，一位部门主管检查一个员工的报告）。一个组织必须确保这类控制是有结果的，而不是多余的。最后的领域是信息控制（例如，报告总结）。这是最终的反馈回路，管理者必须汇总由其他控制提供的所有信息。把整个过程视为一个整体有助于管理者对于控制过程具有怎样的相关性和必须如何使它同步有所认识。这个过程的解释性图形，如图13－1所示。

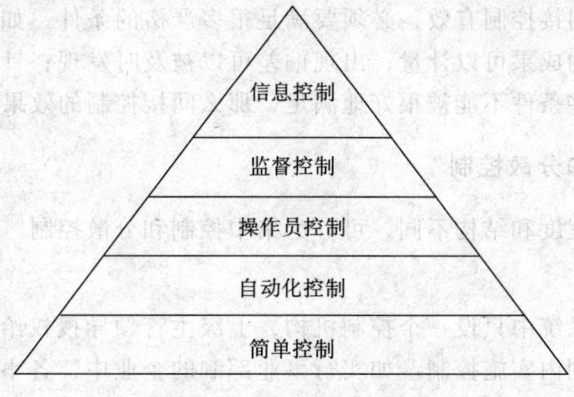

图13－1　控制金字塔

（资料来源：Juran J M. Managerial Breakthrough: The classic book on improving management performance [M]. McGraw-Hill, 1995.）

（二）直接控制和间接控制

按照控制所用的手段不同，可将其分为直接控制和间接控制。

1. 直接控制

直接控制是指通过对管理者的选择和培养，使其在管理过程中少犯或不犯错误，从而直接地实现控制。采用直接控制的一个前提条件是：合格的管理者可以少犯或不犯错误。直接控制的重点在于选择和培养管理者，使组织的管理人员成为合格的管理者，让他们熟练地掌握管理的相关技能，能以系统科学的观点来开展和改善管理工作，从而消除因管理不善而造成的不良后果。

直接控制的优点在于：其一，管理者素质的提高有助于管理者决策和行为的科学化，管理者对计划和目标的理解更为透彻、准确，为后续开展有效的控制工作奠定了良好的基础；其二，直接控制有助于提高管理者的控制技能，更加准确、及时地发现偏差，并及时采取有效的纠正措施；其三，直接控制鼓励自我控制，有助于培养管理者的自我控制意识，增强管理者的控制能力和对控制工作的自觉性和主动性；其四，有效的直接控制可以降低可能出现问题的严重程度，减少事后纠偏的成本；其五，管理者有效开展控制工作，一方面提高了管理者的工作能力，另一方面增加了管理者的威望，减少开展控制的阻力。

直接控制亦存在一些不足和缺陷。首先，直接控制对管理者的要求较高，但培养一个高素质、高技能的管理者需要耗费组织极大的时间和金钱成本；其次，由于直接控制忽略了企业中其他人的因素，不利于下属积极性、创造性的发挥，下属的潜力和能动性无法发挥。因此，直接控制的应用存在着某些界限，超出这些界限，势必会起副作用。

2. 间接控制

间接控制是相对于直接控制而言的，指着眼于发现工作中的偏差，分析产生的原因，并追究其个人责任使之改进未来的工作。间接控制主要采取一些间接的手段来调节被控制对象，例如管理者通过奖金、罚款等经济方法来规范下属的行为等。

间接控制的优点在于它能纠正管理者由于缺乏知识、经验和判断力所造成的管理上的失误和偏差，并能帮助管理者总结经验、吸取教训、增加知识、经验，提高判断能力和管理水平。但是，要使间接控制有效，必须要满足很多严格的条件，如能够明确组织成员的具体工作责任；工作的成果可以计量；出现偏差可以被及时发现；针对偏差可以及时采取纠正措施等。如果这些条件不能被很好地满足，那么间接控制的效果难以发挥。

（三）集中控制和分散控制

按照控制的集中程度和结构不同，可分为集中控制和分散控制。

1. 集中控制

集中控制是指在系统中只设一个控制机构，上级主管领导授权给下级部门领导，由下级部门领导在授权范围内实施控制。如实行事业部制的企业中，各事业部对市场开发、产品研发等均有自主决策的权力。对事业部本身来讲，实行的是集中控制。

集中控制比较简单，控制指标统一，便于整体协调。当企业规模不大且信息的获取、存储、加工和处理方面的效率和可靠性很高时，能够进行有效、及时的整体最优控制。但企业规模较大较复杂时，集中控制就会暴露出不少弊病：第一，信息量增加，会增加传输费用，导致决策延迟和失误；第二，缺乏灵活性和适应性，机构的变革和创新较困难。

2. 分散控制

分散控制也称多级控制，即在系统中设有多层和多个控制机构，上一级控制机构对下一级控制机构进行控制，下级控制机构则对本身系统进行控制。如公司本部将权力分散给下属各事业部，公司本部对各事业部实施的就是分散控制。由于分散控制必然形成权力结构和组织结构的多层次，所以也是多级控制。

分散控制适应企业结构、职能分工细的特点。分散控制的优点是：首先，每个控制机构接受的信息量较少，便于及时处理和更快做出决策；其次，分散控制对信息存储和处理能力的要求相对较低，控制机构可以较少，便于改革；再次，由于决策分散，各下级控制机构可以平行运行，不仅在一个给定的时间内可以同时处理更多的工作，而且使控制的风险也分散了，个别控制机构的工作失误也不会影响整个控制工作的进行。但分散控制部门间的协调比较困难，横向联系较差。因为每个控制部门都会从自己的最优原则出发进行控制，一旦协调不好，就会导致控制过程中的矛盾和冲突。

第十三章 控制职能

第二节 控制过程

一、确立控制标准

(一) 控制标准的要求

标准是衡量实际工作绩效的尺度,制定标准是进行控制的基础。控制的标准必须满足一定的要求,才能保证控制工作的有效性。通常来说,有效的控制标准需要满足以下的基本要求。

1. 简明性

标准的度量值、单位、可允许的偏差范围应尽可能数量化,具有可操作性,对标准的表述要通俗易懂,便于理解和把握。如每场高尔夫球赛规定18穴打72杆的标准,即是一个最好的例子,这里的标准杆数是由权威建立的,并且是公认的有关成绩水准的衡量标准。

2. 适用性

标准的建立既要考虑组织的计划和目标,同时也必须考虑到工作人员的实际情况。标准不能过高也不能过低,要让绝大多数员工经过努力后可以达到,保持一种挑战性和可达性的平衡。只有当标准是"跳起来"可以摘得到的"葡萄",才是有效的标准。

3. 公正性

标准应体现协调一致、公平合理的原则。制定出来的各项控制标准既不能相互冲突,又要保证对每个组织成员一视同仁,绝不能搞特殊化。

4. 一致性

标准应协调一致,一个组织的活动是多种多样的,各职能管理部门都会制定出各自的控制标准,这些标准应该协调一致,形成一个有机的整体。同时,建立的标准还要在一段时期内保持不变,并具有一定的弹性,能对环境的变化有一定的适应性,面对特殊情况能够特殊处理。如果标准互相矛盾,会使计划制定者陷入两难困境,产生管理真空地带。

5. 前瞻性

建立的标准既要符合现时的需要,又要考虑未来的发展对控制指标的要求。控制标准实际上是对组织成员行为的一种规范,它反映了管理者的期望,为人们提供努力的方向。因此,制定出来的控制标准应将组织当前运行与未来发展有机地结合起来。

(二) 确定控制对象

了解控制标准的要求后,就要分析组织运营与管理中的哪些要素(事或物)与活动需要加以控制。

经营活动的成果是需要控制的重点对象。控制工作的最初动机就是要促进或比较有效地取得预期的活动结果。因此,可以从盈利性、市场占有率等多个角度来进行以确定企业活动需要的结果类型,对它们加以明确的、尽可能定量的描述,也就是说,要规定在正常情况下希望达到的状况和水平。

组织要想实现预期计划和目标,就要在计划和目标完成之前进行控制,及时纠正与预期成果不相符的活动。因此,有必要分析影响组织目标的各类因素,并把它们确定为需要控制的对象。

(三) 选择关键控制点

不管是从经济性还是可行性角度考虑,组织没法、也没有必要对所有成员的所有活动进行控制,组织只需要从影响组织目标的各类因素中选取若干最关键和重要的因素与环节作为重点控制对象。关键控制点的选择有两层含义:它们要么是组织经营活动中的限制性因素,要么是明显有利的因素(无论计划是否已制订)。如美国通用电气公司选择了 8 个对企业经营成败起决定作用的方面作为关键控制对象,分别是生产率、获利能力、市场地位、人员发展、员工态度、公共责任、产品领导地位、短期目标与长期目标的平衡,并建立了相应的控制标准。

对关键控制点的选择一般要综合考虑三个方面的因素:一是会影响整个工作运行过程的重要操作或事项;二是能在重大损失出现之前显示出差异的事项;三是若干能反映组织主要绩效水平的时间与空间分布均衡的控制点。

选择关键控制点的能力是一项管理艺术,健全的控制往往取决于关键点控制。

(四) 拟定控制标准

控制的标准多种多样,有定量和定性两大类,相比较而言,定量化的标准更能够保证控制的准确性。因此,在实际控制工作中,应尽可能地采用定量化的标准。每一项工作的衡量标准都不是随意设定的,而是应该根据组织目标的情况,从有利于组织目标实现的总要求出发来制定。最理想的标准是可以直接用考核的目标作为标准。但在现实中更多的情况是需要将某个计划目标分解成若干个系列标准,如将利润率目标分解成产量、销量、销售额、毛利润、制造成本、销售费用等。此外,工作程序和各种定额也是一种标准。

计划的每项目的、每个目标、每个方案、每项活动、每项政策、每项规程以及每种预算,都可成为衡量实际业绩或预期业绩的标准。在实际的管理活动中,管理人员没有太多的精力去实行仔细、全面的控制,因而有必要建立一整套专门的控制标准。

1. 控制标准的种类

常见的控制标准主要有:

(1) 时间标准,即完成一定工作量所需的时间长度。如生产周期、生产提前期、生产间隔期、流水线节拍等。

(2) 实物量标准,即一定时间内应完成的实物任务量。如产品产量、产量定额、生产批量等。

(3) 货币标准,即一定时间内应完成的价值任务量。如销售收入、利润、应交税金等。

(4) 消耗标准,即完成一定工作任务所需的有关消耗。如物料消耗定额等。

第十三章 控制职能

（5）质量标准，即工作应达到的要求或产品所应达到的品质标准。如合格率、优品率、精密率等。

（6）行为标准，即对员工规定的行为准则要求。如遵纪守法、诚实守信、团结合作等。

在实际工作当中，不管采取哪种类型的标准，都需要按照控制对象的特点来决定。

2. 制定控制标准的方法

由于不同的组织以及同一组织的不同控制对象具有不同的特征，因此，控制标准的制定方法也存在一定的差异。制定控制标准常用的方法有如下。

（1）经验估计法。经验估计法是根据管理人员和工作人员的实际工作经验，并参考有关技术文件或实物，评估计划期内条件的变化等因素，制定标准的方法。如果出现缺乏统计资料、技术资料等情况，那么适合采用经验估计法其优点在于简单易行，工作量小，但也存在易受主观因素影响、准确性差等缺点。因此，要综合考虑如老员工、技术人员和管理人员的知识和经验，充分了解情况、收集意见，通过科学有效的判断，制定出一个相对先进合理的标准，并根据实际情况不断进行修正和完善。

（2）统计分析法。统计分析法是以分析反映企业经营在历史上各个时期状况的数据为基础来为未来活动建立的标准。这些数据可能来自本企业的历史统计，也可能来自其他企业的经验。统计分析法的优点在于简单易行，但是由于数据的采集均来自于历史数据，有可能导致制定的标准低于同行业的卓越水平，甚至是平均水平。因此，在根据历史性统计数据制定未来工作标准时，要充分考虑本行业的平均水平，而且要积极研究同行竞争企业的经验。这种方法一般适合于条件比较正常，原始记录和统计工作比较健全的单位。

（3）工程标准法。工程标准法是以准确的技术参数和实测的数据为基础，用这种方法拟定的标准称为工程标准。严格意义上而言，工程标准法也是一种统计分析法，但是它又不同于传统的统计分析法，因为它不是对历史性统计资料的分析，而是基于工作现实情况的客观数据进行的定量分析。工程标准法的优点在于科学客观，但是由于需要对工作现实情况进行观察和分析，因此需要花费的时间和人力等成本较大，且在操作流程上更为复杂。

二、衡量工作绩效

（一）衡量工作绩效的核心问题

衡量工作绩效是对计划执行的实际结果进行度量、统计、汇总，按照与控制标准相应的指标，准确地反映计划执行情况。为了确定实际工作的绩效究竟如何，管理者要考虑2W2H，即衡量的项目（What）、衡量的主体（Who）、衡量的方法（How）和衡量的频度（How Long）。

1. 明确衡量的项目

衡量工作中最为重要的部分是明确衡量的项目。管理者应该针对决定实际工作成效好坏的重要特征项进行衡量。但在现实中，管理者常常容易犯的错误是忽略那些不易衡量、不太明显但是实际上又十分重要的项目，而侧重于衡量那些容易衡量的项目。实际衡量应该围绕构成优良绩效的重要特征项目来进行。

在企业运营过程中经常衡量的项目，如表13-1所示。

表13-1　　　　　　　　各职能领域的绩效衡量项目

生产	销售	人力资源	财务与会计
数量	销售额	劳资关系	资本支出
质量	销售收入	离职率	库存
总成本	销售费用	缺勤率	资本流
单位成本	个人销售额	工作时长	净利润
投入产出率	客户保有率		

2. 确定衡量的主体

衡量的主体是指衡量实际工作绩效的人员。衡量主体的差异，会对衡量的结果产生不同的影响。例如，目标管理被称为是一种"自我控制"方法，就是因为工作的执行者同时也是工资成果的衡量者和控制者。相比之下，由上级主管或职能人员进行的衡量和控制则是一种强加的、非自主的控制。

3. 选择衡量方法

（1）个人观察。最普遍的衡量是通过个人观察，直接观察受控对象的工作完成情况，特别是对基层工作人员工作业绩进行控制，以及衡量因素比较简单时，这是一种非常有效、无可替代的衡量方法。因为通过直接观察得到的第一手资料，避免了间接信息在传递过程中可能出现的信息遗漏、忽略和失真。但是个人观察的方法也有其局限性：首先，这种方法工作量大，需要花费管理者大量的劳动，不可能全程跟踪；其次，仅凭简单的观察往往不能考察更深层次的工作内容；再次，由于直接观察时间占整个工作时间的比例有限，往往不能全面了解到各个方面的工作情况；最后，工作表现在被观察时和未被观察时往往不一样，管理者所看到的有可能只是假象。

（2）统计报告。随着组织规模的扩张，组织内部信息量也变得越来越大，管理者越来越多地依靠统计报告来衡量实际工作的绩效。这种报告不仅有计算机输出的文字，还包括多种图形、图表，如条状图等。而且按管理者的要求列出各种数据，尽管统计数据可以清楚有效地显示各种数据之间的关系，但它对实际工作提供的信息是有限的。统计报告只能提供几个关键的数据，它忽略了其他许多重要因素。

（3）口头汇报。口头汇报分正式汇报和非正式汇报两种。正式汇报往往对应某些公众场合，如会议等。非正式汇报往往是一对一的、情况通报和信息沟通式的，如电话交谈、个别交谈等。口头汇报的优点是方便快捷，能立刻得到反馈。在以前，口头汇报的一个缺点是无法将信息记载下来以便日后存档查找和重复使用，但现在科技发展非常快，口头汇报也能够被有效地记录下来，而且能够像书面材料一样永久保存。口头汇报最大的缺陷是汇报内容容易受到汇报者个人情感、好恶、个性偏好、价值观等因素的主观影响。

（4）书面汇报。书面汇报往往在计划结束后或计划告一段落后形成，是将实际工作中采集到的数据以一定的方法进行加工处理后得到的文字资料，如会计报表、经济报表等。书面汇报的优点是节省时间、效率较高，易于保存；其缺点是资料的应用价值受到原始数据真实性和全面性的影响。

（5）抽样调查。抽样调查也是一种较为常用的衡量工作绩效的方法。管理者从众多工作成果中随机抽取一部分进行深入细致的检查，用此来推测全部全部工作的质量。但是这种方法一般只能应用在工作量比较大且产出又比较相似的情况下，最典型的是产品质量检测。特别是当产品数量极大或者检测产品会破坏产品本身等情况时，抽样调查是最适合的方法。此外，对于一些日常事务性工作的检查来说，这种方法也较为实用。

4. 确定衡量的频度

衡量的频度即间隔多长时间衡量一次。对不同的衡量项目，其衡量的频度可能不一样。实现有效控制要求组织确定适度的衡量频次。如果衡量频次过多，一方面会增加控制的成本，另一方面还会引起被衡量人员的不满，对组织目标的实现起负作用；如果衡量频次太少，则可能导致不能及时发现重大偏差，也不能及时采取纠偏措施，从而影响组织目标和计划的实现。例如，研发人员的工作成果往往需要数月或数年等较长的时间来衡量，而生产人员的工作成果则大多以小时或天等较小的时间单位来衡量。

（二）分析衡量结果

分析衡量结果是要将标准与实际工作的结果进行对照并加以分析，为进一步采取管理行动做好准备。将标准与实际工作进行比较的结果有两种可能：

（1）不存在偏差，即指衡量结果没有超出标准范围。一般情况下，工作结果只要在这个容限之内就不认为是出现了偏差。不存在偏差不代表无事可做和没有潜在的问题。组织可以采取措施，尽量缩小偏差量。例如，企业在市场占有率下降之前，采取一些有力措施，如增强宣传力度、完善服务体系、加强质量管理等措施，努力消除或减轻竞争对手带来的影响。

（2）存在偏差，即衡量结果超出了标准范围。这种偏差分为：①正偏差，即组织的实际绩效超过了标准的要求，比标准完成得还要好；②负偏差，即结果没有达到标准。

三、采取纠正措施

控制工作的最后也是最关键一步是采取纠正措施。采取纠正措施要先找出偏差产生的主要原因，在此基础上制定并实施必要的纠正措施，将控制与其他的管理职能相互联结。

（一）找出偏差产生的主要原因

并不是所有的偏差都会影响企业的最终绩效。大部分偏差可能是由一些偶然的、暂时的、局部性因素引起的，对组织活动的最终成果产生较小的影响或不产生影响；但也存在一些偏差能够反映计划制定和执行过程中的严重问题。因此，在采取纠正措施前，应对偏差的相关情况进行评估和分析。

首先，要判断偏差的严重程度是否会对组织目标成果产生较大影响，是否威胁到计划的实施。

其次，找出偏差产生的主要原因。导致偏差出现的原因有多种：一是计划或者标准本身存在偏差；二是组织内部环境的变化，如组织架构重组、大量人员流动等；三是组织外部环境的影响,如经济形势、社会局势的变动等。

最后,评估偏差的相关情况,分析导致偏差的原因,透过表面现象找出偏差产生的深层原因,在众多深层原因中再寻找最重要的那个,为接下来制定纠偏措施指引方向。

(二) 确定纠正措施的实施对象

在管理控制过程中,被实施纠正措施的对象不一定是企业的实际工作过程,也可能是指导这些活动的计划或者是事先确定的衡量标准。例如,企业中的大部分生产工人没有完成工作定额,既可能是工人的生产积极性不高造成的,也可能是工作定额的标准超过了实际工作能力;企业产品或服务销售突然下降,既可能是价格没有及时调整或者质量出现问题,也可能是市场竞争环境等发生巨大变化。

导致计划、目标或衡量标准发生变化的主要原因有两方面:一是原来制定的计划或标准不合理,在执行的过程中出现了问题;二是外部环境发生未能预料的变化,导致原来制定的计划或标准不符合新形势下的要求。

(三) 选择恰当的纠正措施

在确定偏差产生的原因和纠偏对象后,需要进一步制定改进工作或调整计划和标准的纠正方案。纠正措施的选择和实施过程中要注意以下问题。

1. 使纠偏方案双重优化

纠正偏差,既可以选择不同的实施对象,又可以针对同一个实施对象采取多种不同的纠正措施。所有的这些措施,其实施条件与成果相比,经济性都要优于不采取任何行动、使偏差任其发展可能给组织造成的损失;如果行动方案的支出大于偏差带来的损失的话,最好不采取任何行动。这是纠偏方案选择过程中的第一重优化。第二重优化是在这个基础上,通过比较各种经济可行方案的优劣,找出其中追加费用最少,但解决偏差效果最好的方案来组织实施。

2. 充分考虑原有计划实施的影响

有时候由于客观环境本身发生了巨大的变化,或者管理人员对客观环境的认知能力提高导致的纠偏需要,可能会引起对原定计划和决策的局部甚至全部的否定,从而要求组织活动的内容或方向进行重大调整。我们一般把这种调整称之为"追踪决策",即当原有决策的实施会影响组织目标的实现时,组织对计划或目标所进行的决策方案的根本性修正。因此,在制定和选择新的纠偏方案时,必须充分考虑到伴随着初始决策的实施以及消耗的资源,以及这些资源的消耗对客观环境造成的种种影响。

3. 长期目标和短期目标兼顾

短期目标治标,长期目标治本。管理者采取纠正偏差的措施,可以针对所出现的问题立刻采取应急行动,也可以从"问题的症状——问题的原因——问题的根源"层层深入,彻底解决问题。不同的思路和做法将产生不同的结果。日本丰田汽车公司在流水生产线中实行在制品"零"安全储备的精益生产方式,实际上就是有意通过取消工位存货等做法,减少工序出现问题的可能性,从而促使企业员工对生产过程的隐患采取根本性的解决措施。这种"治本"重于"治标"的管理控制思想,使丰田汽车公司赢得了市场竞争力。

4. 注意消除人们对纠正措施的疑虑

管理控制措施的实施会在不同程度上引起组织结构、人员关系和活动方式的调整，会触及某些组织成员的利益，不同组织成员会因此而对纠偏措施持不同态度，特别是纠偏措施属于对原决策活动进行重大调整的追踪决策时。原决策的制定者和支持者，因害怕改变决策标志着自己的失败，从而会公开或暗地里反对纠偏措施的实施；执行原决策、从事具体活动的基层工作人员担心调整会使自己失去工作机会，影响自己的既得利益，从而抵制重要的纠偏措施的制定和执行。因此，管理者在控制工作中要充分考虑和处理组织成员对准备采取的纠正措施的各种态度，特别是要注意消除执行者的疑虑，争取更多人的理解、赞同和支持，以避免可能出现的人为障碍。

（四）纠正偏差的方法

偏差的产生来源于实际的工作绩效与标准，因此纠正偏差的方法可以从两方面入手：一是改进工作绩效，二是修订标准。

1. 改进工作绩效

如果分析衡量的结果表明计划是可行的，标准也是切合实际的，问题出在工作本身，管理者就应该采取纠正行动。这种纠正行动可以是组织中的任何管理行动，如管理方法的改进、组织结构的调整、人事方面的调整等。按照行动效果的不同，可以把改进工作绩效的行动分为两种：一种是立刻纠正行动，即发现问题后马上采取行动，力求以最快的速度纠正偏差，避免造成更大的损失，纠正行动追求时效性；另一种是彻底纠正行动，即发现问题后，通过对问题本质的分析，挖掘问题的根源，然后再从产生偏差的地方入手，力求永久消除偏差。在控制过程中，应灵活地综合运用这两种行动方式，特别注意不要满足于"救火式"的纠正行动。

2. 修订标准

标准定得太高或太低，也会导致偏差的出现。另外，也有可能是组织运行环境出现了重大变化，致使原有的标准失去客观的依据。这时，可以综合运用统计方法与工程方法，根据企业的历史数据或者对比同类企业的水平，并结合组织现有的状况，对工作情况进行客观的分析，做出降低或提高原有标准的决定。但是，应注意如果既定标准是符合现实情况的，组织应该坚持，绝不能凭一时的变化随便更改。否则，计划和目标就会失去意义，更加谈不上控制了。

第三节 有效控制

一、有效控制的原则

控制是一项重要的管理职能，也是常常出现问题的环节。无效的控制会导致计划无效和组织绩效无效。控制工作的基本运行过程和原理具有普遍性。为了使控制工作更加切实有效,组织建立控制系统应遵循以下原则。

(一) 反映计划要求原则

控制的目标是为了实现计划,每项计划各有其特点,因此在选择控制对象、确定控制标准和控制的关键点、如何收集和处理信息、采用什么方法来评定绩效以及由谁来实施控制等方面,需要按照不同计划的特殊要求和具体情况来设计。例如,对成本计划的控制信息主要是各部门、各单位甚至各种产品在生产经营过程中发生的费用;对产品销售计划的控制,则要收集销售产品的品种、数量和交货期的情况。控制工作越是考虑到各种计划的特点,就越能更好地发挥作用。

(二) 组织适宜性原则

控制工作需要依靠组织中各单位、各部门及全体成员来实施。所以,控制系统和控制方法应当与组织的特点相适应。

控制还应当反映组织结构的类型和特征。组织结构是对组织内各个成员担任的职务、拥有的权力和责任的一种规定,因而它也就可以成为确定计划执行职权和偏差责任的依据。控制工作只有适应企业的组织结构并由健全的组织结构来保证,才能够顺利进行。健全的组织结构有两方面的含义:其一,保证组织内部沟通渠道的畅通,能迅速地上传下达反映组织实际情况和工作状态的信息;其二,明确每个人的职权和职责,做到每个部门、每个员工都能清楚地运用职权,承担责任。

(三) 适度控制原则

有效的控制应该既能满足对组织活动监督和检查的需要,又要防止与组织成员发生激烈的冲突。因此,控制的范围、程度和频度都要恰到好处,既要防止控制过度,又要避免控制不足。过多的控制会对组织成员造成伤害,扼杀他们的积极性、主动性和创造性,从而影响个人能力的发挥和工作热情的提高,最终会影响组织的绩效。过少的控制不能使组织活动有序地进行,更不能保证各部门活动进度和比例的协调,而且会造成资源的浪费。另外,过少的控制还可能使组织中的个人无视组织的要求,我行我素,不提供组织所需的工作业绩,甚至利用在组织中的便利地位谋求个人利益,最终导致组织的涣散和崩溃。

(四) 控制关键点原则

事实上,组织中的活动往往错综复杂,任何组织都不可能做到对每个部门、每个环节、每个员工的工作情况进行全面控制,对管理者而言,随时注意执行情况的每一个细节的做法通常意味着浪费时间、精力和资源,不仅成本高昂,而且也无必要。一般来说,一个组织应将经营活动中的限制性因素或明显有利的因素作为控制关键点。选择关键控制点的能力是管理工作的一种艺术,有效控制在很大程度上取决于这种能力。与此同时,不同行业的关键控制点不同,而同一家企业不同环节的关键点也不一样。

(五) 例外原则

所谓例外原则是指组织对控制过程中例外的、不寻常的现象和问题,尤其是生产经营活动中特别好和特别差的，予以充分注意，并对其采取特别的控制措施。但是，只注意例外情况是不够的，对例外情况的重视程度不应仅仅依据偏差的大小而定，需要考虑客观实际情况。例如，管理成本高出预算的5%可能影响不大，而产品不合格率上升1%却可能造成产品的滞销与品牌价值的贬值。这就要求在实际工作中，管理者应当把例外原则同控制关键点原则相结合，把注意力集中在对关键点的例外情况的控制上。关键点原则强调选择控制点，而例外原则强调观察在这些控制点上发生的异常偏差。

（六）及时性原则

控制机制必须能及时地指出问题，并迅速地向管理者报告。管理者知晓偏差情况越早，就越能快速地采取纠偏行动。即便是最好的消息，一旦过时，也没有价值。

纠正偏差的最理想的方法应该是在偏差未产生以前就注意到偏差产生的可能性，从而预先采取必要的防范措施，防止偏差的产生。对于管理者来说，知道事情即将会出问题，总比它们已经失控要强。例如，某个设备安装项目，如果工期较紧的话，那么管理者应要求以天或周来汇报工程进度，以及时掌握工程的进展情况。报告中应显示那些潜在的障碍，如某零部件的缺失，某岗位的工人缺勤等会导致项目完工拖期等因素。管理者需要及早地了解这类信息，以便在形势失控前采取必要的纠正措施，而这要求管理者拥有足够的相关知识和经验。

知识链接 13-2

破窗理论

美国心理学家辛巴杜（Philip Zimbardo）在1969年进行了一项非常有趣的实验，他找来两辆一模一样的汽车，把其中的一辆停在加州帕洛阿尔托的中产阶级社区，而另一辆停在纽约布朗克斯相对杂乱的社区。停在布朗克斯的那辆车，他摘掉车牌，打开顶棚，结果这辆车当天就被偷走了。而放在相对杂乱的帕洛阿尔托社区的那一辆，一个星期也无人问津。后来，辛巴杜用锤子把放在帕洛阿尔托社区的那辆车的玻璃敲了个大洞。结果仅仅过了几个小时，那辆车就不见了。以这项实验为基础，犯罪心理学家凯琳和政治学家威尔逊提出了"破窗理论"，即如果有人打坏了一幢建筑物的窗户玻璃，而这扇窗户又得不到及时的维修，别人就可能受到某些纵容性的暗示去打烂更多的窗户玻璃。久而久之，这些破窗户就给人造成一种无序的感觉，结果在这种公众麻木不仁的氛围中，犯罪就会滋生。

破窗理论认为环境中的不良现象如果被放任存在，会诱使人们仿效，甚至变本加厉。

（七）经济性原则

衡量工作绩效、分析偏差产生的原因，以及为了纠正偏差而采取的措施，都需要支付一定的费用；同时，任何控制由于纠正了组织活动中存在的偏差，都会带来一定的收益，所以衡量一项控制工作是否需要，一定要对它带来的收益与控制所付出的成本进行比较分析，只有当收益大于控制所需成本时，这项控制工作才是值得的，有效益的。要实现控制的经济性原则，首先，应根据组织规模的大小、所要控制的问题的重要程度，以及控制成本和所能带来的收益等方面来详细设计详略程度不同的控制系统。其次，所选用的控制技术和控制方法，应该能以最少的成本来检查和阐明工作偏差及其发生原因。

（八）灵活性原则

组织在运行的过程中，可能会出现未预见到的或计划不周的情况，进而引发某种突发的、无法抗拒的变化，这些变化使组织计划与现实条件严重背离。有效的控制系统应在这样的情况下仍能发挥作用，维持组织的运营，也就是说，控制应该具有灵活性或弹性。

灵活控制通常与控制的标准有关，一般来说，灵活控制要求组织制定灵活的计划和灵活的衡量标准。此外，组织内外部环境的变化也要求控制具有一定的灵活性，当形势要求变化时控制机制必须允许变化，否则控制就会失败。例如，当一位职工在执行工作任务的早期，遇到各种情况发生了巨大的变化，那么管理者应能认识到这一点并随之调整计划和标准。如果该任务遇到了突发的困难，而情形又并非职工所能控制的，则管理者应调整该职工的绩效考核标准。考虑了各种可能而拟订的计划，才能使控制更具灵活性。

二、有效控制的影响因素

组织中控制系统的有效性受许多环境因素的影响，包括组织规模、个人在组织层级中的地位、组织分权的程度、组织文化以及活动的重要性，如表 13-2 所示。

表 13-2　　　　　　　　　　有效控制的影响因素

影响因素	程度	控制建议
组织规模	小	非正式、个人走动式管理
	大	正式、非个人及广泛的规章制度
职位和层次	低	较少且易于衡量的标准
	高	许多标准
分权程度	低	减少控制的数量
	高	增加控制的数量和质量
组织文化	封闭、不信任	正式及广泛的控制
	公开、信任	非正式、自我控制
活动重要性	低	松散的、非正式控制
	高	复杂而广泛的控制

（资料来源：潘连柏，曾自卫，伍娜. 管理学原理（第二版）[M]. 人民邮电出版社，2017.）

（一）组织规模

控制系统应该根据组织规模的变化而有所不同。一个组织规模比较小的时候，应更多地依靠非正式和个人的控制方式，通过直接监督的事中控制可能是成本最低的方法。但是，随着组织规模的扩大，直接监督要靠扩大正式的控制系统，如报告、条例、规章制度等来作为补充。当组织规模非常大时，一般需要极为正规的和非个人的规章制度。

(二) 职位和层次

被控制者在组织层级中的职位越高，越需要对其采用多重控制标准。这是因为当员工沿着组织层级往上升迁时，其业绩衡量的模糊性将提高，控制工作的难度也相对加大。相反，越是底层员工的工作业绩越容易定义，标准也更单一、容易确认和易于衡量，控制工作相对比较简单。

(三) 分权程度

组织中分权程度越高，管理者就越需要掌握员工的业绩情况。因为管理者将决策权下放后，被授权人的行为及工作业绩最终都要由管理者来负责，管理者希望确保员工的决策和行为是高效率且有效的，这需要通过增加控制的数量和质量来实现。

(四) 组织文化

一个组织的文化可能是封闭、不信任的，也可能是公开、信任的。如果是前者，反映组织中员工的自我控制能力弱，需要外部加强正式的控制系统来保证工作行为达到标准；如果是后者，则反映员工自我控制力强，管理者往往可以采用非正式、自我控制方式。

(五) 活动重要性

组织活动本身的重要性会影响到该项工作是否应该受到控制以及怎样进行控制。如果控制的成本高昂，而错误对组织产生的影响又很小，就不必要使用复杂而详尽的控制系统，但如果该项活动一旦发生错误会严重影响到组织，那么就必须实施复杂而广泛的控制，即使控制成本再高也在所不惜。

三、有效控制的实现途径

(一) 树立组织的现代控制观念

控制者与被控制者是平等的，控制者的权威只有当被控制者承认和接受才有意义。控制者必须靠权利和威望施以控制，只有这样，控制才能发挥作用。同时，组织应当建立正式的反馈机构，制定相应的反馈制度，树立积极的反馈观念，鼓励员工建言和反馈，奖励具有正面效果的反馈行为，更为重要的是要能够保证员工畅所欲言，敢讲、愿讲真话，全面、及时地反映真实情况。

(二) 建立与组织文化相匹配的控制系统

任何控制系统或技术都必须适应组织文化，通过组织的价值观、行为规范控制组织成员间及与组织外各利益群体间的互动方式，充分发挥组织文化对整个控制过程中各个环节的指导作用，实现有效的控制。例如，在一个组织氛围相对宽松自由的组织内不可以采用严格的控制系统，因为这会限制员工的行为和自由，严重违反了员工意愿，影响员工的工作方式和工作态度，注定控制系统是无效的。

（三）做好控制的机构与制度建设工作

为了实现组织控制工作的有效性，组织应建立精简、高效的控制机构，配备专职的控制人员，授予相应的控制权力，并明确控制工作的责任。

1. 建立明确的控制责任制

控制活动主要是由各管理层次的管理者进行的，如果对控制中各层次的责任以及在计划执行过程中各层次的任务与职责没有一个事先的、清楚的规定，管理者就不可能知道哪个部门应承担偏差的责任和应由谁来采取纠偏措施。因此，组织需要建立明确的控制责任制，使每个人都明白自己的工作职责和范围，了解工作需要达到的绩效考核标准，并在工作中自觉地履行职责，按标准要求完成任务。责任制度越健全、越明确、越完善，控制工作也就越能取得预期效果。

2. 完善组织内部的信息沟通机制

信息反馈的速度、准确性直接影响到控制指令的正确性和纠正措施的准确性。一个有效的信息沟通渠道应该具备以下特征：第一，要明确与控制相关的人员的任务和职责；第二，必须事先制定好信息传递的程序、方法、手段、时间等因素。只有这样，控制工作才能卓有成效地进行。

3. 形成有机的控制网络

一个组织的控制工作往往是多方面的，每个方面的内容和目的都不一样。所以良好的协调工作必不可少。组织的目标和计划往往需要进行分解，然后再具体落实到各个部门中去。但是组织目标、计划的分解和执行过程中往往由于信息传递等因素的影响出现失真和偏差，以及组织中各个部门的职能和发挥的作用不一样，导致各个部门之间的工作不能协调一致，甚至相互冲突，这会给控制人员的工作带来困难，降低控制的效率。因此需要控制职能与其他职能相互配合，以达成各个部门间的协调一致。

（四）正确处理好控制和分权的关系

控制和分权之间存在着密切联系，分权是控制的原因之一，控制是分权的保障。如果管理者在管理中分权不当，就会造成权力失控，影响控制效率。因此，管理者要正确处理好控制和分权的关系。管理者在分权的时候应当注意以下问题。

1. 确保权责对等

如果出现下级权大责小的情况，就会造成下放的权力缺乏约束，可能出现权力滥用，最终失去控制。如果出现下级权小责大的情况，就会造成下级的权力受限，无法处理好与职责相匹配的事务，降低了控制的有效性。

2. 切忌越级授权

越级授权必然导致越级指挥，从而给中层管理者的控制活动造成困难。管理者不可将管理权力不适当地授予下级，尤其要注意不可越级授权。例如，企业给非独立性的车间、分厂单独签订合同的权力，就有可能造成经营失控。

3. 不盲目照搬他人的做法

分权要从实际出发，不盲目照搬他人的做法，否则，一旦分权造成内部竞争，组织内部各种矛盾就会变得更加复杂。过度分权不仅难以调动下级的积极性，反而容易造成局面的失控。因此，管理者在分权的时候，必须考虑到组织实际情况，选择适合组织发展的分权方式。

（五）控制工作应面向未来

1. 控制工作要向前看

这一点在实践中往往被人忽视。管理者在开展控制工作和决策时，一般依靠历史数据，这些数据也许对确定税收和股东收益是足够的，却不足以实现有效的控制。在缺乏向前看的手段和看不清的"把过去的事情作为开端"的情况下，参照历史资料，要比完全不参照好。然后由于管理控制系统中有时间滞后的问题，所以必须付出更大的努力，使针对未来的控制成为现实。

2. 控制工作要有全局观点

在组织中，除了高层管理者的视野是针对整个组织以外，大部分中层及基层管理者往往只从个人或本部门的利益出发，只考虑实现局部的目标而忽视了组织的整体目标，更不用说关注组织未来的发展趋势了。因此，为了实现控制工作的有效性，管理者必须要有全局观点，从整体利益出发来实施控制，使各个局部的目标协调一致。

3. 控制过程中要强调组织学习

组织所面临的外部环境在不断发生变化，如果组织采取一成不变的控制方法，有效的控制根本无法实现。因此需要组织各部门及其员工不断地学习，实现知识的积累和更新，实现组织向学习型、知识型组织的转变，使组织的控制更加有效。

共享单车的困惑

在北京国贸上班的李磊最近发现，早高峰拥堵多了一种新的表现形式：人行道上、地铁出口，密密麻麻的自行车挡住了行人的道路。她经常需要"手动清障"，挪开共享单车，才能顺利前行。李磊把这些歪斜在路边的"路障"拍下来发了朋友圈，质问"这路还能走人吗？"她的抱怨马上引来上海、深圳、成都、昆明等地朋友的点赞，有关共享单车"乱停乱放""过度投放"的吐槽从各大城市纷涌而来。

经历过投放初期的火热，如今，共享单车似乎遇到了发展的"瓶颈"。越来越多的质疑、吐槽、破坏、遗弃、纠纷等等，让人很难看到其后续的发展前景。

我们常讲，企业发展的动力源于客户的需求。当共享单车的消费者们从最初的盲目追捧、尝鲜冷静下来，理智开始占据上风，需求从"有车骑一圈"逐渐转变为"有序用车、规范停车"时，矛盾则日趋凸显。

当然，我们不否定共享单车在环保、交通等方面为社会做出的贡献，更不怀疑其仍具有非常大的市场潜力。但是，当全国各地不同程度出现共享单车"堆积如山"的时候，我们不能只感叹"场面壮观、弃者难堪"，更重要的是要反思。

讨论题：

1. 共享单车的困惑及原因是什么？共享单车有未来吗？

2. 结合实际，谈谈如何做好共享单车管理控制工作？

复习思考题

1. 什么是管理控制？管理控制的特征有哪些？
2. 简述管理控制的目的和作用？
3. 简述管理控制有哪些类型及各类型的含义和特点。
4. 简述控制工作的过程。
5. 如何制定控制标准？有效的控制标准应符合哪些要求？
6. 有效控制应遵循哪些原则？
7. 有效控制的影响因素有哪些？如何实现有效控制
8. 你的老师为这门课建立了什么样的绩效标准？你的实际绩效如何测量？如何将你的绩效和标准相比较？你是否认为这些标准和衡量方法公平合理？

延伸阅读

［1］哈罗德·孔茨，海因茨·韦里克. 管理学：国际化与领导力的视角［M］. 北京：中国人民大学出版社，2014.

［2］罗伯特·安东尼，维杰伊·戈文达拉扬. 管理控制系统［M］. 北京：人民邮电出版社，2011.

［3］于尔根·韦贝尔，乌茨·舍费尔. 管理控制引论［M］. 上海：上海人民出版社，2011.

［4］Ouchi W. G. The Relationship Between Organizational Structure and Organizational Control［J］. Administrative Science Quarterly, 1977, 22 (1): 95–113.

［5］Khandwalla P. N. Effect of Competition on the Structure of Top Management Control［J］. Academy of Management Journal, 1973, 16 (2): 285–295.

［6］Otley D. Management control in contemporary organizations: towards a wider framework［J］. Management Accounting Research, 1994, 5 (3–4): 289–299.

第十四章

Financial Management

创新职能

内容提要

本章主要学习管理的重要职能创新职能,主要内容包括创新的概念、特征、类型、作用以及创新成功所需的要素;创新的内容,分为产品创新、技术创新、市场创新、制度创新和管理创新;创新的过程与活动组织。其中创新的内容和过程是本章学习的重点,技术创新和管理创新是本章学习的难点。

学习目标

知识目标:理解创新的概念,把握创新的特征、类型以及意义,掌握创新的内容和创新的过程与活动组织。

能力目标:描述创新在组织管理中的地位作用,分辨创新的特征与内容,熟悉创新的过程,以及创新成功所需的关键要素。

素质目标:通过资料收集和课堂讨论,建立对创新职能的理论认知;通过小组集体学习和训练,培养管理创新的能力。

第一节 创新概述

一、创新的概念与特征

(一)创新的概念

创新改变人类,创新缔造历史,创新自古有之。安迪·格鲁夫(Andrew S. Grove)曾说过:"创新是唯一的出路,淘汰自己,否则竞争将会淘汰我们"。这句话表明:在全球竞争激烈的环境中,组织想持续发展,取得成功,就必须创造出新的产品或服务。

在经济学领域第一个系统、完整提出创新概念的人当属美籍奥地利经济学家约瑟夫·熊彼特（Joseph A. Schumpeter），他在其代表作《经济发展理论》中认为："创新是建立一种新的生产函数，是一种从来没有过的关于生产要素和生产条件的新组合，并将这种新组合引入生产体系，从而引发生产方式的变革，形成新的生产能力"。他还将创新的内容明确概括为：引入一种新产品；采用一种新技术（生产方式、工艺流程）；开辟一个新市场；获得原材料或半成品的一种新的供应来源；采用一种新的生产组织形式或管理方式。显而易见，熊彼特的创新包含的范围很广，既涉及具体的操作创新，又涉及了组织创新。熊彼特开创的创新理论对后来的经济、管理及其他领域的创新研究与实践都产生了深远的影响。

继熊彼特之后，许多学者也对创新提出了自己的见解。英国的克里斯托夫·弗里曼（Christophe Freeman）认为，"创新是指在第一次引进某项新的产品、工艺过程中，所包含的技术、设计、生产、财政、管理和市场活动诸多步骤"。美国的管理学家彼得·德鲁克（Peter F. Drucker）认为，"创新活动赋予资源一种新的能力，使它能创造财富。同时创新可分为两类，一类是技术创新，它在自然界中为某种自然物找到新的应用并赋予经济价值；另一类是制度创新，它在经济与社会中创造出一种新的管理机构、管理方式或管理手段，从而在资源配置中取得很大的经济价值和社会价值"。美国的经济学家保罗·萨缪尔森（Paul A. Samuelson）认为，"创新是指企业家对生产要素实行新的组合，是企业保证获得超额利润和经济增长的动力"。

综上所述，我们可以看出创新不仅是一个技术的概念，更是一个具有广泛意义的经济概念。创新就是以新的更好的产品、生产工艺以及组织管理方法，产生更大的经济效益。它涉及一系列多层次的活动，从一个新概念开始直至形成生产力并成功地进入市场的过程。由此可见，创新是管理的一项基本职能，是企业组织发展的基础。

知识链接 14-1

与创新相关的概念辨析

创新与创造

创新最简单的定义就是：提出创意并把它商业化。没有创意，创新就是无源之水。创造性（Creativity）和创新（Innovation）二者具有区别。创造性仅仅意味着"提出创意"，是创新活动其中的一个要素；而真正实现创新还需要其他要素的配合，例如创新管理流程体系、鼓励创新的企业文化、企业领导人对创新的重视和投入等。

创新与发明

很多人常常把创新与发明混为一谈，其实创新与发明有着根本的区别。发明只是一种为了改进产品、工艺、设计或提高生产和管理效率而提出的方案、样品或思想。而创新则是指将发明转化为实际应用。技术上的发明可以申请专利或获得奖励，但不一定能发展成技术创新，当一项发明只停留在样品阶段，则与技术创新无关。大量的实践也证明了"不是所有的发明都会转变为创新"。因此，创新是一个全过程的系统活动，而发明如果能成功也只是创新的一个阶段。也就是说，创新除了包含发明外，还包括对发明的应用。熊彼特最早对创新和发明进行了区别，他认为，企业家的职能之一就是把新发明引入生产系统，创新是发明的第一次商业化应用。

创新与研发

研发是指企业或个人通过技术与智慧投入，通过改变原有的知识要素与知识组合方式，实现创意向新技术、新产品或新工艺等的转化。而创新需要将这种研发成果商业化，真正产生市场价值才能称为创新。在现实中我们可以看到，研发活动越多，创新就越多。因为研发是创新的前期阶段，是创新的投入，是创新成功的物质和科学基础。但研发并不等同于创新。

（二）创新的特征

1. 时间性

创新的目的是解决实际问题，是从实践活动中演变而来的，具有时间性。某个时间的创新，往往会在一段时间后被新的创新所替代，因此，创新者在进行创新决策时，必须根据市场的发展趋势、社会的技术水平和自身的情况进行方向选择，并识别该方向的创新所处的阶段，选准时间点。

2. 继承性

虽然创新要解决前人所没有解决的问题，但它不是模仿、再造，而是在继承中有新的突破，需要继承前人的某些原理、方法和技术，离不开社会、企业和组织所取得的成就。继承性不但是创新的一种特性，也是创新取得成功的必经途径。

3. 变革性

创新是对已有事物的改革和革新。它不是一般的重复劳动，也不是对原有内容的简单修补，而是突破性的发展、根本性的变革、综合性的创造。具体表现在新产品、新工艺上，或是产品、工艺的显著变化上，以及组织结构、制度安排、管理方式等方面的创新上。

4. 风险性

在创新过程中，尽管人们会认真分析各种已知和未知的条件，但由于所掌握的信息的制约和对有关客观规律的不完全了解，人们不可能完全准确地预测未来，这就使创新具有一定的风险性。如果创新成功，无疑会使组织迎来一个美好前景；一旦创新失败，创新过程的所有投入无法收回，甚至会使组织面临严重的危机。因此加强管理的创新职能，正是为了降低风险，增加创新的成功率，使创新成为社会进步和企业强大的有效推动力。

5. 效益性

创新一旦成功，能获得极高的甚至是意料不到的效益。高风险往往伴随着高效益，效益的高低常与其风险大小成正比。并且，从总体上看，创新所获得的效益应大于其风险带来的损失。这是创新的重要特征，也是推动社会进步的基本原因。例如，微软公司创办初期，仅有1种产品、3个员工和1.6万美元的年收入，但它经过持续的创新活动获得了巨大的经济效益，最终成为巨型跨国高科技公司。

二、创新的类型和作用

（一）创新的类型

系统内部的创新可以从不同的角度去考察，如创新的规模与创新对组织的影响大小、创新的组织程度、创新的连续性以及创新与环境的关系等角度。

1. 局部创新与整体创新

从创新的规模以及对组织影响程度来看，可以将创新分为局部创新与整体创新。局部创新是指不涉及更改系统的性质和目标，只是依据某些创新的思想变革系统活动中的某些内容、某些要素的性质或它们相互组合的方式，当然也可依据它们对系统的社会贡献的形式或方式等进行变革；整体创新是指对组织的整体进行的改革，对组织的目标有较大的影响，或者是对组织发展起决定性作用的技术方法的创新。

局部创新通常不会对组织的整体发展产生太大的影响，只是对组织的某个方面产生影响，而且很快能看到效果。另外相对整体创新而言，它的规模也相对较小，因此它几乎得到了所有企业的重视。但是，企业除了要充分利用局部创新也要意识到它无法保证企业逃脱现有竞争对手的围追堵截，也很难对企业的长期发展做出贡献。而整体创新对组织的影响较大，其本身的规模也较局部创新大，对组织的发展具有重大的意义。

2. 自发创新与有组织创新

从创新的组织程度来看，可以将创新分为自发创新与有组织创新。自发创新是指单个组织针对自身组织的现状而进行的自发调整活动，具体包含两方面的含义：一方面是指组织自发地应对组织所处的环境，并对环境的变化作出自发的反应；另一方面是指组织内部的团体或个人根据自己的意愿进行的创新，主要是指没有受到组织的指令而进行的创新。

有组织的创新包含两层意思：一是系统的管理人员根据创新的客观要求和创新活动本身的客观规律，对外部环境状况和内部工作进行制度化的研究，以寻求创新机会，并积极利用机会，计划和组织创新活动；二是在这同时，系统的管理人员要积极地引导和利用各要素的自发创新，使之相互协调并与系统有计划的创新活动相配合，进而保证有计划有组织地开展整个系统内的创新活动。只有有组织的创新，才能给系统带来积极的比较确定的结果。

自发创新通常是局部的小范围的，并且极有可能遭到保守势力的反对和扼杀，同时由于缺乏组织，自发创新的进程、程度和影响难以控制，这会使创新结果充满不确定性；而有组织的创新容易得到其他部门及组织领导的支持、配合与协作，进而减少了变革过程中的阻力，容易取得成功。但是，有组织的创新也具有失败的可能性，这是因为创新本身意味着打破旧的秩序和原来的平衡，具有一定的风险。

3. 连续性创新与间断性创新

从创新的连续程度来看，可以将创新分为连续性创新与间断性创新。相对于一个特定企业来说，如果创新是建立在原有的技术轨迹、知识基础上，不断地改进并推出新产品，就是一种连续性创新，也叫维持性创新。例如，苹果在 2007 年开发出 iphone 后，在原有基础上经过多年来的技术升级，已从 iphone 1 发展到了现在的 iphone 8 和 iphone X。除了外观增加了美感，还具有面部识别、Apple Pay 和双摄像头等功能，性能更加完善。间断性创新也叫非连续性创新，是指脱离原有的连续性技术轨迹的创新，包括突破性创新、破坏性创新等，例如柯达推出数码相机，相对于原有的胶卷相机创新的轨迹来说，是破坏性创新。

连续性创新对现有产品的改变相对较小，能充分发挥已有技术的潜能，并经常能强化现有的成熟型公司的优势,特别是强化已有企业的组织能力,对公司的技术能力、规模等要求较低。而间断性创新则需要全新的概念与重大的技术突破,往往需要优秀的科学家或工程师,花费大量资金,经历8~10年或更长的时间才能实现。他们常伴有一系列产品创新与技术创新,以及企业组织创新和产业结构的变革,甚至创造一个新市场。现如今越来越多的企业认识到,无数次的连续性创新是整个创新过程必不可少的一部分,是一种有益的、不可或缺的尝试,应该给予支持。但是在进行连续性创新的同时,也要周期性地辅以间断性创新。

4. 消极防御型创新与积极攻击型创新

从创新与环境的关系来看,可以将创新分为消极防御型创新与积极攻击型创新。消极防御型创新是指由于系统的生存和运行在某种程度上受到了外部环境变化的威胁,为了避免威胁或扩大系统的损失,系统对内部进行了局部或全局性的调整;积极攻击型创新是系统通过观察外部环境,敏锐地觉察到未来环境可能提供的某种有利机会,为了积极地开发和利用这种机会,从而主动地调整系统的战略和技术,以此谋求系统的发展。

创新者在对待防御型创新与进攻型创新的态度和时间上是不同的。防御型创新者不希望成为新兴产业的第一行动者,但也不愿被远远抛在创新的浪潮后面,当他们意识到组织的生存和发展受到威胁后,才会进行创新。然而进攻型创新者敢于追求创新,认为不断改进是企业获得成功的要素,因此时刻关注组织所处的环境,一旦发现创新机遇,便开始行动。他们希望通过不断创新,让组织获得"先来者的优势"。因此他们通常具有积极开拓进取的精神、洞察和把握创新机会的能力、果断决策的魄力以及坚韧不拔的毅力。

(二)创新的作用

创新是人类社会发展永恒的主题。对企业组织来说,创新的作用主要体现在以下三方面。

1. 创新是提高经济效益的最好途径

从经济学角度来说,产品创新和市场创新能形成暂时的卖方市场,技术创新和管理创新能形成暂时的质量、成本优势,从而获得超额的利润,这是与普及的产品和成熟的技术所不同的地方。

2. 创新是使组织不断获得生命力的根本出路

任何事物,包括产品、技术、制度、人和组织都有兴衰周期,要想长盛不衰,就必须不断推陈出新。任正非曾自述道:"华为之所以能够发展壮大而不是被市场淘汰,是因为做了这五种创新,即技术创新、'工者有其股'的制度创新、被逼出来的产品微创新、市场与研发的组织创新和决策体制的创新。"

3. 创新是时代潮流

企业创新已成为当代企业经营管理中头等重要的问题。在德国,无论是政府部门,还是金融界,都把企业创新能力作为经济"健康证书"上的一页首要指标。张瑞敏曾说过:"只有不断战胜自我,才会强大起来……我们唯一可以与跨国公司相比的是我们的创新精神,今后唯一要走的路是靠创新精神去缩短与跨国公司之间的差距。"

三、创新的要素

(一) 结构要素

结构要素主要包括以下几个方面。

1. 有机式组织

有机式组织是一种松散、灵活的具有高度适应性的形式,它具有低复杂性、低正规化、分权化、不具有标准化的工作规则、条例,员工多有职业化的和集权程度低的特点。因此,它可以提高组织的灵活性、应变能力和跨职能工作能力,进而使创新更易于得到采纳。

2. 资金

资金是影响创新的基本要素,它反映组织创新的经济实力,直接影响创新的规模和强度。当组织资金充裕,管理者就有勇气投入大量资金进行创新并承担失败带来的损失。另外管理者也有能力购买创新成果。

3. 沟通

单位间密切的沟通有利于挖掘创新的潜力。例如委员会、任务小组等可以促进部门之间的相互交流,进而加强信息的流动,使信息成为员工的共享资源,有效地增强创新活动各环节的相互联系和整体协调,最终让创新取得最佳的效果。

(二) 文化要素

富有创新力的组织,通常都具有接纳创新,有利于创新者成长的企业文化。充满创新精神的组织文化通常有如下表现。

1. 鼓励员工创新

创新需要时间、资金和其他资源。创新构想的形成是一个连续的过程,往往需要占用计划外的资源,因此企业采用弹性计划,放松对创新所需时间、资金等的控制,给予员工方便,鼓励创新者积极思考和尝试。例如,组织对员工不切实际的想法不加以抵制;允许企业具有创新精神的员工利用部分工作时间进行创新活动,无须征得批准;设立专门的创新基金,为创新者提供资金的支持。

2. 允许失败

企业管理者认识到创新的不确定性和风险性,容忍创新过程中出现的失败,鼓励试验,敢于冒险,并把创新失败作为学习和发展机会的准备。企业也明确地将创新失败和遭受挫折作为企业创新的正常现象,认为可以从创新失败中汲取教训,为"再创新"创造更好的条件。

3. 建立创新激励机制

企业通过建立创新激励机制,承认员工创新的努力和成果。企业建立创新机制是以员工的需要为基础,将物质激励和精神激励相结合。例如,承认员工的创新动机,从而激发

第十四章 创新职能

其创新热情,使员工具有成就感;对勇于创新的员工提供更多的晋升机会,使他们的职级、薪金和其他待遇与创新成果联系在一起。

(三) 人力资源要素

在人力资源要素中,创新能力强的组织都是积极地运用新知识去培训、改造和发展组织员工,以使其保持知识的更新,同时给员工提供工作保障,以减少他们因失败而承担后果的顾虑。另外组织也鼓励员工积极大胆表达自己的想法,一旦产生新思想,组织会主动地将思想加以深化,提供支持、克服阻力,以确保创新得到推进。

第二节 创新内容

一、产品创新

(一) 产品创新的概念

产品是企业的象征,任何企业都是通过生产和提供产品或服务来求得社会承认、证明其存在的价值,也是通过销售产品或服务来补偿生产消耗、取得盈余、实现其社会存在的。产品或服务在市场上的受欢迎程度是企业市场竞争成败的主要标志。

产品创新就是研究开发和生产出更好地满足顾客需求的产品,使其性能更好,外观更美,使用更便捷、更安全,总费用更低,更符合环境保护要求,从而提升产品或服务的价值。

(二) 产品创新的内容

产品创新分为品种创新和结构创新。品种创新是指企业根据市场的变化和消费者偏好的转移,及时对企业的生产方向和生产结构进行调整,不断开发出用户喜爱的产品;结构创新是指企业不改变原有品种的基本性能只是改进或改造现在生产的各种产品,找出更加合理的产品结构,使其生产成本更低、性能更完善、使用更安全,从而更具市场竞争力。产品创新是企业技术创新的核心内容,它不仅受到技术创新其他方面的牵制,也会对其他技术创新效果产生影响;其他创新都是围绕产品创新进行的,而且其成果也最终在产品创新上得到体现。

(三) 产品创新的作用

1. 产品创新是满足客户不断变化的需求的前提

随着科学技术的高速发展,买方市场是市场经济体制下的市场常态。因此,企业时刻承受着生存竞争的压力,而企业发展的无限商机又蕴含于市场中因而产品创新是满足客户不断变化的需求的前提。

2. 产品创新有助于企业赢得市场竞争

在日新月异的市场上，产品竞争越来越激烈，产品间的细分市场越来越细化。同时消费者消费方式加速变化，需求越来越复杂多样，竞争产品的品类数量也急速增加。在这样一个市场中，产品部分功能的卓越或者某个部件技术新颖都不再足以赢得用户的关注。产品创新尤其是产品各项功能特性的完整、协调的创新有助于在消费者心中形成对产品的整体印象，加深消费者对产品的粘性，从而有助于提升产品在市场上的占有率。企业要取得市场领导地位，保持持续竞争优势，就必须持续地推陈出新，通过创新的产品获取更多的市场份额和投资回报。产品创新是企业赢得市场竞争的关键。

3. 产品创新是企业盈利和吸引投资的有效途径

产品创新直接影响企业销售额的高低和利润的大小。自20世纪80年代以来，新产品收入平均占公司收入的32%（新产品指上市不到5年的产品），而从1976年到1981年，新产品对公司利润的贡献只有22%。高科技行业的收入和利润几乎100%都是来自新产品。同时，新产品对公司的投资价值有着重大影响。由于新产品的回报一般非常快，成功的新产品的投资回报率达到90%以上。新产品能获得极好的市场地位，目标市场的平均市场份额能达到50%。公司的创新程度越来越被投资者所看重，具备产品核心创新能力的公司往往更加容易获得投资者的青睐。

二、技术创新

（一）技术创新的概念

技术创新是企业创新的主要内容，企业中出现的创新活动大部分都是技术方面的创新活动。企业的技术水平高低是反映企业经营实力的一个重要标志。企业若想在激烈的市场竞争中脱颖而出，占据主导地位，就必须顺应甚至引导社会技术进步的方向，不断进行技术创新。

虽然国内外关于"技术创新"的研究已有多年，但却尚未形成一个统一的定义。因为从不同角度去研究，就会赋予技术创新以不同的定义。下面是关于"技术创新"的几种代表性定义：美国经济学家爱德温·曼斯菲尔德（Edwin Mansfield）将技术创新定义为"第一次引进一个新产品或新过程所包含的技术、生产、财务、管理和市场诸步骤"；美国国会图书馆研究部将技术创新定义为"是一个从新产品或新工艺设想的产生到市场应用的完整过程，它包括新设想产生、研究、开发、商业化生产到扩散等一系列的活动"；日本的森谷正规认为，"技术创新不是技术发明，确切地说，它是通过技术进行的革新（即创新），技术本身无需发生革命性的改变"；清华大学傅家骥教授认为"当一种新思想和非连续的技术活动，经过一段时间后，发展到实际和成功商业应用的程序，就是技术创新"。

（二）技术创新的内容

1. 要素创新

企业的生产过程是一定的劳动者通过利用一定的劳动手段改变劳动对象的物理、化学形式或性质的过程。材料、设备以及企业员工这三类要素会参与到企业的生产过程中。

（1）材料创新。材料不仅是产品和物质生产手段的基础，还是生产工艺和加工方法作用的对象。因此，材料创新极可能是技术创新的各种类型中影响最为重要、意义最为深远的创新。材料创新的内容包括：①开辟新的来源，以保证企业扩大再生产的需要；②开发和利用量大价廉的普通材料（或寻找普通材料的新用途），替代量少价高的稀缺材料，以降低生产成本；③改造材料的质量和性能，以保证和促进产品质量的提高。

（2）设备创新。设备创新主要指生产的物质手段的改造和更新。任何产品的制造都需要借助一定的机器设备等物质生产条件才能完成，因此设备是企业进行生产的物质技术基础。不断进行设备的创新，对于改进企业产品质量，提高资源利用效率和提高劳动生产率都有着十分重要的意义。设备创新主要表现在以下三个方面：①利用新设备，提高企业生产过程的机械化和自动化的程度；②运用先进的科学技术成果对原有的设备进行改造和革新，从而延长原有设备的技术寿命或提高其效能；③用更先进、更经济的生产手段取代陈旧、落后、过时的机器设备，从而使企业生产建立在更加先进的物质基础之上。

（3）人事创新。任何生产手段都需要依靠人来操作和利用，企业在增加新设备、使用新材料的同时，还需不断提高人的素质，使其符合技术进步后的生产与管理的要求。企业的人事创新，不仅要根据企业发展和技术进步的要求，不断从外部获取合格的新的人力资源，而且更应注重企业内部现有人力的继续教育，用新技术、新知识培训改造和发展他们，使其符合技术进步的要求。

2. 要素组合方法的创新

根据一定的原则和方式将不同的生产要素加以组合是产品形成的先决条件。要素组合方法的创新包括生产工艺的创新和生产过程的创新两个方面。

（1）生产工艺的创新包括生产工艺的改革和操作方法的改进。生产工艺是企业制造产品的总体流程和方法，包括工艺过程、工艺参数和工艺配方等；操作方法是劳动者利用生产设备在具体生产环节对原材料、零部件或半成品的加工方法。生产工艺和操作方法的不断完善能够促进设备的改进和更新，而设备的更新又必然会要求生产工艺和操作方法做相应的调整。

（2）生产过程的创新包括设备、工艺装备、在制品以及劳动在空间上的布置和时间上的组合创新。空间布置不仅影响设备、工艺装备和空间的利用效率，而且影响人机配合，进而对工人的劳动生产率也会产生影响；各生产要素在时间上的组合，不仅影响在制品、设备、工艺装备的占用数量，从而对生产成本产生影响，而且影响产品的生产周期。因此，企业要不断研究更合理的空间布置和时间组合方式，并积极运用，以此促进劳动生产率的提高、生产周期的缩短，进而提高要素的利用率。

（三）技术创新的作用

1. 技术创新有利于企业始终保持竞争优势

技术创新可以从以下几方面提升企业的市场竞争力：其一，技术创新能够有效地降低产品成本，使企业获得成本领先优势。一个企业一旦在技术上有所突破，便会在单位时间内提高单产、降低单位成本，为市场提供更加优质价廉的产品，从而获得市场竞争中的优势地位。其二，技术创新有利于企业创造超额利润，提高企业经济效益。当一个企业在技术上取得突破时，便可利用其专有技术或者某项专利产品形成成本优势和垄断地位去主导市场，从而得到超出社会平均利润的超额利润。其三，技术创新能实现产品批量化生产，扩大生产规模。最后，技术创新导致产品的更新换代，使企业能够领导市场消费的方向，获得发展主动权。这些都有利于企业在市场竞争中始终占有竞争优势，确保企业的稳定发展。

2. 技术创新有助于企业实现可持续发展战略

随着我国在国际经济地位中的提升，企业越来越处于一个挑战与机遇并存的市场环境之中，企业间竞争也日趋广泛且激烈。企业要想在竞争激烈的环境中保持可持续发展，必须保证自己的竞争优势长久，获得长期的增长和经济利润，企业经济效益的提高。这要求企业必须做出技术创新的战略决策，采用新技术、新工艺、新的生产方式和经营管理模式，提高产品的质量，不断地推陈出新，开发新的产品，提供新的服务，占据市场并实现新的市场价值。因此，企业只有不断地进行技术积累和技术创新，积极拓展企业产品、产业领域，才能保持可持续发展。另一方面，追求市场竞争优势是企业进行技术创新的本质，因此持续创新也自然而然地成为企业可持续发展的前提和动力。

3. 技术创新有助于企业形成核心能力

由技术创新构建成的企业核心能力可增强企业在相关产品市场上的竞争地位，其意义远远超过单一产品市场上的胜败，对企业的发展具有更为深远的意义。企业的核心能力主要体现在技术能力、资源获取能力和管理能力等三方面。三种能力的适度组合，才能保证企业长期生存和发展。技术能力的核心是技术创新能力。技术创新对资源获取能力的影响体现在三个方面：一是通过技术创新能够更好地使用资源；二是通过技术创新能够更好地拓展资源的开发范围和应用范围；三是技术创新是资源获取能力的本质性发展。技术创新对管理能力的影响可以概括为两个方面：一是技术创新可以促进管理效率的提高；二是技术创新是管理绩效的重要标志。总之，技术创新能够帮助企业突破生命周期限制，赢得竞争优势，构筑核心能力，从而推动企业的持续发展。

三、市场创新

（一）市场创新的概念

市场需求是企业创新的起源动力，也是企业能否持续和扩大创新的制约条件，这是因为企业创新的最终实现都要以市场接受和回报为标志。市场需求的创造，与许多企业外的其他组织有着紧密的关系，例如，政府的有关组织、金融组织等。对企业自身而言，市场需求的创造就是市场创新。

市场创新是指企业通过自身的努力，去刺激需求，引导需求，促进消费者消费行为的实现，不断地扩展现有产品市场，开辟新的产品市场。

(二) 市场创新的内容

1. 开辟新市场

开辟新市场包含以下三种意思：(1) 地域意义上的新市场。它是指企业产品以前不曾进入过的市场，具体来说就是老产品进入新市场和新产品进入新市场；(2) 需求意义上的新市场，它是指当市场消费者的潜在需求不能被现有的产品和服务很好地满足时，企业通过推出新产品来满足市场消费者已有的需求欲望，如向工薪阶层推销低价位汽车；(3) 产品意义上的新市场。通过创新将市场上原有的产品变为在价格、质量和性能等方面具有不同档次的、不同特色的产品，从而满足或创造不同消费层次、不同消费群体需求。

2. 创造市场"新组合"

市场创新是市场各要素之间的新组合，这种新组合是从微观角度对已有市场进行重新组合和调整，建立一种更合理的市场结构，从而给企业赋予新的竞争优势和增值能力。它包括产品创新和市场领域的创新、营销手段的创新和营销观念的创新。

(三) 市场创新的作用

1. 市场创新是延长企业寿命的关键方法

企业的生命在于市场，市场创新是直接关系到企业生死存亡的关键。随着一种市场的衰退或者老化，在这个市场中经营的企业也会受到影响、发生相应的退化。在市场经济条件下，市场是企业生产经营活动的出发点和归宿。企业的使命在于发现并满足市场需求，甚至创造市场需求。我们可以在现实中观察到市场上那些保持持续创新精神、不断向市场推出新的产品，把握着产品寿命的企业实现了企业寿命的不断延长。

2. 市场创新是积极应对市场成熟化趋势的需要

市场上任何一种产品，都必然要经历从研究开发到投入市场的成长、成熟、衰退直至消亡的过程。这就意味着无论一个产品的发展历程多么漫长，当市场上的同类厂商为了尽可能多地获得市场利润而不断生产时，就会不可避免地出现产品供大于求的状况，市场会逐渐饱和。一个产品的市场进入成熟期后，其趋势必然向衰退期转变，企业必然面临销售下降利润缩小的状况。在这种情况下，面对日益饱和与成熟化的市场，无论是市场竞争中的胜利者还是失败者，都只有进行市场创新才能求得生存和发展。

3. 市场创新是应对市场替代化风险的需要

一种产品的市场除了因为饱和与成熟而最终走向衰亡，还有另外一种情况，那就是在市场中被一种新的产品取代而突然退出市场。这就意味着生产这种被替代的产品的企业也会被生产新产品的企业所替代。当今世界科学技术的发展日新月异，重大技术的变革所造成的市场变化往往会将一个旧的产品市场完全颠覆，例如，智能手机面世对传统手机行业带来的颠覆性影响。而今越来越多的企业都投入了大量的科研经费在软件和硬件上，力求产品能够紧跟时代的需求甚至创造需求。因此，企业持续的市场创新是应对市场替代化风险的需要。

4. 市场创新是企业创新的归宿

企业的各种创新都是以满足市场需求为落脚点，企业各种创新的效果也必须由市场来检验，市场创新是企业各种创新的归宿。企业能否获利，不是由其主观愿望决定的，也不在其能生产多少产品，而是由其产品或服务满足消费者需求的程度决定的。满足消费者的需求与满足企业获利的愿望是并行不悖的，两者之间具有一致性。若消费者的需求能得到满足，则企业的获利就成了一件自然而然的事；如果企业的创新结果最终不能为市场所接受，这种创新就是失败的，或者至少不能算作是真正的创新。市场是公正无私的检验员，它只承认为消费者提供某种产品服务、满足消费者需要的创新。因此，市场创新是影响和决定企业命运的关键因素，是企业发展的活力源泉。要想维持企业的生存，促进企业的发展，就必须不断地进行市场创新。

四、制度创新

（一）制度创新的概念

制度创新是指管理者以新的观念为指导，通过制定新的行为规范，把观念创新和组织创新等活动及其成果加以制度化、规范化，为实现组织新的价值目标而自主进行的创造性活动。简单地说，制度创新就是用一种效率更高的、效益更好的制度代替旧的制度。

（二）制度创新的内容

制度创新是从社会经济角度来对企业各成员之间的正式关系进行调整和变革。企业制度创新主要包括产权制度创新、经营制度创新和管理制度创新三个方面。

1. 产权制度创新

产权制度是指具有一定法律约束的财产关系，它通过确立一种共同遵循的准则来界定人们对稀缺性资源的配置权力，从而促进人们更有效地运营其资本。产权制度是决定企业其他制度的根本性制度，它规定着企业最重要的生产要素的所有者对企业的权利、利益和责任。企业产权制度创新的任务是按照法制化、市场化、规范化的要求，明确企业产权归属关系，建立完整的产权结构，有效地运用企业财产，完善产权监督与保护制度；同时结合企业组织制度、管理制度建设，推进股份制改造。

2. 经营制度创新

经营制度是有关经营权的归属及其行使条件、范围、限制等方面的原则规定。它表明企业的经营方式，确定谁是经营者，谁来组织企业生产资料的占有权、使用权和处置权的行使，谁来确定企业的生产方向、内容以及形式，谁来保证企业生产资料的有效运用和增值，谁来向企业生产资料的所有者负责以及负何种责任。企业经营制度创新的任务是不断寻求企业生产资料最有效利用的方式。

3. 管理制度创新

管理制度是行使经营权、组织企业日常经营的各种具体规则的总称，包括对材料、设备、人员及资金等各要素的取得和使用的规定；同时，也是企业工作的方法指导，它协调着各个方面的工作关系，为企业生产经营活动的正常进行提供了保证。管理制度创新是以生产要素和生产经营活动为对象，寻找有效管理方法的过程。合理的管理制度要符合生产技术、组织管理和人的行为特点，能够使企业资源被有效利用，保证企业目标的实现。

（三）制度创新的作用

1. 企业制度创新是企业赖以存在的体制基础

企业作为各生产要素的整合体，实际上就是按照制度安排来对各种生产要素进行组织，因而企业制度是组合各种生产要素的核心纽带和基础。没有企业制度，企业也就不会存在，甚至没有企业的发展。所以企业制度是企业存在和发展的体制基础。

2. 企业制度创新是企业及其构成机构的行为准则

企业制度约束着企业本身的以及企业的各种组织机构的活动行为，所以企业制度决定了企业本身及其构成机构的行为规则和行为规范。企业及企业中的各种组织机构，都必须遵守企业制度的安排。

3. 企业制度创新是企业员工的行为规范

企业员工作为企业的组成人员，必须遵守企业制度。企业制度是员工的行为准则。

4. 企业制度创新是企业高效发展的源泉

企业活力主要来自于企业制度的安排。如果企业制度的安排能够充分调动企业中各种生产要素的积极性，那么这时企业是最有活力的；反之，则没有活力。因此，企业制度是企业活力最重要的保证。

5. 企业制度创新是企业有序化运行的体制框架

企业只有通过一定的企业制度的约束，才能有序化运行。因此，企业制度实际上就是约束企业各种生产要素的行为以及企业本身行为的一种准则。

6. 企业制度创新是企业经营活动的体制保证

企业所有的经营活动都必须符合企业制度的要求。因此，一种合理的企业制度安排是企业高效经营的前提，因为企业没有良好的企业制度，企业经营的活动就没有体制保障，从而无法高效开展企业的经营活动。

五、管理创新

（一）管理创新的概念

管理创新是指创造一种新的更有效的资源整合范式，这种范式既可以是新的有效整合资源以达到组织目标和责任的全过程管理，也可以是新的具体资源整合及目标制定等方面的细节管理。具体包括下列五种情况：

（1）提出一种新发展思路并加以有效的实施。新发展思路如果是可行的，便是管理方面的一种创新。但这种新发展思路并非对一个组织而言，而应对所有的组织来说都是新的。

（2）创设一个新的组织机构并使之有效运转。组织机构是组织内管理活动及其他活动有序化的支撑体系。创设一个新的组织是一种创新，但如果不能有效运转则成为空想，不是实实在在的创新。

（3）提出一种新的管理方式方法。一个新的管理方式方法能提高生产效率，或协调人际关系，或能更好地激励组织成员等等，这些都将有助于有效地整合组织资源以实现组织既定的目标和责任。

（4）设计一种新的管理模式。所谓管理模式是指组织综合性的管理范式，即组织对总体资源实施有效配置的范式，若此范式对所有组织的综合管理而言是新的，则自然是一种创新。

（5）进行一项制度的创新。管理制度是对组织资源整合行为的规范，既是对组织行为的规范，也是对员工行为的规范。制度的变革会给组织行为带来变化，进而有助于资源的有效整合，使组织更上一层楼。

（二）管理创新的内容

1. 管理观念创新

观念是人行动的指南。组织的管理者只有根据内外环境的变化和组织自身发展的要求不断更新自己的观念，转变自己的认识，才能做出正确的管理决策并付诸组织管理及运作实践，引导组织健康发展。因此，观念创新是其他一切创新活动的先导或基础。

管理观念创新是指能够更好地顺应环境变化且更有效地整合资源的新思想、新概念或新构想的创新活动。对企业管理而言，管理观念创新包括新的经营方针及经营战略、新的管理思想、新的经营管理策略、新的经营理念等。

管理观念创新是管理者遵循客观环境变化规律，主动应对环境的变化而产生的新的思想意识，它一般是动态的、先进的和主动的。因此，要实现管理观念的创新，管理者必须要做到：

（1）要勇于否定自我。根据组织环境的实际变化，敢于打破常规，积极主动学习和运用先进的管理思想和理论。

（2）要积极主动接受新事物、学习新知识。要有接纳和不断学习的意识，关注和学习促进社会发展的新知识和新事物，才能形成新的观念。

（3）要积极探索，敢想敢做。不要循规蹈矩，害怕挫折。新的观念往往是在与陈旧观念的抗争中诞生的。

2. 组织创新

现代企业是一个组织，组织是企业管理活动及其他活动有序化的支撑体系，它应是一个既具有柔性，又有学习能力的有机体。组织创新主要是指具体的人和物的组合方式通过改变组织机构、组织交易方式、手段或程序，对资源进行重新配置，更大地发挥组织资源效益的创新活动。组织创新是在环境变化和企业组织的既有形态发生冲撞时所产生的。相对于技术创新来说，组织创新的经济效益是隐性的，但它的作用是巨大的，它不仅为管理模式、制度创新等创造了空间，还为实现经营思路创新提供了现实条件。组织创新的目标是培育组织核心能力，获得长期竞争优势。未来理想的企业组织形式是学习型组织，这要求组织要超越自我、不断学习、客观地观察事物，建立共同愿望，把领导者个人愿望转化为能够鼓舞组织创新的愿望。

3. 管理方法创新

管理方法创新是指企业在生产经营过程中引入一种新的方法。如全面质量管理（TQC）、企业资源计划（ERP）、业务流程重组（BRP）、计算机集成制造系统（CIMS）、库存管理法、设备目标管理法、网络计划技术、ABC管理法、5S管理、物料需求计划（MRP）、制造资源计划（MRP Ⅱ）、标准化生产方式（JIT）等方法。通过归纳以上的管理方法，可以看出创新应包括：（1）采用一种新的管理手段；（2）实行一种新的管理方式；（3）提出一种新的资源利用措施；（4）采用一种更有效的业务流程；（5）创设一种新的工作方式等。

从管理方法创新的历史可以发现，传统的管理方式为了获得高生产效率，主要进行生产和机器的创新，侧重于理性分析和定量计算。现代的管理方式创新是以市场和人为中心，侧重于管理过程的精密化和人性化，目的是实现企业对顾客需求的快速响应。

4. 管理模式创新

管理模式创新是指企业针对管理的某一个或某几个职能方面的模式（如生产管理模式、财务管理模式、人力资源管理模式、营销管理模式等）所做的综合性创新。简单来说就是创立一种新的管理模式，具体可以有以下几个方面：（1）企业管理综合性创新；（2）管理方法手段等综合性的创新；（3）总和性管理方式、方法的创新。

在现代经济社会中，影响较大且具有代表性的管理创新模式有继承创新、企业再造、知识管理、网络管理和柔性管理等。

5. 管理制度创新

管理制度广义地说包括从产权制度到企业内部的管理制度（如人事制度、工资制度、财务制度、生产管理制度、厂规厂纪、领导制度）等各个方面。企业将这些制度中分为两类，一类是企业不能随便创造的，要根据已有的法律将其固定化，如产权制度以及由此产生的公司法人治理结构。另一类是企业可以根据自身的需要进行发挥、发展和创新，不过这种创新首先应针对管理的基本规则方面，其次才是与企业自身特点相关的方面。管理制度的创新包括以下几方面：（1）各类企业管理制度的创新；（2）管理制度的效应评价；（3）管理制度的制订方式；（4）系统化管理制度的创新；（5）企业内部工作流程的设定与创新；（6）科学议事规则的设定。

（三）管理创新的作用

1. 管理创新是增强企业核心竞争力的基础

管理是一个计划、组织、控制、领导和决策等有机结合的活动过程，管理创新的本质是整合企业各类资源，充分发挥管理的功效，以最优的投入获得最佳的回报，实现企业高效率和高效益的目标。管理创新是增强企业核心竞争力的基础要素，有效的管理能够使企业有效经营。例如，通过管理创新，优化企业的流程可以使企业以最快的速度了解市场的需求并响应市场需求。

2. 管理创新能够提高企业经济效益

提高企业经济效益分为两个方面：一是提高目前的效益，二是提高未来的效益。这两者都离不开对各类资源的有效配置。管理上的创新可以有效地提升资源配置效率，提高资源的产出效能。通过管理创新企业能够实现对物流、信息流、资金流等有效管理，可以减少不必要的中间环节，从而降低企业成本。沃尔玛公司运用电子数据交换系统 EDI，以及更先进的快速反应和联机系统代替采购指令，实现了自动订货功能，从而实现了与供货商每日交换商品销售、运输和订货信息，大幅度降低了订货时间和成本，提高了订货的准确率。沃尔玛公司在在工作流程上的管理创新帮助其大大提高了经济效益。

3. 管理创新能够帮助企业抵御风险

随着经济全球化加深，市场竞争更趋激烈，国内经济增速放缓，企业经营越来越受到内外部环境中多种不确定因素的影响，风险因素也随之增加。管理创新能够帮助企业强化管理降低成本，同时有助于企业与时俱进，更加灵活地应对风险因素，增强抵御风险的能力。管理创新也是企业实现转型升级的重要基础，管理创新首先带来的是企业管理上的转型升级，而管理上的转型和升级则是企业经营模式创新、科研水平提高、产业结构升级的根本保障。

知识链接 14 – 2

创新的十个理念

理念一：创新的目的是实现企业利润持续增长与竞争优势的不断提升。竞争优势与利润增长是企业生存与市场竞争的根本目的，企业不能为了创新而创新。相反，企业通过有效的创新与商业模式设计实现创新对于竞争优势的驱动才是创新的根本目的。

理念二：创新不要停留在研发上，要同时融入商业模式的改进与重塑，其本质是从创意到商业化的全过程。狭义的理解容易将创新局限于产品研发，只有将研发成果转换为客户欢迎的产品、流程、服务等方面的价值输出，并最终实现商业化，才能成为创新。

理念三：创新不仅仅包括新产品与新技术开发，同时包括开拓新市场、寻找新的商业模式等。产品创新和技术创新仅仅是创新的某一类，创新同时涉及工艺创新、设计驱动的创新、商业模式创新、市场创新、制度创新、组织管理创新等。

理念四：创新并非一帆风顺，要包容创新的失败与挫折。创新具有高风险性的特征。创新成功依赖于组织与管理者对于创新失败的包容。容忍失败与试错的组织及社会氛围有利于创新活动的发生，有利于提升创新的成功率。

理念五：创新不仅仅是研发部门和科学家的事情，而是整个组织的事情。研发人员与高级知识分子在技术创新过程中起到了重要的作用，但是创新的意义大于研发。高层领导的支持、研发部门的与营销和生产部门的合作等非技术因素是决定创新成败的关键。

理念六：创新需要开放，组织内外资源的整合是创新成功的关键。创新活动的复杂性以及单一组织资源的有限性要求组织重视开放式创新，避免"非本地发明"综合症。开放式创新的模式下组织将自身边界模糊化处理，有效的内外部资源整合更有利于创新成功。

理念七：创新需要建立良好的内、外部信息沟通机制。信息与知识是创新的核心资源，创新需要有效合理地实现信息互动与共享、知识的交互与重新整合。组织应当建立良好的内外部信息沟通机制，利用这种机制高效地整合信息与知识，实现创新。

理念八：创新需要坚持市场导向。创新成效的最终检验应当在市场端，反应在市场收益提升与客户价值输出。同时，创新过程中用户参与的作用愈发重要，企业应当通过用户参与的创新和技术、产品和服务的改进从而为客户创造价值,并输出有意义的社会价值。

理念九:创新离不开管理支持。创新不仅仅是部分人的事情,不仅仅局限于技术端、市场端,它离不开信息管理、知识管理、激励机制、文化建设等各个方面管理支撑。

理念十:创新没有放诸四海而皆准的模式,需要考虑情景匹配。组织创新需要考虑组织内外部资源、规模特征、人员结构、资金渠道、市场环境、产品生命周期、国家与地方政策等各个方面的匹配,并由此制定特殊的创新战略,从而获取企业持续的竞争优势。

(资料来源:陈劲,郑刚.创新管理:赢得持续竞争优势[M].北京大学出版社,2016.)

第三节 创新过程和活动组织

一、创新过程

要有效地组织系统的创新活动,就必须对创新的规律进行研究和解释。通过对众多成功企业的经验进行总结,我们发现成功的创新过程是"寻找机会、提出构思、迅速行动、坚持不懈"。如图14-1所示。

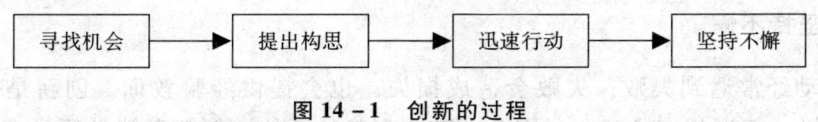

图14-1 创新的过程

(一)寻找机会

彼得·德鲁克(Peter F. Drucker)认为,"创新是有系统地抛弃昨天,有系统地寻求创新机会,在市场的薄弱之处寻找机会,在新知识的萌芽期寻找机会,在市场的需求和短缺中寻找机会"。创新是对原有秩序的破坏,其原因是内部存在或出现了某种不协调的现象,这些不协调对系统的发展造成了某种不利的威胁或提供了有利的机会。创新活动正是从发现旧秩序内外部的不协调现象、利用这些不协调现象开始的,可分为系统外部的创新契机和系统内部的创新契机。

1. 系统外部的创新契机

(1)技术的变化。它可能对企业获取资源、生产设备和产品的技术水平产生影响。

(2)人口的变化。它可能在时间和空间上对劳动力市场、消费需求产生影响。

(3)宏观经济环境的变化。随着经济的快速增长,企业的市场可能不断地被扩大,而整个国民经济的萧条则可能会造成企业产品需求者的购买能力降低。

(4)文化与价值观念的转变。它可能会改变消费行为、生活态度和劳动观念。

2. 系统内部的创新契机

(1)生产经营中的瓶颈。它可能会对劳动积极性的发挥产生影响或降低劳动生产率,因而企业的管理人员备受其困扰。这种"瓶颈"极可能是某种材料的质地不够理想,且始终找不到替代品,也可能是某种工艺加工方法的不完善。

（2）企业意外的成功和失败。例如，企业主营产品的销售额对其利润的贡献竟出人意料地低于企业的派生产品，老产品经过精心整顿改进后，结构更加合理、性能更加完善、质量更加优异，但并未得到预期数量的订单……这些出乎企业意外的成功和失败，往往可以让企业脱离原来的思维模式，从而成为企业创新的重要源泉。

（二）提出构想

在观察到不协调现象产生之后，接下来要系统地分析组织在运行中出现不协调现象的性质、范围、影响程度和产生的原因，并据此对这些不协调的未来变化趋势进行分析和预测，估计它们可能给企业带来的影响；并在此基础上，努力将威胁转换为机会或利用机会，通过采用头脑风暴法、德尔菲法、畅谈会等方法提出多种创新构想，进而解决企业所面临的问题。

（三）迅速行动

在创新领域存在激烈的竞争，今天先进的东西到明天可能就是落后的东西，因此，创新成功的秘密主要在于迅速行动。创新构想一旦确定，必须迅速实施。延迟实施可能使创新构想的效益下降，甚至丧失实施的条件。另外，创新的构想只有在不断地试验中才能逐渐完善，企业只有迅速地行动才能有效地利用"不协调"提供的机会。

（四）坚持不懈

创新活动经常遇到失败，失败会造成损失，也会提供经验教训。创新是一个不断尝试、不断失败、不断提高的过程。因此，随着创新的开始，创新者就必须具有高度的自信和坚持不懈的精神，要正确面对失败，从失败中发现成功的道路。要知道只有在屡屡经历失败后，创新才会获得成功，创新的成功在很大程度上归因于"最后五分钟"的坚持。

二、创新活动组织

组织创新不是去计划和安排某个成员在某个时间去从事某种创新活动，更重要的是为部署的创新提供条件、创造环境，有效地组织系统内部的创新。管理人员要做到以下几点才能有效地组织系统内部的创新。

（一）正确理解和扮演"管理者"的角色

管理人员通常是在一定的组织结构中，依据组织规章制度和工作计划，在自己的职权范围内进行工作，管理者的职责是完成组织的工作，这让他们更重视维护组织内部秩序，希望保证工作质量、提高工作效率。因此，他们往往扮演了现有规章制度守护神的角色。为了减少系统运行中的风险，他们往往对下属的创新活动有意无意地加以抵制，刻意批评创新尝试中的失败，随意惩罚创新尝试的失败者，或轻易地奖励那些从不创新、从不冒险的人……这样狭隘的理解会对组织的成长和发展产生不利的影响。管理人员必须自觉地带头创新，积极鼓励、支持和引导组织成员进行创新，并努力为组织成员提供和创造一个有利于创新的环境。

（二）创造促进创新的组织氛围

一个成功的组织，都具有创新至上的价值观，尊重并追求创新，因此在落实创新的计划和方案之前，首先要进行创新动员，使每一位组织成员都积极进取、跃跃欲试、大胆尝试。这就需要企业要大力宣传创新，激发创新，创造人人谈创新、时时想创新、处处有创新的组织氛围，使每个人都认识到组织聘用自己的目的，不是要自己循规蹈矩，而是希望自己认识到创新的价值和自身的创造潜力去探索新的方法，找出新的程序，进而获得继续留在组织的资格。

（三）制定有弹性的计划

创新意味着打破原有的规则，意味着时间和资源的计划外占用。因此，创新要求组织必必须制定有弹性的计划。创新需要思考，思考需要时间。把每个人的每个工作日都安排的非常紧凑，则不可能发现更多创新的机会，也无法产生创新的构想。同时，创新需要尝试，而尝试需要物质条件、技术条件和场所，这就要求组织应考虑这些方面的实际需求，否则，创新只能在人们的脑子里或图纸上停留，不可能给组织带来任何实际的效果。因此，为了使人们有时间去思考、有条件去尝试，组织必须制定具有一定弹性的计划，给创新留出空间。

（四）正确地对待失败

创新是一个不断尝试、不断失败、不断获得发展的过程。创新的组织者应该认识到失败是正常的，甚至是必要的。否认失败将没有创新，责难失败将使人们丧失信心。因此管理者要允许失败、支持失败，甚至鼓励失败。当然，支持失败、允许失败，并不意味着鼓励组织成员草率地工作，而是希望创新者在失败中吸取教训，总结其中可取的地方，从而使下次失败到创新成功的可能性增大。正确对待失败的一种有效方法是实施创新方案前要进行严格论证、精心组织，创新失败后仔细分析，认真总结，从而尽可能避免人为错误，取得最快成功。

（五）建立合理的奖励制度

要激发每个人的创新热情，还必须建立科学、合理的创新评价和奖惩制度。创新的动机可能来自个人的好奇心、成就感或自我实现的需要，但是如果组织或社会不承认创新的努力，或者创新的努力不能得到公正的评价和合理的奖酬，则失去了继续创新的激情。目前很多企业都是以成功作为支付创新报酬的依据，让组织成员承担尝试失败所带来的损失，进而阻碍组织成员进行创新尝试。正确合理的奖酬制度应该是一种既能体现组织利益，又能促进创新的奖酬制度。

日本的 QB 发廊

由小西国义创建的 QB（Quick Barber）发廊是日本最大的连锁发廊，这一发廊在日本的经营获得了巨大的成功。

建立日本最大的连锁发廊的灵感是小西国义坐在一间发廊里得到的。

小西国义过去在日本东京销售医疗仪器。有一天，他发现自己对日本理发店的程序很繁琐冗长。当时，他急着赶回办公室，却不得不坐在那里等着理发师给他按摩肩膀，用一条一条的热毛巾给他擦头，还有种种与理发无关的服务。因为这些服务，发廊要多收他3000~6000日元。

小西国义想看看其他日本男子也像他一样对发廊感到恼火。于是他展开了一项市场调查，向消费者提出一个问题：如果有一间发廊10分钟就可以为你理好头发，费用为1000日元，你会感兴趣吗？

小西国义说，只要有10%的人感兴趣，他就打算把这种想法变为显示。结果，30%的人表示会接受这样的服务。小西国义知道，自己大显身手的机会来到了。

如今，小西国义在东京市中心开办第一家QB发廊已经过去了7年。日本全国已出现20家小西的QB分店，这些分店提供的服务在从前是不可能的：10分钟快速理发，费用1000日元。来QB理发的顾客人数从1996年的5.7万人次增加到2002年的350万人次。截至2003年6月30日的财务年度，QB发廊的收入高达19.2亿日元。

目前，QB发廊的分店已经开到了新加坡。按照小西国义的计划，之后10年亚洲还将出现至少1000家QB分店。

这位在日本理发业掀起一场革命的人物，就如何在封闭甚至古怪的日本市场中找到立脚点发表了一番高见。小西国义说，多如牛毛的规章制度和对任何反传统事物的拒绝也许使日本市场令人望而生畏。但是新来者还是可以改变现状的，诀窍就是满足日本消费者对更多选择和更多创新的需求。"想象一下，你自己就是终端用户，然后再看看你所遇到的种种不便，找找那些顾客不满意的地方，那就是你的商机所在。"小西国义说。

小西国义一开始就认识到，要让QB发廊取得成功，需要设计一套快速廉价的理发服务系统。他把注意力集中到如何把理发师从理发以外的事务中解放出来。QB发廊不设收银机，只设一个出票机。顾客必须准备好1000日元的零钱（因为QB理发师没有时间收钱），机器收到钱后吐出一张小票，顾客把小票拿给理发师即可理发。

QB发廊不接受预定，因此没有一间分店设有电话。普通理发店理完发后需要用香波给顾客洗头，以清除碎发。QB理发师可没有这个时间。因此，这里采用的是公司的"干洗"装置，用一种类似于吸尘器的管子吸干净顾客身上的碎发。

此外，在等待区的每张座位下面都安装了传感器，把信号传到发廊门口的标志牌。绿灯亮意味着无需等待即可理发，黄灯亮意味着要等5分钟，红灯亮意味着可能要等15分钟。

理发师的座椅上安装了传感器，数据可以通过互联网传到公司总部。在那儿，工作人员可以实时监视客流量和营业额。当某家分店的营业额远远高于平均水平时，公司或许会在附近再开一家分店。

（资料来源：冯光明．管理学［M］．中国财政经济出版社，2017．）

讨论题：
1. QB发廊成功的关键是什么？
2. 结合案例讨论管理创新与技术创新的作用？
3. 该案例对企业管理者有什么启示？请举例说明。

 复习思考题

1. 什么是创新？你是怎样理解创新的？请举例说明。
2. 创新具有何种特征？

第十四章 创新职能

3. 创新是如何分类的?
4. 创新的具体内容有哪些?
5. 一项成功的创新需要经历哪几个阶段?

延伸阅读

[1] 杰弗里·摩尔. 公司进化论:伟大的企业如何持续创新[M]. 北京:机械工业出版社,2014.

[2] 黛博拉·佩里·皮肖内. 这里改变世界:硅谷成功创新之谜[M]. 北京:中信出版社,2013.

[3] 彼得·德鲁克. 创新和企业家精神[M]. 北京:机械工业出版社,2009.

[4] Ettlie J. E, Bridges W. P, O'Keefe R D. Organization Strategy and Structural Differences for Radical Versus Incremental Innovation [J]. Management Science, 1984, 30 (6): 682-695.

[5] Dewar R. D, Dutton J. E. The Adoption of Radical and Incremental Innovations: An Empirical Analysis [J]. Management Science, 1986, 32 (11): 1422-1433.

[6] Lowe B. Design Driven Innovation: Changing the Rules of Competition by Radically Innovating What Things Mean [J]. Journal of Consumer Marketing, 2009, 52 (7): 67-68.

第四篇　方法篇

第四卷　六劃

第十五章

Financial Management

计划控制方法

内容提要

本章主要学习计划的常用方法,包括滚动计划法、网络计划技术、甘特图法和盈亏平衡法;决策的常用方法,包括定量决策方法和定性决策方法;组织控制的方法,包括预算控制和非预算控制。其中,计划于决策方法是本章学习的重点,网络计划技术和定量决策方法是本章学习的难点。

学习目标

知识目标:了解进行计划、决策和控制的常用方法,理解每种方法的优缺点,熟悉每种方法的基本原则与适用情境。

能力目标:掌握绘制网络图的技术,使用定量决策方法进行决策。

素质目标:灵活运用计划控制方法,进行有效的计划、决策和控制工作。

第一节 计划方法

一、滚动计划法

计划工作无法精确地预测将来影响企业经营的各种因素变化,而且计划期限越长,这种不确定性会越来越大,同时也会大大降低计划的可操作性。因此,若是机械地按几年以前的计划实施,或者不加调整地执行战略计划,则可能导致巨大的错误或损失,对于变化迅速的行业尤为如此。滚动计划法是一种根据计划执行情况和环境变化情况定期修订未来计划的动态计划方法。所谓滚动计划,就是在每次编制或调整计划时,将计划向前推移,即向前滚动一次。其编制程序如图15–1所示。

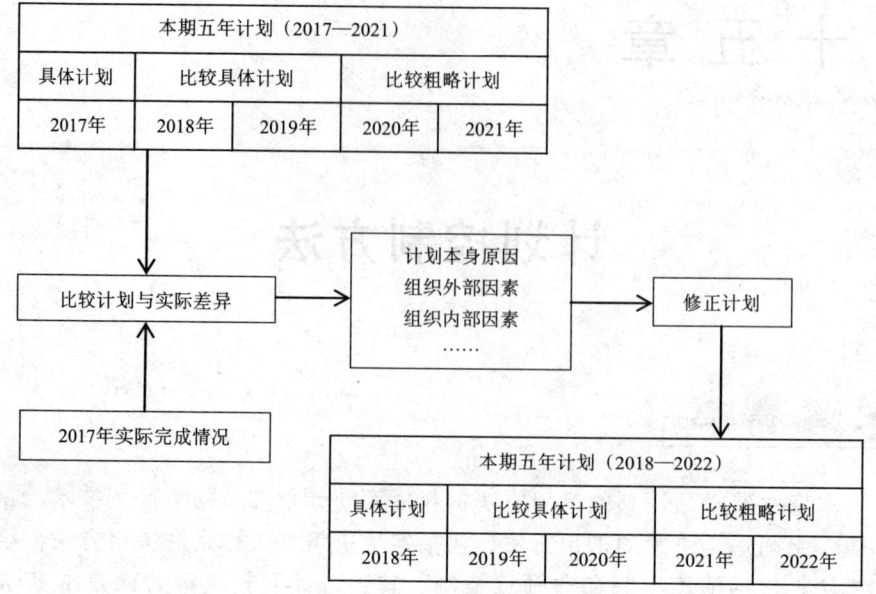

图 15-1 5 年期滚动计划法

滚动计划法的制定原则是"近细远粗",具体来说就是近期计划的编制需要详细具体,而在编制距现在较远的计划时,只需要进行概括性的描述。这种"近细远粗"计划的连续滚动,相对缩短了计划期限,有利于提高计划准确性和可操作性。同时,其将长、中、短期计划相互衔接,短期计划内部各阶段相互衔接,保证了环境出现某些变化时,各期计划能及时地进行调整,而且相互保持一致。除此之外,计划弹性程度大大增加,使组织能够根据变化了的环境和计划实际执行情况及时修正组织计划,提高组织的应变能力。

二、甘特图法

甘特图,又称横道图,在 20 世纪初由亨利·甘特(Henry L. Gantt)最先提出。甘特图是一种展示任务随时间或费用而变化的方法。

甘特图的横轴代表时间或费用。绘制时,可以根据任务的具体情况按日、周、月、季度等时间划分;纵轴包含了完成任务所需的全部活动,活动排列具有紧密的逻辑关系;样条图代表活动的开始时间与结束时间,长度代表了时长,一般包含计划期限和实际期限两部分。

以项目办公室运营某项目时的计划用时和实际用时甘特图(图 15-2)为例:横轴代表时间,以周为单位;纵轴代表项目中所需活动,包含:协商活动、签订合同、长期采购、生产进度、材料账单、短期采购、材料规格、生产计划、启动;黑色样条图表示每项任务的计划期限,灰色样条图是每项任务实际所用期限。

甘特图的优点在于简单清晰,容易被理解和调整。管理者可以通过甘特图掌握各项任务的完成情况和整个项目的进度等,便于管理者及时采取相应措施对项目进行调整控制,确保项目正常进行。但这一优点也恰恰是其最大的缺点,它过于简单,只能对计划做一个

第十五章 计划控制方法

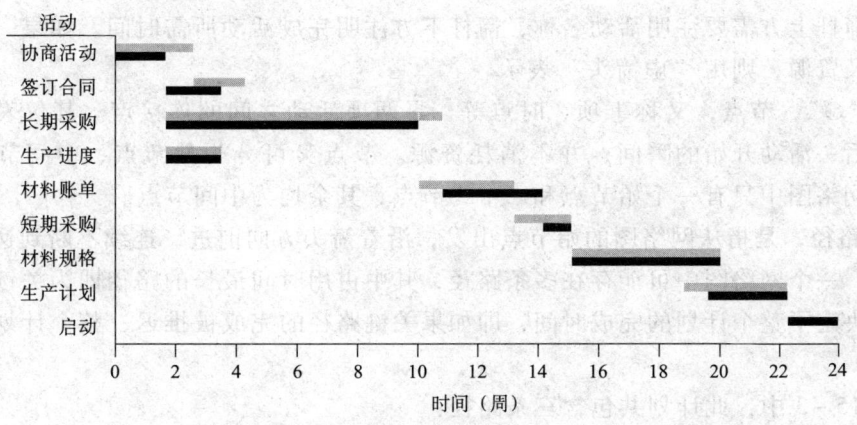

图15-2 某项目甘特图

粗略描述,无法对许多细节进行清晰描述,难以表明活动之间的关系等。由于这些限制,甘特图比较适用于项目期限较短、任务较为简单的计划。

三、网络计划技术

当计划中的项目个数很多,并且许多活动存在着密切的时间序列关系时,网络计划技术就是一种极为有效的计划方法。网络计划技术是以网络为基础制订计划的各种方法的统称,如关键路线法(CPM)、计划评审技术(PERT)、组合网络法(CNT)等。在我国,也有人将网络计划技术译为"计划协调技术""计划评审技术""统筹法"等。通常来说,网络计划技术的基本原理是将完成一个计划所需所有活动按时间顺序进行排列后,通过网络图了解整个工作任务的全貌,对其进行统筹规划与控制,以便用最少的资源、最快的速度达到预期目标。

(一)网络图

一项计划的完成需要进行许多活动,依据这些活动在时间上的先后顺序、相互关系及完成活动所需的时间,用一定符号绘制而成的图形就是网络图。它是网络计划技术的基础,如图15-3所示。

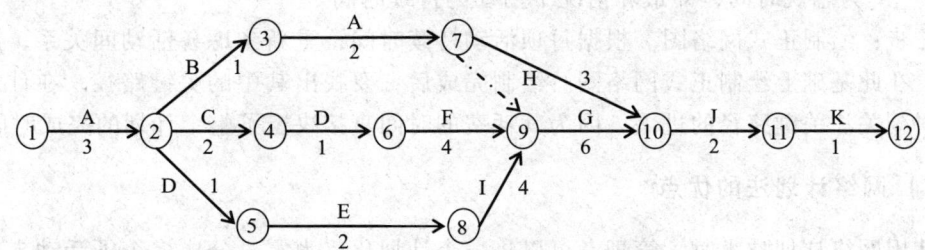

图15-3 网络图

网络图由以下几部分构成:

(1)"→",活动,又称工作、工序,是指一个节点到另一个节点的过程。其需要人力、物力等各类资源的投入,并且耗费一定的时间。箭尾表示活动的开始,箭头表示活动的结束，箭杆上方需要注明活动名称，箭杆下方注明完成活动所需时间。如果一些活动不占用时间及资源，则用"虚箭头"表示。

（2）"○"，节点，又称事项、时点等，是两项活动之间的连接点。其仅表示前一活动结束，后一活动开始的瞬间，并不消耗资源。节点又可分为始节点、中间节点和终节点，一个网络图中只有一个始节点和一个终节点，其余均为中间节点。

（3）路径，是指从网络图的始节点出发，沿着箭头方向前进，连续不断到达终节点的一条通道。一个网络图中可能存在多条路径，其中占用时间最长的路径即为关键路径，其完成时间决定了整个计划的完成时间，即如果关键路径的完成被推迟，整个计划都会被推迟完成。

在图 15-3 中，此计划共包含三条路径：

路径一：①→②→④→⑥→⑨→⑩→○→○，共耗时 19 周；
路径二：①→②→③→⑦→⑩→○→○，共耗时 9 周；
路径三：①→②→⑤→⑧→⑨→⑩→○→○，共耗时 13 周。

其中路径一耗时最长为 19 周，是关键路径，如果要优化此方案，应该重点关注路径一上的活动 A、C、D、F、G、J 和 K。

（二）基本步骤

通过网络计划法制定计划的基本步骤包括：

第一步：分解任务，绘制草图。识别为了实现目标所必须进行的活动，把整体计划/任务分解成若干活动，并列出活动清单，进而确定各个活动之间的关系，明确活动的顺序，在此基础上绘制网络草图。

第二步：计算时间。估算完成每项活动所需花费的时间。方法有两种：一种是在工时、劳动强度既定的情况下，按照定值进行计算；另一种是在无精确数据的情况下，对不同情况下活动所需时间进行加权平均，计算期望的活动时间：

$$t_e = \frac{t_o + 4t_m + t_p}{6}$$

其中：t_o 为乐观时间，即理想条件下活动的持续时间；

t_m 为最大可能时间估计，即正常条件下活动的持续时间；

t_p 为悲观时间，即最坏情况下活动的持续时间。

第三步：绘制正式网络图。根据每项活动持续时间，重新考虑各活动间关系，调整网络草图，在此基础上绘制正式网络图。绘制完成后，要找出其中的关键路径，在计划实施过程中时刻关注关键路径的进展，因为其耗费的时间直接决定了整个计划的完成时间。

（三）网络计划法的优点

在使用网络计划技术时，管理者可以将一个计划化整为零，分成多个子活动来分别组织实施与控制。网络计划技术清晰地展示了实现最终目标所需活动的时间顺序和相互关系，有助于管理者进行全面考虑、统筹安排。该技术指出了计划实施过程中可能的困难点及其影响，有利于管理者提前考虑准备应对方案，减少无法按时完成任务的风险。通过网络图，可以确定完成项目的关键路径与非关键路径，这可以帮助管理者理清重点；同时，在计划实施过程中,管理者可以从非关键路线上调配资源从事关键活动,进行综合平衡,从而实现节约资源,加快工作进度的目的。

四、盈亏平衡法

盈亏平衡法是通过分析业务量(产量或销量)、成本和利润之间的关系,以及盈亏变化规律为决策提供依据的方法。该方法有助于经营者设定组织销售目标,掌握组织不亏损的最低要求。该方法的关键在于找出企业不盈不亏的产量,即盈亏平衡点(BE)。

计算盈亏平衡点,管理者需要知道产品售价与成本。成本包括总固定成本和总变动成本两类,前者是指不随产量变化的成本费用,如租金等;而后者是指随着产量变化而以一定比例变化的成本,如原材料费用等。进行盈亏平衡分析的方法主要有公式法和图解法两种。

(一)公式法

公式法是用代数式表示产量和利润的方法。

设 π 代表利润,Q 代表产量,P 代表单位产品售价,TR 代表总收益,TC 代表总成本,其中 TFC 代表总固定成本,VC 代表单位变动成本,则:

$$\pi = TR - TC \qquad ①$$

其中:

$$TR = P \times Q$$

$$TC = TFC + VC \times Q$$

整理得:

$$Q = \frac{\pi + TFC}{P - VC} \qquad ②$$

根据盈亏平衡点定义,此时恰好不亏不盈,即 $\pi = 0$,代入②式得:

$$Q_0 = \frac{TFC}{P - VC} \qquad ③$$

②式中的分母($P - VC$)即为单位产品贡献毛利。

(二)图解法

图解法是用图形表示收入、成本和利润之间关系的方法。绘制方法如图 15-4 所示,盈亏平衡点即为总收入线与总成本线的交点。

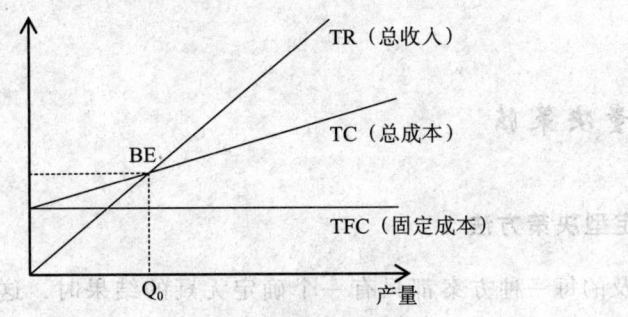

图 15-4 盈亏平衡分析图解法

下面通过例15-1说明盈亏平衡法的具体应用。

例15-1 某公司生产花盆，固定成本为2万，单位可变成本为2元，单位产品售价为6元，请通过盈亏平衡法分析该产品产量至少达到多少企业才不会亏损？如果该企业的目标利润为4万，请问至少要生产多少产品（假设产品可全部被销售）？

解：（1）公式法。

①根据公式法中所列式③：

$$Q_0 = \frac{20000}{6-2} = 5000(个)$$

因此至少需要生产5000个花盆才不会亏损。

②企业目标利润为4万，根据式②，为实现目标，至少要生产花盆：

$$Q = \frac{20000 + 40000}{6-2} = 15000(个)$$

因此，为了实现盈利目标，至少需要生产15000个花盆。

（2）图解法。

从图15-5可知，TR线与TC线的交点坐标为（5000，30000），即花盆产量为5000个时，收入30000元，恰好弥补总固定成本及该产量下的变动成本。为了实现目标利润，将TR函数与TC函数相减等于40000，得产量为15000个。

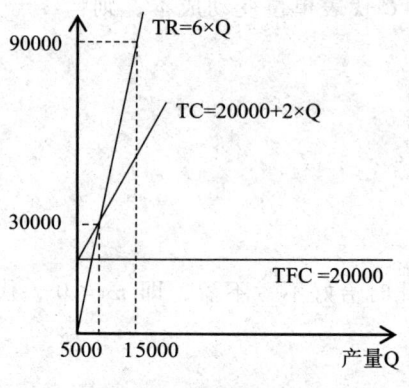

图15-5 图解法示例

第二节　决策方法

一、定量决策法

（一）确定型决策方法

当决策涉及的每一种方案都只有一个确定无疑的结果时，这种决策被称为确定型决策。尽管从严格意义上讲，现实中几乎不存在这类决策，但忽略掉一些因素，很多问题都可以简化为确定型决策问题。常用的确定型决策方法有线性规划、非线性规划、动态规划

第十五章 计划控制方法

等。由于篇幅有限，本书仅通过实例介绍线性规划如何用于确定型决策。

线性规划是指在一些线性等式或不等式的约束条件下，求解线性目标函数的最大或最小值的方法，主要适用于研究两类问题：一类是某项任务确定后，如何统筹安排，使得资源使用量最少的问题；另一类是在一定数量的资源条件下，如何配置资源，使得任务完成量最多的问题。总之，就是寻求某一问题的整体最优方案。

采用线性规划建立数学模型的步骤包括：
（1）确定影响目标大小的变量；
（2）列出目标函数；
（3）找出实现目标的约束条件；
（4）求出使目标函数达到最优的可行解，即该线性规划的最优解。

下面将结合实例展示线性规划在确定型决策中的应用。

例 15 – 2 某工厂制造 A 和 B 型号手机，二者均要经过组装、检测两道工序，具体情况如表 15 – 1 所示，假设市场经营状况良好，工厂生产出来的手机都能卖出去，请问哪种产品组合能使企业利润最大化？

表 15 – 1　　　　　　　　　A、B 型号手机的生产资料

	A	B	每周可利用时间
组装工序用时（小时）	1	2	36
检测工序用时（小时）	2	3	60
单位产品利润（元）	7	12	

解：步骤1：确定影响目标大小的变量

本例的目标是使工厂利润最大化，而直接影响利润 z 的变量是 A 型号手机数量 x 和 B 型号手机数量 y。

步骤2：列出目标函数

$z = 7x + 12y$

步骤3：找出实现目标的约束条件

两种产品在一道工序上的时间不得超过该道工序的可利用时间，即：

$x + 2y \leqslant 36$

$2x + 3y \leqslant 60$

$x \geqslant 0, y \geqslant 0$

步骤4：求出最优解

联立上述不等式方程，解出该问题的最优解为：

$x = 12$

$y = 12$

即生产 12 台 A 型号手机和 12 把 B 型号手机可以使企业利润最大，最大利润为 228 元。

实际操作过程中所遇到的线性规划问题远比例题复杂得多，此时可以借助计算机软件进行计算，办公常用软件 Excel 即可完成线性规划计算。

（二）不确定型决策方法

不确定型决策是指管理者比较选择方案时，不知道未来会发生哪些可能情况，或者知道所有的可能情况，但是不知道每种情况的发生概率。这种决策的实质是决策者根据对风

险的不同态度，主观给出不同自然状态发生的概率并进行决策，这也正是为什么不同的人面对同一问题在同一情况下会有不同决策的原因之一。这些不同的决策所导致的经济结果（或损失）也有所不同。正是这个原因，决策分析发展了一系列的方法，如大中取大法、小中取大法和最小最大后悔值法等。下面将结合例15-3介绍这些方法。

例15-3 某公司计划生产电子手环。根据市场调研结果，产品未来的销售情况可能有好、一般和差三种情况。而生产这种产品可以通过改造生产设备、购买生产设备和与其他企业协作三种方式，这三种方式在不同销售情况下的收益如表15-2所示。请问企业应选择哪个方案？

表15-2　　　　　　　　　不同情况下各方案的收益情况　　　　　　　　　（单位：万元）

	销售好	销售一般	销售差
A 改造生产设备	180	120	-40
B 购买生产设备	240	100	-80
C 与其他企业协作	100	70	16

1. 大中取大法

管理者对未来感到乐观，认为未来会出现最好的自然状态，即不论采取哪种方案，都能获得方案最大收益时，会采用大中取大法进行决策，即在所有可能发生情况中，选取每个方案的最好可能结果，并从这些最好结果中选择能够带来最大收益的方案。

在例15-3中，当管理者认为电子手环未来前景较好时，会比较三种方案的最大收益，其中方案A的最大收益为180万元，方案B的最大收益为240万元，方案C的最大收益为100万元，进行比较后，会选择收益更高的方案B，即为生产电子手环购买生产设备。

2. 小中取大法

管理者对未来感到悲观，认为未来会出现最差的自然状态，即不论采取哪种方案，都只能获取方案的最小收益时，会采用小中取大法进行决策，即在所有可能发生情况中，选取每个方案的最坏可能结果，并从这些最坏结果中选择能够带来最高收益的方案，简单来说，就是使损失最小化。

继续以例15-3为例，当管理者认为电子手环未来发展较为艰难时，会比较三种方案的最小收益，其中方案A最小收益为-40万元，方案B最小收益为-80万元，方案C最小收益为16万元，比较三者后，挑选收益相对较高的方案C。

3. 最小最大后悔值法

前两个准则都是在每个决策所能带来的真实经济结果损益表基础上制定的，但是可能存在这种情况：管理者选择了某种方案后，发现客观情况并未按自己预想的发生，那么自己会为事前的决策而遗憾，为了让这种遗憾最小，产生了最小最大后悔值法。根据这一方法进行决策，实质上是在衡量决策的机会成本。采用这种准则进行决策，首先，计算各方案在各种自然状态下的机会成本，并列出机会成本矩阵，其中，某方案在某种自然状态下的机会成本为该方案可能最大收益与该方案在该自然状态下收益的差值；然后在机会成本矩阵中选出各方案最大机会成本值并进行比较；最后，选择最小机会成本所在方案，该方案即为最佳方案。表15-3是例题15-3的机会成本矩阵，方案A的最大机会成本为60，方案 B 的最大机会成本为 96，方案 C 的最大机会成本为 140，相比较而言，方案 A 的机会成本较小，因此选择方案 A，即改造生产设备。

表 15-3　　　　　　　　　　　　　机会成本矩阵　　　　　　　　　　　　　（单位：万元）

	收益值矩阵			机会成本矩阵		
	销售好	销售一般	销售差	销售好	销售一般	销售差
方案 A	180	120	-40	60	0	56
方案 B	240	100	-80	0	20	96
方案 C	100	70	16	140	30	0

（三）风险型决策方法

当需决策问题的条件所涉随机因素概率分布已知时，这类决策就被称为风险型决策。根据已知概率计算并比较不同方案的期望值，决策者就可以选择出最满意的方案。

决策树法是进行风险型决策的有效技术，尤其是在进行多阶段风险决策时。决策树的基本形状如图 15-6 所示，其要素包括：①"□"为决策节点，即所要决策的问题；②"—"为决策支或机会分支，表示方案在某种状态下的概率；③"○"为状态点，又称节点，表示当前情况下节点的机会或状态；④"△"为终端节点，表示某种状态下的损益值。

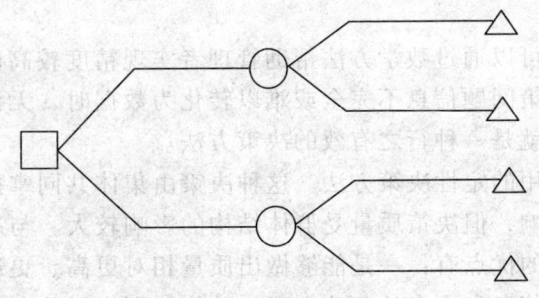

图 15-6　决策树图

下面将用例题 15-4 具体说明如何通过决策树进行决策：

例 15-4　某企业决定投产一种新产品，现在有新建和改建两种方案，分别需要投资 200 万和 150 万，该产品未来两年畅销的概率是 0.4，销售一般的概率是 0.4，滞销概率是 0.2，该新产品在不同状态下未来两年的销售利润如表 15-4 所示：

表 15-4　　　　　　　　　　　不同状态下的销售利润

	畅销	一般	滞销
方案一：新建	180	70	40
方案二：改建	120	50	20

解：步骤 1：绘制决策树图（见图 15-7）并计算状态点期望值。

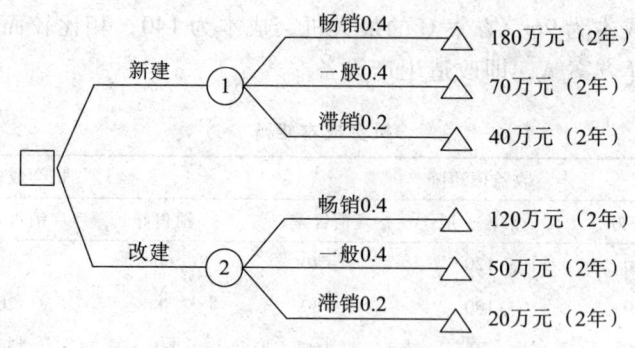

图 15-7 决策树图

新建生产线利润 =（180×0.4+70×0.4+40×0.2）×2=216（万元）
改造生产线利润 =（120×0.4+50×0.4+20×0.2）×2=144（万元）
步骤 2：计算两个方案的净收益
新建方案净收益 =216-200=16（万元）
改建方案净收益 =144-150=-6（万元）
步骤 3：比较方案间的净收益
经比较，新建方案的净收益大于改建方案的净收益，应该选择新建方案。

二、定性决策法

尽管定量决策方法可以通过数学方法帮助管理者实现精度较高的决策，但是这种方法高度依赖于数据，当决策问题信息不完全或难以转化为数据时，无法通过定量方法进行分析。此时，定性决策法就是一种行之有效的决策方法。

群体决策是最常使用的定性决策方法。这种决策由集体共同掌握决策权，能够避免少数个体对决策的强烈影响，但决策质量受群体结构的影响较大。与决策权集中于个人的个体决策相比，群体决策的优点有：一是能够做出质量相对更高、更准确、更富有创造性的决策，因为有更完整的信息和更多的备选方案，并能从更广泛的角度对方案进行评价和论证；二是能使有关人员更易接受决策方案，许多决策之所以未被实践，往往是因为员工认为决策未考虑自己的意见。然而，由于群体决策需要多个人参与，当群体规模较大时，意见可能较为分散，需要花费较多时间进行讨论协调，导致决策效率相对较低。群体决策避免了个人决策独断专裁的可能，但也可能存在从众现象，人云亦云，导致决策质量较低。群体决策还有一个缺点就是可能发生责任不清，导致无人负责的情况。因此，进行群体决策时，要根据问题类型采用合适、科学的方法，以避免发生上述问题。常用的群体决策方法有头脑风暴法、德尔菲法等。

 知识链接 15-1

群体思维

群体思维（Group thinking）是指高凝聚力的群体讨论某项决策任务时，在尚未全面评估各种可能方案，找到最佳解决措施之前，为了有效地维护群体结构的和谐稳定，忽视问题解决这一基本目标，使得整个群体对和谐人际关系之追求超出完成群体任务之需要的一种群体决策偏差现象。该概念由欧文·贾尼斯（Irving Janis）于1972年提出，最开始常用来解释在高层的政治、军事和外交上的很多失败的群体决策事件，如1986年美国"挑战者"号航天飞机失事和解救德黑兰人质行动的失败事件。随着该概念的发展，其应用范围扩展至几乎任何类型的失败的群体决策中。这种群体思维不仅会导致群体决策不能够按照理性的程序进行而产生决策失误，更严重的是，它会使群体决策失去相对于个体决策在效果方面的优势。企业的众多管理决策都采用了群体决策的方法，如果不清楚这种群体中发生的独有现象，就很难使用科学理性的群体决策方式找到最佳决策方案，发挥群体决策的优势。减轻群体思维危害的一个方法是安排一个集体成员扮演"魔鬼"代言人，当其他集体成员一致同意某项决策备选方案时，提出批评和质疑，包括：①指出一种会使得该方案失败的情况；②提出一种新的备选方案挑战集体支持的方案。这种方法在集体中引入了有利于创造性的冲突和压力，可能会产生一个更好的解决方案，或者使集体成员能更深入地理解解决方案，让集体对决策作出更周全的决策。

1. 头脑风暴法

头脑风暴法又称畅谈会法，是用小型会议的组织形式，将相关专家或人员组织在一起，让大家在宽松氛围下畅所欲言，试图激发创造性思维，快速采集群体智慧的方法。这种方法最早由美国人奥斯本（Alex F. Osborn）于1939年提出，并用于广告业界，经过几十年的实践与发展，至今已经成为一种有效的群体决策方法。头脑风暴法能够尽量避免群体压力对个体创造性思维的束缚与限制，可以在较短时间内获得尽可能多的想法，进而帮助找到好的解决方案。

使用头脑风暴法进行决策必须严格遵守以下原则：
（1）不要对别人的建议进行任何评价，最好不要进行相互讨论；
（2）可以在已有想法的基础上进行加工、重组、补充，提出新建议；
（3）不需要深思熟虑，想到什么就应该说什么，想法越多越好；
（4）独立思考，广开思路，想法越奇特新颖越好。

头脑风暴法的参与人数一般为6—12人，时间尽量控制在1个小时以内，头脑风暴法的具体步骤包括：
（1）群体领导者清楚地阐述问题或话题，确保所有人都理解；
（2）每个成员依次阐述自己的观点（可以暂时跳过没有想法的成员）；
（3）准确记录所有想法，并在发言后进行罗列，再由团队成员检查是否有遗漏；
（4）依次检查每个想法，拓宽思路，并对某些想法进行合并或删除；
（5）对所有想法进行归纳总结，进一步探讨关键想法。

头脑风暴法比较适用于简单问题的解决方案收集，当所涉及问题较为复杂时，头脑风暴法这种通过口头表达意见的方法可能难以发挥作用，这时可以采用头脑风暴法的一种变体：分镜头脚本设计。集体决策参与者可以在卡片上写下自己的想法并贴在墙上，成员们可以随意打乱卡片的位置、修改或重写上面的内容，甚至取走卡片。这种方法对于解决过程复杂的艺术问题尤为有用。

2. 名义小组技术

名义小组技术是指在决策过程中对群体成员的讨论或人际沟通进行限定，成员需要在参会之前进行单独决策的方法。这种方法与头脑风暴法有很多共同之处，但可以有效避免他人对个人独立思维的影响，提高决策质量，较头脑风暴法更为有效。其一般操作步骤是如下。

（1）群体领导者阐明问题，在群体讨论前，每个成员单独写下自己对解决该问题的看法；

（2）每个成员向群体提交自己的一个想法，在所有成员的想法被提交记录之前，不允许成员们进行讨论；

（3）群体讨论每种想法，对它们进行阐述与评估；

（4）讨论结束后，每个成员独立对这些想法进行排序，不得进行讨论。排名最高的想法将被选择成为最终的解决方案。

3. 德尔菲法

德尔菲法是由美国兰德咨询公司所提出的用于听取专家对某一问题意见的方法，又称专家意见法或函询调查法。这种方法的核心内容是使专家们在互不知晓、彼此隔离的情况下，不受权威压力、自由地针对同一问题提出看法、建议，经过多次专家意见征询后，形成较为一致的专家组意见，以供决策。

德尔菲法一般操作步骤是：

（1）根据问题所涉及的领域及特点，选择和邀请相关专家，其中要保证参与专家对此问题感兴趣、有足够时间参与咨询过程；

（2）将调查表发送给各个专家，请专家针对问题各自独立发表意见与建议，并反馈给组织者；

（3）组织者对专家意见进行汇总，据此制作第二轮调查表，并邀请专家再次进行评价，给出意见；

（4）如此反复多次，直至形成最终的专家组意见。

4. 电子会议

电子会议是将名义小组技术与计算机技术相结合的一种群体决策方法。与以上几种定性决策方法不同，电子会议的参与者可以多达几十人。使用这种方法进行决策时，需要先将群体成员集中起来，并确保每人面前有一个与中心计算机相连接的终端设备。当成员想要发表观点和意见时，可以将自己的观点和建议输入计算机终端，然后再将这些想法匿名投影在大型屏幕上。由于意见发表采用的是匿名方式，参与者不必担心因为说错话而被惩罚，可以更加自由放松地提出建议。同时，这种方法允许多个参与者同时发表建议，且避免了传统会议中的闲聊、偏题等问题，大大提高了会议效率。但是，这种方法对参与者的打字速度有较高要求，对于打字慢但思维活跃的参与者来说，这一方法极有可能限制其充分表达观点。

第三节 控制方法

一、预算控制法

预算控制就是根据预算规定的收入与支出标准来检查和监督各个部门的生产经营活动，以保证各种活动或各个部门能够在实现既定目标的过程中，也能够充分利用资源，防止浪费，严格有效地控制费用支出。

（一）预算的概念

预算是指用数字形式描述企业未来的活动计划，它预估了企业在未来时期的经营收入和现金流量，同时也为各部门或各项活动规定了资金、劳动、材料、能源等方面的支出额度。预算是重要的短期计划和控制工具，企业的未来活动几乎都可以用它进行控制。

（二）预算的类型

由于经营内容的不同，不同企业的预算表项目可能会有不同程度的差异。但一般来说，可以分为以下几种。

1. 收支预算

收支预算又称营业预算，是利用货币指标反映未来一定时期企业经营成果以及为实现这些经营成果需付出的费用的计划预算，全面反映了企业未来一定时期的经营状况。

收入预算的主要内容是销售预算，因为产品或服务的销售是企业收入的主要来源，而销售预算编制的基础是销售预测，它是企业根据产品过去的销售情况、市场需求现状及未来的发展趋势，竞争对手和本企业相对竞争地位等对产品未来销售情况的预测。通常来说，企业不只有一种产品，每个产品都可能会涉及多个区域市场，并且在不同时间段，产品的销售量也会有所差异，所以需要企业按照产品、销售区域和时间段编制分项销售预算。支出预算是指组织为实现销售收入，在产品生产和销售实现过程中所需付出的各类费用，有效控制费用对企业实现经济效益至关重要。

2. 实物量预算

实物量预算又称非货币预算，是一种以实物单位表示的预算，这种预算能够避免原材料、劳动力、机器设备等价格波动所带来收支预算与实物量投入产出计划的不一致，它是对以货币量为单位的预算的补充与认证。常用的实物量预算单位包括：直接工时数、台时数、单位产品消耗原材料数量、占用的作业（储存）场地面积和生产人员等。

3. 现金预算

现金预算是对企业未来生产和销售活动中现金的流入与流出进行预测，现金预算只包括那些实际发生现金收支的项目，未产生现金的收入或支出活动，如赊销、赊购等，均不在其范围内。现金预算客观准确地显示了计划期内企业现金剩余情况，使企业能够及早安排、确定过剩资金的用途或预先筹措所需资金。现金能否偿付到期债务对企业生存至关重要，在某种意义上来说，现金控制是企业最重要的一种控制。

4. 投资预算

投资预算又称资本预算，是指企业根据市场需求和自己的生产能力，在固定资产投资支出方面的预算。该预算具体反映了投资的时间安排、所需资金及来源、现金流量、何时可以产生收益、全部投资回收期。通过投资预算，管理者可以预测未来的资本需求、区分投资项目的重要程度，以及了解应保证的库存现金数量。从投资项目到回收全部投资可能需要相当长的时间，因此，投资预算最好能够与企业长期计划工作结合在一起。

5. 资产负债预算

资产负债预算是对企业年度末财务状况的预测，表明了组织各项活动满足预期要求后，企业资产、负债及资本在财务期末的状况。资产负债预算是对分预算的汇总，并不需要制定新的计划和决策，但是通过分析资产负债预算表，可以逆推出分预算表的问题，从而有助于及时采取措施进行调整。

（三）预算控制的程序

预算控制的基本步骤包括：

第一步：编制预算。编制部门预算和综合预算；

第二步：执行预算。需要及时查看实际工作资金、物品耗用是否在预算范围内；

第三步：纠偏。衡量实际与预算差异，采取措施纠正偏差，必要时可以修改预算；

第四步：总结与评价。对预算控制结果进行分析总结，评价和考核预算控制绩效。

合理合序地编制预算是进行预算控制的重要步骤。企业需要先建立起一套预算制度，这要求：建立权责明确的预算组织管理机构，如预算委员会，并拟定完善的组织政策；建立关于预算项目的预测制度，以便获得预算编制资料；建立起有效的记录，以便查阅。预算的编制可以参照以下步骤：

第一步：预算管理机构在企业未来发展战略和过去预算执行情况的基础上，结合企业内外环境，制定组织总预算，主要包括收支总预算、现金流量总预算等，并编制粗略的预期资产负债表；

第二步：负责编制预算的主管人员可以向各部门主管人员提供预算建议、预算编制相关资料与帮助；

第三步：部门主管人员根据企业的预算和部门实际工作状况，编制本部门预算，高层领导者和预算部门协调部门间可能出现的预算矛盾；

第四步：预算管理部门汇总各部门预算，并据此整理成总预算，预编制资产负债表和损益表，表明预算条件下的财务状况。最后，将该预算草案提交给高层管理者检查核准，经过多次讨论检查调整后，正式颁布预算。

（四）预算控制的缺陷

预算尽管在组织管理中得到了广泛应用，但在预算的编制过程和执行过程中也暴露了一些缺点。第一，缺乏灵活性。某些预算计划过于详细、繁琐，执行中缺乏灵活性，导致各部门或活动的主管人员在实际活动中束手束脚，难以发挥自主权；并且当预算时间期限较长时，预算可能会与组织内外部脱节，影响组织的环境适应性。第二，容易导致本位主义。有些主管人员把注意力集中在部门预算目标上，努力使自己部门的经营费用不超过预算，而忘记了自己的首要职责是要实现组织目标。第三，可能导致效能低下。传统的预算是依照先例递增原则编制的，即将过去所花费用作为预算编制依据，至于该项支出是否有必要、增长是否合理常常被忽视；同时，若在预算编制时，组织习惯削减部门主管人员上报的预算，那么极有可能使主管人员申报的预算数大于实际需要数。因此，管理者通过预算进行控制时，要尽量避免上述问题，更大地发挥预算控制的作用。

知识链接 15－2

零基预算

传统的预算编制方法中，每年的预算数都是在上一年度预算数量基础上增加一定的数额，最后的预算数量是不同层级管理者讨价还价的结果，并非是理性分析的产物。从 20 世纪 30 年代开始，以美国为首的西方国家，为了使预算编制更为理性，进行了一次又一次的预算改革。零基预算就是这些理性预算改革中的一种，是指以零为基础编制计划和预算的方法。企业在编制预算时，所有的预算支出均以零为基底，即不考虑以往情况如何，从根本上研究分析每项预算是否有支出的必要和支出数额的大小。这种预算不以历史为基础进行修修补补，而是在编制预算时审查每项活动对组织目标实现的意义和效果，并在成本—效益分析的基础上，重新排出各项管理活动的优先次序，并据此决定资金和其他资源的分配。零基预算本质是一种根据组织机构的目标、活动范围以及资源运用等先后顺序安排预算的一种思维方式，有利于增强预算分配的透明度，保证重要项目支出，最大限度地发挥资金使用效益，提高了预算的科学性、规范性，弥补传统预算的不足。

（资料来源：凌莉，宋良荣. 绩效导向下的零基预算探讨［J］. 商业时代，2007（11）：72－73.）

二、非预算控制法

（一）传统的非预算控制方法

1. 程序控制

程序控制是指借助程序设定、执行来进行管理控制的一种控制方法。所谓程序就是对操作或事物处理流程的一种描述、计划和规定。它通过文字说明、格式说明和流程图等方式把一项活动规定得清清楚楚，比如决策程序、投资审批程序、会计核算程序、操作程序、工作程序等，以便与管理者进行检查和控制。在组织运转中，凡是连续进行的、由多道工序组成的管理活动或生产技术活动，只要它具有重复发生的性质，就都应该为它制定程序。程序将组织中的诸多活动标准化，有利于防止或减少偏差的产生；它也在一定程度上简化了管理人员的计划和控制工作，使其有更多时间与精力用于非例行管理问题的处理上，提高了管理工作的效率。但程序也有其固有的弊端，如压制了员工的创造性、灵活程度较低、增加了企业费用等。管理者进行程序控制时，必须在可能得到的收益、必要的灵活性和增加的控制费用之间权衡得失，避免程序控制滥用或低效运行。

2. 专题报告与分析

专题报告通常针对非常规的具体问题。当现有企业资料无法明确说明某些业务的信息时，可以成立由一名经验丰富且富有成就的人所领导、由多名分析人员所组成的参谋小组专门从事调查研究与分析，借由小组的辨别力对非常规的工作情况进行辨别。

3. 统计数据资料

关于企业经营管理各个方面的数据统计及相关统计分析对于控制来说非常重要，因为随着组织规模的扩大，组织外部环境的动荡性和复杂性日益增加。面对相互交织的复杂因素，管理者有时很难发现可能导致偏差的原因。统计数据资料借助于统计学知识，建立分析模型，并借助图表等直观的方式呈现分析结果，能够帮助管理者准确及时地发现问题，了解事件发展趋势以及各种复杂关系，把握控制关键点。

4. 亲自观察

亲自观察是最古老、直接和简单的控制方法。通过亲自观察，管理人员可以获得丰富、相对准确的信息，有利于采取及时有效的纠正措施，保证控制工作有效性。同时，这种方法还能帮助管理者获取有关员工态度、士气、工作环境等难以量化的信息。亲自观察还能够使得上层主管人员发现被埋没的人才，并从下属的建议中获得不少启发和灵感。这种方法还有激励下属的作用，它使得下属感到上级在关心着他们，创造一种良好的组织氛围。当然，亲自观察也有不足，下属有时可能误解上司视察的意图，将亲自观察看作是对他们工作的不信任，从而产生抵触情绪，或者是将其看作不能充分授权的一种表现。因此通过亲自观察进行控制时，管理者要注意方式方法，在取得自己所需信息的同时，应注意员工的反应反馈，避免员工误会。

（二）财务比率分析

财务状况综合地反映了企业的生产经营状况。通过财务状况的分析，可以迅速、全面地了解一个企业的盈利能力、偿债能力等。然而，孤立地评价资产负债表、利润表等财务报表上的某个数据往往不能说明任何问题，只有根据数据之间的内在关系，互相对照分析才能说明某个问题，正所谓"有比较才会有鉴别"。财务比率是将两个有关的会计数据相除，得到各种评价比率，以揭示同一张财务报表中不同项目之间或不同财务报表的有关项目之间内在联系的一种分析方法。利用财务比率分析主要围绕盈利能力、营运能力和偿债能力三个方面来进行。

1. 盈利能力分析

盈利能力是指企业获取利润的能力。该能力的大小是一个相对概念，即利润是相对于一定资源投入、一定收入而言的。在一定意义上，盈利能力是企业偿债能力和营运能力的综合体现，因为资产结构的状况、资源运用效率、资产周转速度以及偿债能力等反映了企业在资源的配置上是否高效，而这决定着企业的盈利水平。企业盈利能力相关指标通常可以分为利润率指标和收益率指标两类，前者是以销售为基础的，包括销售毛利率、销售利润率、销售净利率等，后者是以资产或股权为基础的，包括净资产收益率、总资产收益率等。利润率、收益率越高，企业盈利越强，反之则越低。

2. 营运能力分析

营运能力反映了企业利用资源、整合资源的能力。从价值角度看，营运能力就是企业资金的利用效果，可以通过检验资产周转状况、资产管理效率进行分析。从经营活动和投资活动的角度出发，资产管理效率主要包括经营性营运资本和长期资本管理效率。其中经营性营运资本（应收账款、存货和应付账款）是维持企业正常运转的营运资本，相关效率衡量指标有应收账款周转率、存货周转率和应付账款周转率。而长期资产管理效率一般采用固定资产周转率进行衡量。

3. 偿债能力分析

偿债能力是指企业偿还到期债务的承受能力或保证程度，即企业是否有足够的现金流入量偿还各项到期债务。这里的"债务"包括长短期借款等一般性债务和依法履行的应纳税款。按照债务偿付期限的不同，偿债能力指标可划分为反映长期偿债能力的指标和反映短期偿债能力的指标两类。短期偿债能力主要通过流动性比率进行衡量，相关指标包括流动比率和速动比率；长期偿债能力主要通过财务杠杆比率进行衡量，相关指标有资产负债率、权益乘数、利息保障倍数等。

（三）审计控制

审计是一种常用的控制方法。审计从字面上解释，审就是审查，计就是会计，即对会计资料的审查。但这种解释并不能完全准确地概括企业运行中所涉及的审计内容与范围。美国会计学会将审计定义为："审计是一个客观地获取和评价与经济活动和经济事项的认定有关的证据，以确认这些认定与既定标准之间的符合程度，并把审计结果传达给有利害关系的用户的系统化过程"。审计有多种类型划分方式，根据审计主体，审计可以分为内部审计和外部审计；根据审计的方法，审计可分为计划审计和无通知审计。根据审计内容，审计可以分为财务审计和管理审计。下面介绍财务审计和管理审计。

1. 财务审计

财务审计以财务活动为中心，依据国家的法规、会计理论和原则，运用专门方法，通过审查企业会计资料及其反映的财务收支活动，以确定其是否真实、正确、合法、合理和有效，并向有关方面提出审计报告，从而纠错防弊，维护财经法纪，改善经营管理，提高经济效益。企业财务审计实行的主体不仅包括会计师事务所，而且包括国家审计机关和企业内部审计机构或者内部专职审计人员。

企业财务审计能够对企业内部或部门的财务活动进行检查监督，警示弄虚作假和欺诈行为，保证企业资产的安全完整性和企业经营活动的合规性与合法性；确保会计信息及其他经济信息真实、可靠，为各方面正确决策提供可靠的依据；同时，能够促使健全完善内部控制制度，加强管理，提高经济效益。

2. 管理审计

由于企业管理问题的复杂化，单纯的财务审计已经不能满足对受托管理责任审计的需要，管理审计这种新的审计形式开始发展，在 20 世纪 60 年代以后受到了重视，并逐渐得到广泛应用。管理审计，又称经济效益审计，是对企业所有管理工作及其绩效进行全面系统地评价和鉴定。管理审计的最主要目标是查明公司在经营管理上，哪些领域有效率，哪些领域存在缺点，需要采取哪些改进的措施。管理审计的另外一个目标是推荐能够提高效率和降低成本的改进措施方案，企业主管人员可以根据管理审计人员的调查研究结果确定未来的工作计划。

管理审计的主要内容包括管理制度审计和管理工作审计。管理制度审计是指对企业管理制度设计的健全性、合理性及执行的有效性所进行的审计。管理工作审计是指对各种管理职能（决策、计划、组织、领导、控制）进行审查，评价各职能是否健全、合理，是否还有进一步改进之处。而按职能部门进行界定，管理工作审计就是对各职能部门的管理对象所进行的审计，以评价部门管理工作是否有效地充分地履行了各项管理职能。根据各部门管理对象的不同，其具体内容包括：计划管理审计、生产管理审计、销售管理审计、质量管理审计、资产管理审计、人力资源管理审计、研发管理审计和信息系统管理审计。

（四）标杆管理

控制过程中，除了将组织各项活动与战略规划、预算、制度等进行比较、纠正外，在组织内外选择绩效卓越的最佳实践，并与其进行比较，确定绩效差距以及潜在的改进领域也是一种重要的控制方法。标杆管理具体是指将某一指标或某一方面竞争力最强的行业内外的强势企业或者其内部某部门视为标杆，企业将自己的产品、服务、生产流程、管理模式等与该标杆进行比较、借鉴、学习它的先进经验，改善自身不足，并持续不断反复进行的一种管理方法。

从最基本层面来说，标杆管理意味着向其他组织学习，但是并不能只从组织外部发现最佳实践，组织内部也有大量可借鉴学习的最佳实践。研究表明，最佳实践往往已经在组织内存在，但通常没有被发现和关注，管理者可以从组织内寻找并在全组织范围内分享这些最佳实践。

在标杆管理过程中，标杆环是一个重要管理工具。标杆环由立标、对标、达标、创标四个环节构成，前后衔接，形成持续改进、不断超越、螺旋上升的良性循环。立标就是寻找并确定最佳实践；对标是指对照标杆测量分析，以发现自身短板，寻找差距，制定改进自己的方法，探索达到或超越标杆水平的方法和途径；达标要求企业进行改进落实，在实践中达到标杆水平；创标意味着创新并进行知识沉淀，超越最初选定的标杆对象，形成更新的、更先进的实践方法，进入标杆环，直至成为业界标杆。

通过标杆管理，企业能够改进自己相对于竞争对手或优秀企业的薄弱因素，提升企业竞争力。但是，标杆管理也存在着不足，需要管理者在应用过程中小心注意。标杆管理的重要环节是对基准企业进行模仿以改进绩效，模仿可能使得企业之间趋同，尽管可能使企业运作效率提高，但是有可能带来行业利润的下降。管理者要警惕"标杆管理陷阱"，即"落后—标杆—又落后—再标杆"的陷阱。因为企业产品的科技含量逐日提高，产品所使用的技术日益复杂，难以模仿学习，这为强调学习和模仿的标杆管理在应用上设置了"门槛"，在未掌握关键技术的情况下，一味推行标杆管理可能会使企业陷入此陷阱之中，无法取得突破。

第十五章 计划控制方法

长城汽车10年：从80亿营收到100亿净利

长城汽车目前旗下拥有哈弗、长城、WEY三个品牌，产品涵盖SUV、轿车、皮卡三大品类。长城集团汽车销售额在2006—2016年的10年间增长近千亿元，不少人将这一成绩归功于长城汽车聚焦于"城市经济型SUV"的独特战略。

长城汽车于2006年开始进入轿车这一主流汽车品类市场，但在进行过程中遇到了很多问题，管理者开始思索战略动作是否有问题。为此，长城汽车邀请了里斯中国公司进行战略咨询。里斯的工作人员认为长城汽车必须明确自己最有优势、最有机会的产品，并在未来发展中将资源放到这个产品上来。2009年，"定位之父"艾·里斯先生向总裁王凤英提出：SUV是最值得长城汽车进行战略聚焦的品类，而根据里斯中国的进一步调研发现聚焦在"经济型SUV"品类上，是最有前景的选择。面对里斯中国所提供的充足的转型建议，经过总裁王凤英的不懈努力，长城集团决定逐步退出轿车市场，全面转向SUV。

为了保证战略的稳步实施，长城集团采取的推进策略是"先立后破"，即先达成一定共识，然后让聚焦逐渐取得成果，通过成果再形成更多的企业内部共识，如此进入良性循环。王凤英将这一策略具体描述为：轿车虽然还是要卖，但过渡期之后就不再开发了，把重点放在SUV上，最终一定要聚焦在SUV上。2010年初，长城汽车重新进行了品牌梳理，着力打造品类品牌：SUV领域用哈弗品牌，轿车领域用腾翼品牌，皮卡则用风骏品牌，每个品类品牌都有专门团队负责。2010年年底，哈弗品牌的销售量在所有SUV自主品牌中排名第一。

任何战略转型都不可能是一条直线。2011年上半年，长城汽车内部对聚焦SUV的战略开始产生了疑虑，因为长城轿车产品腾翼C30获得良好市场反响，销量超过了SUV。但是，里斯中国认为造成腾翼C30市场反响良好的一大原因是对手的产品正处于新老交替时期，并不具有长期战略性的市场空间，反观"城市型SUV"则有着巨大的战略性空间，它解决了老的越野型SUV不舒适、油耗高的问题，同时又保留了越野型SUV安全性强、通过性好的优势，能够为长城汽车带来下一步SUV品类的成长。因此，长城集团向城市型SUV倾斜了大量资源。在战略倾斜之后，哈弗H6问市了。其一经推出销售便节节高升、供不应求。而与之形成鲜明对比的是，售价更低的腾翼C50并没有延续腾翼C30的火爆。这使集团高层人员真正意识到了"SUV的机会明显比轿车大得多"。鉴于战略共识的达成，长城集团于2012年提出"SUV不做到全球第一，不再考虑推出轿车"。2013年，聚焦城市经济型SUV的哈弗H6利润率超过保时捷，达到全球第一。

但是，这其中也蕴藏了一个不小的危机。长城集团希望通过推出20万—25万元的哈弗H8，实现向高端"SUV"的升级。尽管咨询公司对该计划提出了否定意见，认为哈弗SUV尚未成为企业"主干"，并且哈弗已经被消费者认知为15万元以下的SUV，但由于已经投入大量研发经费，长城集团还是决定先把哈弗H8投向了市场。事实证明了咨询公司判断正确——哈弗H8带来了近十亿的损失，也影响了10万—15万哈弗的发展。这个失败使长城高层意识到应在哈弗品牌能够承担长城汽车"主干"功能之后，再推出新品牌高端SUV。

随后的几年，尤其是2015年，长城汽车重新把焦点放回到经济型SUV上，从销售分网，到提升服务、"决胜终端"，做了大量工作，将经济型SUV做到极致。

2016年，哈弗H6成为中国市场销量最大的单一车型，年销售额达到千亿元，利润过百亿元。伴随着主干的结实，聚焦在15万—20万元的豪华型SUV汽车WEY正式亮相广州车展。

长城集团未来有两大目标：第一，向海外发展哈弗品牌，到2020年，哈弗H6要做全球SUV单品老大，突破200万辆的年销量；第二，由中国品牌做到全球品牌，赶超日韩，成为国际汽车行业的主力军。

（资料来源：李靖，朱丽.长城汽车10年从80亿营收到100亿净利——中国定位实践第一案例［J］.中外管理，2017（9）：34-48.）

讨论题：

1. 长城集团已经决定将资源向城市型 SUV 倾斜，为何还是开发了腾翼 C50？
2. 请分析哈弗 H8 的失败原因，结合案例并搜集豪华型 SUV 汽车 WEY 的有关信息及数据，评价 WEY 的推出是否恰当。

复习思考题

1. 网络计划法的基本原理是什么？
2. 滚动计划法有何特点？
3. 确定型决策、风险型决策和不确定型决策有何区别？
4. 决策树的基本要素包含哪些？如何绘制决策树？
5. 预算有何优点，有何缺点？
6. 请列举几个非预算控制方法，并简要说明内容。

延伸阅读

［1］毛义华．工程网络计划的理论与实践［M］．杭州：浙江大学出版社，2003．

［2］赫伯特·西蒙．管理决策新科学［M］．北京：中国社会科学出版社，1982．

［3］大卫·韦尔奇．为什么选错的总是我［M］．北京：中国人民大学出版社，2009．

［4］Kaplan R. S, Norton D P. Using the balanced scorecard as a strategic management system. ［J］. Harvard business review, 1996, Vol. 74: 75 – 85.

［5］Simon H. A. A behavioral model of rational choice ［J］. Quarterly journal of economics, 1955, 69 (1): 99 – 118.

［6］Koontz H. Management control: A suggested formulation of principles ［J］. California management review, 1959, 1 (2): 47 – 55.

第十六章

Financial Management

组织领导方法

本章主要学习组织领导方法,内容包括组织设计的程序和新变化;组织变革的方法与基本对策;领导工作方法的概念和内容,包括会议、危机、激励、运筹与权变领导法;领导艺术的内涵和内容,包括处理与人、与事、与时间的关系的领导艺术;领导激励方式,包括物质激励、工作激励和精神激励。其中,领导激励方式是本章学习的重点,组织变革方法是本章学习的难点。

知识目标:了解组织运行的方法以及组织设计的发展趋势,理解领导方法与领导艺术的内涵,熟悉组织变革的内容以及领导激励方式。

能力目标:描述组织变革的方法和基本对策,掌握不同的领导激励方式的应用技巧和领导工作方法。

素质目标:通过资料收集、课外调查和课堂研讨,建立对组织领导的认知;通过小组集体学习和训练,培养组织领导能力。

第一节 组织运行方法

一、组织设计方法

组织是管理的架构,组织设计的主要目的是建立有益于管理的组织,创造和保持组织的有效性,以保证组织目标的实现。组织设计是一项复杂的系统工程,应该遵循科学的方法。

(一) 组织结构扁平化

随着社会的发展和时代的变迁,经济全球化进程的加快,企业面临的市场竞争越来越激烈。为了适应激烈的市场竞争,企业急需对传统的组织结构模式进行扁平化改革,以提高信息在组织内部传递的有效性和及时性。扁平化的组织结构意味着减少组织的管理层次而增加各个层次管理者的管理幅度,使垂直高耸的金字塔式组织结构逐步趋向扁平化。管理者们则需要有足够的领导与组织能力,并经过良好的训练才能在更宽的管理幅度下开展工作。企业组织结构的扁平化改革使企业内部的业务流程和管理流程进一步合理化,大大加快了信息在企业内部流转的速度,缩短了生产周期,使组织变得精简高效。在现代企业管理中,组织结构扁平化改革已成为一种趋势。扁平化组织与科层制组织的比较见表16-1。

表16-1 扁平化组织与科层制组织的比较

比较项目	科层制组织	扁平化组织
层次与幅度	层次多、幅度窄	层次少、幅度宽
权力结构	较集中、等级化	分散、多样化
沟通方式	上、下级之间沟通距离长	上、下级之间,平级斜向沟通
职责	具体职能部分负责	很多成员共同担负
通讯方式	传统通讯方式	借助现代网络通讯技术
协调	严格、明确的规范和制度	方式多样,注重直接沟通
持久性	倾向于固定不变	不断变革与创新,以适应新环境
企业驱动力	高层管理者驱动	市场需求驱动

(二) 组织成员团队化

组织成员团队化是指将企业的经营和管理业务按照作业流程或目标任务以工作团队的形式重新组合起来,工作团队通过共同参与、并行工作的办法来完成过去由不同部门、不同时间分散完成的工作。组织成员团队化是组织成员打破原有的部门界限,绕过原来的中间管理层次,以群体和协作的优势赢得更高效率的企业内部组织形式。组织成员团队化能有效地消除金字塔组织形式带来的分工过细、跨部门沟通效率低、决策缓慢和反应不灵敏等缺点,营造一种积极自主、团结协作、创新、灵活的工作环境氛围,为满足企业创造性劳动日益增多的需要提供了条件。

(三) 组织边界模糊化

组织边界模糊化是指用柔性的组织结构代替传统的刚性组织结构模式,使企业具有可渗透性和灵活性的边界,更好地适应外部环境。在传统的组织机构形式中,组织之间与组织内部不同部门之间的界限都是清晰的,各个组织、部门和人员的权力与责任义务被明确地划分,这样的安排常常使创造性受到制约,浪费时间、降低效率,限制了组织发展的速度。组织内部职能部门和单元之间的界限随着现代信息网络技术的发展和普及变得越来越模糊,这大大提高了企业的管理者、技术人员以及组织中的其他成员跨越企业、产业和地区的范围，甚至超越国界，进行信息交流和资源共享的效率。

（四）组织关系网络化

企业组织关系的网络化是指当市场出现新的机遇时，企业与其他具有开发、生产、经营某种新产品所需的不同知识和技术的企业为了共同开辟市场、共同对抗其他竞争对手而组成的企业联盟。企业组织关系网络化的实质是将企业组建成一个由若干相互独立的分组织构成的、成员不断变动的组织系统。网络化企业组织设计的特征是：第一，供、产、销环节上的不同职能由不同的网络成员完成；第二，网络组织中存在一些核心人员，他们负责组织中网络成员的设置及召集，并管理网络；第三，网络化组织的运作依赖于内部市场的维系，契约而非系统的计划是控制整个网络组织的有效市场机制。

（五）组织运行电子化

在信息化时代，电子技术无疑在为组织获得和保持竞争优势中起到了举足轻重的作用。将电子化技术运用到组织运行的各个过程中，能使组织的效率得到显著提高，如通过计算机网络进行电子商务活动能有效地控制供应链中时间和成本的问题；电子化技术能将信息转化为商业活动，领先于竞争对手获得竞争优势；能将各自独立的、有一定地理距离的企业和事业部联结到网络型组织中，实现范围更广、更快速的合作。

（六）组织管理知识化

管理大师彼得·德鲁克（Peter F. Drucker）早在1965年预言："知识将取代土地、劳动、资本与机器设备，成为最重要的生产因素。21世纪的组织，最有价值的资产是组织内的知识工作者和他们的生产力。"网络新经济时代的发展促进了一种新兴的管理方法的形成与推广——知识管理，它的兴起主要得力于三股力量的推动：20世纪80年代以来，企业经营管理中对信息技术的普遍应用不断加强了企业经营管理者的信息化趋势，信息技术的发展成为推动知识管理的第一股力量。二是创建学习型组织的需要。在学习型组织中，知识管理是促进知识在组织内部创造、收集、传递和转化的文化氛围与制度环境的有效路径。三是智力资本已逐渐替代自然资源成为组织的经济基础，组织必须对其拥有的知识资源进行评价并设法有效地利用这些资源。目前，对知识管理的全面研究正在全世界范围内展开，组织管理知识化已成为组织设计的必然趋势。

二、组织变革方法

（一）勒温的组织变革方法

勒温（Kurt Lewin）提出了包括解冻、变革和再冻结三个基本阶段的有计划组织变革模型，用以解释和指导如何发动、管理和稳定变革过程。勒温认为，人的行为是社会各种力的结合，组织变革也应当进行"力场"分析。力场分析可以区分组织变革的支持力、阻力，降低组织变革阻力，达到对现有组织的解冻，推动组织变革。

（1）解冻阶段。任何组织都有保持相对稳定、维持现状的趋势。解冻阶段的焦点就是力求打破现状，创设变革的动机。为了做到这一点，一方面，要让组织成员认识到按照原来的办法是不可能获得预期效果的，需要对旧的行为与态度加以否定，正确认识变革的必要性和迫切性；另一方面，应通过开放性组织氛围的感染作用，提升组织成员的心理安全感，从心理层面减少组织内员工对变革的顾虑，提高其对变革成功的认可度，获得大家对组织变革的支持，从而保证解冻过程的顺利推行。其具体实践可通过组织自身与其他优秀的竞争对手之间的总体情况，如经营指标和业绩水平、竞争优势以及未来可持续发展能力的对比，帮助员工清晰地认识到它们之间的差距，认识到改变现有工作态度和行为的必要性。

（2）变革阶段。这一阶段要达到的目的是：通过变革，使成员学习一种新的观念，形成新的态度，接受新的行为方式。勒温认为，变革从根本上说就是一个认知的过程，借助不断获得的新概念及信息来完成。在这个阶段，组织会遇到一系列问题，组织成员对变革的不适应也会在这个阶段陆续表现出来。同时，这个阶段非常重要，它是组织成员行为发生转换的阶段，是组织从原有状态到新状态的转折点。因此，在这个阶段组织一方面要注意树立变革的榜样，使其他成员学习、模仿、认同与内化，以促进变革的进程；另一方面要出台各种措施，支持成员做出有利于组织变革的行为，并及时惩罚和纠正阻碍变革的行为。

（3）再冻结阶段。这一阶段的目的是稳定变革的成果，就是要使组织成员所形成的新的工作态度、新的行为和新的人际关系稳定下来。为了实现这一目的，最好的办法是系统地搜集变革获得成功的客观证据，并经常将这些情报提供给变革的参与者，增强他们参与变革的信心；同时可利用必要的强化手段，使已经实现的变革趋于稳定、持久，以形成固定的行为模式。

（二）科特的组织变革方法

举世闻名的领导力专家，世界顶级企业领导与变革领域最权威的代言人约翰·科特（John P. Kotter）总结了具有极强操作性的组织变革的八个步骤。

（1）树立紧迫感。在工作中保持一定的紧迫感能使人们及时地意识到进行变革的必要性和重要性，并且带动人们开始为变革采取适当的行动；紧迫感还可消除组织中存在的不良情绪，减少不良情绪对组织变革活动的破坏。组织开始变革的基础，是让组织中有足够的人在工作中保持一定的紧迫感。

（2）组建领导团队。领导组织变革的应该是由有责任感的、权威的、可信任的人员组成的一支强有力的指导团队，而不单单是某一个领导者。一个领导者若在工作中缺乏必要的能力和权威时，变革会受到阻碍。而由一支强大的指导团队负责变革过程中的领导工作将更有利于变革的顺利进行。

（3）设计愿景战略。组织变革除了做好详细的计划和预算，更需要确定一个简单、明确的努力方向以激发组织成员的干劲。这个努力的方向即符合实际情况的、能够得到组织认同的、清晰的变革愿景。

（4）沟通变革愿景。在确定好变革愿景后，组织不仅要通过各种可能的渠道，向组织成员传达和解释愿景，使所有人员对此都达成共识，还要用领导团队的实际行动来影响其他相关人员，做好表率工作。

(5) 善于授权赋能。充分的授权,是保证具体执行变革实践的组织成员在工作中自由地施展能力,增强变革措施的权威性所不可或缺的必要权力,是组织变革成功的必要环节。一旦变革过程中授权不充分或不合理,实施变革的组织成员的工作将很难进行,既引发实施者的挫折情绪,又容易引起其他员工的怀疑、顾虑和反抗,最终导致变革的失败。

(6) 积累短期胜利。变革通常是一场持久战,是一个长期、缓慢且逐步实现的过程,因此在某一具体阶段,其成效可能并不显著。为了持续地保持组织成员对变革的信心与激情,避免因长时间看不到希望而产生的心理压力,阶段性的激励是必要的。因此,引导组织变革的领导者需要做好系统的规划,实现变革总目标的过程中要不断肯定每一阶段的短期目标的达成,庆祝短期成效与胜利以不断鼓舞人心。

(7) 促进变革深入。在庆祝完短期胜利后,组织成员的信心被调动起来,变革行动获得支持。变革领导团队应利用这时树立起来的可信度,保持组织成员的情绪,进一步推进组织的变革,向更大的目标发起进攻,直至按照计划完成变革。否则一旦放松,士气就很难再回升。

(8) 成果融入文化。变革取得成功后,组织需要通过建立一定的企业文化来巩固变革成果,以企业文化来培养组织成员共同的价值观,推进变革活动的持续深入。

(三) 卡斯特的组织变革方法

美国管理学家弗里蒙特·卡斯特 (Fremont E. Kast) 提出了组织变革过程的六个步骤:

(1) 审视状态。本阶段组织的主要工作是对组织内外环境现状进行回顾、反省、评价和必要的调查研究,为变革做准备。

(2) 觉察问题。通过调查研究识别出组织中存在的问题,认识到组织确实需要变革。

(3) 辨明差距。通过分析找出存在的问题,并找出现状与所希望达到的状态之间的差距。

(4) 设计方法。设计并评定多种可供解决问题的方案、方法,通过评定讨论和绩效测量,从中选择最佳的方案。

(5) 实施变革。根据选择的最佳方案和方法,实施具体的变革。

(6) 反馈效果。检查和评定变革效果与原计划之间的差距,根据实施的效果实行反馈。若有问题,则再次循环上述步骤。

(四) 凯利的组织变革方法

心理学家乔治·凯利 (George A. Kelly) 将组织变革划分成三个阶段:诊断、执行和评价。

(1) 诊断。在诊断过程中,首先要对组织结构、岗位职责、管理制度等重新审查,对用户及市场、员工心理及态度及组织管理的效率进行调查。之后从调查结果中确定问题,认识到组织确实需要变革。其次,对调查材料进行定性和定量的分析以确定现状与所期望达到的目标之间的差距,并系统地规划和确定出需要变革的问题和将要达到的目标。最后,列出可行的方案。

(2) 执行。在执行过程中,组织首先要制定明确的方案评价标准,并从可供选择的方案中选择出最优的解决方案。然后，组织根据选定的方案制定具体的变革实施计划，并切实地落实变革计划。

（3）评价。这个过程需要评估变革的效果，即将变革的结果与变革的目标进行对比，肯定变革的胜利，同时通过不断地调查找出不足之处。将变革的结果加以反馈，不断循环和改善。

知识链接 16-1

有变革能力的组织

（1）把现在和未来紧密结合。认为工作不仅仅是过去的延伸，还需思考未来的机遇和问题，并且把它们融入今天的决策。

（2）使学习成为一种生活方式。变革友好型组织擅长知识的分享和管理。

（3）积极地支持和鼓励细微的改进和变革并日积月累。成功的变革既可以是重大变革，也可以是一系列轻微的变革。

（4）确保拥有多元化的团队。多样性可以确保任务不会被墨守成规地完成。

（5）鼓励别出心裁者。因为他们的创意和方法处于主流之外，所以别出心裁者有助于带来根本性的变革。

（6）保护突破。变革友好型组织寻找各种方法来保护那些突破性的创意。

（7）整合技术。利用科学技术来实施变革。

（8）建立和深化信任。当组织拥有一种提倡信任的文化而且管理者诚实可信时，组织成员更有可能支持变革。

（9）把组织的持久性与持续的变革结合起来。由于变化是唯一不变的，因此公司需要解决这个问题，即如何在变革时期保护好自己的核心力量。

（10）支持企业家精神。许多年轻的员工把一种更有企业家精神的思维带到组织中来，这可以充当根本性变革的催化剂。

（资料来源：罗宾斯. 管理学 [M]. 北京：中国人民大学出版社，2012.）

第二节 领导工作方法

一、领导方法

（一）领导方法的概念

领导方法是指领导者为达到领导目标，在工作中解决实际问题的基本原则和途径，也就是指关于解决思想、说话、行动等问题的手段程序等。在领导实践中，领导者对领导方法自身规定性的认识、把握和运用能力决定了其领导行为能够达到预期目标的程度。因此领导方法是领导者为了一定的领导目标，开展相关的领导活动所运用的方式和手段。领导

第十六章 组织领导方法

工作是认识活动和实践活动的统一。

（二）领导方法的特征

1. 客观性

领导方法的客观性体现在领导方法的形成过程中：领导方法是由领导者从长期的领导实践活动中逐步、自觉形成的，是领导过程的客观规律性在领导者头脑中的反映；这种客观规律性进一步通过领导活动的实践，逐渐在领导者的意识中形成某种固定的模式并反过来指导领导实践。客观性是领导方法最基本的特性，它反映的是领导方法的内容是客观的。领导方法来源于领导实践活动，又反过来指导领导实践活动。因此，领导方法的客观性要求领导者要尊重客观的领导活动过程，根据实际需要与可能来选择与之相适应的领导方法。

2. 动态性

客观事物是不断变化的，因而反映客观事物规律性的领导方法也应该是经常变化的。也就是说，领导方法需要"随时而变，因俗而动"，在领导系统发展的不同阶段，及时采取不同的领导方法。这就体现了领导方法的动态性。领导方法的动态性使领导活动协调和谐，最大限度地、最有效地实现领导目标。有的领导方法能适应新的环境条件并向高层次发展；有的领导方法适应不了新形势，对环境变化的应变能力弱，无法达成领导目标，这样的领导方法最终将被淘汰。当然，在维持领导方法动态性的同时，也需要保持其在某些方面、环节和特定历史阶段的相对稳定，也就是说领导者需要通过动态的领导方法来实现领导活动的稳步进行。领导的科学性与艺术性的融合体现在领导者在领导活动开展过程中对动态性和相对稳定的权衡和把握能力。

3. 目的性

领导方法实质是实现目标的手段，这就内在地规定了领导方法具有明确的目的性。领导方法的目的性体现为领导者使用某种领导方法的自觉性。在认识领导方法的目的性时，应注意"同法异效"和"异法同效"现象，即同一方法可以实现不同目标和实现同一目标可以有不同的方法，这也说明不存在十全十美的万能领导方法。

4. 时效性

领导方法的时效性是指领导方法在实施过程中的效应，是时间的函数。领导方法具有边际效益递减的性质，即一种新的领导方法的采用所带来的领导效果会随着时间的推移而呈现出下降的趋势。领导方法的生命周期主要包含初始、发展、成熟和衰退四个阶段。在初始阶段，由于人们对一种新的领导方法还处于认识阶段，对这种领导方法的感知需要一个熟悉、适应的过程，因此这个阶段的领导效应并不明显；在发展阶段，人们逐渐能熟悉领导方法并发现它的作用，领导方法的效应在这时会有较大的显现；在成熟阶段，领导方法将稳定地发挥着自己的作用，其效应更显而易见的；在衰退阶段，由于领导系统状态参数的不断变化，领导方法赖以存在的各种条件逐渐丧失，加上人的心理饱和效应，领导方法的效应逐渐降低，表现出领导方法"生命"的衰老。应当注意的是，一种领导方法效应的衰老不等同于方法本身的衰老，领导者应该根据具体情况的变化启用相适宜的领导方法。

（三）领导方法的内容

1. 会议领导法

在通讯技术已经十分发达的时代，会议的作用仍然是不可替代的：一是为领导者阐明立场、宣讲决策方案提供空间，为被领导者提供与领导者沟通的有效渠道；二是可以形成对与会者有约束力的法规、决议，统一人们的意识，激励人们积极工作的信心，以推动各项工作。会议领导法就是指领导者通过会议的形式开展领导工作的具体方法，领导者作为会议的主持人，通常需要做到以下几点：首先，做好会前准备工作，策划会议；其次，按照会议的性质内容分清会议的类型，有的放矢地施展会议领导法；第三，掌握会议的程序和要领；最后，重视会议经济成本的核算，制定必要的守则，提高会议的效率。

2. 危机领导法

危机领导法是指领导者对具有突发性、关键性和首发性的事件进行处理的工作方法。对危机领导法的有效运用首先要求领导者能处变不惊地面对突发事件并将其作为创造和展现形象的契机，而绝对不能逃避危机事件。其次，领导者要准确判断危机事件的影响程度，并找到危机的症结所在。最后，在控制组织内外部民众心理并获得其支持的基础上，将克服危机的积极措施通过各种渠道加以传播，并切断产生危机的根源。

3. 激励领导法

激励领导法是指领导通过一定的激励方式，激发人的正确动机，调动人的积极性、主动性和创造性，充分发挥人的作用和潜力，从而保证最大限度地实现领导活动目标的工作方法。领导者在运用激励领导法时，需要遵循以下原则：第一，实事求是原则，要求领导者根据员工的实际需要施以相应的刺激和鼓励。第二，公平合理原则，要求领导者对下属的激励与其所作出的贡献和成绩相匹配的。第三，适时适度原则，要求领导者在激励过程中能根据客观情况和条件，因人而异、因地而异、因时而异，运用不同的激励手段和措施以取得最佳的激励效果。

4. 运筹领导法

领导决策的实施往往受到种种复杂因素的影响，如内外在因素、现实因素、潜在因素、精神因素和物资因素等，这些因素都增加了领导决策实施的难度。为了保障领导决策的有效实施，需要领导者依据领导运筹的基本原理，对组织内的人、财、物、信息和时间等资源进行全面系统、科学地运筹。领导运筹的基本原理主要有：系统原理，即领导者在坚持整体性原则的基础上，对领导活动进行充分系统地分析，整合组织内外资源以使其产生最佳效益；整分合原理，即领导者在对组织的任务和目标有了整体的了解之后，将总任务层层分解为各个部门、层次以及个人的具体任务，通过强有力的组织管理调动全体成员协同完成组织的目标和任务；反馈原理，即控制系统将信息输出以后，又把其作用和结果反馈回来并影响信息的再输出，保证了一个从不间断的信息交流过程；能级原理，要求领导者根据每一个单元能量的大小使其处于恰当的地位，以此来保证结果的稳定性和有效性。

5. 权变领导法

权变领导法要求领导者在实现领导活动目标的过程中，遵循权变的原则，根据领导者

第十六章 组织领导方法

自身的个性特点、所领导的工作任务和活动的性质、组织内的人际关系、所领导下属的成熟度等变量进行清醒的判断，对具体的领导方法做出灵活多变的调整。领导者应该选择从实际出发的"适合的"而不是普遍适用的"最好的"。只要在领导活动过程中把握住权变原则，坚持一切从实际出发，具体问题具体分析，就没有解决不了的问题。

二、领导艺术

（一）领导艺术的概念

组织目标实现的关键在于组织中的领导者，而领导者的领导有效性在很大程度上取决于领导者的领导艺术。领导艺术是指领导者在一定知识、经验和辩证思维的基础上展现出来的非规范性的、有创造性的领导技能，是实施有效领导的高超手段与方法。国外领导学专家曾对领导艺术提出了这样的看法："最有效的领导应该表现出一定程度的多才多艺和灵活性，从而使自己的行为不断变化，充满矛盾的需求。"

领导艺术是领导者的一种特殊才能，这种才能表现为创造性地灵活运用已经掌握的科学知识和领导方法，是领导者的智慧、学识、胆略、经验、作风、品格、方法、能力的综合体现。并且，领导艺术是因人而异的，世界上不会有完全相同的两个人，也没有完全相同的领导者和领导模式。对一个高明的画家来说，着墨处是画，空白处也是画。

（二）领导艺术的特征

1. 创造性

创造性是领导艺术最大的特点，因领导艺术与众不同、与过去不同，在某种程度上说，应该是一种独创。它体现在领导者在处理情况特殊、问题复杂的非常规性事件时，不能仅仅依据规章制度和既往的领导方法，必须从客观情况出发，因地制宜，突破传统思维，创造性地解决问题。

2. 科学性

领导艺术的科学性体现在三个方面：首先，它是领导活动客观规律的生动再现。唯有客观的，才是科学的。其次，马克思主义科学理论是领导方法和艺术的指导原则，当代领导艺术应该运用辩证唯物主义世界观和方法论做指导。第三，领导艺术是古今中外广大领导者丰富经验的科学总结。领导艺术的运用，是对人们在领导工作中符合实际要求、经得起实践检验的先进经验的科学总结和概括。

3. 多样性

领导艺术的多样性是指领导者在处理不同层次、不同部门的事务或者领导活动时会采用不同的领导方式和方法，表现出不同的领导艺术。也就是说，领导艺术并非一成不变的，它的多样性与领导活动的多样性有关，即所需处理的问题所发生的不同时间、地点、条件等。

4. 经验性

领导艺术是领导者长期领导实践经验的总结、积累和升华，并非一朝一夕能形成。因此，在实际的领导活动中，每位领导者的领导艺术都难免带有来自其领导实践中的经验痕迹，具有鲜明的个性。

（三）领导艺术的内容

领导职能归纳起来是处理三方面的关系，即处理与人的关系、与事的关系和与时间的关系。因此，领导有效性的提高也应从这些关系入手，在处理这些关系时注意讲究领导艺术。

1. 处理与人的关系

组织内的人力资源在所有资源中占首要位置，领导工作首先应该是做人的工作。领导者在处理与人的关系时，需要采取一系列的措施，了解、掌握组织成员的各种实际需要，有目的地引导、指挥和协调他们的行为，提高其对组织的满意度，从而调动成员的积极性。在处理与人的关系时，领导艺术主要体现为以下几个方面：

（1）知人与自知。所谓"知人"，即领导者在处理与下属的关系时，必须充分地了解下属，熟悉他们的特长和不足，明确他们的需要，才能将工作、职位与下属相匹配，做到人事相宜，确保组织内的每一位成员都能够在各自的工作岗位上兢兢业业，积极进取。"自知"则是指领导者必须清醒地认识和了解自己的个性、偏好、优点以及不足。在领导者的日常工作过程中，充分发挥自己的优点以展现出自己的领导魅力，在因自己的不足而导致的力所不能及的事务上，要善于用他人之所长。另外，领导者应善于控制自己的情绪，能够冷静地处理各种问题，不感情用事。一个有远见的领导者应能够以自身对组织前景的热情感染周围的组织成员。

（2）表扬与批评。表扬是对先进者的鼓励，而批评则是对落后者的鞭策。表扬和批评本身不是终点，激励才是其最终目的。领导者在进行表扬时不能凭主观印象，而应实事求是，根据被表扬者的实际表现和行为动机有目的性地表扬。此外，领导者应该掌握好表扬的时间与力度，轻描淡写的表扬固然不起作用，过度的表扬也会起到不好的作用，且对于反复出现的积极行为不能反复表扬。领导者在进行批评时也应明确批评的目的，充分了解错误的事实和问题的缘由后，选择恰当的场所、时机和批评方式，批评对事不对人，同时注意批评的力度和效果，做好善后工作。

（3）有效的沟通。领导者在开展指挥和协调工作时，需要通过向被领导者传达自己的想法、感受和决策等信息来影响和引导其行为。与此同时，领导者需要关注被领导者在领导活动过程中的反应、感受和困难，保持双方的回应和互动。没有人际间的信息交流，就不可能有领导，而这种双向的信息交流就需要有效的沟通来实现。有效沟通的实现，首先需要领导者能平易近人、信任和关心被领导者，拉近两者之间的距离并营造良好的沟通氛围；其次，领导者需要善于同下属交谈，倾听下属的意见，在下属充分表达出自己的意见后再给出合理的反馈。

2. 处理与事的关系

在现实生活中，领导者常常会面对大量的工作，如果不能有效地处理，则会终日忙忙碌碌、日理万机，但却难以成功。为了使工作更加有效，领导者应该确定什么事应自己做，什么事应由他人做；什么事应先做，什么事可以稍后做。换言之，领导者只应做自己的本职工作,而凡是下属可以做的事都应授权让他们去做。

授权是放权或赋予组织成员一定的权力,使他们有权力、自由、知识和技能去做决策以及有效地做好工作。领导者在进行授权时应充分相信组织成员的能力,相信他们能够有效地控制自己的工作过程并成功地完成各项任务。通过授权,一方面能帮助领导者从繁琐的日常事务中解脱出来,留下更多的精力和时间去处理重大的、关键的问题;另一方面,组织成员在此过程中拥有一定的权力并分担了一定的责任,有机会独立地解决问题,这有助于增强他们的工作责任心和提高其工作能力。

3. 处理与时间的关系

"时间就是金钱",领导者应该珍惜时间,做自己时间的主人。而实际上,领导者的地位越高,却越不能自由支配自己的时间。领导者如何合理地利用这一无法再生的稀缺资源自然也是一种艺术。

(1) 记录时间。为了珍惜自己的时间,把有限的时间用在领导者的本职工作上,领导者应当养成记录自己的时间消耗情况的习惯。每做一件事就做好相应的记录,写清楚几点到几点做什么,这有利于领导者充分地了解自己每天的时间安排。

(2) 分析时间。对自己的时间消耗情况进行分析,找出在时间利用上的不合理之处,进而提出改进措施。找出非领导者本职工作内的事,授权给他人做;找出浪费时间的事,以后不再做。

(3) 合理利用时间。领导者在分析和改进了时间利用情况后,合理安排自己可以自由利用的时间,用于解决真正重要的问题。

第三节 领导激励方式

一、物质激励方式

物质激励是指通过运用物质的手段满足受激励者对于物质文化生活的需要,从而进一步调动其积极性的激励方法,主要包括报酬激励、福利激励、股权激励和奖惩激励四种具体方式。

(一) 报酬激励

报酬也可称为奖酬,它包含了工资、奖金、各种形式的津贴及实物奖励等。无论在何时何地,报酬激励都是物质激励的基本形式,是非常重要的激励因素。报酬激励的实施依据是员工完成工作任务和目标的程度以及员工为企业所作出的贡献。为了使报酬激励机制与员工的工作目标和贡献挂钩,管理者应该引导下属为多得报酬而积极主动完成工作任务,从而通过利益驱动实现组织目标。报酬的绝对量,即工资、奖金等数量的大小,一般与员工完成目标和所作贡献的多少与程度成正比,并适当发放。

在实施报酬激励时,还应注意两点:公平理论认为报酬的激励作用主要取决于相对量，即同一时期不同人之间的奖酬差别和个人不同时期报酬变化的幅度。因此在实施报酬激励机制时，应考虑到员工之间的攀比心态，根据工作完成情况、个人贡献、总体奖酬水平，公平合理地确定奖酬的增长水平和人们之间的差别。其次，在实施报酬激励时应该辅以其他形式的激励机制，尽可能地防止金钱万能化倾向和限制物质激励的副作用。

知识链接 16 – 2

亚当斯的公平理论

亚当斯（John S. Adams）的公平理论又称为社会比较理论，是美国心理学家亚当斯于1976年提出的。该理论侧重研究报酬分配的合理性、公平性对员工积极性的影响，是研究人的动机和知觉关系的一种激励理论。其主要观点为员工的激励程度来源于对自己和参照对象的报酬和投入的比例的主观比较感受。基本内容包括以下三个方面。

第一，公平是激励的动力。亚当斯认为，员工的激励程度不仅受到自己所得报酬的绝对值的影响，而且受到报酬的相对值的影响。如果员工发现自己的收支比例与他人的收支比例相等或者现在的收支比例与过去的收支比例相等，便认为是应该的、正常的，因而就会心理平静，感觉公平合理。但如果他发现不相等甚至低于别人时，就会心理失衡，产生不公平感甚至满腹怨气。因此，分配合理性常是激发人在组织中工作动机的因素和动力。

第二，公平关系方程式为：

$$\frac{O_A}{I_A} = \frac{O_B}{I_B}$$

式中，O_A 表示自己对工作所获报酬的感觉，O_B 表示自己对他人工作所获报酬的感觉；I_A 表示自己对工作投入的感觉；I_B 表示自己对他人工作投入的感觉。

第三，不公平的心理行为。当员工感觉到不公平待遇时，为了消除由此造成的心理不平衡，往往会产生一些相应的心理行为。例如消极怠工以降低自己的支出，要求改变他人的收支状况，发牢骚、讲怪话、制造矛盾，甚至另谋职业。

（二）福利激励

福利是员工的间接报酬，但其与报酬中的奖金不同，奖金只适用于高绩效的员工，而福利适用于所有的员工且一般无需纳税。福利的具体内容包括为减轻职工生活负担和保证职工基本生活而建立的各种补贴制度，为职工生活提供方便而建立的集体福利设施，为活跃职工文化生活而建立的各种文化、体育设施及兴建职工宿舍等。福利的激励作用无法像工资、奖金一样明显、直接，但其积极作用是巨大而深远的，在某种意义上来说对员工具有更大的价值。在企业内部建立全面而完善的福利制度，将企业组织打造成一个能周到体贴和照顾员工的大家庭，可以增强员工对企业的归属感和忠诚度，提高其责任心和义务感。福利制度激励是一种具有长远激励效果的激励方式，与某次单项奖励的作用相比，更具有根本性和内在性。

（三）股权激励

股权激励是基于改善股东与经营者之间的信息不对称带来的道德风险以及逆向选择问

题的初衷而设计的一种激励手段,是指企业授予企业高管和其他员工在未来一定期限内以预先商定的价格和条件购买本企业一定数量股票的权利。股权激励是一种相对长期的激励机制,其主要目标对象是企业的高管人员和核心员工。股权激励的实施能有效地将这些核心人员的个人利益与企业的长期目标相结合。

(四) 奖惩激励

奖惩激励是指利用奖励和惩罚的方法对员工的符合组织目标期望的行为进行肯定和奖赏,鼓励其行为继续进行;对其与组织目标期望的行为相悖的举措进行否定和批评,制止其行为的继续进行。奖惩激励法也称作正负激励法。正激励是肯定和奖赏,负激励是否定和批评。在企业组织内部合理地利用奖惩激励,能充分调动员工的积极性,激发人内在的动力。

在进行奖惩激励时应注意以下几点:一是将奖惩激励与其他物质激励和精神激励相结合进行,避免口头激励,让员工感受到奖励和惩罚的真实存在;二是奖惩要及时,掌握适宜的时机才能起到奖励的正激励效果和惩罚的负激励效果;三是奖惩要合理服众,奖所该奖,罚所当罚。切记不要为了否定而惩罚,而应通过惩罚使员工认识到错误,并积极主动重新找准行动方向。

二、工作激励方式

工作激励是指通过给职工分配恰当的工作,满足职工自我实现的需要,从而激发其内在的工作热情的方法。工作激励主要包括岗位激励、目标激励、参与激励、培训激励和竞争激励五种具体方式。

(一) 岗位激励

员工的工作能力不是一成不变的。随着工作经验的积累、专业知识与技能知识的学习,员工的工作能力将不断提升。岗位激励就是通过将不同工作要求或不同职级的岗位分配给员工,使得员工所任职岗位与其工作能力相匹配,给予员工充分展现自己工作能力的机会的激励方式。岗位激励的实施可以从三个方面入手:一是充分研究和发现人与工作的性质与特点,科学合理地为每一个员工分配工作,尽可能做到人尽其才、人事相宜,使得人岗匹配;二是实行岗位轮换制,让员工轮换担任若干种不同工作,培养和开发员工的多种能力;三是建立良好的晋升机制,准确地评估员工的胜任力,识别员工晋升的潜力,根据各个职位的职位说明书所描述的各级工作所需任职条件和要求做出提升员工的决策。

(二) 目标激励

心理学将目标称为"诱因",认为目标是能够满足人的需要的外在物。对于一个组织而言,目标是组织引导员工个体行为的一种心理引力。目标激励则是指企业通过为员工设置适当的工作目标来激发员工的动机,调动他们的工作积极性的一种激励方式。目标激励能否发挥最大的效用,关键在于目标的设置是否合理。员工的个人目标应该来源于组织的共同目标,因此个人目标应该尽可能地与组织目标相结合或相一致;在设置个人目标时,应使其同时具有挑战性和可行性,即保证员工经一定的努力可以达到目标;目标的内容应该要尽可能具体、定量要求,给员工比较明确的方向指导;除了设置长期的总目标,还应设置阶段性的具体行动目标,长期的总目标决定努力的方向,而阶段性的目标决定具体的行动方针。持续的目标激励有助于促使员工产生内在的自我激励力量。

(三)参与激励

参与激励就是通过让员工参与到管理工作中,调动员工的积极性和创造性,增强员工对企业的归属感、认同感,从而激励员工的手段和方式。对企业而言,运用参与激励使员工参与到管理事务中,能集思广益,收集群众的意见,增强战略及计划的可行性并提高组织的效率,以防决策的失误;对于员工个人而言,参与到企业组织的日常管理工作有利于展现其工作实力,发挥其内在潜能,进一步满足其自尊和自我实现的需要。

要有效地实施参与管理,管理者必须适当地进行授权,使下级真正地参与决策和管理过程。为了保障参与激励与参与管理的进行,企业组织内部应该建立科学、可行的员工参与管理的制度、结构、程序和方法;管理者应该适当地进行授权,使下级真正地参与到决策与管理过程中。

(四)培训激励

培训激励是企业组织通过为员工提供多种形式的培训和学习活动,对员工加强教育培训,来提高其业务工作能力和素质水平,从而激发其工作热情和进取精神的一种激励方式。莱曼·波特(Lyman Porter)和爱德华·劳勒(Edward Lawler)在他们1968年出版的《管理态度和成绩》一书中提出了综合激励模型,模型指出员工的工作绩效取决于能力的大小、努力程度、环境条件及员工对所需完成任务的认识程度。因此,为员工提供各种形式的培训以提高其业务能力、知识和素质水平,对于增强职工的工作信心和工作热情将起到很大的激励作用。在具体实施培训激励时,首先应遵循以人为本的原则,即培训内容和过程的设计应因人而异、量体裁衣,为不同能力层次、不同培训需求的员工提供不同的培训,以切实满足不同员工不同能力提升的需要,调动其参与培训的积极性。其次,培训激励还应遵循反馈原则,及时考核培训效果,通过比较培训前后的水平差距来检验是否达到培训的预期目标。

(五)竞争激励

竞争激励是组织通过组织各种形式的竞赛和竞争来激发员工的热情和工作兴趣的一种激励方式。在实施竞争激励时,首先要根据组织的目标和工作重点以及员工的工作任务内容,明确其竞争的目标。组织内部合理的竞争激励应该既能促进个人工作目标完成和潜力发展,又能间接推动企业的进步,这就要求员工之间的良性竞争目标与工作目标的方向相一致。其次,竞争激励应遵循竞争的基本原则,即竞争的全过程必须是公平的。最后,竞争激励通常和物质激励和荣誉激励相结合运用,即对竞争的结果给予一定的认可评价和物质奖励,以更有效、直接地激发员工的工作兴趣。

三、精神激励方式

精神激励是精神方面的无形激励,它通过满足员工的社交、自尊等需要,在较高层次上调动职工的工作积极性。精神激励是一项深入细致、复杂多变、应用广泛且影响深远的工作,主要包括以下几种具体形式。

(一)荣誉激励

荣誉激励就是通过给予员工表扬、光荣称号、表彰、奖励等优秀评价,以公开的形式对他们的贡献和能力进行认可的激励方式。人人都希望得到认可,希望争取荣誉和奖励,荣誉是满足人们自尊的需要,激发人们奋发进取的重要手段。用适当的荣誉奖励激励工作表现比较突出、为组织作出了一定贡献的代表性员工,是很好的精神激励方法。在具体进行荣誉激励时应该做到以下几点:一是使荣誉激励能切实满足员工的自尊需要,使荣誉奖励起到激励的作用;二是遵守荣誉激励的原则,避免重复和轮流"坐庄";三是使荣誉激励与物质奖励相结合;四是不仅仅设置个人荣誉激励,也兼顾集体荣誉激励。进行荣誉激励不应该吝啬头衔和名号,才能以较低的成本收获较高的激励效果。

(二)感情激励

感情的需要是人类最基本的需要之一。感情激励就是管理者通过与员工加强感情沟通,并与其建立平等、亲切的情感,尊重、关心、信任员工,让员工感受到组织的温暖而增强其对组织的责任感、归属感和忠诚度,调动其努力工作的积极性。运用感情激励,首先应在组织内部建立融洽、和谐的关系和愉悦的团体氛围。这种关系的建立不仅仅是在上下级之间,也包括同级成员之间。其次,管理者应注意以维系感情为中心,组织开展各种丰富多彩的组织文化活动,并动员所有组织成员参与,使每一个成员都能公平、平等地感受到组织带来的温暖和美好的社会生活,满足其归属感,从而实现有效激励。

(三)尊重激励

尊重激励要求管理者发自内心地去尊重每一位员工,利用各种机会信任、鼓励、支持员工,努力满足员工尊重的需要。尊重需要是马斯洛人类需求层次理论的第四层次,是比较高层次、复杂的需要。马斯洛认为,尊重需要得到满足,能使人对自己充满信心,对社会满腔热情,体验到自己活着的用处和价值。在企业内部而言,满足员工尊重的需要,能增强其对组织的归属感和忠诚度,促使其积极思索、锐意进取。

在具体实施尊重激励时,管理者需要做到以下几点:首先,管理者应该礼貌、公平对待每一位员工,不依仗管理者的职级身份对员工采用命令语气,不将自己的主观情绪发泄到员工身上,理解性格内向的员工而不多加指责;其次,管理者应该积极认可员工的才能和潜能,对其多加鼓励,在员工犯错后不用蔑视的语气加以指责;第三,给予员工充分的信任,认真听取其意见和建议;最后,尊重员工的人格,不开与员工人格有关的玩笑,使员工始终获得尊重。

（四）榜样激励

榜样激励是指领导者选择在实现目标中成绩突出、品德高尚、作风正派的成员作为榜样，并号召员工向榜样学习，以激发组织内部成员积极性，不断提高组织绩效和实现组织目标的激励方式。榜样的力量是无穷的，在运用榜样激励时，首先应在组织中选取出类拔萃的或是为组织做出重要贡献的人，将其树立为榜样。其次，在企业组织内部广为宣传榜样的事迹，并号召员工正确地对待榜样——向榜样学习但不是机械地模仿。同时，管理者也应身先士卒，率先垂范，以影响带动下级。再次，注意给予榜样人物适当的物质奖酬和荣誉称号，提高榜样的效价并增加组织成员学习榜样的动力。

（五）文化激励

文化激励是指通过组织文化激励组织成员培养自觉为组织发展而积极工作的精神。一方面，组织文化关注组织中的人，它是一种以人为中心的管理工具。组织文化承认组织成员的价值，尊重组织内的每一个员工，与强硬的制度规范不同，组织文化是通过"软"约束来影响组织中人的思想和行为。另一方面，组织文化的激励作用是通过影响员工主动形成组织共同价值观而实现的。组织共同价值观的形成有利于满足员工对自身价值实现的心理需求，从而激励其自觉地为组织的生存和发展而工作。利用企业文化这只"看不见的手"，以企业的理念、纲领为准则建立心灵契约，以良好的企业作风为平台激发员工创造力，以价值观和企业精神为引擎推动企业快速扩张，以文化融合为切入点激活企业员工的创造力。

仲利国际：业务与组织变革后的重生

仲利国际租赁有限公司成立于 2005 年，为中国台湾租赁业龙头企业中租控股公司在中国大陆投资的全资公司，总部位于上海，在全国拥有 37 家分公司，主要业务为生产型机器设备融资租赁、汽车租赁、医疗设备融资租赁等，客户群面向中小企业。2012 年，公司的营业规模已达 80 亿元人民币，这一年中国从事租赁业务的公司数量开始猛增，增幅高达 74%。在市场竞争剧增之际，仲利国际租赁（简称仲利国际）面临着两大困境，一是业务渠道的困境。仲利国际当时主要通过中介商获取租赁业务，而中介商将很多经营情况不佳的客户包装成获利稳定、或未来获利潜力高的项目，导致大量租金无法回收。二是业务人员留任取舍的困境。一方面业务人员大都青睐中介商推荐的租赁业务，因为这样做省时省力；另一方面当时国内租赁公司数量剧增，仲利国际又在进行大幅度的变革，要求业务人员自主开发客户，许多资深业务人员纷纷跳槽到同业公司，带走客户资源。

在这种情况下，仲利国际面临着决策的两难：一是能否放弃原本主要依靠中介商介绍业务的渠道模式？如果放弃，业务量会立即大幅减少，公司将面临短期业绩压力，业务人员的奖金甚至生存都会受到严重冲击，公司年度营收将严重下滑。另一方面，如果不放弃已有的业务模式，业务人员最关键的开发客户能力将逐渐丧失，公司将失去核心竞争力。如何才能既保证业务的持续增长、尽量避免公司资深人才的流失，又加速改善公司业务资产质量及获利增长？

董事长陈凤龙针对公司的经营困境，毅然决然地做出了 8 项重大业务变革决策：

第十六章 组织领导方法

（1）去中介化。自2012年下半年开始，陈凤龙制定了第一项决策："租赁业务去中介化"。要求审查人员在业务送件时，须确认不是中介商介绍的；若是中介项目，一律不得接受。

（2）自行开发、掌握渠道。陈凤龙制定的第二项决策是："业务人员自行开发"。即租赁业务来源的渠道以自我开发客户为主，业务主管要以身作则，坚持要求业务人员建立自有客户渠道而不能依靠中介商。业务主管要将业务流程"细分化"，重视业务活动过程中的各项指标、保证自我开发的策略要执行到位；同时，将"开发新客户"作为业务人员的关键KPI考核指标之一。

（3）接近客户、接近市场。这项决策对于提高营运效率至关重要，其含义为：改变各分公司在全国区域内拓展业务的做法，逐步将业务范围缩小到省内，再缩小到同城区与外围区域，最后到以同城市为主的区域——即业务拜访不超过1—1.5小时的短距离车程，让业务活动变得高效，节省许多无效车程时间。

（4）价格反映风险。第4项变革决策针对公司的主要业务对象，即中小企业。这些企业本身风险高、偿债能力相对较弱，是银行或大部分金融租赁公司不愿意去碰、也很难评估风险的客户群体；而仲利国际却在此客户群体上积累了多年的经验及知识，擅长做中小型企业的设备融资租赁，也具备评估中小型企业风险的专长及风险模型。

（5）案件分散策略。第5项变革决策要求公司的业务根据三点进行风险分散：①产业分散；②价格分散；③租赁期间分散。透过分散策略，不同行业有不同的行业风险预警，不同信用度的客户可谈判不同价格条件、租赁期等，以确保风险分散后，强化公司的财务风险承担能力。

（6）强化风险管理能力。第6项变革决策是"提升审查人员的风险管理水平"。这一决策要求公司建立风险模型、产业数据库及专家认证；具体做法是针对不同产业、客户群组，通过统计专家进行分析，建立仲利国际独有的风险模型，用以强化审查的信用评级；同时建立产业数据库及专家认证制度，深入积累产业上下游的知识，提升审查人员的信用评估能力。

（7）加速资金回收。第7项变革决策是"法务部门要加速回收延滞资金"，要求通过三大方式让已发生还款延滞的客户经由合法法律程序，回收资金及保障公司债权。

（8）建立内部培育新人的能力。第8项变革决策包括招聘及培训两个方面。招聘方面：在本次变革的过程中，仲利国际流失了大批公司培育的租赁人才，为了弥补人力缺口，仲利国际建立起招募人才的能力，并将招聘对象锁定为校园"新鲜人"。每年仲利国际招募近千名校园毕业生新人，不仅快速补充了变革阵痛期中离职人员的缺口，也满足了业务增长所需的人员缺口。培训方面：新人招募进公司之后，培养与提高他们的能力也非常重要。仲利国际的培训中心以公司战略伙伴的角色，投入大量培训资源，建立起能够快速自我培育、复制新人生产力的培训体系与架构。相较其他租赁公司以"挖角"为主的人才招聘模式，仲利国际可以说是完全自主培养所需的租赁人才。培训中心在培养新人能力时，通过下列做法获得了成功：建立专业培训团队与人才发展计划；为不同事业部的新员工定制培训架构与课程；新员工课程多元化，涵盖业务、审查、法务、财务多个方面；塑造新人学习团队氛围；持续改善优化教学课程与课件；导入在线学习平台、运用在线学习管理工具；建立完善的辅导员制度；建置完整的区域OJT与教育长制度；塑造学习型组织及每人都有责任协助公司培育新人的组织文化；培训课程设计融入企业文化、愿景、使命与价值观。

2012年下半年开始直到2015年，仲利国际进行业务管理变革，经历了最艰难的时期，各种不利于经营的因素不断出现，就像是病人在治病过程不断会有痛苦的反应，直到2016年才露出曙光，展现佳绩。陈凤龙董事长在两年多的经营困境中，展现出无比坚强的意志力与领导力，摸索出正确的经营策略，在前途未明的经营环境中，舍小利而取大利，不断与管理层及员工进行沟通，最后交出一份业绩改善的成绩单。

在去中介化、自我开拓业务、缩小推广区域方面，由于公司坚持要求业务人员自我开拓业务、并要求执行力到位，公司年度业绩目标达成率逐步回稳，到了2014年时开始恢复到每年平均15%的成长。在租赁价格与业务风险匹配方面，坚持不同风险等级客户给予不同报价，业务主管严格控制业务人员的弹性报价，并要求客户提高担保，实现了公司经营目标中的平均价格。在强化风险管理能力方面，客户付款延滞率平均降低了20%，损失率平均降低了40%，公司每年利润不断创新高。仲利国际的净资产收益率（ROE）从2014年的8%增加到2017年的20%以上。在经过2012下半年至2014上半年管理变革之后，8大策略在后续年度逐渐体现出成效，并且显示出仲利国际未来仍能坚持原订的长期策略目标——即每年新增分公司，并坚持"沿海+现有成功公司当地化延伸"策略。目前，仲利国际已形成在业务开拓能力、风险管理能力、资本结构（净资产40亿元、总资产200多亿元）、筹资能力和人力资源招聘与培训能力方面都很强大的竞争优势。

讨论题：
1. 仲利国际为什么要进行重大的业务变革？
2. 仲利国际在业务变革的过程中遇到了哪些阻力？董事长陈凤龙是如何带领组织克服这些阻力的？

复习思考题

1. 组织设计的方法有哪些？
2. 比较分析勒温与凯利的组织变革方法的异同。
3. 简述领导方法的概念与特征。
4. 领导方法和领导艺术之间的区别和联系是什么？
5. 目标设置为什么对员工有激励作用？
6. 简述物质激励、工作激励与精神激励的主要内容。
7. 领导者应该如何正确运用荣誉激励来调动员工积极性？

延伸阅读

［1］理查德·达夫特. 组织理论与设计［M］. 北京：清华大学出版社，2016.

［2］彼得·圣吉. 变革之舞：学习型组织持续发展面临的挑战［M］. 北京：东方出版社，2006.

［3］彼得·德鲁克. 管理：使命、责任、实务［M］. 北京：机械工业出版社，2013.

［4］Jennings D. F, Seaman S L. High and low levels of organizational adaptation: An empirical analysis of strategy, structure, and performance［J］. Strategic Management Journal, 1994, 15（6）: 459 – 475.

［5］Chesbrough H. W, Teece D J. When is virtual virtuous? Organizing for innovation［M］. Boston: Harvard business school press, 1999.

［6］Hage J, Aiken M. Routine technology, social structure, and organization goals［J］. Administrative science quarterly, 1969: 366 – 376.

第十七章
Financial Management

创新管理方法

本章主要学习创新管理方法，包括产品创新、市场创新、技术创新、制度创新和管理创新的管理方法，并就五大创新的创新过程、创新方式以及实现的路径和策略进行介绍。其中，产品创新、市场创新和技术创新是本章学习的重点，制度创新和管理创新是本章学习的难点。

知识目标：了解产品创新、市场创新、技术创新、制度创新和管理创新的过程，理解实现五个方面的创新管理可以采取的方式和路径。

能力目标：掌握产品创新、市场创新、技术创新、制度创新和管理创新五个关键方面的创新管理的方式和策略。

素质目标：通过阅读书籍、案例分析和课堂研讨以及在企业中的实践，培养创新管理意识，掌握创新管理的方式和方法。

第一节 产品创新方法

一、产品创新过程

产品创新的过程主要包括两个方面，一是产品创新的方案形成过程，二是产品创新的实现过程。产品创新的方案形成过程分为产品市场定位、新产品构思、方案筛选三个阶段，而产品创新的实现过程一般包括新产品研制、新产品生产与营销、投融资三个环节。

（一）产品创新的方案形成过程

1. 产品市场定位

通过系统全面的市场调查研究，进行市场细分，了解市场需求被满足的情况，针对性地开发新产品。准确的市场定位是实现产品创新的前提。

2. 新产品构思

产品创新方案形成的第一步是基于顾客需求的新产品构思，在这一活动过程中，要充分分析市场需求情况，结合已有产品知识，尽可能多地提出新产品假设方案，尽管不是每个产品构思最后都可以实现为真正的新产品，但是新产品设计方案越多，新产品的开发选择就越多。

3. 方案筛选

新产品构思方案形成之后，要经历两个阶段的方案筛选过程。首先是根据整体评价指标对所有新产品构思方案进行整体筛选，决定对构思方案的取舍。在第二阶段的筛选中，一般采用功能评分法，对功能成本进行定价分析，最后根据各种构思方案在功能成本中的定价得分情况进行筛选。

（二）产品创新的实现过程

1. 新产品研制

新产品研制阶段的主要任务是进一步具体化创新方案并形成具体实施方案。这个阶段需要考虑产品功能设计、试验规范、测试方法和应达到的技术指标，以及产品的规格等问题。具体实施方案形成后，开始新产品试制，试制就是根据具体产品创新实施方案制造成样品。

2. 新产品生产与营销

新产品试制成功，进入试销阶段，然后根据市场反应进行产品修改和定型，正式投产。大批量生产实现之前，企业必须做出正确的经营策略，如拟定新产品发展计划书，确定产品的商标、包装策略、价格策略、渠道策略和促销策略，规范对新产品的信息管理。

3. 投融资

在产品创新的实现过程中，需要投入大量的资金用于新产品研制和生产以及新市场开拓，因此，企业产品创新过程中还需要考虑以投资或者融资的方式来保障产品创新成果的最终实现。

二、产品创新方式

（一）自主创新

自主创新是指企业通过自身的努力和探索产生技术突破，攻破技术难关，创造出新的产品。自主创新中不仅技术突破是内生的，而且创新的后续过程也主要是依靠自身的力量推进。自主创新包括原始创新、集成创新和引进消化吸收再创新。

（二）合作创新

合作创新通常以合作伙伴的共同利益为基础，以资源共享或优势互补为前提，有明确的合作目标、合作期限和合作规则，合作各方在技术创新的全过程或某些环节共同投入、共同参与、共享成果、共担风险。当今时代，国内或区域市场已经不能完全满足企业持续增长的需要，越来越多的企业在向进入全球市场而努力。要做到世界级的产品，除了拥有自主创新能力还需要合作创新来面对越来越复杂的技术问题和技术资源短缺的问题。

三、产品创新路径

（一）内部研发

内部研发指企业主要通过自己的力量来研制新技术，开发新产品。主要包括自主创新、逆向研制、委托创新和联合创新四种方式。

1. 自主创新

自主创新是指通过拥有自主知识产权的独特的核心技术以及在此基础上实现新产品的价值的过程。自主创新不是在技术上闭门造车，而是寻求技术自主，是在一种开放的背景下自主把握技术发展方向和进程，博采众长、为我所用。不少大企业都有自己的科研部门，从事有关产品的基础研究和应用开发。华为技术有限公司2016年度年报显示，华为在2016年的研发投入达110亿美元，合计人民币763.91亿元，投入比例达到14.6%，同时也带来了营业收入同比增长32%的成绩。

2. 逆向研制

逆向研制也属于内部研发的一种形式，也称技术破解，是指企业对其他公司的产品就性能、构造等内容进行研究，从中破解其制造工艺和技术配方，以期仿制和改进。逆向研制的本质是从现有的产品中探索其内含的技术成分。

3. 委托创新

委托创新是指企业把开发新产品的工作通过契约的形式交由企业外部的人员或机构去完成。产学研相结合是委托创新最常见的方式，也是国家大力提倡的科技创新方式。许多企业将某一新产品项目或课题委托给高校或专门的科研机构进行研究开发。

4. 联合创新

联合创新是指企业之间将资金、技术力量等资源联合起来，共同攻克技术难关，共同分享研发成果。对于大型的研发项目，联合创新可以解决单一企业无法实现的技术突破。最常见的联合创新方式是企业间的技术联盟，拥有同一个产品不同部件的核心研发技术的不同企业发挥各自的技术优势，共同参与到同一个产品的创新活动中来，共享产品创新带来的市场利润。如新兴的无人机行业，有些企业负责飞行系统的研发，有些企业则拥有平台研制的核心技术，部分制作拍摄设备的企业提供最先进的摄影硬件。一款产品的创新往往是多家企业联合创新的成果。

（二）外部获取

外部获取是指企业不通过自己的研究和开发，而直接从企业外部获取某种新技术、新工艺的使用权或某种新产品的生产权和销售权。其形式主要包括引进创新和企业并购两种。

1. 引进创新

引进创新是从事创新的组织从其他组织引进先进的研发技术、生产设备和管理方法，再在此基础上进行创新。引进创新不仅节省自主研发成本，还可以避免知识产权纠纷，降低创新风险。但同时，引进创新也需要对引进对象进行认真的评估和消化。

2. 企业并购

企业并购是指企业收购或兼并其他公司的股权，在企业并购活动中，企业收购的不仅仅是被并购企业的资产，还可以顺理成章地取得对该公司的新技术和新产品的占有权、使用权或控制权。企业并购活动能够形成技术研发和产品创新上的协同效应，整合被并购企业的优势研发技术和能力，为产品创新带来必要和关键的技术突破。

外部获取的好处在于，首先通过外部获取相关技术和新产品，能够有效地缩短产品创新所需要的时间周期，能够使新产品以相对较快的速度面向市场，为迅速参与新的市场争取时间。其次，新产品开发的失败率极高，外部获取策略可避免新产品开发的风险，减少新产品研发试错的经费投入。再次，企业通过购并目标市场的同类企业，可以将竞争对手的优势转换成自身的力量，并获得相应的市场份额。

四、产品创新策略

（一）先发制人策略

先发制人策略一般是具有较强研究开发能力的企业，在竞争者尚未开发或者未开发成功，或还未将创新的产品投入市场之前，集中力量进行技术攻关，抢先发布创新产品，抢占市场高地的策略。

（二）步步紧跟策略

步步紧跟策略是指企业仿制竞争力强的产品或者初入市场的畅销产品，并迅速将仿制成功的产品投入市场。采取紧跟策略的企业需要具备一定的研发能力和市场应变能力，为仿制研究新产品提供最基本的保障。由于容易受到产品专利技术及知识产权保护的制约，步步紧跟策略适用的对象和时间有限。

（三）拓展功能策略

拓展功能策略是指在原有产品的基础上，赋予其新的功能、新的用途，使老产品能继续获得消费者的欢迎。这一策略是对现有产品的局部改进，如增加新的功能、包装、式样和风格等，从而使得满足消费者对旧产品的新需求。

(四) 周全服务策略

周全服务策略是在产品本身创新之外进行创新的策略，周全服务策略强调以更全面、更周到的销售服务为手段，通过取得用户的信任，获取竞争优势，实现市场占有。周全服务策略包括售前、售中以及售后多个环节，更加强调产品投向市场过程中对消费者提供的服务。

第二节 市场创新方法

一、市场创新过程

市场创新过程一般包括三个阶段：识别和分析市场需求；明确消费者价值主张；传递消费者价值主张。

(一) 识别和分析市场需求

市场需求实质上是消费者的需求，市场上有无数的消费者，消费需求也复杂多变，识别消费者需求的前提是对市场进行有效细分。市场细分是基于不同消费者的需求特征将整体市场进行划分，从而更好地进行目标客户定位，选择最优的目标市场组合。除了考虑消费者需求特征外，在市场拓展过程中，企业自身核心竞争优势也是市场细分和定位目标客户的关键参考依据。

市场需求分析的重点是寻找消费者暂时没有得到满足的需求。这就需要市场创新主体时刻保持对市场需求的敏锐嗅觉，细致观察消费者在生活中产生的可能性需求。印度塔塔集团董事长拉坦·塔塔（Ratan Tata）在孟买街头看到载着一家五口的摩托车在车流中危险地穿行，他立即想到较低收入阶层因为支付不起昂贵的汽车而转向对摩托车的需求，而这样的需求并未得到恰当的满足，因此他希望在自己退休之前，推动一个针对较低收入家庭而设计的汽车项目，这款汽车的大小界于小摩托车和正常的轿车之间，以满足较低收入家庭全家出行的消费需求。在消费者需求分析中，还要考虑顾客和用户需求的差异性，顾客使用的产品一般只有一次或者有限的几次，而用户则对产品使用有着反复不断的需求。

(二) 明确消费者价值主张

消费者价值主张是指能够为消费者创造价值并最终为企业带来显著价值的要素形态或要素形态的组合，它清晰地表达了企业将在哪里和如何创造或发掘客户价值的思路。消费者价值主张的明确是企业向消费者传播独特的价值主张的前提，而向消费者传递独特价值主张是企业市场创新成功的关键。明确价值主张的方法一般有三种：一是罗列产品可能给消费者带来的多种益处，这种方法不太考虑竞争产品的情况，同时也没有办法精准满足消费者的需求。二是宣传产品价值差异点，即突出产品的比较优势。这种类型的价值主张明确承认客户可以有其他选择，重点宣传对自己有利的差异点。市场创新主体必须突出自己与竞争对手的不同之处，深入分析消费者需求和偏好，争取明确目标消费者的差异化需求。三是引起消费者共鸣，市场创新主体必须抓住目标消费者最看重的几个要素展示自己产品的优势，向客户证明产品性能的卓越价值，并在宣传中牢牢把握消费者的需求重点，从多个方面引起消费者对产品的共鸣。苹果公司的一系列产品正是抓住了消费者对科技产品的极致体验需求，致力于为消费者提供极致的产品体验，突出产品卓越价值从而赢得广大用户青睐。在消费者需求识别的基础上，价值曲线分析方法可以帮助企业确立其消费者价值主张，如图17-1所示。

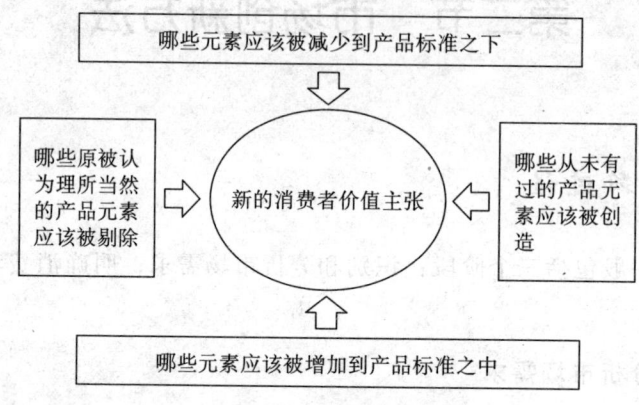

图17-1 消费者价值主张的确立

（三）传递消费者价值主张

市场创新主体通过一定的产品和服务向消费者传递价值主张，针对消费者对产品和服务的不同需求程度，借鉴基于产品—服务的四种购买模式来解释企业应该如何根据顾客的不同需求为顾客提供差异化的产品或服务，传递特定的价值主张。

如图17-2，在四种购买模式中，每一种都向不同顾客传递了不同的价值主张。"商品购买"模式突出产品价格；"产品购买"模式突出产品特性差异；"系统性购买"模式突出辨别产品特性差异和支持性服务；"顾问式购买"模式突出支持性服务。

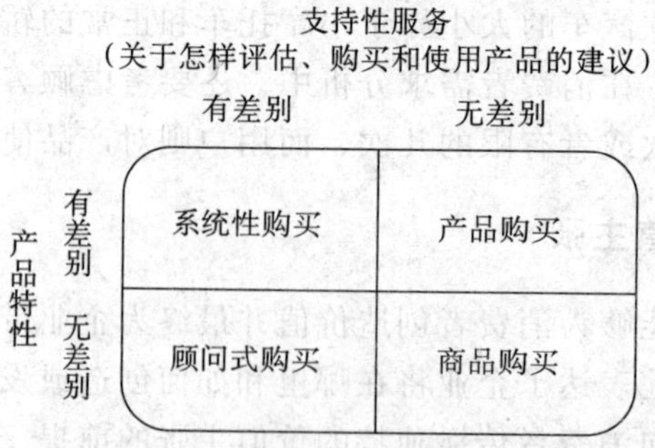

	支持性服务 （关于怎样评估、购买和使用产品的建议）	
	有差别	无差别
产品特性 有差别	系统性购买	产品购买
产品特性 无差别	顾问式购买	商品购买

图17-2 基于产品—服务的4种购买模式

二、市场创新方式

市场创新方式按照不同企业市场创新的创新度将其划分为首创型市场创新、改创型市场创新、仿创型市场创新三大基本类型。

（一）首创型市场创新

首创型市场创新是创新度最高的市场创新活动。最常见的首创型市场创新包括率先在市场上推出新的产品或者新服务推出新的交易方式或者促销方式，率先改变售价、采用新的广告传播等等。首创型市场创新是改创型和仿创型市场创新的前提，是一种根本性的市场创新，具有广泛而又深远的市场创新效应。

（二）改创型市场创新

当新的产品面向市场就意味着首创型市场创新是成功的，市场追随者也会追随利润的步伐进入该产品市场，但是为了获得一定的竞争优势，后来者往往会采取在先行者所首创的新市场的基础上进行不同程度的改创型创新或者仿创型创新。改创型市场创新是一种具有中等创新度的市场创新活动，介于首创型战略与仿创型战略之间。采取改创型市场创新战略的企业会充分利用自己的市场实力和创新条件，对自己或者对他人的首创市场进行再创新。对现有新产品进行改进和再创新，是实现改创型市场创新的一种主要方式。

（三）仿创型市场创新

仿创型市场创新是创新度最低的一种市场创新活动，其实质在于对已有产品或者服务以及他们的营销策略等的模仿。市场仿创者既可以模仿首创者也可以模仿改创者，仿创者既不必向首创者那样率先创造新的产品服务或者新的营销方式等等，也不必对首创新市场进行改造。仿创型市场创新模式是一些缺乏市场首创能力和改创能力的中小型企业的最佳选择。企业采取这一战略的目标是追随已经获得创新成功的新市场，并充分利用自己的市场扩充能力来实现自身的市场创新。

知识链接 17-1

市场创新企业必须回答的七个问题

支付服务 PayPal 创始人，著名连续创业者彼得·泰尔（Peter Thiel）在其著作《从0到1》（Zero to One）中提出了七种新型的管理工具，他认为，每个意在进行市场创新的企业管理者都必须回答以下七个问题：

(1) 工程问题：我的企业具备突破性技术吗？
(2) 时机问题：我要做的事业，时机正好吗？
(3) 垄断问题：我具备市场上其他人所没有的优势吗？
(4) 人才问题：我拥有合适的团队吗？
(5) 分销问题：我有没有办法销售并推广自己的创新产品？

(6) 生存力问题：我的企业能不能活到十年后？

(7) 关于未知事物的问题：我能看到别人看不到的商机吗？

(资料来源：彼得·蒂尔，布莱克·马斯特斯，高玉. 从0到1 [M]. 中信出版社，2015.)

三、市场创新路径

市场创新是企业运用市场发展规律、基于市场发展环境进行新市场开发的一系列创新活动，主要包括识别和分析新的市场需求、促进市场构成的变动和市场机制的创造以及新产品和新服务的开发、新市场的开拓等行为。市场创新的实现，需要遵循市场创新的最基本路径，主要包括开发新市场、满足新需求、创新营销策略。

（一）开发新市场

从市场创新的定义可知，新市场的开发是市场创新的本质性活动。按照市场划分标准的不同，新市场开发具有三层含义：一是从地理空间上，新市场的开发包括企业在地域意义上的新市场开发，企业的产品和服务之前没有涉足的市场地域。地域意义上的新市场开发按照涉足市场的远近又分为国内新市场开发和国际新市场开发。在本国范围内进入新市场领域比进入一个新的海外国家市场区域要相对容易，因为前者面对的是熟悉的市场环境和营销情境，而后者所面临的陌生市场阻碍更多，进入风险也相对更大，也很有可能形成蓝海市场。二是从消费者角度，新市场开发包括对需求意义上的新市场开发。即尚未被满足的消费者需求所形成的新市场的开发。从时间维度，市场需求可以分为现在需求和潜在需求、现实需求和未来需求，任何一个时间点所代表的需求都是多样而复杂的，且不断发生着变化。市场需求的多样性、复杂性和变化性为企业提供了巨大的市场机会和新的市场空间。三是从企业自身角度，新市场的开发包括产品意义上的新市场开发，这里的产品不仅仅指企业研发或生产的产品，还应该包括企业为市场提供的服务型产品。企业通过向市场推出新产品和新的服务而占领新市场空间，根据产品要素构成及各要素在满足客户需求上的不同特征，产品可以划分为三个层次：核心产品、实际产品和附加产品，企业可以针对不同层次的相应要素和属性进行创新，从而创造新的产品市场空间。

（二）满足新需求

新需求是消费者潜在的以及尚未得到充分满足的需求，市场创新以创造新需求，提供新满意为宗旨，新需求来自于对新市场上消费者需求的识别和分析。这就意味着，企业的市场创新要以消费者的需求为中心，时刻关注消费者需求趋向。目前，消费者需求变化主要呈现出以下几个方面的趋势：一是消费者需求呈个性化和多样化。随着市场上产品品类的丰富和卖方间竞争日趋激烈，市场呈现出以买方市场为主的态势，无差别的消费时代日趋结束，市场细分向纵深发展，无论是绿色消费还是个性消费，都意味着消费者的需求呈现出了新的变化。因此，企业在市场创新的过程中不仅要注重产品和服务本身创新，更要注重满足消费者对产品或服务更为个性化和多样化趋势的新需求。二是消费者理性需求增加。随着社会生活水平的提高，一方面由于商品供应充足，消费者在商品的选择面上更广，消费者完全有机会对不同品牌、不同价格的商品进行比较和选择；另一方面，随着社

第十七章　创新管理方法

会的发展，消费者的消费心理日趋成熟，文化素质也越来越高，消费者在购物时更能够做出理性的分析和选择。因此，企业需要密切关注消费者消费心理变化，准确把握和挖掘消费者内心真实的消费需求，从而更好地满足其新需求。三是消费者对商品的心理需求更高了。随着物质生活水平的提高、消费观念的更新，消费者对商品的经济属性的需求日渐淡薄，而对其社会心理属性的需求日趋明显。在消费过程中，消费者越来越重视产品或服务所能附加的情感价值，消费行为中有别于非理性消费的感性色彩增加。这要求企业的产品或服务更要关注目标消费者的心理或者情感需要，积极发现和挖掘消费者潜在的以及尚未得到充分满足的感性需求。

（三）创新营销策略

创新营销策略的目的是让潜在消费者识别并接受新的产品和新的服务，企业通过配套的创新营销活动来促进市场创新价值的实现。营销创新是企业在激烈市场竞争中生存和发展的必要手段，在互联网时代，营销策略的创新越来越体现出人际互联和感性的一面。在营销策略创新中，关系营销策略的核心是建立和发展与利益相关者的良好合作关系。市场上越来越多的品牌采取拟人化营销的策略，如借助微信公众号与粉丝消费者互动，就是关系营销的具体形式之一。情感营销策略是针对消费的情感需求，在营销活动中有针对性地对产品或服务注入情感因素，通过品牌塑造来传递一种情感，唤起和激发消费者的情感需求，诱导消费者心灵上的共鸣。互联网为营销带来了许多独特的便利，网络营销策略是随着互联网进入商业运用而产生的一种营销策略，广义的网络营销是基于互联网和社会关系网络连接企业、用户及公众，向用户与公众传递有价值的信息和服务，为实现顾客价值及企业营销目标所进行的规划、实施及运营管理活动。在今天，无论是网络营销的表现形式还是营销方式都极大地丰富，如新颖的微信营销、O2O立体营销、视频营销、体验式营销、新媒体营销、自媒体营销等等。营销策略创新多种多样，通过创新营销策略，企业能够科学合理地整合各种资源，提高产品的市场占有率，它不是市场创新的目的而是推动市场创新实现的路径之一。

四、市场创新策略

（一）关注消费者需求

关注消费者需求是市场创新的首要策略，做好消费者需求的探索和分析是市场创新的出发点和切入点。消费者需求的变化是市场创新的风向标，因此，企业应建立必要的市场信息系统，及时有效地收集、处理和利用有价值的市场信息，把握消费者需求变化的趋势，进而取得市场创新的成功。其次，企业要积极挖掘消费者潜在的需求和未被满足的需求，抢占先机，为潜在和未被满足的消费者需求提供新的满意的产品和服务。

（二）创新营销思想

营销思想是营销活动的指导思想，包括营销实践及其发展的观念、观点、理论，以及相应的营销策略与方法。营销观念的发展总是与不同时代背景下的社会、经济、科技的发展相联系，不断为解决供给与需求矛盾寻求营销上的解决思路。近百年来，营销思想经历了生产、产品、推销、市场营销、社会营销到大市场营销等六种营销观念。从市场发展的趋势来看，随着我国在世界经济发展中的地位越来越高，越来越多的企业走上了国际化发展的道路，因此树立大市场营销观念对企业具有特别重要的意义。华为、中兴、联想、TCL等多家企业的国际化道路为国内企业树立了很好的榜样。企业存在的目的之一就是为顾客服务，因此企业还要树立服务营销战略思想，为顾客提供人本化的服务，依靠人、理解人、尊重人，注重顾客的个性化需求，采纳相应的顾客满意的服务内容。营销思想的创新还在于追求企业目标和社会目标的协调一致。企业是社会生态系统中的一部分，营销的和谐性和可持续性越来越成为社会发展的需要，企业要树立社会营销的观点，实现绿色营销、可持续营销，在追求企业目标的同时关注社会总体目标的实现。

（三）创新营销机制

要实现市场创新，企业必须加快营销机制创新，建立全新的市场竞争运行载体，从制度创新上激活企业。首先，要充分认识到互联网在市场创新中的重要作用，实现从物化营销战略转向网络营销战略的营销机制创新，互联网的发展使企业营销突破了时间和空间的限制，企业更加有机会接触到全世界范围内的消费者。其次，企业要尝试联盟式的营销机制创新，与合作伙伴共享市场成果。最后，企业还可以通过增加营销模块的灵活性来促进营销机制创新。比如多事业部的组织可以通过各事业部的分散或组合营销来实现模块式营销创新，形成灵活的市场营销模式，从而获得较强的市场创新能力。

第三节　技术创新方法

一、技术创新过程

技术创新是一个从产生新产品、新技术或新工艺的设想到市场化应用的完整过程，是将技术变为商品从而获得经济效益的过程和行为。从企业技术创新的全过程来看，技术创新过程可以分为以下四个阶段：创意构思、研发设计、生产试用和技术创新成果扩散阶段。

（一）创意构思

创意构思阶段是技术创新活动的起始阶段，这一阶段的主要任务是产生新的创意、形成创新性构想、确定可选的产品创新架构以及进行可行性评估。新创意和创新性构想的形成离不开创新思想的来源以及相应的形成创新思想的环境。创新思想的来源可以来自于组织内外不同的个体，在组织内部可以是企业家、企业科研人员以及普通企业职工，在组织外部可能是国家领导人、高校科研人员、与企业合作的供应商或经销商、企业竞争对手或联盟，甚至来自于企业产品的直接消费者。创新思想的形成需要相应的环境支持，市场环境中供求关系的变化、资金流向，宏观环境中的各项方针政策的导向、经济的发展情况，社会环境中的法律环境和民主氛围等都对技术创新思想的形成产生重要影响。创意构思阶段决定了技术创新未来的方向，对技术创新的实现有着至关重要的作用，因此在创新思想的形成过程中，企业不仅要注意集中所有人的智慧，扩大技术创新思想的来源，同时也要充分利用创新思想形成的有利环境，对技术创新的新创意和新构想做出合理可行的评估。

（二）研发设计

技术创新的研发与设计阶段是将技术创新的新创意和新构想变成现实产品的实践环节，新项目的研发及设计是整个技术创新过程中非常重要也非常复杂的一个阶段。研发设计阶段的关键在于创新技术的获取和吸收。创新技术的获取一般有两种方式：一是企业依靠自身技术力量进行技术创新活动，即依靠自身技术研发人员的知识经验的转化实现技术创新；二是借助外部力量获取技术创新所需的研发设计知识和经验。一方面，企业通过与外部科研机构、高等院校以及企业间技术联盟等合作获取创新技术，实现新产品研发设计；另一方面，企业可以通过直接从外部引进创新技术实现新产品研发设计。两种方式的技术创新都有其优势和弊端，需要根据企业不同的发展阶段和外部市场环境具体分析。方式一需要企业具备一定的科研能力和较高的技术水平，方式二则需要考虑企业与合作方的合作机制问题，而技术的直接引进不仅需要企业具备一定的经济实力还需要具备对新技术新方法的消化吸收能力。在研发设计阶段，无论是从内部发力还是借助外部力量，都要求企业研发人才与内外部人才间有效的知识交流、知识吸收和转化。同时，在这一阶段，企业也要注重研发投入与产出之间的平衡关系。

（三）生产试用

从研发设计得出创新成果原型到创新成果的定型通常需要经过小批量的生产试用再到正式大规模投产的过程。在生产试用阶段的主要任务是对企业生产要素的投入与组织管理，主要包括企业的人力、物力、财力、信息、技术等基本要素的投入与组织管理过程。如在生产制造过程中，既需要生产技术人才和工程技术人才来解决生产过程中遇到的障碍和矛盾等问题，也需要解决先进的制造技术、生产工艺的吸收和整合以及供应链物流、生产管理中出现的一系列问题。除此以外，资金的投入与管理也是该阶段需要注意的一个十分重要的问题，把握试产的资金投入、正式投产与企业销售额或利润额的比率等都需要作出合理科学的安排。

（四）技术创新成果扩散

企业技术创新成果的扩散是技术创新过程的最后阶段，是企业技术创新成果在市场的转让与推广过程，企业进行技术创新成果扩散的最终目的是使其创新成果商业化，满足消费者需求，同时创造新的需求，最终实现技术创新的价值。在这一阶段中，企业首先要明确创新成果的目标市场，一般包括全新市场和已存在市场。无论是进入哪一类市场，新成果的商业化都面临着风险和不确定性。因此，在新成果进入目标市场的前期，企业需要做好市场需求调查、营销方案设计等充分的准备工作，合理规划创新成果扩散的方式、扩散范围以及创新成果的保护等方面的内容，通过各种方式获得与新成果商业化有关的客户知识，更快、更准确地把握市场机会，不断改进产品和服务，从而顺利实现创新成果的市场价值。

二、技术创新方式

依据技术创新活动过程中的技术变化强度和对象，把技术创新分为渐进性技术创新和突破性技术创新。这两种技术创新在创新目标、创新重点、技术、不确定性等方面都有较大差异，而这些差异的实质在于技术创新涉及知识的内涵以及使用知识方式的不同。

（一）突破性技术创新

突破性技术创新是在全新的知识基础上进行的创新。一般是技术上具有重大突破的创新，常常会给现有产品、服务和管理方式带来根本性的变革，并在一段时间内引起产业结构的变化。在通常情况下，突破性技术创新会创造出此前未被消费者意识到的需求，这种新的需求往往会促成新的行业，以及新的竞争者、公司、分销渠道和新的市场行为的出现。突破性技术创新的一个显著特征是由于其一般需要全新知识的积累和技术的探索，因此往往是一个艰苦的过程，但是突破性技术创新常常与科学上的重大发明相联系，也往往会对经济产生巨大的溢出效应。突破性创新对于企业开拓新的市场以及企业未来的生存发展有着不可替代的重要作用，对企业财务绩效和成长前途的影响非同小可。但是，由于突破性技术创新基于新知识并且明显不同于以往所有创新实践，往往具有高风险和高成本的特征。

（二）渐进性技术创新

渐进性创新是在现有知识基础上进行的创新，是对现有产品、服务和管理方式的小幅改进，对已有设计、惯例和结构的强化。渐进性技术创新具有递进性、积累性和模仿性，最显著的特征是创新活动周期短，需经过长期积累，技术创新的成果开始才显现并且会持续一段很长的时间。渐进性技术创新的另外一个显著特征，是注重和强调企业学习、模仿和市场运作能力的培养。企业在进行渐进性技术创新时，需要立足客户需求，深入分析现有产品所存在的问题，并采取针对性的改进措施。渐进性技术创新方式在降低成本和提高产品质量方面有着独特的优势，对于提高企业市场竞争力有着很大的战略潜力。

知识链接 17-2

开放式创新

开放式创新是指企业在技术创新过程中，将内部和外部创新资源相互补充使用实现创新的技术创新模式。企业通过内部与外部途径相结合来寻求内部技术的商业化，在创新链的各个阶段与多种合作伙伴进行多角度的动态合作。在开放式创新模式下，创新思想不仅可以来自于企业内部的研发部门或其他部门，也可能来自于企业外部。

开放式创新作为一种新兴的创新模式，改变了研发即创新的错误观点，打破了内部研发的传统封闭状态,提升了企业价值链上下游中投资人、供应商、用户、知识产权工作者等利益相关者的地位,搭建了一个创新的生态体系。开放式创新模式也拓展了创新资源的来源渠道,从外部来的技术有效弥补了内部创新资源的不足,企业通过内部技术与外部技术整合创造出新的产品和新的服务。

开放式创新需要遵循一些基本原则,例如:

(1) 企业需要和企业外部的所有聪明人合作;
(2) 必须充分发挥外部研发和内部研发的整合价值;
(3) 不是非要自己进行研究才能从中获益,企业需要充分利用企业外部的创意;
(4) 建立一个更好的商业模式而不是贸然冲向市场,应当通过让他人使用自己的知识产权从中获利,并购买别人的知识产权来提升自己的商业模式。

(资料来源:陈劲,郑刚. 创新管理:赢得持续竞争优势 [M]. 北京大学出版社,2016.)

三、技术创新路径

技术创新的路径可以概括为在企业技术创新过程中为了实现企业战略目标而采取的不同技术创新方案的集合。从微观的企业视角出发,选择与企业现有资源能力、技术状态、组织结构和战略目标等相匹配的技术创新路径,实现企业技术创新,可以提高企业的市场竞争能力。

(一)技术引进—技术模仿—技术创新

基于技术创新的阶段性特征,从企业对外部技术的依赖程度,技术创新的路径表现为:技术引进—技术模仿—技术创新。在技术引进阶段,企业一方面要增强技术学习能力,引进、消化和吸收先进的技术知识,不断增加自身技术知识积累;另一方面,更要努力避免技术选择性偏差,在技术引进的前期做好充分的市场调研和相应的技术知识培训以及资金设备准备,从而更好地推动二次创新的实现。在技术模仿阶段,企业要做好相应的高端人才引进和关键技术人才的培养,为高端人才和关键技术人才提供广阔的发展空间和资源,努力促成隐性技术知识的转化。在技术创新阶段,企业需要做好充分的市场调研,评估自身承担研发风险的能力,科学合理地投入研发人力和物力,同时注重新技术的商业转化和知识产权的保护。

(二)能力增强型创新和能力破坏型创新

对应技术创新的再生性动力和开拓性动力这两种基本动力类型,企业技术创新路径分为能力增强型创新路径和能力破坏型创新路径。能力增强型创新路径一般存在于行业内现有企业中,基于既定的技术创新资源,采取渐进性的产品技术创新和工艺技术创新以维持或者强化现有技术水平和能力。能力增强型技术创新是在资产的再生性动力推动下的技术创新路径选择,有着较强的技术创新路径依赖特点。能力破坏型技术创新路径一般是行业的新进入者技术创新的路径选择,是在资产的开拓性技术创新动力的推动下,突破原有技术领域技术范式和组织的惯例,产生一种对现有技术具有替代性的技术范式或者工艺,或创造出一种新的产品品种。

四、技术创新策略

技术创新策略的选择多种多样,根据不同的划分标准,各种不同的技术创新策略有其对应的侧重点,企业在技术创新的过程中要结合自身发展阶段和技术创新能力等因素综合考虑,采用合适的技术创新策略。

(一)技术竞争策略

按照企业在竞争中技术水平所处的相对位置,技术创新的策略有技术领先策略和跟随、模仿策略。采用技术创新领先策略的企业往往需要不断开发新技术,在新的技术领域需求突破,致力于在同行竞争中处于技术领先地位,成为行业内技术创新的标杆。而采取跟随、模仿技术创新策略的企业往往是争取率先对采用新技术的企业进行技术的模仿和二次创新,率先采用先进技术的原理进行独特技术的开发并快速推向市场。

(二)路径依赖策略

按照企业在技术创新中对外部技术的依赖程度,技术创新策略可以分为自主开发策略、合作开发策略、引进消化吸收策略。采取自主开发策略的企业往往自身就具备较强的研发实力,主要依靠自主开发技术进行技术创新。自主开发策略能够带来技术创新成果的独享,当然企业也必须独自承担由此带来的研发投入成本和风险。采用合作开发策略要求企业具备技术开发上的比较优势,从而实现各合作方的优势互补。合作开发策略容易形成企业间的技术创新联盟,一般出现在产业价值链上下游企业之间,或者企业与竞争对手、外部研究机构、高校、政府之间。这种技术创新策略能够节约研发投入,同时也可以起到帮助进入合作方市场的作用。引进消化吸收策略主要是企业引进外来技术,在对技术消化吸收的前提上进行改进和创新。

(三)创新行为策略

按照企业技术创新的行为方式划分,技术创新策略包括进攻型技术创新战略和防御性技术创新战略。进攻型技术创新战略要求企业积极应对市场竞争,在市场竞争中采取以技术创新进入或者扩大市场领域的主动进攻姿态,向所在行业内部的技术领域不断发起挑战。防御型技术创新战略则要求企业坚守已有的技术和资源,并采取一系列措施保护技术研发方面的专利,建立和加固市场进入壁垒。

第十七章 创新管理方法

第四节 制度创新方法

一、制度创新过程

制度创新是指为确保创新的顺利进行及创新者因创新获得追加利益而对现行制度的变革。当现行制度所提供的环境、结构及运行机制无法得到技术创新期望的潜在利益时，就会要求进行某种制度的创新和调整。制度创新的过程包含以下几个环节：

（一）分析制度创新诱因

从经济学的角度来看，制度创新是组织为应对其内外部环境变化而采取的特定的行为，涉及到管理者采用新的观念、制定新的行为规范并且将新的观念、管理活动等进行规范化、制度化等一系列复杂的组织行为。组织在做出制度创新的决策之前，首先要对进行制度创新的诱因进行科学的分析。从本质上来说，制度创新是组织制度需求和制度供给之间相互作用的产物。一般而言，促使制度创新的原因主要来自于两个方面：一是内外在压力打破了组织制度均衡，使组织产生了改变现有制度的制度需求，这些来自内外部的压力包括利益集团对收入预期的改变、市场外部性、规模经济、生产技术发展、风险和交易费用引起的收入增加等。二是强制性的因素，国家或者地方法规变化、政府指令、市场规则变迁等都有可能成为强迫组织进行制度创新的影响因素。因此，在制度创新的前期，组织需要分析新制度出台的必要性和重要性，考虑新制度与法律、法规、观念、文化等多方面可能发生冲突的因素。

（二）科学估算制度创新成本

任何创新都不可避免地存在成本考量，在分析了制度创新的必要性和重要性之后，组织进一步需要考虑制度创新的成本。在选择、设计和确定制度创新的过程中，需要考虑制度信息的搜寻成本、谈判成本、游说成本等。制度实施包括技术准备成本、培训与动员成本、新制度沟通协调成本、制度变动中的市场机会损失成本以及制度失败的成本等。

（三）实施制度创新

在制度创新的实施阶段，为促进新制度的顺利执行，组织需要搭建制度创新实施团队，使其督促制度的落实，监督实施过程，及时反馈发现的问题。同时作好宣传工作，通过各种信息沟通渠道宣传制度创新及其可能带来的福利改进，为新制度的实施创造有利的组织氛围。在制度创新的实施过程中，管理者更要身先士卒，积极带领员工进行新制度的学习和执行。

（四）评价制度创新效果

制度创新本身是一个长期性的组织行为，由于其固有的过程长期性和收益长期性特征，制度创新的效果并非一朝一夕就能表现出来，对其评价也需要在较长时间中作出。只有那些被组织内外部利益相关者普遍认同的制度创新才有可能深入人心、能充分发挥创新促进效应。

二、制度创新方式

从制度创新的机制来看，制度创新主要分为自主性制度创新和自发性制度创新两种方式。

（一）自主性制度创新

自主性制度创新是制度创新主体主动采取措施制定和修改制度，使新制度适应制度对象未来的发展。进行自主性制度创新的企业往往是因为来自外部环境的变化以及自身对收入预期的改变而进行的制度创新。一方面，由于外部市场环境变化、生产技术的发展、法律法规的更新等对企业行为提出不同要求；另一方面，随着企业进入不同的发展阶段，企业本身对收入的预期也发生改变。在这样的情况下，企业旧有制度越来越不适应外部变化，制度的供给与需求逐渐进入失衡状态时，企业就需要主动去寻求制度供给与外部需求的再平衡。这种自主性的制度创新的动因一般是从上至下的，由企业决策层在对外部环境和内部需求进行分析和判断之后，引导组织进行制度创新，并将创新制度向整个组织推广实施。

（二）自发性制度创新

自发性制度创新是制度对象在发展中自己提出了革新的要求，逼迫对原有的制度进行创新，并在新的制度安排下达到新的统一和平衡。自发性制度创新与自主性制度创新的最大的区别在于，制度创新的诉求者不同，制度创新的出发点也不同。自发性制度创新的动因是由下至上的。一方面可能是由于制度对象本身需求的变化，比如对劳动成果分配、劳动环境与条件、工作资源需求等的要求发生了变化而提出制度革新的需求；另一方面，也可能是外部环境的因素，比如法律规定、行业发展变化、社会发展程度等对制度对象产生的影响导致其要求所在组织进行相应的制度创新，实现新的制度安排以更好地满足其需求。

三、制度创新路径

（一）重视组织规范建设

要实现制度创新首要工作就是要重视组织规范的建设，不断完善和创新组织规范。组织规范是全体组织成员的行为标准和准则，是规范组织成员工作态度和工作行为的准绳。

当组织成员偏离或者破坏这种规范时，组织应该及时采取纠正措施，使其回到组织规范行为中来，当成员的态度和行为符合规范，组织就会对此加以肯定。由此可见，组织规范对成员的行为具有监督和维护功能，是企业制度创新的重要方面。组织要从相对动态视角指导组织规范的建设，一方面，组织规范应该积极适应企业内外部环境变化，在建设过程中进行动态创新；另一方面，组织规范因为具有其监督和维护功能，且其功能发挥作用的时间比较长，企业在建设组织规范的过程中也要注意规范的稳定性和权威性，避免朝令夕改造成的负面影响。

（二）提高组织运行要素的有效性

进行制度创新还要注重提高组织运行要素的有效性，从而保障制度创新的顺利推进。组织运行要素是实现组织目标过程中组织发生的关键行为要素，一般意义上这些关键行为要素包括组织领导、组织决策、员工激励和组织控制等多个方面。因此，企业制度创新过程中需要注重这些关键运行要素的有效性。在提高领导行为有效性方面，不仅要关注领导工作绩效、工作能力的提高，还要关注领导个人品德的提高。正确的组织决策是组织实现战略目标的关键环节，合理有效的组织决策能够指导组织取得行为结果的成效。因此，企业需要注重提高决策制度的科学性，促进组织决策形式的民主化，不断提升组织决策者的能力素质。组织要建立科学合理的员工激励制度，不断提升激励制度的有效性，激发组织成员的内在动机和创造性，为制度创新营造有利的执行环境。除此之外，组织还要提高组织控制行为的有效性，减少制度创新在运行过程中所受到的各种干扰，确保组织活动按照预定的计划速度和标准进行，防止制度创新的效果偏离既定的目标。

四、制度创新策略

企业进行制度创新可以采取多种策略，主要制度创新策略有以下三种。

（一）创新组织制度

随着我国市场经济建设的深入和在国际上经济地位的提升，企业迎来了全新的市场机遇和挑战。企业在制度创新时可以根据国际国内的经济环境和自身的发展状况建立适合自己的组织制度。比如适应市场快速变化的扁平、高效、灵活的新型企业组织；进行企业内部市场化变革，将市场交易原则引入企业内部，在企业内部开展有偿交易，在各部门建立独立成本和利润中心；企业还可以通过将专业化职能部门转变为以任务为中心、充分发挥个人和团队小组的力量。在互联网时代，激活组织成为组织生存发展的重要手段，而组织制度的创新无疑是激活组织的关键策略。

（二）创新管理制度

管理制度创新是解决企业资源有限性和资源需求无限性买断的有效方法，也是实现制度创新的有效策略之一。管理制度的创新主要体现在建立科学有效的资源配置、用人机制、约束和激励机制等多个方面，具体包括建立科学合理的人事行政管理制度，促进人力资源价值的最大发挥；创新财务管理制度，采用信息化财务办公模式，解决时空冲突带来的问题，提高财务信息的利用效率，实现科学化决策；创新生产管理制度，建立现代化生产管理体系，有效提高生产效率和质量；创新营销管理制度，充分借助互联网发展趋势，利用全球化的市场网络信息，创新营销观念、营销策略、营销方式等等。企业管理制度的创新能够有效解决企业内部资源分配和使用问题，是企业制度创新的关键部分。

（三）创新文化制度

在新的经济形势下，企业文化的力量已经成为推动企业发展的主力军之一。企业文化制度的创新，必然会带来员工价值理念的创新，进而推动企业制度和经营战略的创新。创新企业文化制度，首先需要企业经营管理者具备与时俱进的创新精神，深刻理解企业文化内涵，担当企业文化制度创新的领头羊；其次需要企业管理与人力资源开发相结合，注重对全体组织成员进行文化创新的培训，建立相应的激励和约束机制，使成员理解认同文化制度并身体力行；最后需要企业建立学习型组织，企业的知识管理能力和学习能力是促进文化创新推动企业不断发展的不竭动力，学习型组织的建立有助于提升企业的知识管理能力和组织成员的学习能力。

第五节　管理创新方法

一、管理创新过程

管理创新的过程是讨论如何将管理创新成果转化为生产力的过程，是指组织通过结构和体制上的创新，确保整个组织采用新技术、新设备、新物质、新方法成为可能，通过决策、计划、指挥、组织、激励、控制等管理职能活动和组合，为社会提供新产品和服务的过程。如何组织管理创新活动、如何保证管理创新活动的有效性是管理者在管理活动中需要重点考虑的问题，然而企业管理创新是一个极为复杂的过程，用科学的管理理论、方法和技术来探索管理创新活动过程的一般规律性和模式是组织实现创新管理绩效的重要环节。管理创新的过程一般包括以下方面：

（一）问题识别与分析

管理创新的第一步是密切的关注、发现分析当前管理中存在的问题，并结合问题存在的背景，一般来说管理创新的问题及出现背景有如下几种情况：

1. 宏观经济的变化发展引起的管理创新

随着全球化的发展，世界经济一体化的程度越来越高，面对更加激烈的全球竞争，企业必须调整经营战略，提升创新能力，不断提高产品和服务的质量。只有高度重视自身创新能力的提升，才能使企业在全球化的影响下，减少威胁，抓住机遇，发挥优势，在世界经济的舞台上占领一席之地。

2. 科学技术进步引起的管理创新

随着知识经济的发展，产品更新换代的速度越来越快，科技创新是企业发展的源动力，是企业最强的生命力，科技进步带来了越来越深入广泛地管理创新。倘若管理者没有创新精神，那么面对激烈的竞争者，企业很快就能被时代浪潮所淹没。而管理的创新能对企业的技术创新、人才培养、经营战略、产品开发等各个方面产生重大的影响。在高科技和知识经济时代里，管理创新能在很大程度上提升响应速度与企业整体的竞争力。

3. 重大的机遇或危机引起的管理创新

随着市场经济的发展，产品和服务更新的速度越来越快，新的产品、材料、工艺不断被开发出来，消费者的喜好也越来越多样化、个性化，竞争对手的实力也日益增强。面对如此激烈的市场，企业只能保持敏锐的洞察力，探索新的经营战略，主动地了解挖掘消费者的需求。只有不断创新，才能使企业在残酷的竞争中保持竞争力，否则就难以避免被淘汰的命运。

（二）创新方案创造与决策

在弄清楚问题所在后，要根据创新目标的选择而确定创新内容，有针对性地指定相应的解决方案，具体分为以下几个步骤：

1. 确定创新目标

创新目标就是企业通过创新活动，在一定时期内所要达到的预期结果。它是在企业创新思想指导下，为解决企业创新问题，根据创新机会推出对企业创新活动应达到的理想状态。确立的创新目标正确与否，决定着企业创新活动的成败。在确立创新目标过程中，要根据企业的发展现状、市场环境、企业资源等确定合理的创新目标。

2. 制定并选择创新方案

创新方案包括计划、步骤、进程等方面的内容。创新方案的制定要考虑企业创新目标、创新环境和创新资源的约束，即创新方法、创新环境、创新资源等共同决定创新的水平和能力。因此在制定创新方案的过程中，要注意运用多种科学的方法和手段，形成一个系统的、具体的、能够切实实施的创新方案。在确定了多个可行的方案后，还要根据组织的客观条件来对各方案的利弊及可实现进行分析和评估，选择最具有可行性的方案。

3. 创新方案实施与修正

企业在明确了管理创新问题解决过程中需要应用的管理创新方法之后，如何使这些管理创新方法在管理创新实践中得以实施和使用，成为企业推进管理创新进程的实质性环节。如果制定的方案未能得到有效的实施，那企业创新的目标就无法实现。

（三）创新方案的运用

创新方案的运用分为方案的初步实施和阶段性修正两个阶段。

1. 初步实施

企业开展管理创新方案实施的工作时，要重视沟通管理创新目标的必要性和管理创新方案实施的必要性，使得企业内部认可和接受相应的管理创新活动和管理创新方法。由于管理创新方案的实施涉及到的层面很多，企业还应做好各成员培训工作，加强各部门的沟通和配合，并在实施过程中进行控制。

2. 阶段性修正

管理创新方案的实施是一个复杂持续的过程，是一个不断进行评价、反馈和改进的过程。这一过程中各种活动的实施可以按照时间控制分为及时性和阶段性活动。前者是在实施过程中对各项活动进行即时评价和改进；后者是阶段性的评价与改进，即管理创新方案实施工作告一段落后，对这一阶段整体工作的绩效进行评价。

二、管理创新方式

在知识经济时代，企业必须适应信息网络化和经济全球化的趋势，管理方式必然由传统管理转向整合管理。这就意味着，企业要想实现可持续发展，就必须进行符合实际需求的管理创新。企业管理创新的方式主要有以下几个方面。

（一）管理理念创新

管理理念与思想是一个企业的灵魂，是管理者在管理行为中所遵循的思想和原则。管理理念的创新直接影响到企业经营目标的创新、市场观念和产品的创新以及员工管理模式的创新。传统的管理理念以企业为中心，而在知识经济时代，更加需要树立"以人为本"的理念和互联网思维，企业要坚持一切以"人"为出发点和落脚点，以内部客户和外部客户为中心。企业在管理思维的创新上还需要树立互联网思维，企业管理者的管理理念应具备开放、融合、协同、共赢思想，在为客户和消费者提供优质产品和服务的同时，将其他利益相关者的诉求有机结合起来，形成有效协同的商业生态系统。

（二）组织管理创新

企业面临的经济、社会和科技发展环境一直在发生着变化，企业的管理对象、管理理念和内容也会随着企业经营发展的战略和目标而发生改变，这些都要求企业进行管理组织的创新。为了适应新的商业逻辑和企业发展需求，企业要做出相应的组织改变，尤其是在互联网时代，形成一种开放的、协作的、柔性的组织结构是企业适应快速变化的市场环境、赢得市场竞争的有效保障。

知识链接 17-3

全面创新管理

全面创新管理是以培养核心能力、提高持续竞争力为导向，以价值创造和价值增长为最终目标，通过全要素（包括组织、技术、文化、管理、制度、市场、战略等）的有机组织与协同创新，借助有效的创新管理机制、方法和工具做到全面的创新管理。全面创新管理的内涵可以概括为以下四个方面：

（1）全要素创新：以系统观和全面观为思想指导，全面协同与组织创新绩效紧密相关的组织、技

第十七章 创新管理方法

术、文化、管理、制度、市场、战略等关键创新要素。

（2）全员创新：狭义的全员创新是组织内部全体员工参与创新，创新主体不再局限于企业研发和技术人员，任何员工都可以成为自己岗位上的创新者。广义的全员创新不仅包括企业内部组织成员的创新，还包括企业外部投资者、供应商、用户等利益相关者。

（3）全时空创新：全时空创新包括全时创新和全空间创新，全时创新表现在即时即兴创新和连续创新，时间上的无限制创新极大提高了创新的灵活性。全空间创新是依托经济全球化和互联网时代背景，充分利用企业内外部空间，突破地域和现实—虚拟空间的限制，整合全球范围内的创新资源为自己创新所用。

（资料来源：郑刚. 全面协同创新：迈向创新型企业之路［M］. 科学出版社，2006.）

（三）企业人才管理创新

在知识经济时代，企业管理中人才和科技要素的作用不断提高，而人才是一切知识要素的最终载体，企业与企业之间的竞争归根结底是人才的竞争。企业的人才管理创新尊重员工的人格，从员工内心需求出发，提倡员工自我管理，增加员工在组织中的凝聚力。此外，企业人才管理创新更加注重加大人力资源的开发力度，强调建立合理科学的人才激励机制，充分发挥企业人力资本的潜力。

三、管理创新路径

（一）创新企业经营管理理念

企业经营管理理念的创新是企业进行管理创新的前提，是管理创新的指导依据。为了适应社会经济和市场环境的不断变化，企业在发展过程中必须不断更新经营管理理念，与时俱进。企业管理者需要根据当前发展的大环境和时代的变化转变自身的管理理念，适时摒弃过时的管理思想，树立适合新形势下市场经济发展的管理理念。同时，企业要构建管理创新文化。好的企业文化是企业员工行为处事的精神火炬，是企业生存发展的精神动力。构建创新型企业文化，使管理创新思想真正融入企业文化之中，潜移默化地深入员工内心，从而激励员工敢于创新、勇于改变，为管理创新创造良好的群众基础。

（二）创新企业内外部管理模式

企业管理创新的实现不仅需要企业自身内部管理模式的创新，还需要企业外部的整合管理两方面的创新。企业管理创新应首先从企业内部的管理模式创新做起，企业内部的管理模式创新使管理创新能够应用于企业运营的各个环节，是企业自身全方位的创新。企业内部管理模式创新应以观念创新为引导，以制度创新为基础，以文化创新为核心，以技术创新为推动力，以组织创新为保证。以上多个方面的创新相互协调，最终为企业的管理创新实现提供坚实基础。企业外部管理模式创新即外部的整合管理创新，是企业管理创新过程中积极向外部学习，寻求创新所需资源的重要途径。外部整合管理创新主要包括合作创新和引进创新两种形式。合作创新是企业与单个或多个合作方相互合作，取长补短，共同实现创新的过程，合作内容可以是新的管理模式、新的管理理念、新的管理技术等等。引进创新指的是企业直接向外部引进自身所没有的管理创新资源，比如技术引进，向咨询公司引进先进的管理思想和策略等。

（三）管理创新常态化

实现管理创新常态化是保证管理创新效果的最佳方式。要做到管理创新的常态化，最关键的措施在于构建相应的创新激励机制并确保该机制运行的有效性和常态化，同时营造创建企业管理创新氛围为组织成员提供相应的培训机会，切实提高组织成员的创新意识和创新能力。企业还需要为组织成员的创新行为提供资源支持，通过物质或精神上的关怀不断鼓励成员在工作中保持创新的积极性，从而推动企业整体的管理创新。

四、管理创新策略

（一）独立型、联合型与引进型管理创新策略

根据创新的独立程度不同，管理创新策略可以采取独立型管理创新策略、联合型管理创新策略和引进型管理创新策略。独立型管理创新策略是企业依靠自身力量独自进行管理创新，管理创新的成果具有显著的首创性。联合型管理创新策略是不同企业之间相互合作进行的管理创新活动，这种管理创新策略要求合作企业之间相互合作，优势互补，发挥各自在管理创新方面的相对优势。引进型管理创新策略是意在进行管理创新的企业从其他组织引进先进的技术、生产设备、管理方法等，并在此基础上进行创新。这种创新的开发周期相对较短，创新的组织实施过程有一定的参照系，风险性相应降低。但是这种创新策略需要对引进的技术进行认真的评估和消化。

（二）首创型、改创型与仿创型管理创新策略

根据企业管理创新活动中创新程度的不同，管理创新策略可以采取首创性创新策略、改创型创新策略和仿创性创新策略。首创型创新策略是指观念上和结果上有根本突破的创新，通常是首次推出但对经济和社会发展产生重大影响的全新的产品、技术、管理方法和理论。改创型创新策略是企业在自己现有的特色管理或在别人先进的管理思想、方式、方法上进行顺应时或逆向式的进一步改进，在别人的先进管理的基础上进行大胆创新，探索出新的管理思路、方式、方法。仿创型创新策略是创新度最低的一种创新活动，其基本特征在于模仿性，企业在吸收其他组织的管理模式和方式、方法后进行创造性模仿使之更适应自己的发展需要。

（三）渐进式与突变式管理创新策略

根据创新的过程是量变还是质变，管理创新策略可以采取渐进式管理创新策略和突变式管理创新策略。采用渐进式管理创新策略的企业管理创新是从无数的小创新开始的，在管理上进行小的创新积累，最终产生导致质变的大创新。突变式管理创新是指企业的管理首先在前次管理创新的基础上运行，当原来的管理机制无法适应企业发展的新需要时，则打破原有机制建立全新的管理机制。突变式管理创新具有颠覆性，创新周期相对较短，如

果创新成功，则会出现管理上质的飞越。

案例分析

优等生华为的华丽升级

2017年10月20日，华为Mate 10在上海举行新品发布会，这家中国手机公司每年的年度旗舰手机发布都吸引着世界的目光。几年前，这种光环还属于苹果和三星。但现在，华为手机销量首次超越苹果，并继续保持着昂扬的"上涨姿势"。这次发布的华为Mate 10最大的创新点是采用华为首款人工智能芯片麒麟970。据介绍，麒麟970采用的集成NPU（神经网络单元）新架构，拥有高速联接、智慧算力、高清视听、长效续航等优势。在一颗小小的芯片上，集成了55亿个晶体管。华为希望通过这一创新，为消费者带来前所未有的手机人工智能体验：能更聪明地拍照，拍摄过程中可智能识别13种场景并自行调整参数，避免出现曝光、偏色问题；提升海量信息处理能力，例如智慧识屏功能，它可主动推送电影、餐厅等信息；手机可以秒变电脑，只用一根数据线就可以连接并将手机画面投射到大屏上。在外观方面采用了全玻璃外观，屏幕尺寸为5.9英寸，比例为16∶9；同时指纹模块位于手机正面下方。其次，华为Mate 10使用了IPS屏幕，屏幕分辨率为2560×1440。另外在摄像头方面，Mate 10采用了全新自研的ISP双摄算法，在快速响应，快速对焦方面非常出色。在业界看来，华为手机脱颖而出的根本原因在于华为公司研发投入。迄今为止华为投入研发创新的资金已达到3130亿元，并在全球建立了36个联合创新中心，16个研发中心，累计获得62519件专利授权，通过多年持续积累，华为已成为全球最大的国际专利申请企业。当然，华为仗剑江湖的背后，还有其"视质量为生命"的质量观和"以消费者为中心"的创新理念。而创新与变革是华为持续成长与强大的两大利器。

讨论题：
1. 华为公司为什么要坚持"视质量为生命"的质量观？
2. 华为公司成功的秘诀是什么？

复习思考题

1. 产品创新的方式与策略有哪些？
2. 市场创新主要有哪几种方式？不同方式之间有什么区别？
3. 技术创新中自主创新具有什么特点？其优缺点主要表现哪些方面？
4. 企业在什么情况下更适合采取模仿创新的技术创新方式？
5. 简述制度创新的路径和策略。
6. 简述管理创新的三种主要方式。
7. 管理创新策略有哪些？

延伸阅读

[1] 黄恒学. 市场创新 [M]. 北京：清华大学出版社，2000.
[2] 成海清. 产品创新管理方法与案例 [M]. 北京：电子工业出版社，2011.
[3] 葛新权. 技术创新与管理 [M]. 北京：社会科学文献出版社，2005.
[4] Van O. M. Where are the politics in responsible innovation? European governance, technology assess-

ments, and beyond [J]. Journal of Responsible Innovation, 2014, 1 (1): 67-86.

[5] Miller W. L, Morris L. Fourth generation R&D: Managing knowledge, technology, and innovation [M]. New York: John Wiley & Sons, 2008.

[6] Zhou K. Z, Wu F. Technological capability, strategic flexibility, and product innovation [J]. Strategic Management Journal, 2010, 31 (5): 547-561.

第十八章
Financial Management

管理方法的未来

内容提要

本章主要学习跨文化管理的概念、特征与主要方法；知识管理的概念、特征和时代背景以及知识管理实施的战略框架和方法；网络经济管理的概念与特征以及网络经济背景下的企业管理方法；不确定性管理的概念、特征与方法。其中，跨文化管理与知识管理是本章学习的重点，网络经济管理与不确定性管理是本章学习的难点。

学习目标

知识目标：理解跨文化管理、知识管理、网络经济管理以及不确定性管理的概念、特征与方法，掌握新管理方法的实际运用。

能力目标：运用跨文化理论解释企业中出现的跨文化现象；运用知识管理理论、网络经济管理的相关知识以及不确定性理论分析企业管理实践。

素质目标：以本章介绍的理论知识为基础，深入研究管理学的新兴领域；熟悉管理学的新方法，培养企业管理的新思维。

第一节 跨文化管理

一、跨文化管理的概念与特征

（一）概念

文化是指一个群体共享的价值观念系统。这种观念是人为创造的且被他人认可的观念。文化给人们提供了聚合思考自身和外部世界的有意义的情境，并且代代相传。古希腊人和古埃及人在海外贸易的过程中便懂得了如何与不同文化背景下的人们做生意。丹麦人、英国人以及其他一些欧洲国家的商人在文艺复兴时期更是建立起了世界范围的企业集团。当与其他文化环境中的人进行贸易时，这些欧洲国家的商人会对其他文化背景下的语言、信仰以及习惯保持敏感以确保顺利实现交易，跨文化管理随着企业全球化浪潮的推进正逐步得到企业的日益重视。

跨文化管理又称为交叉文化管理（Cross Cultural Management），其核心要义是对子公司所在国文化采取包容的管理方法以求克服异质文化引发的冲突，并据以创造出企业独特的文化，从而形成卓有成效的管理过程。跨文化管理包括跨国界和跨民族界限的文化管理，其目的是在不同形态文化氛围中设计出切实可行的组织结构和管理机制，在管理过程中寻找包容文化冲突的企业目标，以维系具有不同文化背景员工共同的行为准则，从而最大限度地利用和提升企业的潜力与价值。

（二）特征

作为一门研究多元文化企业管理一般规律的学科，跨文化管理相比其他学科，有其自身的特点。

1. 复杂性

跨文化管理最大的特征是复杂性。这一特性首先源于跨文化管理受到来自不同层次差异性的影响。从宏观角度来看，跨文化管理受到文化差异、政治制度差异以及法律制度差异的影响；从中观角度来看，跨文化管理受到来自企业价值观差异和企业管理模式差异的影响；从微观角度来看，应对个体文化背景差异引发的文化冲突是跨文化管理的重要内容。其次，跨文化管理的对象是多文化背景下的员工，他们不仅具有个人人格和组织人格这二重人格，还需要考虑员工的民族人格。最后，跨文化管理活动涉及到管理的各个职能，需要就不同的文化特质对企业管理各项职能活动产生的影响进行深入分析，从而有针对性地降低企业管理者在行使管理职能时引发冲突和矛盾的可能性。

2. 协商性

没有国际惯例参照的情况下，跨文化管理只能采取协商的方式。必须在相互尊重相互理解的基础上，加强跨文化沟通和协商，任何一方不能把自己的意愿强加给另一方。在企业内部必须加强不同国家员工之间的相互了解和适应。广泛而深入地无障碍交流是文化交流的本质，它不仅存在于民族传统文化、企业管理文化和员工自身素质之中，同时也渗透于精神文化、物质文化以及制度文化各部分之中。

3. 交融性

跨文化组织管理学家南希·爱德勒（Nancy J. Adler）指出解决文化冲突问题有凌越、折衷和融合三种方案。其中凌越，是指一种文化凌驾于其他文化之上，支配组织决策及行为，其他文化被压制。而折衷是指不同文化间采取妥协与退让的方式，有意忽略回避文化差异。融合则认为不同文化间在承认、重视彼此间差异的基础上，相互尊重、相互补充、相互协调，从而形成一种共同的、全新的组织文化并具有较强的稳定性。通过融合的方式形成跨国公司自己的文化，实施并强化企业跨国经营中的跨文化管理，对于企业跨国经营来讲无疑是促进多元企业文化融合的有效手段。

二、跨文化管理的内容

(一) 跨文化沟通管理

1. 跨文化沟通的概念

沟通最基本的功能是交换信息,但是只有在人们对信息和环境的解读受到共同的知识背景影响时,沟通才是准确的、有效的。跨文化沟通是指不同文化背景的个体之间的信息交流。由于地域、种族等因素都可能导致文化差异,因此跨文化沟通不仅发生在国家之间,也发生在不同的文化群体之间。跨文化沟通方法手段的选择和控制是跨文化沟通管理的主要内容。

沟通范式和语境的差异性是跨文化沟通的主要特征。差异性的表现形式非常多,沟通范式的差异性包含如插嘴和沉默、语音语调、目光接触、肢体语言等方面的差异。不同的文化对于插嘴和沉默两者的解读具有较大的差异。东方人习惯在对方说完之后稍微停顿再接话,以显示自己在思索对方的话,沉默是对对方的尊重。欧美人习惯一来一往,有问有答,有条不紊。而拉美人则习惯在对方没有说完时就接话,从而表现自己对对方的谈话非常感兴趣。美国人非常害怕沉默,将沟通方的沉默理解为不满意或是不高兴,而不是对方在思考。欧美人、拉美人和东方人在语音语调、目光接触、肢体语言等方面也存在不同的信息表达。例如,在语音语调上,欧美人说话抑扬顿挫、起伏有致,而拉美人则一直保持亢奋状态,语调很高,东方人则保持着平缓的语调、不紧不慢。

沟通语境的差异性是指沟通前双方对需要了解和共享的背景信息的依赖程度的差异,包括人际关系语境、时间语境、空间语境等方面的差异。许多学者发现导致跨文化沟通出现差异的因素都属于沟通中的语境差异,比如表达方式的直接和委婉、沟通中对人际关系语境等因素的依赖程度皆属于对语境这一因素导致的差异。高语境文化中,人们在沟通时对共享的背景知识的依赖程度高,大部分信息通过环境或是内化在环境和个体身上的信息来体现,而不依靠直接的、清晰的语言表达。低语境中的文化沟通则用清晰的外在语言来传达大量的信息。

2. 跨文化沟通的障碍

(1) 文化差异性。文化的差异性是影响跨文化沟通的关键因素。来自不同文化背景的人在跨文化沟通中会表达不同的价值观和思维方式。比如东方人强调协作和共同承担责任,西方人则重视个人价值的实现,提倡竞争并奖励创新。管理模式的多样化可能会给跨文化沟通造成障碍。

(2) 文化中心主义。人们作为某一特定文化成员所表现出来的优越感即为文化中心主义。在与他人沟通时,会习惯性把自身的文化观念、价值体系作为衡量标准,去评价他人的行为。这种障碍通常会造成距离,例如对沟通方的要求无视或是回避,因不了解风俗习惯而漠不关心,因不了解宗教习惯而进行无理干预和批评。文化中心主义很难追寻根源,其主要原因是其通常是无意习得的,并且总是在意识的层面反映出来。而这种偏见会使管理过程遭到破坏。

（3）缺乏沟通能力。跨国企业的管理者能与来自不同文化背景的人进行有效的沟通是必要技能。由于有些管理者对文化敏感力和适应力较弱，缺乏广博的文化知识，没有熟练掌握相应的沟通技巧和方法，沟通过程中缺乏换位意识，或者对沟通的重要性认识不够，过多地站在自己的立场而不是他人的立场上去理解、认识和评价事物，因而无法有效地协调和处理因文化差异引起的冲突。

知识链接 18－1

谈判中非语言沟通行为的跨文化差异

通常情况下，语言交流占谈判过程的80%—90%，而通过这些语言传达的意义可能只有20%。其他的意义都是通过非语言行为传递的。那么构成非语言媒介的要素有哪些？

1. 谈判的场所和布置。不同的场所具有不同的效应。是在主场谈还是客场谈？我们的座位是否舒适？据说法国人经常把对手的座位调低以降低声势；美国人习惯坐在对手的对面以便目光接触；日本人则喜欢安排坐在同一边，注视白墙，说话时不直视对方。

2. 座位的安排。座位与座位间的间隔距离因文化而异。东方人、北欧人和盎格鲁—萨克森人，沟通时人与人的距离保持在1.2米左右，但是南美人、墨西哥人以及阿拉伯人则认为0.5米是合适的距离。如果让他们保持1.2米的距离谈判，他们就觉得需要非常大声。

3. 沉默。倾听在谈判中是非常重要的环节。日本人和芬兰人是世界上最善于倾听的民族，就如中国人所说的"知者不语，语者不知"。他们认为沉默在谈判中具有重要作用，表现出你的认真倾听和学习，而谈话只能表现你的聪明、自私甚至傲慢。强加自己的观点于他人是不礼貌的，礼貌的行为是点点头，避免言辞过激。

4. 对随意的态度。美国人在谈判中非常随意，他们直呼其名，脱西装、放松领结，还喜欢嚼口香糖，跷二郎腿把鞋底对着别人。但是许多其他国家的人无法接受这些行为。日本人在谈判中非常正式。德国人不喜欢直呼名字，法国人不习惯别人脱西装，而泰国人认为鞋底是不洁的，把鞋底对着别人是一种侮辱。

5. 肢体语言。肢体语言是人类早期的沟通方式，虽然如今口头语言已发展成熟，肢体语言在谈判和沟通中的重要仍然不可言喻。相较于日本人、中国人或是南美人，非洲人和中东人非常依赖肢体语言。而不同文化的人们对于肢体语言的关注点也存在差异。比如，意大利人认为如果对方的坐姿是向前倾，则说明他对话题感兴趣，如果向后靠，说明不感兴趣，或者有自信让局面往他们想要的方向发展。如果交叉双臂，说明对方有所防卫。如果对方手指在无意敲桌子或是腿在抖，说明他们想要说话。

（资料来源：陈晓萍．跨文化管理［M］．北京：清华大学出版社，2005．）

（二）跨文化团队管理

1. 跨文化团队管理的概念

跨文化团队指来自不同文化背景的人为了共同的目标组合起来进行工作。跨文化冲突的产生是由于不同形态的文化要素之间相互对立，相互排斥。因此，跨文化团队管理是指以有效协作为管理目标，以包容理解为管理原则，通过克服跨文化团队在协调组织、团队激励以及风险承担意识等方面的冲突，构建起促进团队优化的统一的工作流程。

跨文化团队具有复杂性。由于跨文化团队内部存在着多种文化背景，因此，团队内部的互动的复杂程度非常高。人与人之间如何沟通、采用何种思维模式、如何处理工作问题

第十八章 管理方法的未来

等都缺乏统一的规则和公认的方法。在这种情况下，一种可能的存在是完全忽视文化差异，有意忽视或回避文化差异；二是认为文化多元会带来许多问题，抱有消极态度。这都是对跨文化团队认识的误区。我们应该科学认识跨文化团队的特点、所具有的优势和劣势，并从特征出发寻找有效建设跨文化团队的方法。

跨文化团队具有多样性。这种多样性体现在成员组成以及团队管理模式上。团队成员包括管理者和普通成员。团队管理者的管理风格和决策方式会给团队带来鲜明的文化特色，而团队中的普通成员仍然保留着各自的文化基本价值观，从而产生了团队多样性的需求以及满足这些需求的不同思维模式和行为表现。并且，除了多样性的文化背景，团队成员由于在各个国家所受的教育不同，表现的知识结构和技能也大相径庭。从管理模式上来看，来自不同文化的管理者会使得团队管理模式千差万别，如绩效考核目标的设置、团队激励的关键因素以及在紧急事务的风险承担意识等。因此，跨文化团队对管理模式的灵活性和能动性提出了更高的要求。

2. 跨文化团队管理的障碍

（1）思维模式的差异性。西方人偏好抽象思维，更注重置疑，即推敲事情的前因后果，不为感性意识左右；而中国人偏好形象思维和综合思维，一旦认可某一事务，容易产生惯性思维。因此，由于思维模式不同产生的分歧容易产生于团队决策的过程中。

（2）管理理念的差异性。由于文化不同，团队成员的管理理念的大有不同，最为集中的体现是关于目标应该由谁制定和目标应该如何考核的问题。比如对于非常看重个人荣誉捍卫的法国人来说，荣誉感是对自己工作的尽职尽责和高度的自主意识，因此工作目标的制定应该是自己，而非上级。但在美国，明确合作双方的权利和义务，把团队合作看成是一种契约关系，要求上司对自己的工作目标制订清楚非常常见。对目标的考核方式也存在着差异性。比如，美国人将考核过程尽可能量化，但是日本企业认为考核应该从如何处理与客户的关系，如何建立与社区的关系，如何应付竞争对手等这些方面入手，而那些量化的报表和数据只是考核的很小一部分。

（3）文化信仰的差异性。个体间的价值观和审美观差异往往来自于文化差异，不同文化背景的人民信奉的生活理念存在差异看待事务的角度和喜怒哀乐的表达方式都会不同。时间管理和事务分配的首要前提是对信仰的认识和熟悉，更是对团队成员的理解和尊重，以及促进团队有效合作的关键因素。

（4）语言沟通的差异性。多样性对信息交流的有效性的影响首当其冲。单从语言的角度来说，当团队成员不能流利地使用同一种工作语言时，交流效果会大打折扣。许多跨文化团队的成员是公司的高管团队，但是由于语言不通，有时甚至需要翻译在场，导致交流效率非常低，且可能出现许多的错误。

（5）法律和政策的差异性。由于对政治、经济和法律，尤其是彼此的社会文化环境缺少足够的了解，不同国籍员工往往依据自身的文化对信息作出主观地分析和判断，从而容易产生误解和冲突。

（三）跨文化人力资源管理

1. 跨文化人力资源管理的概念

跨国企业的人力资源管理活动需要在全球范围内获得、分配和有效利用人力资源。跨文化人力资源是关于研究和应用所有人力资源活动的学科，这些活动影响全球化背景下企业的人力资源管理过程。因此，跨文化人力资源管理是指企业在国际化进程中，由于员工文化背景差异导致的规划、招聘、培训、考核、激励等人力资源管理活动和过程。

人力资源管理的各项职能都受到文化差异影响，因此决定了跨文化人力资源管理的多元性活动。以招聘为例，在长期导向的国家和地区，员工的招募更多关注他们的应聘动机及其与企业文化的契合程度，而在短期导向的文化背景下，企业会更加关注员工的技能及带来的工作绩效；在权力距离较大的国家，从事管理工作的人大多是拥有比较高学历的人，而在权力距离较小的地区，职业生涯的晋升更多地依靠员工个人的工作业绩。

跨文化人力资源管理的实践性主要体现在其更强大的人力资源管理功能上。跨文化人力资源管理往往需要更多的人力资源管理行为，比如当管理外派员工时，必须了解外派国家的税收政策、工作签证、劳动合同法规等政策。再者，跨文化人力资源管理活动更多地介入员工生活。公司在考虑外派员工的时候，必须考虑员工的搬家、安置等活动，以及员工的家属安置或是员工回国探亲等事宜。

2. 跨文化人力资源管理的障碍

跨文化管理人力资源管理本身具有复杂性，这种复杂性不仅表现在来自不同层次的跨文化差异对人力资源管理活动造成影响，还表现在跨文化差异对不同的人力资源管理活动构成影响。这些跨文化差异来自包括国家、企业和个体三个层次：

（1）双方母国文化背景差异。由于跨文化差异在国家这一层面的典型性和分明性，学者们在研究跨文化管理时通常以国为单位，而往往许多国家内部还存在着城市间的文化差异。比如我国的少数民族员工间、东西部不同城市的员工间存在程度不等的文化差异。

（2）双方母公司的"公司文化"差异。不同公司之间的文化差异由兼并收购或重组产生的企业中表现的特别明显。例如，海尔是以营造公开、公平、公正、竞争的文化氛围为主要任务，灌输并实践海尔的生产经营理念来兼并青岛红星电器厂，用自身企业文化中的公平公正取代红星电器厂原有的企业文化。

（3）个体文化差异。跨文化差异的微观层次表现为员工个体间的文化差异。上级和下级、男性和女性、不同部门的员工等等，任何不同的两个人身上都可能存在跨文化差异。企业管理者需要洞察每个个体间的文化差异，审慎分析后实施差异化管理。

三、跨文化管理的方法

（一）确定文化维度的差异性

企业进行跨文化管理的首要条件是识别不同文化差异。人们持有不同的价值观、行为准则往往取决于不同的文化背景。要管理好具有不同文化背景的员工，就必须了解他们的不同需求、不同价值观和不同行为模式。对企业中存在的两种或多种文化进行分析，以便有针对性地采取措施，减少文化冲突，推进文化融合。

（二）实施跨文化管理培训

提高企业文化软实力是创新企业文化培训，培养复合型人才的重要目的。解决文化差

第十八章 管理方法的未来

异最基本的手段是对员工尤其是管理人员进行跨文化培训。相关案例表明，外方员工在派遣到中国后出现"水土不服"的原因多是来华前对中国文化了解较少；另一方面是我国企业管理人员和员工对于跨文化管理的理论、知识、方法也不甚了解。这种状况给企业的跨国经营，带来了巨大的困难。因此，对企业管理人员和员工进行跨文化管理的培训是一项紧迫而艰巨的任务。

（三）构建跨文化管理沟通机制

企业进行跨文化管理的根本保证是跨文化管理沟通机制。尊重和理解是跨文化沟通的前提。尊重是对文化差异持一种积极的心态。只有通过不断的沟通才能产生理解和信任，并最终形成独特的企业文化。建立多层次、制度化、正式及非正式的沟通形式，是确保有效沟通的基础，也是确保跨文化企业管理成功的关键。

（四）发展文化整合创新

企业进行跨文化管理的核心是文化整合创新，它是指将不同文化背景中企业的异质文化通过交流、吸收、渗透，继而融为一体，实现对多元文化员工与多元文化环境的不断整合，创造出一个具有独特性、发展性、主动性、层次性特征的跨文化管理方法，形成新的具有跨文化特色的管理模式，从而帮助企业取得良好的经济与社会效益。经过整合创新，原有各方的企业文化在失去了部分自身的特质的同时又从异质文化中吸收了一些新的特质，从而形成一种新的企业文化体系。

第二节 网络化管理

一、网络化管理的概念

网络化管理是指在网络社会背景下，运用信息技术将企业的生产经营活动进行管理的过程。网络化管理是互联网和经济行为相互结合产生的一种全新的经济活动方式，依托网络实现各种传统的经济活动。近年来，"互联网+"的概念被越来越多的企业所接受，越来越多的企业基于这一理念对企业的未来发展进行重新布局和构建。作为未来发展趋势，大多数行业必定会步入网络化模式。当前，网络经济还属于新鲜事物，大多数现代企业对网络经济有所认识，但没有切实将网络经济的发展纳入到企业管理工作当中。

网络社会的本质是跨时空的，网络社会下的各类经济实体以及虚拟经济体都是跨越地域的，通过网络的交流超越了通常的时空限制，可以做到即时性、跨地域性。并且，由于网络信息特殊的存储与搜索机制，既往的存在于网络中的经济事件和经济信息可以对后来的事件形成强烈的影响，导致网络经济管理出现跨时间和跨空间的特征。

由于网络信息传播与交流的跨时空性，使得网络经济时代中虚拟的个体具有高度的流动性。在极短的时间内，虚拟社区的热点话题可以聚集大量个体，产生极为强烈的社会舆论和动员能力。并且,网络经济时代下的许多经济体可能同时拥有多重身份,在网络环境下的身份切换给网络管理带来了复杂性。

二、网络化管理的内容

网络化管理是网络时代下企业信息化发展的必然要求,以面向关系的管理为中心,形成一种新的企业运作方式和组织形态,因此,网络化管理包含企业管理经营的网络化以及企业组织的网络化两大内容。

(一)企业经营网络化

企业经营的网络化是指在充分利用网络、信息资源以及信息技术的基础上,对企业信息进行系统变革和基于系统业务流程的变革,拓展企业的网络经营业务,构造企业的网络发展空间,全面开展电子商务、网络物流、网络客户管理和服务业务,实现全面的企业网络化经营。企业网络化经营业务的推进按照企业业务流程大致包括:网络化采购、网络化金融、网络化产品研发、网络化生产、网络化市场营销、网络化关系管理。

(二)企业组织网络化

企业组织的网络化构建是利用数字信息技术与网络管理技术对组织的构建原则、组织结构、人员配置以及运行机制实现更新的过程。企业组织的网络化,使得企业的管理视野得以拓展,组织资源的内涵得以深化,企业在业务重构中得以实现内外部资源的整合,从而使企业在竞争与合作中实现优势互补,与环境协同发展。企业组织网络化主要包括以下内容。

1. 组织结构网络化

网络经济时代的组织在结构上呈现多维化、柔性化、动态性以及功能的完整性等特点。从职能结构设计到系统结构设计和再造结构设计的是企业组织结构设计的基本过程,网络化的组织结构设计将系统结构与再造结构相结合,使组织具有完整的功能性和独立运行特征。网络经济下的企业组织结构设计有以下形式:

(1)以任务为中心的组织结构设计。这种组织结构设计工作必须以任务作为出发点和归宿点,衡量组织结构设计的优劣,其最终的标准是看是否有利于实现企业任务和目标。当企业的任务、目标发生重大变化时,组织结构必须作相应的调整和变革,以适应任务、目标变化的需要。

(2)以流程为中心的组织结构设计。这种组织结构设计强调以企业的实际业务流程为组织结构的设计依据,形成基于流程价值链的结构体系。

(3)以关系为中心的组织结构设计。这种组织结构设计工作要求在网络空间中构建业务关系系统,并依据业务关系安排组织中负责的相应模块,规范业务。

2. 组织运行网络化

组织结构设计的网络化是组建网络经济时代下企业管理的组织基础,结构功能的发挥以及整个组织效益的取得需要以组织运行作为保障。网络化的组织运行模式是指运用动态性、灵活性的方式来推进组织的流程与业务关系的发展。根据网络经济时代下对企业运行管理的基本要求，组织运行应该包括以下几个方面：

（1）规划设计。规划设计是网络化组织运行的首要运行步骤，因为只有规范统一的目标、任务、程序和方法才能保证信息爆炸、关系网络复杂的组织内部保持稳定和一致。规划设计包括了任务设计、目标设计、流程设计、方法设计、战略设计以及规划的执行与监督等内容。

（2）组织权力。在网络化的企业经营中，组织的权力应该从以职能权力为中心转变为以任务、目标以及项目管理权力为中心，根据网络化企业的组织结构进行权力的配置，使之能支撑网络化企业的运行与发展。

（3）运行关系。网络化的企业组织应该以流程优化为原则，明确基于价值网络以及流程管理的关系，使企业具有最佳的运行关系结构。运行关系的明确和优化是组织中业务安排和协调运行的前提条件。

（4）资源配置。网络化的企业资源配置需要采用网络技术手段对资源配置的方式、程序以及管理方式进行设计，配置的资源包括人力资源、物质资源、信息资源的配给以及外部资源的整合利用。

（5）运行控制。网络化组织的运行机制中控制和协调环节是至关重要的。控制和协调包括了资金投入的控制、研发的控制、市场的控制、物流的控制等。网络化控制和协调要注重内容的综合化以及内部关系的复杂化，处理好这之间的矛盾是其中的关键。

（6）信息系统。网络化组织设计以信息技术和信息系统为支撑，因此，企业信息系统的设计是网络化运行的重要内容。设计应该采用集成技术，将业务信息与管理信息结合起来，实现基于网络的企业发展。

三、网络化管理的方法

（一）认知企业的管理变革

1. 企业成长模式的变革

传统经济模式之下，企业的成长主要是依靠自身对市场进行调查，对自身未来发展做出规划。从本质上来说，企业在市场经济活动中占据着主导地位，消费者在接受企业的市场引导的过程中产生消费活动。而网络经济的崛起后，企业不再是市场经济活动的绝对主宰者，消费者正逐渐成为市场主导，企业从大批量制造、销售转换成大批量定制的现象体现出成长模式的变化。在网络经济冲击下，企业成长之路已经从开辟市场转变成发现消费者和消费需求。另一方面，由于个性化需求的增长，特别是体验型元素的增强，促使企业的成长模式向提供给客户个性化的产品和服务转变。在提供标准化产品的同时，企业又可以根据客户的需求或反馈开发个性化的产品。

2. 企业经营方式的变革

现代企业的经营方式主要依靠传统的经济活动渠道和交易模式这种方式不仅在时间和范围上存在限制，同时还要受到市场规则的约束。此外，在传统经营过程中消费者、供应商以及金融系统彼此之间的关系较弱，联系不够紧密。而网络经济通过互联网，将消费者、供应商以及金融系统有机连接成为了一个整体，形成了良好的经济活动闭环。不仅如此，以网络技术为支撑的电子商务极大地改变了企业传统的经营方式，使其摆脱了常规的交易模式和市场边界的局限，进而使企业营销渠道以及营销平台均发生了深刻变革。

3. 企业组织结构的变革

在网络经济环境下，原有层级分明、等级森严的"金字塔式"的组织结构已无法适应急剧变化市场的需要，企业间的商业联系、信息交流更为迅速。传统企业组织结构以互联网为支撑呈现出扁平化、虚拟化、网络化的变化趋势。企业组织在网络环境下出现扁平化的趋势，精简了结构层次，更加促进了信息的传递，且保证了信息在传递中的有效性和真实性，从而大大提高了组织效率。此外，柔性化是企业组织在网络环境中将其他功能通过开放的组织关系从外部获取，仅保留最核心和最具有竞争优势的功能。在网络经济环境下，信息技术的发展大大降低了合作和交易成本，使得组织边界变得更为模糊，致使企业组织越来越开放，在有限资源条件下，企业与其他组织形成合作网络，保留企业组织中最关键、最具竞争优势的功能，而将其他功能虚拟化，并通过其他企业进行弥补。

4. 企业管理模式的变革

在网络经济下，企业内部的信息沟通效率得到大幅提高。然而，企业管理模式也受到了较大冲击。企业在生产、销售、财务等部门间形成了联系紧密的局域网络，高层决策所需的原始数据或信息均可以通过这个网络获得，传达决策信息时也主要利用网络途径。因此，企业内部高度整合管理软件以及企业管理分析工具，进而提升企业管理效率。在管理决策方面，决策过程也发生着从单向交流向双向交流的转变。随着网络经济的发展，原有的单向交流转变成双向交流，组织由过去高度集中的决策中心模式改变为分散的多中心决策模式，企业的决策由基于流程的工作团队来制定。

（二）扩大网络技术的应用范围

加强企业内部管理与网络经济在各个层次的对接。在网络经济的大环境下，我们可以将现代企业与网络经济的结合过程分为三个部分。首先，企业在创建内部网络的基础上，完善网络的基础设施，搭建好一个能够为客户提供更好服务与更多信息的电子商务与电子信息管理的平台，创建出一个好的软件环境。其次，在企业内部建立起办公自动化、重要信息与资源共享、信息迅速上下传达等网上协作环境；在实现高效率工作的同时，建立起企业的外部网站，以加强企业内外沟通和协作的效率。第三，创建企业的核心业务管理系统，设置专岗和专人对这一管理与应用系统进行看管，如企业资源规划管理（Enterprise Resource Planning，ERP）。

（三）重视企业信息化管理

企业信息化管理是指信息技术支持下的企业运作管理，即用信息技术支持企业实现现代化的管理，提高企业运作效率和效益，提高企业市场竞争力。要加大对网络技术的应用是实现企业的信息化管理和经营的前提条件。内部网站的建立十分重要，尤其是在企业内部的管理上、组织系统等都要进行信息化统一管理。

第十八章 管理方法的未来

在运用信息技术支持企业业务运作时，可以采用不同管理视角建立相应的信息系统，并以此为基础支持业务的高效运作。构建企业的战略信息系统是实施信息技术支持下的企业运作管理的主要目标。企业战略信息系统是通过运用信息技术来支持或体现企业竞争战略和企业计划，使企业获得或维持竞争优势，或削弱对手的竞争优势。典型的企业战略信息系统有企业资源计划系统、产品数据管理系统、供应链管理系统、电子商务系统、制造执行系统、现代集成制造系统（Contemporary Integrated Manufacturing System，CIMS）等。

（四）积极引入电子商务

网络经济不仅引发企业商业模式运行方式的变化，同时引发了消费习惯以及消费市场的变化。

首先，消费者的个性得以体现。受制于技术条件，信息的交流与传递缺乏有效的"双向互动"，传统经济活动中顾客与企业之间存在着信息不对称，企业与企业之间存在着信息不畅通等等，顾客的个性化需求，商家只能通过市场调查等手段来获悉。但在网络经济环境下，消费者作为信息网络的一个端口被联络在一起，在这种信息能力普遍提高的基础上，每个人都能够进行信息的交互传递，有助于建立商品生产者和消费者之间的信息沟通渠道。

其次，网络极大地缩小了不同的信息主体之间的距离和时间。网络克服了信息传递上的物理距离，降低了不同地点之间地理距离的重要性，把空间因素对经济活动的制约降低到最小限度。由于网络强大的信息容纳能力，使得产品市场得以无限扩展，从而使企业能直接面对全球范围内的顾客，相关的费用正随着网络经济的飞速扩展而迅速下降。

第三节 知识管理

一、知识管理的概念与特征

（一）知识管理的概念

知识管理作为一门新兴的学科，得到了来自不同领域的人群的广泛关注。莫廷斯（Kai Mertins）从信息管理的视角提出知识管理是对促进核心知识过程有益的所有方法、设施和工具。斯克姆（David J. Skyrme）从人力资源过程视角提出知识管理是对重要知识的收集、组织、传播、使用、开发和创造等一系列流程的规范和系统化管理，以实现组织目标。阿肖克·贾夏帕拉（Ashok Jashapara）认为知识管理是一个集成式的概念，并从跨学科的角度提出知识管理是利用适当的技术和文化环境，开发、利用和共享人类知识，以增加组织的智力资本、提高绩效的过程。

美国生产力与质量中心（American Productivity and Quality Center，APQC）将知识管理定义为一种能够使信息和知识获得增长、流动以及增值的系统性的工作。这一体系涉及到创造和管理某些程序来使恰当的人能够在正确的时间获得恰当的知识,并帮助人们共享信息以此采取行动来改善组织绩效。知识管理是知识管理的专业人员所从事的支撑整个知识管理项目的所有活动以及实现方式,涉及目标、企划案、预算、资源、管理和领导、变革管理、沟通、知识流动进程、知识管理方法和工具、测量、内容管理进程和信息技术等方面的能力。通过这些活动和提升这些能力,知识管理可以连接员工彼此,帮助他们更好地胜任工作;连接员工与知识资产;连接那些有经验的或者具有技能的专业人员与需要这些知识的人。这些行动能够加速员工学习的效率,减少未知风险和重复性错误的风险,并且能够在企业员工职位变动、离职或是退休时保留住企业的知识资产。

(二) 知识管理的特征

与传统管理相比,知识管理具有以下特点:

1. 以知识为第一要素

知识是个体意识所拥有的信息,是一种与事实、程序、概念、解释和判断有关的个性化的信息,产生于人的思维,因而具有区别于其他任何事物的特有的属性。无论计算机的处理能力多么强,甚至有一定的创造力,它始终都是没有思维能力的机器。人和人所拥有的知识是企业生存发展和社会进步的关键。人作为知识的载体也就成为决定企业竞争成败的关键因素。知识管理以知识运动为核心内容,围绕着激发和调动人的主动性、积极性、创造性而开展。

2. 以信息和信息技术为基础

首先,信息是知识创新的前提。只有通过信息载体的流动,知识才能产生价值。知识是人对一系列相关信息所产生的反应,知识更新建立在个体拥有大量信息的基础上,从而才有知识管理的可能。第二,信息技术是知识管理的工具。当代信息技术的发展和应用为知识管理的实现提供了强大的知识集成和精确量化管理的技术保证。随着网络技术的快速发展,信息的传播速度、传播面积都有极大的提高。第三,信息技术的发展推动着知识管理的发展。技术的突飞猛进为信息的广度和有序化管理提供了最大的便利。知识管理与其他管理方式的一大差别是管理的速度更快、效率更高。现代信息技术有力地支持大规模的知识存储和快速的知识传输。

3. 以知识创新为目标

企业知识管理以知识为核心,由一系列相互关联的活动组成,是一个具有特定功能的有机整体。管理的最终目的是要以现有知识为基础,结合实际进行创新。在管理目标和策略上,知识管理以知识创新为直接目标,以建立知识创新体系为基本策略。这在客观上要求知识不断更新。知识经济时代,知识的持续创新是企业保持持续竞争优势的关键。把知识视为企业最重要的战略资源是企业知识管理的出发点。提高企业的知识创新能力,使企业最大限度地将知识转换为财富,是企业知识管理的最终目标。

二、知识管理的内容

广义的知识管理包括了对知识、知识人员、知识设施、知识活动等要素的管理。狭义

第十八章　管理方法的未来

的知识管理则指对知识本身的管理,是一个涉及多种活动的过程。学者们对于知识管理内容以及知识管理活动的界定、区分存在着细微差异,但知识管理包含知识创造、知识存储与获取、知识转移和知识应用这四个基本过程受到普遍认可。

(一) 知识创造

知识创造是指以个人的直觉、经验和灵感等为基础,在组织的显性知识和隐性知识中,发展新内容或替换已有内容形成新知识的过程。通过社会协同过程以及个人的认知过程,在组织范围内,知识被创造、分享、扩充、放大、确证。

日本著名管理学家野中郁次郎(Ikujiro Nonaka)和竹内弘高(Hirotaka Takeuchi)于1995年提出了知识创造的四种模式以及四个"场"理论,被誉为知识管理的开创性研究。知识创造的四种模式被定义为:整合、社会化、内化和外化。整合模式指通过合并、分类、分等、综合现有的显性知识(如文献调查)来创造新的显性知识的过程。社会化模式是指隐性知识通过群体间相互作用及组织成员间的经验分享转化为新的隐性知识的过程。内化指显性知识转化为新的隐性知识(如从阅读和讨论中学习和理解的知识)的过程。外化指将隐性知识转化为新的显性知识的过程(如最佳实务或所学经验的接合)。

(二) 知识存储与获取

知识可以被创造并加以学习,但知识也会被遗忘或丢失。因此,存储、整理和索引组织知识(即组织的记忆)构成了有效的组织知识管理的一个重要方面。它对实现知识的共享、有机联系、充分利用并创造新知识有着重要的作用。

知识存储包括以各种组成形式记录的知识,包括文本文档、储存在专家系统中的已编码的个体知识、储存在电子数据库中的各种结构信息、个人网络中获取的隐性知识和已记录的组织流程。存储知识的工具、载体、空间以及方法等均以科学技术为依托,并不断更新。目前存在的知识存储方式有印刷型知识存储、机读型知识存储以及多媒体信息的存储。组织内的知识存储又被称为组织记忆,既包含总体的、显性的和可以被清晰阐述的知识,又包含具有特定情境和特定位置的知识。组织记忆对行为和绩效有潜在积极或消极的影响。就积极方面来说,组织记忆提升了工作效率,避免了资源浪费,以过去经验为基础进行组织变革可以使变革实施更顺利。相反的,在个人层面的记忆会导致决策偏见。在组织层面,通过增强某单一循环的学习会导致保持现状,从而衍生出稳定而连贯的组织文化,并以此抵制变革。

知识获取又称为知识索引,是从已有的知识源得到有用的知识,并用各种知识表示方法表示出来的过程。从广义上,知识获取还包含了新知识的产生过程。知识获取不仅仅局限于对数据库、知识库以及网络信息资源的获取,还包含了从大量数据、科学交流以及各类知识资源中获取知识的手段。针对不同类型的知识存储方式,知识获取的技术和手段也不同。

(三) 知识转移

知识转移是知识在组织与个人之间的流动、传播,并让人员的流动与知识的共享相一致的过程。一般来讲,组织的人员流动往往伴随知识的转移。这种组织的人员流动和知识在不同人员之间的转移有助于改善组织以及组织成员知识的分布和匹配，更新组织的知识结构，提高组织的知识使用效率，实现知识增值。

知识转移包括个体之间的知识转移、个体到团队的知识转移、个体到显性源头的知识转移、跨越团队的知识转移、团队之间的知识转移以及从团队到组织的知识转移。知识转移的过程非常复杂，涉及到诸多影响因素。古普塔（Anil K. Gupta）和戈文达拉扬（Vijay Govindarajan）认为知识转移受到五个因素的影响：源头知识的感知价值、知识源的动机意向、知识转移的渠道、接收单元的动机意向以及接收单元的吸收能力。

由于组织认知的分散性，并且组织中的知识需求方和使用方之间存在着严重的信息不对称，因此知识转移的渠道受到了广泛关注。知识转移渠道分为正式的和非正式的渠道。正式的转移渠道，如培训课程和参观考察可以确保知识的散播，却会阻碍创造性。人事调动是一种正式的、个人的知识传播方式。这种传播方式的优势在于无需事先将隐性知识转化为显性知识，"学"在"习"过程即可发生，从而节约了时间和资源，并且保护了源知识。非正式的渠道，如不定期的会议，或者喝咖啡间隙的交流等，可以有效地推动知识的社会化，但传播效率较低。并且，非正式的机制会导致一定数量的信息缩减，因为缺少一个正式的知识编码过程，不能确保知识在成员间准确地传递。

（四）知识应用

知识的应用决定了组织能否有效获取竞争优势。格朗特教授（Robert M. Grant）提出了组织可通过指令、组织惯例以及独立任务团队三种知识整合方式来实现知识的应用。组织惯例是对任务绩效、协调形式、互动协议和过程规范的开发。指令是指一系列具体的规则、标准、程序以及说明，这些指令是通过专家的隐性知识向显性知识转化和知识的整合发展而来的，目的是使非专家的交流更为有效。第三个知识整合方式是创建独立任务团队。由于环境复杂性和任务不确定会阻碍企业管理的规范性，因此团队需要具有相关知识和专长的个人来组成。尽管目前在知识的有效应用方面仍有进步空间，但是信息技术在知识的应用上发挥了巨大的推动作用。信息技术使捕捉、更新和应用组织的指令变得更加便利，进而可以促进知识的整合和应用。

三、知识管理的方法

在知识管理战略确定后，企业需要选择恰当的方法来推动关键知识的流动，知识管理团队需要依据知识管理战略，将其转化为高效的、可重复利用的、稳定的知识管理方法。知识管理方法的分类是以组织关注显性知识和隐形知识的程度、人们在这些活动中的互动程度以及便捷性为依据。常用的知识管理方法有：自助服务、总结经验教训、社区实践以及最佳实践转化四种。

（一）自助服务

自助服务式的知识管理方法是最为常见的。这类知识管理方法通过从对话和讨论中获取信息而对知识进行编码，用户可通过自助服务查询信息和定位人员。例如，企业的内部网络、基于角色的门户网站以及各类搜索引擎。自助服务的方法将在电脑旁工作的人们与他们所需要的知识连接起来,以便他们更有效地完成工作。这种方式能够帮助员工在工作中总是处于"教育契机"从而自主学习。几乎所有企业的知识管理项目都设有自主服务这一方式。

(二)总结经验教训

总结经验教训又被称为事后回顾,是通过收集经验性知识应用于相关情境。通过总结经验教训,可以使员工从重大事件中获取经验教训和最佳实践,了解事情成功或是失败的原因,从而纠正措施以免再犯同样的错误。总结经验教训可以使任何组织获益,尤其是高风险行业的企业,如医疗、航空航天、国防和开采业。

(三)实践社区

实践社区是由现实或是虚拟的方式聚集在一起的员工构成的学习和分享的团队。社区成员围绕着某个主体、学习或是知识体系进行分享和互相学习。他们往往拥有共同的目标,并热心于分享经验和实践经历,通过引导知识体系的发展,有效促进成员的发展。因为社区实践具有跨组织边界的优势,所以是一种普遍的知识管理方法。

(四)最佳实践转化

最佳实践转化是为了促进跨组织的知识分享和转移。最佳实践转化是为了在所有相似组织间识别并传递成功的、经证明的实践和流程,以弥补绩效差异,使其达到同一绩效标准。一个系统的最佳实践转化流程通常包括了正式的沟通和培训。并且,最佳实践转化这一方法的收益是可以通过货币衡量的,且收益最高。

知识链接 18-2

知识应该如何流动

在组织中,知识流动的方式通常是一个隐藏的过程。知识管理就是为了让知识流动的过程成为可操作的过程。所以我们需要了解知识流动的步骤,以便帮助我们识别组织内的知识缺口,并设计有效的知识管理方法来弥补这些缺口。

1. 创建。知识创建每天都在以不同的方式发生,如新的实验、针对新客户新设计的实施方案以及围绕产品改进做的协作。企业中常见误区是将知识创建狭隘地界定为研发部门的工作。实际上,不同的人在不同工作中都可能创建知识,而且其中有些是重要的知识。知识管理就是为了发现和保留这些关键知识。

2. 识别。定位新的知识或是现有的知识是一个让我们关注关键知识的重要步骤。那些有知识的人可能没有意识到这项知识对他人的重要性,同时,需要某些知识的人可能不知道他人已经拥有了这项知识。知识管理者应该促进这两组人之间的联系。这就是知识地图的重要作用。

3. 收集。在收集过程中,信息过多,难以识别真正有用的知识,而且显性知识并非总是获益于上下文的已定含义,而是通过跳出语境,运用到新的情境下。

4. 评估,是对知识的相关性、准确性和应用性技能型评价和验证的过程。要注意在识别、收集以及评估之间可能存在着滞后性。并且,人们会对一直处于评估状态的知识缺乏信心。

5. 分享。推送知识或是信息给其他人有助于组织的活动、讨论和解决问题。但是人们可能习惯于从他们熟知或是尊重的人那里吸收知识，而忽略了真正掌握了所需知识的人。

6. 寻找，是将知识资产或是专家进行一对一或是一对多传递的过程。即使员工了解了某项知识资产，他们可能也因缺乏金钱、时间或是关系不能获取相关知识。组织需要帮助他们获取到已识别和定位清晰的知识。

7. 应用，指知识被转移、重复使用、适应性采用到另一个情境中，以解决问题、改善流程或是决策。个人专业技术和知识创建必须强调应用的过程，才能产生价值。过多强调"创造"而非"应用"，员工就不能从新资源中获得知识资产。

（资料来源：卡拉·欧戴尔，辛迪·休伯特. 知识管理如何改变商业模式［M］. 北京：机械工业出版社，2016.）

第四节　不确定性管理

一、不确定性管理的概念与特征

（一）不确定性管理的概念

无限理性、完全信息和最大化这三个不现实条件是传统经济学的基础。然而，客观世界处于不断博弈之中，即使存在完全理性，世界也未必达到瓦尔拉均衡（Walrasian Equilibrium），更常见的往往是不确定条件下的博弈均衡。传统企业管理理论总是假设未来，而不是适应未来。以静态思维来预测不确定的未来，无论是战略计划制定还是核心能力塑造，都面临许多困难。西蒙的有限理性学说认为，由于信息的不完全性和环境的不确定性和复杂性，并不存在有限理性下的最优选择。精确性、稳定性、可预测性日益被模糊性、变革性、不可预测性所代替。

不确定性是指环境的不确定性，而不确定性管理则是关于在环境不确定条件下的企业战略管理。不确定性管理尚属发展阶段，对不确定性管理的定义尚缺乏准确且广为接受的界定。米立肯（Frances J. Milliken）认为环境不确定性是个体准确预测某种事物的感知能力的不足。根据奈特（Frank H. Knight）的定义，不确定性是指人们对事件可能出现的结果知之甚少，缺乏对事件基本性质的知识和经验，因而难以通过现有理论或经验对结果进行预测和定量分析。

（二）不确定性管理的特征

由于管理的外部环境存在着不确定性，因此，针对这种不确定性的企业管理往往复杂和模糊。不确定性管理具有动态性、模糊性、混沌性和复杂性的特征。

1. 动态性

动态性是指企业的战略根据所处的宏观环境、产业环境以及微观环境的变化而变化，保持着与环境的一致性，在时间上、形式上和内涵上，企业的战略表现出差异的状态，而最主要的特征是随时间而变化。

2. 模糊性

模糊性是指由于事物的类属划分不明确而引起判断上的不确定性。因为许多事物的变化不是突变的,而是具有中介过度的连续状态,外部环境与企业战略的关系即属于这种领域。外部环境越复杂,导致模糊性越强,因素越多,基于不确定性的判断就越模糊,动态性越强,模糊性越突出。

3. 混沌性

混沌性是指在由于企业外部环境的存在非线性的特征导致管理行为在一定条件下所呈现的不确定的随机现象。例如著名的蝴蝶效应,又比如2008年美国的金融衍生品危机导致半年后全世界的金融危机。一个确定的系统通过非线性的相互作用会产生极大的不确定性,带来管理的混沌性。混沌性是在环境的有序与无序、稳定与非稳定、确定与非确定混为一体的现象。

4. 复杂性

复杂性是指由于影响战略管理的不确定性因素多而杂导致管理行为的复杂程度。企业的环境包括了技术、市场、资源、社会等多重环境因素,是由诸多因素组成的复杂系统,需要用复杂性的研究观点和方法对这一复杂系统进行分析,才能找到战略发展的方向。不确定性管理的复杂性表现为线性与非线性的统一、有限理性与自适应性的统一。企业处于不确定性环境中,有的企业能够与环境中的其他要素进行交互作用,并从中不断"学习"和"积累经验",改变自身的结构与行为方式,从而使整个宏观的系统发生改变和进化,新的系统又会淘汰掉未能及时学习和更新的企业,呈现出分化和多样性。

二、不确定性管理的内容

鉴于不确定性概念的宽泛性,我们需要对不同类型的不确定性进行具体的分析,才能较为准确地理解不确定性管理的内容。

(一) 状态不确定性

状态不确定性是指个体或群体感知到环境要素和管理要素的不可预测性及其感知到的预测性强弱及不确定性程度。这种不可预测性从高到低,包括不能准确预测环境要素的状态;可以预测环境要素的状态,但不能预测状态出现的概率;可预知环境要素状态的同时也能预知环境要素状态出现的概率等。影响状态不确定性的因素包括被感知环境、感知过程和感知者等因素的综合影响。被感知环境的变化会导致感知者对管理环境组成要素状态的感知,环境变化的速度越快、越没有规律性,则状态的不确定性越大。此外,环境的复杂性在一定程度上也影响感知者对环境组成要素状态的感知,复杂性越强,状态不确定性越强。从感知者属性来讲,感知者的认知、经验以及个性等因素影响状态不确定性。从认知过程来讲,持续时间是影响认知者对环境组成要素状态的感知的重要因素。在其他条件不变的情况下,认识论层面的不确定性程度随着认知持续时间的缩短而提高。然而,认知过程持续的时间并非越长越好。

（二）作用不确定性

作用不确定性是指个体或群体感知到的各种要素对管理行为或决策影响的不可预测性。感知者在作用不确定性极高的情况下难以区分环境要素和管理行为或决策是否相关，也就是说感知者不能确定环境要素对管理行为或决策是否有影响，因而影响其进行准确的预测。虽然作用不确定性和状态不确定性都是描述感知者对环境的感知状态，但两者侧重不同。作用不确定性描述的是对"所在环境对管理行为或决策有什么影响"的感知状态。当然两者之间也存在相互的影响关系，作用不确定性会造成感知者的感知障碍，使感知者不能对环境要素状态进行准确的预测，从而影响状态不确定性。它除了受到状态不确定性的影响，也直接受到被感知环境、感知过程和感知者等方面因素的影响。状态不确定性描述的是对"所在环境发生了什么"的感知。状态不确定性同时也会影响环境对管理行为或决策影响的不可预测性，从而影响作用不确定性。

（三）回应不确定性

回应不确定性是指个体或群体不确定采取何种管理行为或决策来回应所在环境的影响。造成回应不确定性的原因可能是信息缺失，尤其是关键信息的缺失会造成组织不知如何回应环境的影响。认知能力的缺失是造成回应不确定性的另外一个原因，即使拥有相对完善的信息，但是对信息的认知存在能力缺失，也可能造成组织无法有效回应环境的影响。信息缺失和认知能力缺失所造成的回应不确定性可以分为两种结果：一种是无法在备选的行为或决策中确定最终的行为或决策；另外一种是根本不足以提出行为或决策的备选方案。组织感知是组织所在环境对组织行为或决策的选择产生影响，然后才对组织行为或决策的选择产生影响。因此，尽管环境的客观特征并不会直接影响回应不确定性，但这并不表明环境的客观特征不经过组织的感知就不会对组织管理行为或决策产生影响。因为环境的客观特征对组织管理行为或决策与组织绩效之间关系有着直接的影响。

三、不确定性管理的方法

（一）企业动态能力管理方法

企业动态能力是企业通过整合、重组、获取和扩散资源等形式去匹配不确定性的市场环境的能力。动态是指适应不确定性环境并不断更新核心竞争力，能力则是指企业为了适应超竞争的环境具备敏锐感知内外部环境变化，并且整合、重构资源的能力。动态能力不是为了应付一时的危机，而是长期地对企业核心业务盈利能力的提升不断进行预测和调整。企业动态能力管理方法主要如下。

1. 构建有机组织结构

企业纵向层级随着规模的扩大越来越多，各职能部门、分子公司间的耦合关系越来越复杂，由此组织结构表现出机械化特性。当企业的组织架构、运作流程、资源需要进行变革调整的时候，机械式结构就会表现出刚性的特征，进而阻止企业的变革和更新，从而不利于动态能力的形成。动态能力形成需要具有活力的有机结构，从而提高企业的灵活性和

第十八章 管理方法的未来

适应能力。一方面，有机结构的充分授权能够调动所有人员的积极性和创造性，有利于企业能力的调整和变革，有利于动态能力的形成。另一方面，有机结构的分权化能够提供民主的组织环境，引导更多的员工参与决策制定。

2. 培育创业精神

企业需要始终如一地将创业精神转化为灵活的战略行动以应对动态的竞争环境。创业精神能够促使企业内部创新，并提升企业与外界环境保持较高程度的契合度。创业精神转化为企业绩效或竞争优势需要依靠组织而非个人的力量。借助于企业的技能、专用性资源以及组织学习过程，创业精神能够提升组织的动态能力和绩效。不仅如此，创业精神对企业动态能力形成具有重要影响。创业精神是动态能力形成、提升的催化剂。在创业精神文化的熏陶下，企业可以实现"二次创业"，从而帮助企业获取动态能力。

3. 促进有效知识管理

知识对企业动态能力以及长远竞争优势具有重要作用，但组织学习需要坚持不懈的努力，需要长期的投入。知识的学习、吸收、创造、转化的是一个持续、艰辛的过程。企业应从思想上、理念上深刻认识到坚持动态能力提升的长期导向，注重不同类型知识的学习与积累，同时淡化短期利益指标。

不仅如此，知识是企业能力生成的重要支撑，但并非所有企业都能把知识转化为企业的竞争能力，因此企业还要重视知识向能力转化的方法和过程，构建一套促进知识向能力转化的动力机制。知识的积累与创造应从企业的实际问题出发，以问题为导向的知识管理不仅有助于发现要解决的问题，也有助于解决实际问题。以知识为基础的解决实际问题的过程既是能力提升的过程也是隐性知识创造的过程。

（二）企业柔性化管理方法

"以人为中心"的"人性化"的管理是柔性管理的核心。柔性管理强调人们自身的心理和行为规律，对管理对象施加一种"非强制性"和"内在性"的约束，从而实现管理目的。因此，柔性管理具有内在的驱动性、激励的有效性、影响的持久性和方法的感应性等特点，是知识经济时代企业管理发展的新趋势。

1. 建设扁平化柔性组织

传统的金字塔式的结构一直是管理的基本组织结构形式。金字塔式组织结构的权力自上而下分布。金字塔式组织结构的权力等级压迫着企业员工的意愿和思维，组织管理的一切都以制度形式凝固化。相对于高层领导，底层的员工拥有信息量较少。高层与基层之间的信息传递需要经历许多环节和层级，这需要企业花费更多的时间和精力才能对外部环境的变化做出迅速的反应。此外，年轻一代员工在多元文化的氛围中长大，他们对等级制度的观念逐渐淡化，因而传统的金字塔式组织结构纷纷解体，网络化的企业组织结构应运而生。网络组织改变了企业内部的工作方式，信息不仅自上而下传递，还可以自下而上、左右互传，员工享有更多的行为权力，有更多的活动空间，不仅提高企业的工作效率，而且大大提高员工个人的工作能力和积极性。

2. 建设网络化柔性组织

企业组织结构网络化是使组织趋于扁平化的一个重要结果。组织结构扁平化就是减少管理层次，加大管理幅度，裁减冗余人员，从而使组织的结构更加紧凑，组织效率和效能大大提高。不仅如此，减少管理层次加大管理幅度能让每个人有更多的机会直接面对问题并从而更有可能解决问题、更容易实现自我和发挥创造力。随着网络信息技术的日趋完善更加快捷和安全可靠，同时智力资本的稀缺性也越来越突出，使得企业与企业之间为求共存共荣而分享资源的要求越来越强烈。由此，企业组织实体的虚拟化成为必要。虚拟组织决策集中化的程度越高，越能够对市场机会做出快速反应而提高竞争力。另一方面，虚拟组织的部门化程度较低，因而简化了管理，通过外包非核心业务和事物来把精力集中在自己最擅长的业务上。虚拟组织的网络企业之间共享技术与信息，分担费用与风险、互利互惠，因而成为企业柔性管理文化的重要组织形式。

3. 实施团队柔性管理

战略目标、项目任务、价值观念和思想意识是团队的重要构成要素。团队建设受到越来越多的重视，鼓舞团队成员的士气、追求组织的远景成为团队领导者的重要任务。一个放松的工作环境，互相信任的团队是高水平团队工作和合作的基本条件，团队成员间通过目标、任务和激励等因素产生共同的动力和责任感。团队是一个生态系统，生态的多样性是维持生态系统可持续发展的关键——多种不同类型技能的成员是团队能够有效运作的重要条件。团队领导应常常鼓励不同个体间的合作以及团队成员间开放的交流和沟通，以激发个体差异的存在。最好的领导就是让人感觉不出其是领导：通过创造一种环境，让下属在本职岗位上成为具有开拓精神的领导，达到老子提出的"无为而治"的境界。

4. 建设虚拟团队组织

超越时间、空间和组织边界的日常沟通、互动和关系的建立有助于打破定点、定时、面对面的工作方式，从而促使团队虚拟化。然而，虚拟团队是建立在实体基础上的虚拟，它有实在的成员和组织机构。另一方面，虚拟团队是以实现团队目标这一本质形式存在。组建一个与实体团队一样进行工作的跨时空的新型组织是组建虚拟团队的最终目的，在虚拟团队实现目标的过程中，仍然需要必要的资源投入。尽管虚拟团队有灵活加效率的组织优势，但同时其团队管理问题也更加复杂。

（三）企业模糊化管理方法

系统科学的模糊思维是模糊管理的方法论根源。模糊思维是处理模糊的、不断变化和错综复杂联系中的各个因素时，以现实状态和不确定发展趋势来整体把握客观事物而进行思考的方式。模糊管理并不排斥界限、规范、定量和技术方法，只是从另一个不同的角度提出管理活动不是绝对的。模糊管理是以系统科学，尤其是模糊科学的成果为理论指导，以中国传统管理哲学、管理方法论和管理模式建立起来。

1. 明晰"无为而治"的基本原则

就现代企业来说，有效的领导行为是指向被领导者的活动，而不应该是直接指向目的的。只有在组织结构上实行"君无为而臣有为"的管理方法，高层管理者才有可能做到"有所为，有所不为"。管理者只有敢于有"无为"的思想，遵循自然本性的发展，不强加干预，不强作妄为，不伸张自己的私欲，也不脱离客观实际勉强地去做"无强"；时刻遵循道的原则，实现人与自然、人与社会的平衡，才能有所大为。

2. 实行"修己安人"的管理理念

管理的本质是和谐的人际关系的构建，其对象是有感情、有思想、有个性的人。管理者着重于自身综合素质的提高，充分展示其个人的管理艺术和人格魅力进而感化带动每一个成员，重视榜样潜移默化的作用。

管理者要注重自己的道德修养，力求成为员工的道德示范，以身作则。在管理过程中管理者应具有宽容之心，既能容人之短，又不忌他人之长；既能听取他人正确的意见，又能谅解他人错误的意见。有效管理往往建立在管理者首先具备宽容的美德，使管理对象自觉或不自觉的受感染的基础之上，既能赢得他人之心，又节约了管理成本。

3. 淡化"量化"的管理方法

管理者对自己的工作首先要做到减少量化，同时在对员工的管理过程中减少对量化标准的依赖。量化考核方法虽在一定程度上提高了管理水平，但也存在一定的弊端。现实中，许多管理对象本身就具有很大的模糊性，比如员工的工作态度、性格、职业道德、钻研精神，很难用统一的标准进行量化。而且现行的工作量化考核标准也值得怀疑。因此，管理者不能凭简单的数字进行管理，而是需要持一种权变的观念，采取适度"模糊"的方法，进行综合考察与管理。"淡化量化"并不是不要精确，反对科学，是对最终指向精确，是更高明的管理方法和艺术。

4. 合理授权

管理者将自身权力下放给其他同级管理者或下属是授权的主要内容，它是管理者实施管理活动、实现管理目标的重要环节。在授权的过程中要尽量授权给那些具有较强责任感和事业心，工作有积极性、主动性的员工。充分发挥下属的技能和才干，从而扩大管理的智慧与能力。不愿授权和不会授权的管理者不符合人性假设。作为管理者，应通过合理授权，使自己全身心投入宏观的管理，而非从事具体事务；重在监督与指导、干预与控制。通过合理的授权，满足下级的自我归属感，调动下属工作的主动性、积极性和创造性，激发下属的工作兴趣，使自己的思想意图为集体成员所接受，使下属不管在理性上还是情感上都能积极热情地参与到工作来，进而提高管理的整体水平。

加薪与停工

为了落实新上调的企业员工最低工资标准，每家企业都结合自己的实际情况制定了员工加薪的政策。然而，加薪政策实施不到一周的时间，多家制造企业却相继爆发了严重的停工事件。

最先出现停工的是一家创立于1960年，面向全球提供尖端电源设计和生产解决方案的美资企业（以下简称 A 工厂）。该工厂有八百多名生产工人，这些工人被分为 3 个级别，刚入职的新员工是第 1 级，随着工作年限的增加，级别升高。每个级别的工资都是明确规定的，级别越高工资就越高。

A 工厂具体的调薪政策是：第 1 级员工增加 150 元，以达到最低工资标准；第 2 级员工上调 100 元，使他们的工资高于最低标准 20 元；第 3 级员工上调 50 元，使他们的工资比最低标准高 30 元。然而，就在调薪政策实施后的第三天，一个本应正常工作的星期四，有四分之三的员工聚集在工厂附近，没有上班。

第一次面对停工的 A 工厂管理人员缺乏调停经验，只是一味地要求员工回到生产岗位恢复生产，还以"不回到工作岗位就扣工资"来威胁员工,以致员工更加群情激奋,大喊口号要将停工进行到底。

企业员工为什么要停工?一位员工道出了这次停工的起因:"我是3级老员工,只加了50元,我徒弟还加150元呢!为什么工作的年限越长,反而加薪越少呢?我们的贡献程度难道不比他们大得多吗?"

愤愤不平的老员工曾去找人力资源部理论,可是负责人只是简单答复:"这是公司的决定,你们不需要知道为什么!"这样的话语进一步激怒了老员工。于是,老员工们决定采取停工的方式为自己讨要说法。

面对员工的停工,管理人员觉得匪夷所思:"作为公司的管理人员,我们一直都是做出决策后,直接以通知的形式告诉员工,这次也不例外。我觉得没有必要向他们做过多的解释,我们做出了决策他们去执行就好了。"

管理人员还认为,这次调薪是按照员工级别以及现有的工资水平,跟员工资历(新员工还是老员工)没有什么关系。因此,这个调薪政策是不会改变的。

讨论题:
1. 为什么企业加薪员工还会停工?
2. 企业应该如何走出停工的困境?

复习思考题

1. 跨文化管理的文化维度理论的主要内容是什么?
2. 跨文化沟通的差异表现在哪些方面?
3. 什么是知识管理?知识管理的方法有哪些?
4. 网络化管理有哪些方法?
5. 企业动态能力包括哪些内容?
6. 什么是不确定性和不确定性管理?
7. 不确定性管理有哪些方法?

延伸阅读

[1] 陈晓萍. 跨文化管理 [M]. 北京:清华大学出版社,2016.

[2] 王朝晖. 跨文化管理原理与实务 [M]. 北京:北京大学出版社,2014.

[3] 卡拉·欧戴尔,辛迪·休伯特. 知识管理如何改变商业模式 [M]. 北京:机械工业出版社,2016.

[4] Milliken F. J. Three types of perceived uncertainty about the environment: State, effect, and response uncertainty [J]. Academy of Management Rreview, 1987, 12 (1): 133 – 143.

[5] Chen C. C, Chen X. P, Meindl J. R. How can cooperation be fostered? The cultural effects of individualism – collectivism [J]. Academy of Management Review, 1998, 23 (2): 285 – 304.

[6] Grant R. M. The resource – based theory of competitive advantage: implications for strategy formulation [J]. California Management Review, 1991, 33 (3): 114 – 135.

参考文献

[1] 帕特里克·蒙塔纳,布鲁斯·查诺夫. 管理学 [M]. 上海:上海人民出版社,2004.

[2] 彼得·圣吉. 第五项修炼. 实践篇:创建学习型组织的战略和方法 [M]. 北京:东方出版社,2006.

[3] 哈罗德·孔茨,西里尔·奥唐奈. 管理学:管理职能的系统分析方法和随机制宜的分析方法 [M]. 贵州:贵州人民出版社,1982.

[4] 丹尼尔·雷恩. 管理思想的演变 [M]. 北京:中国社会科学出版社,2000.

[5] 马尔科姆·沃纳. 管理思想全书 [M]. 北京:人民邮电出版社,2009.

[6] 丹尼斯·舍伍德. 系统思考 [M]. 北京:机械工业出版社,2017.

[7] 德内拉·梅多斯. 系统之美——决策者的系统思考 [M]. 杭州:浙江人民出版社,2012.

[8] 道格拉斯·麦格雷戈. 企业的人性面 [M]. 杭州:浙江人民出版社,2017.

[9] 迈克尔·哈默,詹姆斯·钱皮. 企业再造 [M]. 上海:上海译文出版社,2007.

[10] 保罗·尼文,本·拉莫尔特. OKR:源于英特尔和谷歌的目标管理利器 [M]. 北京:机械工业出版社,2017.

[11] 彼得·德鲁克. 人与绩效:德鲁克管理精华 [M]. 北京:机械工业出版社,2015.

[12] 斯蒂芬·罗宾斯,玛丽·库尔特. 管理学 [M]. 北京:中国人民大学出版社,2012.

[13] 埃里克·莱斯. 精益创业 [M]. 北京:中信出版社,2012.

[14] 彼得·德鲁克. 管理的实践 [M]. 北京:机械工业出版社,2011.

[15] 理查德·格里格,菲利普·津巴多. 心理学与生活 [M]. 北京:人民邮电出版社,2003.

[16] 亚伯拉罕·马斯洛. 人本管理模式 [M]. 呼和浩特:内蒙古人民出版社,2003.

[17] 约翰·哈蒙德,拉尔夫·基尼,霍华德·雷法. 决策的艺术 [M]. 北京:机械工业出版社,2016.

[18] 哈罗德·孔茨,海因茨·韦里克. 管理学精要版 [M]. 北京:中国人民大学出版社,2014.

[19] 约翰·舍默霍恩. 管理学 [M]. 北京:中国人民大学出版社,2011.

[20] 彼得·德鲁克. 卓有成效的管理者 [M]. 北京:机械工业出版社,2009.

[21] 珀威茨·阿曼德,查尔斯·谢泼德. 创新管理:情境、战略、系统和流程 [M]. 北京:北京大学出版社,2014.

[22] 哈罗德·科兹纳. 项目管理:计划、进度和控制的系统方法 [M]. 北京:电子工业出版社,2014.

[23] 阿肖克·贾夏帕拉. 知识管理:一种集成方法 [M]. 北京:中国人民大学出版社,2013.

[24] 卡拉·欧戴尔,辛迪·休伯特. 知识管理如何改变商业模式 [M]. 北京:机械工业出版社,2016.

[25] 曼纽尔·卡斯特尔. 网络社会的崛起 [M]. 北京:社科文献出版社,2001.

[26] 兰克·奈特. 风险、不确定性和利润 [M]. 北京:中国人民大学出版社,2005.

[27] 彼得·德鲁克. 创新与创业精神 [M]. 上海:上海人民出版社,2002.

[28] 罗贝尔·萨蒙. 管理的未来——走向以人为本 [M]. 上海:上海译文出版社,1998.

[29] 邱均平. 知识管理学 [M]. 北京:科学技术文献出版社,2006.

[30] 王关义,高海涛,张铭. 管理学 [M]. 北京:机械工业出版社,2011.

[31] 史兆荣等. 管理学原理与实务 [M]. 北京:清华大学出版社,2016.

[32] 汤发良. 管理学原理 [M]. 北京:清华大学出版社,2014.

[33] 姜杰. 管理思想史 [M]. 北京:北京大学出版社,2014.

[34] 赵志军,赵瀚清. 中外管理思想史 [M]. 长春:吉林人民出版社,2010.

[35] 郭咸纲. 西方管理思想史 [M]. 北京:世界图书出版公司北京公司,2010.

[36] 王力,赵渤. 管理学流派思想评注图鉴:历史、方法、趋势 [M]. 北京:社会科学文献出版社,2011.

[37] 姜杰. 中国管理思想史 [M]. 北京:北京大学出版社,2011.

[38] 梁启超. 中国近三百年学术史 [M]. 上海:东方出版社,1996.

[39] 李海峰,张莹. 管理学:原理与实务 [M]. 北京:人民邮电出版社,2010.

[40] 林根祥,潘连柏. 管理学原理 [M]. 武汉:武汉理工大学出版社,2009.

[41] 赵金先,张立新,姜吉坤. 管理学原理 [M]. 北京:化学工业出版社,2016.

[42] 胡宁,韦丽丽. 管理学教程 [M]. 北京:中国社会科学出版社,2015.

[43] 潘连柏,曾自卫,伍娜. 管理学原理(第二版)[M]. 北京:人民邮电出版社,2017.

[44] 王德中. 管理学 [M]. 成都:西南财经大学出版社,2012.

[45] 彭俊. 管理学概论 [M]. 北京:北京大学出版社,2014.

[46] 肖峰. 管理学基础及实务 [M]. 北京:清华大学出版社,2015.

[47] 罗珉. 现代管理学 [M]. 成都:西南财经大学出版社,2004.

[48] 孙耀吾,祁顺生,陈立勇. 管理学教程 [M]. 长沙:湖南大学出版社,2007.

[49] 席佳蓓,张美文,程艳新. 管理学 [M]. 南京:东南大学出版社,2013.

[50] 冯光明. 管理学 [M]. 北京:中国财政经济出版社,2017.

[51] 周三多,陈传明. 管理学 [M]. 北京:高等教育出版社,2013.

[52] 左仁淑．管理学原理［M］．北京：电子工业出版社，2014．

[53] 彭爱民，彭璟．管理学原理［M］．北京：北京理工大学出版社，2012．

[54] 纪娇云．管理学理论与案例［M］．北京：中国电力出版社，2011．

[55] 聂德林，王学真，白博．企业系统管理概论［M］．北京：中国标准出版社，1987．

[56] 杨砾．当代西方管理学［M］．北京：世界知识出版社，1990．

[57] 舒天戈，邱卫东．权变管理［M］．成都：四川大学出版社，2016．

[58] 文章代，侯书森．权变管理［M］．东营：石油大学出版社，1999．

[59] 魏延军．权变管理［M］．北京：企业管理出版社，2000．

[60] 李兴山，刘潮．西方管理理论的产生与发展［M］．北京：现代出版社，1999．

[61] 黄津孚．现代企业管理原理［M］．北京：首都经济贸易大学出版社，2011．

[62] 张逸昕，赵丽．管理学原理［M］．北京：清华大学出版社，2014．

[63] 杨志等．人本管理［M］．东营：石油大学出版社，1999．

[64] 赵继新等．人本管理［M］．北京：经济管理出版社，2008．

[65] 段建玲．科学发展与人本管理［M］．兰州：甘肃文化出版社，2009．

[66] 蔡行知．五项修炼［M］．北京：清华大学出版社，2013．

[67] 韩大勇，叶福成．柔性管理智慧［M］．北京：中国经济出版社，2012．

[68] 郑其绪．柔性管理［M］．北京：中国石油大学出版社，2006．

[69] 安应民．企业柔性管理——获取竞争优势的工具［M］．北京：人民出版社，2008．

[70] 付景远．道术行——中国柔性管理研究［M］．北京：经济管理出版社，2013．

[71] 方振邦．战略性绩效管理［M］．北京：中国人民大学出版社，2014．

[72] 付亚和，许玉林，宋洪峰．绩效管理［M］．上海：复旦大学出版社，2016．

[73] 谭小芳．华为绩效管理之道［M］．上海：复旦大学出版社，2016．

[74] 任广新，陈葆华．管理学理论与实务［M］．北京：北京大学出版社，2016．

[75] 周荣辅，王玖河．现代企业管理［M］．北京：机械工业出版社，2012．

[76] 周三多，陈传明，贾良定．管理学——原理与方法［M］．上海：复旦大学出版社，2014．

[77] 冯光明．管理学［M］．北京：北京邮电大学出版社，2011．

[78] 马浩．管理决策：直面真实世界［M］．北京：北京大学出版社，2016．

[79] 叶萍．管理学基础：理论、案例、实训一体化教程［M］．北京：电子工业出版社，2013．

[80] 迟到，刘美艳，周蓉等．管理学［M］．北京：中国金融出版社，2017．

[81] 周劲波，廖明岚，邹晓辉等．管理学［M］．北京：人民邮电出版社，2014．

[82] 刘琳，王金秋，胡云清．管理学［M］．北京：北京理工大学出版社，2016．

[83] 周开全．管理学原理［M］．北京：科学出版社，2012．

[84] 王关义，刘益，刘彤等．现代企业管理［M］．北京：清华大学出版社，2015．

[85] 陈黎琴，赵恒海，高士葵．管理学［M］．北京：经济管理出版社，2011．

[86] 张小红，白璎峥，黄津孚等．管理学［M］．北京：清华大学出版社，2014．

[87] 汪克夷,刘荣,齐丽云. 管理学 [M]. 北京:清华大学出版社,2010.
[88] 周三多,陈传明. 管理学 [M]. 北京:高等教育出版社,2012.
[89] 乔丽颖. 管理学原理 [M]. 北京:清华大学出版社,2016.
[90] 黄国庆. 管理学概论 [M]. 上海:同济大学出版社,2015.
[91] 陈爱祖,吴长莉. 管理学 [M]. 北京:清华大学出版社,2013.
[92] 郭占元,曹学梅,吴玉萍. 管理学理论与应用 [M]. 北京:清华大学出版社,2015.
[93] 曾坤生. 管理学 [M]. 北京:清华大学出版社,2016.
[94] 刘宁杰. 管理学 [M]. 武汉:武汉大学出版社,2015.
[95] 陈传明,周小虎. 管理学原理 [M]. 北京:机械工业出版社,2012.
[96] 芮明杰. 管理学原理 [M]. 上海:格致出版社,2016.
[97] 王庆海. 管理学概论 [M]. 北京:清华大学出版社,2008.
[98] 丁家云,谭艳华. 管理学 [M]. 合肥:中国科学技术大学出版社,2014.
[99] 陈劲,郑刚. 创新管理:赢得持续竞争优势 [M]. 北京:北京大学出版社,2016.
[100] 王关义. 管理学原理 [M]. 北京:经济管理出版社,2009.
[101] 郝云宏,向荣. 管理学 [M]. 北京:机械工业出版社,2013.
[102] 周三多,陈传明. 管理学 [M]. 北京:高等教育出版社,2014.
[103] 谢赤,袁凌. 管理学概论 [M]. 长沙:湖南大学出版社,2007.
[104] 邢以群. 管理学 [M]. 杭州:浙江大学出版社,2012.
[105] 芮廷先. 管理决策分析 [M]. 北京:清华大学出版社,2016.
[106] 汪克夷,齐丽云,刘荣. 管理学 [M]. 北京:清华大学出版社,2016.
[107] 袁凌,雷辉,刘朝. 组织行为学 [M]. 北京:中国人民大学出版社,2011.
[108] 段圣贤. 管理学基础 [M]. 北京:北京理工大学出版社,2013.
[109] 黄国庆,巢莹莹. 管理学概论 [M]. 北京:清华大学出版社,2010.
[110] 崔国成,袁淑清. 管理学原理 [M]. 北京:中国财政经济出版社,2009.
[111] 石易. 组织行为学 [M]. 北京:经济管理出版社,2016.
[112] 景怀斌. 组织管理的心理基础 [M]. 北京:北京大学出版社,2015.
[113] 常桦,逸飞. 约翰·科特领导变革之父 [M]. 北京:中国物资出版社,2010.
[114] 王寅哲. 领导方法与艺术 [M]. 沈阳:沈阳出版社,2012.
[115] 张金环,李彦广,周德胜. 管理学原理 [M]. 北京:北京理工大学出版社,2012.
[116] 刘银花. 领导科学(第四版)[M]. 沈阳:东北财经大学出版社,2015.
[117] 薛永斌. 企业领导学:框架·理论·方法·艺术 [M]. 北京:中国市场出版社,2016.
[118] 成海清. 产品创新管理方法与案例 [M]. 北京:电子工业出版社,2011.
[119] 陈晓萍. 跨文化管理 [M]. 北京:清华大学出版社,2005.
[120] 王朝晖. 跨文化管理原理与实务 [M]. 北京:北京大学出版社,2014.
[121] 郑兴山. 跨文化管理 [M]. 北京:中国人民大学出版社,2010.

[122] 苏新宁等. 组织的知识管理 [M]. 北京：国防工业出版社, 2004.

[123] 廖开际, 李志宏, 刘勇. 知识管理原理与应用 [M]. 北京：清华大学出版社, 2010.

[124] 庄文君, 司强. 成长性企业的知识管理 [M]. 北京：经济科学出版社, 2010.

[125] 胡昌平等. 网络化企业管理 [M]. 武汉：武汉大学出版社, 2007.

[126] 李健, 侯书生. 网络化经营——企业经营的大变革 [M]. 成都：四川大学出版社, 2016.

[127] 耿中津. 模糊管理 [M]. 北京：石油大学出版社, 1999.

[128] James M. B. Leadership [M]. New York: Harper Collins, 2010.

[129] Hofstede G. Cultures and organizations [M]. London: McGraw–Hill, 1997.

[130] Vorbeck J. Knowledge management: Best practices in europe [M]. New York: Springer–Verlag, 2000.

[131] Skyrme D. J. Knowledge networking: Creating the collaborative interpretation [M]. Evanston, IL: Row, Peterson and Co., 1999.

[132] Dijk V. J. The network society [M]. Thonsancl Oaks: Sage Publications Ltd., 2012.

[133] 王忠伟, 刘红, 陈尔东. 秦汉至隋唐时期管理思想的发展 [J]. 辽宁科技大学学报, 2006, 29 (6): 628–635.

[134] 冯立鳌. 司马光《资治通鉴》中的治国理念 [J]. 学术研究, 2002, (8): 50–55.

[135] 杨建玲. 黄宗羲的管理思想探析 [J]. 云南社会科学, 2000, (s1): 133–135.

[136] 沈祖炜. 洋务派企业和民族资本企业在投资方向、经营管理方面的比较 [J]. 上海经济研究, 1981 (6): 11–12.

[137] 凌耀伦. 论洋务企业的经营思想与管理体制 [J]. 天府新论, 1995 (5): 22–27.

[138] 刘仁坤. 梁启超建立新式企业制度思想探析 [J]. 求是学刊, 1996 (3): 110–114.

[139] 李金强. 孙中山建国思想及其研究意义 [J]. 北华大学学报（社会科学版）, 2017, 18 (1): 32–34.

[140] 陶士和. 论刘鸿生的近代企业经营思想 [J]. 杭州师范大学学报（社会科学版）, 1999, (4): 26–29.

[141] 李菲. 卢作孚"实业救国"经济思想研究 [J]. 重庆科技学院学报（社会科学版）, 2016, (8): 94–96.

[142] 顾基发, 唐锡晋. 从古代系统思想到现代东方系统方法论 [J]. 系统工程理论与实践, 2000, 20 (1): 89–92.

[143] 徐礼伯. 试论企业管理中的系统思维 [J]. 管理观察, 2007, (7): 57–59.

[144] 帅建华. 西方人本管理学思想溯源 [J]. 求索, 2008, (4): 104–105.

[145] 常荔, 邹珊刚. 知识管理与企业核心竞争力的形成 [J]. 科研管理, 2000, 21

(2): 13-19.

[146] 彭澎. 如何抓住企业柔性管理的魂 [J]. 企业观察家, 2017, (4): 102-102.

[147] 张荣昌, 徐卓君. 企业文化: 现代企业的柔性管理 [J]. 齐齐哈尔大学学报 (哲学社会科学版), 1998, (5): 64-66.

[148] 海尔集团人力资源平台. 按单聚散——海尔生态平台上的人力资源管理新模式 [J]. 企业管理, 2015, (3): 6-13.

[149] 胡树华, 蔡铂. 论产品创新 [J]. 中国机械工程, 1998, 9 (2): 57-61.

[150] 宋河发, 穆荣平, 任中保. 自主创新及创新自主性测度研究 [J]. 中国软科学, 2006, (6): 60-66.

[151] 张振刚, 张小娟. 企业市场创新概念框架及其基本过程 [J]. 科技进步与对策, 2014, (1): 80-85.

[152] 叶思荣. 论市场创新及基本模式 [J]. 现代管理科学, 1997, (6): 37-38.

[153] 吴晓波, 郭雯, 刘清华. 知识管理模型研究述评 [J]. 研究与发展管理, 2002, 14 (6): 52-58.

[154] Vroom V. H, Jago A. G. Situation effects and levels of analysis in the study of leader participation [J]. The Leadership Quarterly, 1995, 6 (2): 169-181.

[155] Sternberg R. J, Vroom V. The person versus the situation in leadership [J]. The Leadership Quarterly, 2002, 13 (3): 301-323.

[156] Soll J. B. Outsmart your own biases [J]. Harvard Business Review, 2015, 93 (5): 64-71.

[157] Rodgers R, Hunter J. E. Impact of management by objectives on organizational productivity [J]. Journal of Applied Psychology, 1991, 76 (2): 322-336.

[158] Levinson H. Management by whose objectives? [J]. Harvard Business Review, 2003, 81 (1): 107-116.

[159] Shafir E. Choosing versus rejecting: Why some options are both better and worse than others [J]. Memory & Cognition, 1993, 21 (4): 546.

[160] Beattie J, Baron J, Hershey J. C, et al. Psychological determinants of decision attitude [J]. Journal of Behavioral Decision Making, 1994, 7 (2): 129-144.

[161] Faure C. Beyond Brainstorming: Effects of Different Group Procedures on Selection of Ideas and Satisfaction with the Process [J]. Journal of Creative Behavior, 2004, 38 (1): 13-34.

[162] Brewer M. B, Chen Y. R. Where (who) are collectives in collectivism? Toward conceptual clarification of individualism and collectivism. [J]. Psychological Review, 2007, 114 (1): 133-151.

[163] Chen Y. R, Brockner J, Chen X. P. Individual-collective primacy and ingroup favoritism: Enhancement and protection effects. [J]. Journal of Experimental Social Psychology, 2002, 38 (5): 482-491.

[164] Earley P. C. Social Loafing and Collectivism: A Comparison of the United States and the People's Republic of China [J]. Administrative Science Quarterly, 1989, 34 (4):

565 – 581.

[165] Graham J. L. The influence of culture on the process of business negotiations: An exploratory study [J]. Journal of International Business Studies, 1985, 16 (1): 81 – 96.

[166] Grant R. M. The resource – based theory of competitive advantage: Implications for strategy formulation [J]. California Management Review, 1991, 33 (3): 3 – 23.

[167] Milliken F. J. Three types of perceived uncertainty about the environment: State, effect, and response uncertainty [J]. Academy of Management Review, 1987, 12 (1): 133 – 143.